■2025年度高等学校受験用

埼玉栄高等学校

収録内

★この問題集は以下の収録内容となっています。また、編集の都合上、解説、解答用紙を省略させていただいている場合もございますのでご了承ください。

（○印は収録、一印は未収録）

入試問題と解説・解答の収録内容			解答用紙
2024年度	単願・併願Ⅰ	英語・数学・国語	○
	併願Ⅱ	英語・数学・国語	○
2023年度	単願・併願Ⅰ	英語・数学・国語	○
	併願Ⅱ	英語・数学・国語	○
2022年度	単願・併願Ⅰ	英語・数学・国語	○
	併願Ⅱ	英語・数学・国語	○
2021年度	単願・併願Ⅰ	英語・数学・国語	○

★当問題集のバックナンバーは在庫がございません。あらかじめご了承ください。

●凡例●

【英語】

≪解答≫

〔　〕　①別解
②置き換え可能な語句（なお下線は置き換える箇所が2語以上の場合）
(例) I am〔I'm〕glad〔happy〕to ~

（　）　省略可能な言葉

≪解説≫

1，2…　本文の段落（ただし本文が会話文の場合は話者の1つの発言）

〔　〕　置き換え可能な語句（なお〔　〕の前の下線は置き換える箇所が 2 語以上の場合）

（　）　①省略が可能な言葉
(例)「(数が) いくつかの」
②単語・代名詞の意味
(例)「彼（＝警察官）が叫んだ」
③言い換え可能な言葉
(例)「いやなにおいがするなべにはふたをするべきだ（＝くさいものにはふたをしろ)」

//　訳文と解説の区切り

cf.　比較・参照

≒　ほぼ同じ意味

【数学】

≪解答≫

〔　〕　別解

≪解説≫

（　）　補足的指示
(例)（右図1参照）など

〔　〕　①公式の文字部分
(例)〔長方形の面積〕＝〔縦〕×〔横〕
②面積・体積を表す場合
(例)〔立方体 ABCDEFGH〕

∴　ゆえに

≒　約、およそ

【社会】

≪解答≫

〔　〕　別解

（　）　省略可能な語

＿＿　使用を指示された語句

≪解説≫

〔　〕　別称・略称
(例) 政府開発援助〔ODA〕

（　）　①年号
(例) 壬申の乱が起きた（672 年）。
②意味・補足的説明
(例) 資本収支（海外への投資など）

【理科】

≪解答≫

〔　〕　別解

（　）　省略可能な語

＿＿　使用を指示された語句

≪解説≫

〔　〕　公式の文字部分

（　）　①単位
②補足的説明
③同義・言い換え可能な言葉
(例) カエルの子（オタマジャクシ）

≒　約、およそ

【国語】

≪解答≫

〔　〕　別解

（　）　省略してもよい言葉

＿＿　使用を指示された語句

≪解説≫

〈　〉　課題文中の空所部分（現代語訳・通釈・書き下し文）

（　）　①引用文の指示語の内容
(例)「それ（＝過去の経験）が ～」
②選択肢の正誤を示す場合
(例)（ア，ウ…×）
③現代語訳で主語などを補った部分
(例)（女は）出てきた。

／　漢詩の書き下し文・現代語訳の改行部分

埼玉栄高等学校

所在地	〒331-0078 埼玉県さいたま市西区西大宮3-11-1
電　話	048-624-6488
ホームページ	https://www.saitamasakae-h.ed.jp/senior/
交通案内	JR川越線　西大宮駅より徒歩4分

普通科
保健体育科

男女共学

くわしい情報は
ホームページへ

応募状況

年度	募集数	受験数		合格数	倍率
2024	α　160名	単願	α　42名	30名	1.4倍
	S　200名		S　116名	80名	1.5倍
	特進　200名		特進201名	230名	—
	保体　160名		保体230名	222名	1.0倍
		併願	α　374名	239名	1.6倍
			S　582名	451名	1.3倍
			特進547名	663名	—
			保体　65名	39名	1.7倍
2023	α　160名	単願	α　43名	34名	1.3倍
	S　200名		S　122名	94名	1.3倍
	特進　200名		特進244名	259名	—
	保体　160名		保体193名	184名	1.0倍
		併願	α　352名	220名	1.6倍
			S　547名	443名	1.2倍
			特進615名	708名	—
			保体　80名	43名	1.9倍

※保体＝保健体育科
※スライド合格を含む

試験科目　（参考用：2024年度入試）

国語・数学・英語
※保健体育科は実技試験あり

教育方針

建学の精神「人間是宝」と校訓「今日学べ」を掲げ，主体的に，全てに全力で取り組み，協働しながら解決していこうとする力を備えた生徒の育成を目指す。次の３つを教育方針にしている。

1．理論と実践の一体化
2．学習指導と生活指導の一体化
3．生徒と先生が共に学び共に生活する

科・コース編成と特色

０時限学習，放課後選択授業など充実した支援体制を敷いている。また，日本大，芝浦工業大と提携。普通科では，進級時の希望と成績によって，コース変更が可能で，すべてのコースで部活動と両立できる環境を整えている。

[普通科]

＜αコース＞

難関大学や医学部を目標に，１年次より難関選択と医学選択に分け，学習進度を早めて十分な演習時間を確保する。医学選択では医学に特化した探究学習なども行う。また，学業奨学生によるα選抜クラスを設置する。

＜Sコース＞

大学入学共通テストに対応するカリキュラムを用意し，幅広い知識と教養を身につけ，国公立大学やGMARCH進学を目指す。２年次で文系と理系に分かれ，３年次からは入試演習を徹底して行う。

＜特進コース＞

有名私立大学への合格を目指す。総合型選抜や学校推薦型選抜に応じた小論文，面接指導から一般受験に向けた演習授業まで，幅広い選択肢に対応。２年次から，音大・美大進学を目指すアートクラスも選択できる。

[保健体育科]

４つの教育目標を掲げ，世界に通用するスポーツのスペシャリストを育む。

1．スポーツを通じた豊かな人間教育
2．知力と体力の一体化
3．スポーツ界に貢献できる人材を育成
4．スペシャリストとしての実力向上

編集部注一本書の内容は2024年6月現在のものであり，変更されている場合があります。正確な情報は，学校のホームページ等で必ずご確認ください。

出題傾向と今後への対策 英語

出題内容

	2024		2023		2022	
	単・併Ⅰ	併願Ⅱ	単・併Ⅰ	併願Ⅱ	単・併Ⅰ	併願Ⅱ
大問数	5	6	5	5	6	5
小問数	29	30	29	29	29	29
リスニング	×	×	×	×	×	×

◎大問５～６題，小問30問前後である。構成は，長文読解，Ｅメールの読解，広告や案内などの読解，対話文読解，文法問題がそれぞれ１題ずつとなっている。

2024年度の出題状況

《単・併Ⅰ》

Ⅰ 長文読解総合―ノンフィクション
Ⅱ 長文読解総合―ポスター
Ⅲ 読解総合―広告
Ⅳ 対話文完成―適文選択
Ⅴ 適語(句)選択・語形変化

《併願Ⅱ》

Ⅰ 長文読解総合―説明文
Ⅱ 長文読解総合―Ｅメール
Ⅲ 読解総合―チャット
Ⅳ 英問英答―お知らせを見て答える問題
Ⅴ 対話文完成―適文選択
Ⅵ 適語(句)選択・語形変化

解答形式

《単・併Ⅰ》	記　述／マーク／併　用
《併願Ⅱ》	記　述／マーク／併　用

出題傾向

語句・文法の基本問題と読解問題において総合的な英語力・把握力を試すものとなっている。長文は比較的読みやすい。文脈・要旨把握に重点が置かれており，英問英答形式で問われるものも多い。広告や案内などを読み取る問題も出題される。語句・文法問題は適語(句)選択と対話文の適文選択が頻出。

今後への対策

教科書で語句と文法の基礎固めを徹底することが先決である。文法事項を理解し，単語・熟語，重要例文を暗記するとともに，何度も教科書を音読しよう。スムーズに音読でき，そのスピードで理解できるようになれば，読解力もついているといえる。文法は問題集を１冊決めて，何度も繰り返し解くとよい。

◆◆◆◆ 英語出題分野一覧表 ◆◆◆◆

分野			2022 単・併Ⅰ	2022 併Ⅱ	2023 単・併Ⅰ	2023 併Ⅱ	2024 単・併Ⅰ	2024 併Ⅱ	2025予想※ 単・併Ⅰ	2025予想※ 併Ⅱ
音声	放送問題									
	単語の発音・アクセント									
	文の区切り・強勢・抑揚									
語彙・文法	単語の意味・綴り・関連知識									
	適語(句)選択・補充		■	■	■	■	■	■	◎	◎
	書き換え・同意文完成									
	語形変化		●	●	●		●	●	◎	◎
	用法選択									
	正誤問題・誤文訂正									
	その他									
作文	整序結合									
	日本語英訳	適語(句)・適文選択								
		部分・完全記述								
	条件作文									
	テーマ作文									
会話文	適文選択		■	■	■	■	■	■	◎	◎
	適語(句)選択・補充									
	その他									
長文読解	内容把握	主題・表題						●		△
		内容真偽		●	●	●	●	●	◎	◎
		内容一致・要約文完成	●		●	■	●	●	◎	◎
		文脈・要旨把握		●		●		●		◎
		英問英答	■	■	★	■	■	■	◎	◎
	適語(句)選択・補充			●	●				△	△
	適文選択・補充			●			●		△	△
	文(章)整序									
	英文・語句解釈(指示語など)			●			●	●	△	◎
	その他									

●印：１～５問出題，■印：６～10問出題，★印：11問以上出題。
※予想欄　◎印：出題されると思われるもの。　△印：出題されるかもしれないもの。

出題傾向と今後への対策　数学

出題内容

2024年度　《単・併Ⅰ》

方程式を含めた数と式に関する問題が11問で，過半数を占めている。他は，関数，図形，データの活用がそれぞれ2～3問となっている。数の性質に関する問題の1つは，会話文の内容から，条件を満たす数を求めていくものとなっている。

《併願Ⅱ》

方程式を含めた数と式に関する問題が9問で，関数3問，図形5問，確率3問の出題。方程式の応用が3問あり，そのうちの1問は，会話形式の出題。出された問題の誤りを，問題を解いたうえで考えるものとなっている。

2023年度　《単・併Ⅰ》

方程式を含めた数と式に関する問題が7問，関数が4問，図形が4問，データの活用が5問の出題。関数は，放物線と直線に関するもの。データの活用は，4問が場合の数・確率，あと1問は中央値を求めるもの。

《併願Ⅱ》

方程式を含めた数と式に関する問題が7問，関数が4問，図形が3問，データの活用が6問の出題。関数は，放物線と直線に関するもの。データの活用は，確率3問，度数分布表から階級の幅と最頻値を求める2問，標本調査1問であった。

作…作図問題　証…証明問題　グ…グラフ作成問題

解答形式

《単・併Ⅰ》　記　述／マーク／併　用

《併願Ⅱ》　記　述／マーク／併　用

出題傾向

ほとんどが一つ一つ独立した問題で20問の出題となっている。また，各分野からまんべんなく出題されている。内容は，少しレベルの高い問題が含まれることもあるが，中学の学習内容の基礎・基本の定着度を見る問題が中心となっている。

今後への対策

数と式(方程式を含む)で，40～50%を占めるので，まずは計算力を。また，関数では，グラフの式，交点の座標，変化の割合などの求め方などをきちんと確認しよう。図形では，各種図形の性質や三平方の定理などの活用の仕方などを確認しておこう。

数学出題分野一覧表

分野		2022 単・併Ⅰ	2022 併Ⅱ	2023 単・併Ⅰ	2023 併Ⅱ	2024 単・併Ⅰ	2024 併Ⅱ	2025予想※ 単・併Ⅰ	2025予想※ 併Ⅱ
数と式	計算，因数分解	★	■	■	★	★	★	◎	◎
	数の性質，数の表し方	●	■		■	★	●	◎	◎
	文字式の利用，等式変形					●	●	△	△
	方程式の解法，解の利用	●	■	★	■	■	●	◎	◎
	方程式の応用	★	■	■			★	◎	◎
関数	比例・反比例，一次関数			●				△	
	関数 $y=ax^2$ とその他の関数	★	★	★	★	■	■	◎	◎
	関数の利用，図形の移動と関数	■					●	△	△
図形	(平面) 計　量	★	★	★	★	★	★	◎	◎
	(平面) 証明，作図								
	(平面) その他		●				●		
	(空間) 計　量								
	(空間) 頂点・辺・面，展開図						●		△
	(空間) その他								
データの活用	場合の数，確率	★	★	★	★	●	★	◎	◎
	データの分析・活用，標本調査		●	●	★	■		◎	◎
その他	不 等 式								
	特殊・新傾向問題など								
	融合問題								

●印：1問出題，■印：2問出題，★印：3問以上出題。
※予想欄　◎印：出題されると思われるもの。　△印：出題されるかもしれないもの。

出題傾向と今後への対策　国語

出題内容

2024年度

《単・併Ⅰ》

一 論説文　二 古文　三 品詞　四 熟語の構成　五 語句

課題文　一真山　仁『“正しい”を疑え！』
二『平家物語』

《併願Ⅱ》

一 論説文　二 古文　三 ことわざ　四 ことばの単位　五 文学史

課題文　一今北純一『自分力を高める』
二『古本説話集』

2023年度

《単・併Ⅰ》

一 論説文　二 古文　三 漢字の知識　四 ことわざ　五 敬語

課題文　一上柿崇英
「『鬼滅の刃』に見る，〈救い〉と〈信頼〉の物語」
二根岸守信『耳嚢』

《併願Ⅱ》

一 論説文　二 古文　三 慣用句　四 語句　五 文の組み立て

課題文　一山鳥　重『「わかる」とはどういうことか』
二安楽庵策伝『醒睡笑』

解答形式

《単・併Ⅰ》　記　述／マーク／併　用

《併願Ⅱ》　記　述／マーク／併　用

出題傾向

現代文の課題文は，論説文がほとんどであり，たまに随筆が出される。古文の課題文は，平安・鎌倉時代の説話や物語から江戸時代の随筆まで出される。いずれも，分量はさほど多くなく，内容も標準的なものが選ばれている。出題のねらいとしては，基本的な読解力と幅広い国語の知識力を見ることにあるといえる。

今後への対策

国語の知識に関する設問が大きなウェイトを占めているので，それらの復習を十分にしておく必要がある。教科書・便覧・参考書を使って，分野ごとに知識の整理をし，確認の意味でそれぞれ問題集をこなしておくこと。現代文・古文の読解問題については，基礎学力養成用の問題集で勉強するのがよいだろう。

国語出題分野一覧表

分野		年度	2022 単・併Ⅰ	2022 併Ⅱ	2023 単・併Ⅰ	2023 併Ⅱ	2024 単・併Ⅰ	2024 併Ⅱ	2025予想※ 単・併Ⅰ	2025予想※ 併Ⅱ
現代文	論説文 説明文	主題・要旨		●	●	●	●	●	◎	◎
		文脈・接続語・指示語・段落関係		●	●	●	●	●	◎	◎
		文章内容		●	●	●	●	●	◎	◎
		表現		●		●		●		◎
	随筆 日記 手紙	主題・要旨								
		文脈・接続語・指示語・段落関係	●						△	
		文章内容	●						△	
		表現	●						△	
		心情								
	小説	主題・要旨								
		文脈・接続語・指示語・段落関係								
		文章内容								
		表現								
		心情								
		状況・情景								
韻文	詩	内容理解								
		形式・技法								
	俳句 和歌 短歌	内容理解								
		技法								
古典	古文	古語・内容理解・現代語訳	●	●	●	●	●	●	◎	◎
		古典の知識・古典文法	●	●	●	●	●	●	◎	◎
	漢文	（漢詩を含む）								
国語の知識	漢字 語句	漢字	●	●	●	●	●	●	◎	◎
		語句・四字熟語	●	●	●	●	●	●	◎	◎
		慣用句・ことわざ・故事成語	●	●	●	●		●	◎	◎
		熟語の構成・漢字の知識	●		●		●		◎	
	文法	品詞	●		●		●		◎	
		ことばの単位・文の組み立て	●	●		●		●	△	◎
		敬語・表現技法			●	●			△	△
	文学史		●	●	●	●	●	●	◎	◎
作文・文章の構成・資料										
その他										

※予想欄　◎印：出題されると思われるもの。　△印：出題されるかもしれないもの。

合格を勝ち取るための

本書の使い方

本書に掲載されている過去問をご覧になって，「難しそう」と感じたかもしれません。でも，大丈夫。ほとんどの受験生が同じように感じるのです。高校入試の出題範囲は中学校の定期テストに比べて広いですし，残りの中学校生活で学ぶはずの，まだ習っていない内容からも出題されているかもしれません。

ですから，初めて本書に取り組む際には，点数を気にする必要はありません。点数は本番で取れればいいのです。

過去問で重要なのは「間違えること」です。自分の弱点を知るために，過去問に取り組むのです。当然，間違った問題をそのままにしておいては意味がありません。

本書には，長年にわたって高校受験に関わってきたベテランスタッフによる詳細な解説がついています。間違えた問題は重点的に解説を読み，何度も解きなおしてください。時にはもう一度，教科書で復習するのもよいでしょう。

別冊として，抜き取って使える解答用紙を収録しました。表示してあるように拡大コピーをとれば，実際の入試と同じ条件で，何度でも過去問に取り組むことができます。特に記述問題では解答欄の大きさがヒントになる場合があります。そうした，本番で使える受験テクニックの練習ができるのも，本書の強みです。

前のページにある「出題傾向と今後への対策」もよく読んで，本校の出題傾向に慣れておきましょう。

2024年度 埼玉栄高等学校（単願・併願Ⅰ）

【英　語】（50分）〈満点：100点〉

（注意）解答は，問題のあとにある選択肢の中から，最も適しているものを選び，その記号を解答用紙にマークしてください。

Ⅰ　英文を読んで，文を完成させるのに最も適切なもの，または質問に対する答えとして最も適切なものを答えなさい。（解答番号は①～⑥）

This is a true story. In 1892 at Stanford University, an 18-year-old student had a hard time paying his school *fees. His mother and father were dead, so he didn't know *where to turn for money. One day, he had a good idea. He and a friend decided to hold a concert on campus to collect money for their education.

They contacted the great pianist Ignacy Jan Paderewski. His manager *demanded that they pay a fee of $2,000 for the piano concert. The boys agreed and began to work to make the concert a success.

The big day arrived. Unfortunately, they weren't able to sell enough tickets. They could get only $1,600. They went to Paderewski and explained the situation. They gave him the *entire $1,600 and they wrote a signed letter promising to pay another $400 as soon as possible.

"That won't be necessary," said Paderewski. "You need this more than I do." He *tore up the letter, returned the $1,600 and told the two boys, "Here's the $1,600. Use the money to pay your school fees." The boys were surprised, and thanked him a lot.

It was a small act of kindness. Why did he help two people he did not know well? We all *come across situations like this in our lives. But most of us think, "If I help them, what would happen to me?" The *truly great people think, [　　　　] Great people help others without expecting something *in return. They feel it's the right thing to do.

Paderewski later became the *prime minister of Poland. He was a great leader, but sadly his country suffered greatly during World War I. There were more than 1.5 million people without food to eat in Poland. Paderewski did not know where to turn for help. He contacted an *organization in the U.S. for help.

The head of that organization was a man called Herbert Hoover, who later became the U.S. president. Hoover quickly *shipped a lot of food to help the hungry people in Poland.

The worst possible situation *was avoided. Paderewski went over to meet Hoover to thank him *in person. When Paderewski began to express his thanks, Hoover quickly stopped him and said, (1)"You don't have to do it, Mr. Prime Minister. Several years ago, two young students were able to go to university thanks to your help. I was one of them."

The world is a wonderful place. (2)What goes around comes around!

（注）fee(s)　料金　　where to turn　頼りとするところ　　demanded　要求した
entire　すべての　　tore up　～を破った　　come across　～に出くわす
truly　本当に　　in return　お返しに　　prime minister of Poland　ポーランドの首相
organization　組織　　shipped　船で輸送した　　was avoided　回避された
in person　自ら

問 1　Why did the two students hold the concert ?　(解答番号は①)

㋐ To pay another $400.

㋑ To collect money for their education.

㋒ To play the piano at the concert.

㋓ To make their parents happy.

問 2　When the two students talked to Paderewski about his fees,　(解答番号は②)

㋐ he demanded another $400.

㋑ he asked them to pay the $1,600.

㋒ he tore up all the money he got.

㋓ he returned the $1,600.

問 3　Fill in the blank by choosing the best sentence.　(解答番号は③)

㋐ "If they help me, what will happen to them ?"

㋑ "If they don't help me, what will happen to me ?"

㋒ "If I don't help them, what will happen to them ?"

㋓ "If I don't help them, what will happen to me ?"

問 4　What happened in Poland during World War I ?　(解答番号は④)

㋐ A lot of people couldn't eat enough food in Poland.

㋑ Hoover became a great leader and asked the U.S. organization for help.

㋒ Paderewski asked Hoover to save Poland because Hoover had a lot of money to use.

㋓ Hoover decided to ship people from Poland to the U.S.

問 5　What did Hoover mean when he said, (1)"You don't have to do it, Mr. Prime Minister" ?
(解答番号は⑤)

㋐ "Paderewski, you are a good leader."

㋑ "It's my turn to help you."

㋒ "You must help our country in return."

㋓ "At last, the war ended."

問 6　In this situation, what does "(2)What goes around" mean ?　(解答番号は⑥)

㋐ The bad things you will do for others

㋑ The good things you will do for yourself

㋒ The bad things you did for yourself

㋓ The good things you did for others

Ⅱ　次のＥメールとポスターを読み，質問に対する答えとして最も適切なもの，または文を完成させるのに最も適切なものを答えなさい。　(解答番号は⑦～⑪)

From : Yuna Takei
To : KC Dance Academy
Date : June 25, 2023
Subject : Dance class

Dear Ms. Carroll,

I'm Yuna Takei, a thirteen-year-old junior high school student. I saw a poster about hip-hop dance classes at your dance school when I went to West Jordan Library yesterday. I can't take lessons on weekdays because I usually have tennis practice after school. I would be able to join the Sunday class. Also, I'd like to know how many students are in the class. And do your students sometimes perform at events? I have never taken dance lessons before.

Best regards,
Yuna

From : KC Dance Academy
To : Yuna Takei
Date : June 26, 2023
Subject : Free lessons

Dear Yuna,

Thank you for your e-mail. The Sunday afternoon class just started, so it's still small. It only has seven students, but we hope another five or six will join soon. Every summer, all of our students perform at the West Jordan Summer Festival. It's a big event, so they practice very hard. Can you come to one of the free lessons next month? If you enjoy the lesson, you can join the class. Please bring a towel and wear comfortable shoes and clothes. Let me know if you can come.

Sincerely,
Katie Carroll

From : Yuna Takei
To : KC Dance Academy
Date : July 10, 2023
Subject : Thank you

Dear Ms. Carroll,
Thank you very much for your trial class. I really enjoyed the wonderful class. Two high school students supported me in many ways. I've decided to join your dance school. I'm really excited about it.

See you soon,
Yuna

KC DANCE ACADEMY

INSTRUCTOR−KATIE CARROLL

○Hip Hop Dance/Street Dance/Jazz
○Fun, Friendly teacher
○Make friends
○Learn cool moves

FRIDAYS
3:30 PM-4:30 PM
8-12 YEARS

4:45 PM-5:45 PM
13-17 YEARS

SUNDAYS
10:00 AM-11:00 AM
8-12 YEARS

2:00 PM-3:00 PM
13-17 YEARS

FREE TRIAL CLASS

●TUESDAY, JULY 4TH	5:00 PM-6:00 PM
●SUNDAY, JULY 9TH	4:30 PM-5:30 PM
●TUESDAY, JULY 25TH	5:00 PM-6:00 PM
●SUNDAY, JULY 30TH	4:30 PM-5:30 PM

Visit Us www.katiedance.com
For More Information

問1　Where did Yuna see the poster about hip-hop dance classes?　(解答番号は⑦)
㋐　At the library.
㋑　At her junior high school.
㋒　At Katie Carroll's house.
㋓　At the tennis court.

問2　How many students are in the Sunday afternoon class now?　(解答番号は⑧)
㋐　Two.
㋑　Five.
㋒　Six.
㋓　Seven.

問3　Yuna Takei　（解答番号は⑨）

㋐　wants to be a tennis player.

㋑　has known Katie Carroll for a long time.

㋒　works in a library.

㋓　is a beginner in dancing.

問4　What does the city of West Jordan have in summer ?　（解答番号は⑩）

㋐　A dance contest.

㋑　A field day.

㋒　A tennis tournament.

㋓　A festival.

問5　What day of the week and time will Yuna go to the dance school ?　（解答番号は⑪）

㋐　Fridays 3:30 PM–4:30 PM

㋑　Fridays 4:45 PM–5:45 PM

㋒　Sundays 10:00 AM–11:00 AM

㋓　Sundays 2:00 PM–3:00 PM

Ⅲ　次の広告を読み，質問に対する答えとして最も適切なもの，または文を完成させるのに最も適切なものを答えなさい。
（解答番号は⑫～⑮）

Summer Only

Vancouver Stadium Night Tour

From *the observation area on the 4th floor, the "Vancouver Stadium Night Tour" will be open to the public for a limited time.

Fantastic Stadium at Night

Food and Beverage Sales

DATE	Mon. 7 Aug. – Fri. 11 Aug., Mon. 14 Aug. – Wed. 23 Aug. 2023
TIME	5:30 p.m. – 9:00 p.m. (Last admission: 8:00 p.m. / Last order: 8:30 p.m.) ▶Please enter through Gate E.
FEE	5 dollars per person (tax included) ▶Tickets can be bought at the tour's official website or ticket counter (Gate E Side) on the day. ※Free for children under six **For those who have pre-bought tickets on the official website, a free drink ticket will be given!** ▶This tour is available only for the 4th floor observation area.

Purchase Tickets

◆ You can't bring these into the stadium.

（注） the observation area　観覧席

問1　In this tour, you can　（解答番号は⑫）

㋐　watch a soccer game.
㋑　enjoy a view of the stadium from the 4th floor.
㋒　meet the athletes and take photos with them.
㋓　practice soccer on the field.

問2　How much will it cost when two adults, one 5-year-old boy and one 3-year-old girl join the stadium night tour?　（解答番号は⑬）

㋐　$5　㋑　$10　㋒　$15　㋓　$20

問3　以下の英文から広告の内容に合うものを２つ選びなさい。（順不同）　（解答番号は⑭⑮）

㋐　This tour is available from Monday to Friday all year round.
㋑　People buy tickets for this tour at the stadium on the day or on the website.
㋒　If you arrive at the stadium at 8:30 p.m., you can join this tour.
㋓　All visitors will receive a free drink ticket for this tour.
㋔　Visitors can bring their own water, juice or alcohol.
㋕　If visitors want something to eat and drink, they can buy them at the stadium shop.

Ⅳ　次の各会話文が成立するように（　）に入るものを選びなさい。　（解答番号は⑯～㉑）

⑯　A：Miki isn't at school today.　Do you know why?
　B：I hear she is sick in bed.　（　　　　）

㋐　She belongs to tennis club.
㋑　I hope she'll get well soon.
㋒　She had an English test yesterday.
㋓　I don't know where she lives.

⑰　A：Are you and Tom on the same basketball team?
　B：Yes, we are.　（　　　　）

㋐　I'll do my best.
㋑　I know his sister very well.
㋒　We always practice together.
㋓　I'm happy you like him.

⑱　A：Hello, this is Emily.　May I speak to Ms. White?
　B：I'm sorry, she is out now.　Would you like to leave a message?
　A：（　　　　）I'll call her back later.　Thank you.

㋐　Yes, please go ahead.
㋑　I don't know her phone number.
㋒　No, it's OK.
㋓　Probably not.

⑲ A： Excuse me. Does this bus go to the Northern Beach ?
B： I'm sorry, it doesn't. This bus goes to the hospital.
A： Then, (　　　　)
B： Take the No. 8 bus over there. It will take you to the beach.
㋐ which one should I take ?
㋑ where are you going ?
㋒ how long does it take to the beach ?
㋓ when does the bus come ?

⑳ A： Scott, would you like to come to my house for dinner tomorrow ?
B： Sure, I'd love to. What time should I be there ?
A： Any time after 6:00 would be good.
B： Great. (　　　　)
㋐ I hope you will visit me.
㋑ I'll bring something to drink.
㋒ I'll see you at the restaurant tomorrow.
㋓ I'll be there at 5:00.

㉑ A： Did you sleep well last night, Kim ?
B： Yeah, Dad. I dreamed I was a famous singer and giving a concert.
A： I know you're good at singing. Maybe (　　　　)
B： That would be nice. I'll need to take singing lessons first.
㋐ it's a simple problem.
㋑ your dream will come true.
㋒ there are other options.
㋓ you're interested in dancing.

V　次の各文の(　)内に入る適切なものを選びなさい。　(解答番号は㉒～㉙)

㉒ I (　　) Jack since I was a child.
㋐ know　㋑ have known　㋒ knew　㋓ will know

㉓ My sister (　　　　) English when I came home.
㋐ is studying　㋑ was studying　㋒ were studied　㋓ were studying

㉔ Tom (　　) to bed and slept well.
㋐ takes　㋑ is taken　㋒ took　㋓ was taken

㉕ Her mother always (　　) him to study harder.
㋐ spoke　㋑ said　㋒ talked　㋓ told

㉖ I couldn't answer (　　) time it was.
㋐ that　㋑ what　㋒ of　㋓ about

㉗ My grandfather can't read a newspaper (　　) wearing his glasses.
㋐ on　㋑ in　㋒ without　㋓ over

㉘ I don't like this T-shirt. Show me (　　).
㋐ it　㋑ other　㋒ another　㋓ one

㉙ I'm sorry to keep you (　　).
㋐ wait　㋑ waits　㋒ waiting　㋓ waited

【数　学】（50分）〈満点：100点〉

（注意）　解答は，問題のあとにある選択肢の中から，最も適しているものを一つだけ選び，その記号を解答用紙にマークしてください。

※円周率はπとして計算しなさい。

1　次の式を計算しなさい。

$(-3)\times(-2)\times2\div4$

㋐ -3　㋑ 3　㋒ -2　㋓ 2　㋔ 4

2　次の式を計算しなさい。

$144x^3y^5\div(-6xy^2)^3\times\left(-\dfrac{3}{2}x^4y^2\right)^2$

㋐ $-69984x^{14}y^{15}$　㋑ $-\dfrac{2x^8y^4}{3}$　㋒ $-\dfrac{3x^6y^4}{2}$　㋓ $-\dfrac{3x^8y^3}{2}$　㋔ $-4x^8y^4$

3　次の式を計算しなさい。

$\dfrac{5x+2y}{2}-\dfrac{2x+7y}{3}$

㋐ $\dfrac{3x-5y}{2}$　㋑ $\dfrac{3x-5y}{3}$　㋒ $\dfrac{11x-8y}{6}$　㋓ $\dfrac{11x+20y}{6}$　㋔ $\dfrac{19x-8y}{6}$

4　次の方程式を解きなさい。

$5x-3(2x-1)=-12$

㋐ 11　㋑ 12　㋒ 13　㋓ 14　㋔ 15

5　等式 $\dfrac{1}{a}+\dfrac{1}{b}-\dfrac{1}{c}=0$ を c について解きなさい。

㋐ $c=a+b$　㋑ $c=-a-b$　㋒ $c=\dfrac{ab}{2}$　㋓ $c=-\dfrac{ab}{2}$　㋔ $c=\dfrac{ab}{a+b}$

6　次の連立方程式を解きなさい。

$$\begin{cases}0.2x-0.1y=0\\ \dfrac{1}{2}x+y=\dfrac{5}{2}\end{cases}$$

㋐ $\begin{cases}x=2\\y=1\end{cases}$　㋑ $\begin{cases}x=2\\y=4\end{cases}$　㋒ $\begin{cases}x=-1\\y=3\end{cases}$　㋓ $\begin{cases}x=3\\y=6\end{cases}$　㋔ $\begin{cases}x=1\\y=2\end{cases}$

7　$x=2\sqrt{2}-1$，$y=3-\sqrt{2}$ のとき，$x^2+4xy+4y^2$ の値を求めなさい。

㋐　2	㋑　25	㋒　$3-2\sqrt{2}$	㋓　$3+2\sqrt{2}$	㋔　$5+\sqrt{2}$

8　$3<\sqrt{a}<\frac{7}{2}$ をみたす正の整数 a は何個あるか求めなさい。

㋐　1	㋑　2	㋒　3	㋓　4	㋔　5

9　$\sqrt{117x}$ が自然数となるような整数 x のなかで最も小さい数を求めなさい。

㋐　3	㋑　7	㋒　13	㋓　17	㋔　37

10　下の資料は，あるクラス５人の数学のテストの得点です。得点の分布の範囲を求めなさい。
67　50　42　79　92（点）

㋐　50	㋑　42	㋒　37	㋓　29	㋔　25

11　池にいる鯉の数を調査するために池の鯉を60匹捕獲し，印をつけて池に放流しました。翌日，再び池の鯉を50匹捕獲するとその中の10匹に印がついていました。池の鯉は全部でおよそ何匹いると推定できるか求めなさい。

㋐　300匹	㋑　500匹	㋒　600匹	㋓　1000匹	㋔　3000匹

12　赤いかばんと青いかばんがあり，２つのかばんの重さをはかりを用いて調べたいが，はかりは最初から針の位置がずれていました。赤いかばんをはかりに載せると針は10kg，青いかばんをはかりに載せると針は13kgを示しました。また，２つのかばんを同時に載せたとき針は21kgを示しました。このとき，赤いかばんの本当の重さを求めなさい。

㋐　6 kg	㋑　8 kg	㋒　10kg	㋓　12kg	㋔　14kg

右の図のように，関数 $y=x^2$ 上に 2 点A$(-2,\ 4)$，B$(3,\ 9)$ をとり，△OABをつくります。また，直線ABと y 軸との交点をCとします。次の問い **13**，**14** に答えなさい。

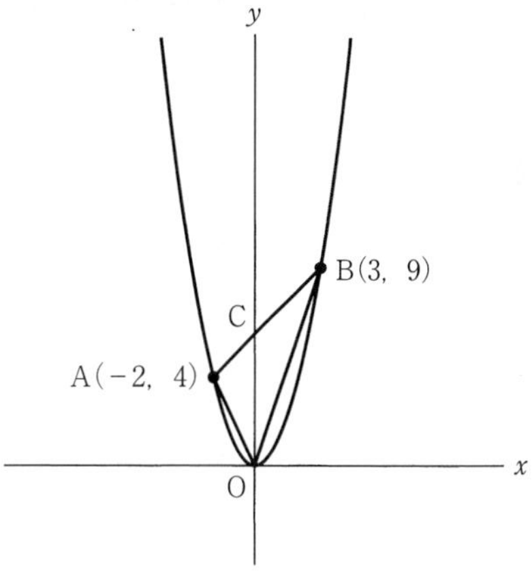

13　点Cの y 座標の値を求めなさい。

㋐　5	㋑　6	㋒　7	㋓　8	㋔　9

14　関数 $y=x^2$ 上に△OAB＝△OCPとなる点Pをとるとき，点Pの x 座標を求めなさい。ただし，点Pの x 座標は正とします。

㋐　4	㋑　5	㋒　6	㋓　7	㋔　8

15　下の図において∠x の大きさを求めなさい。

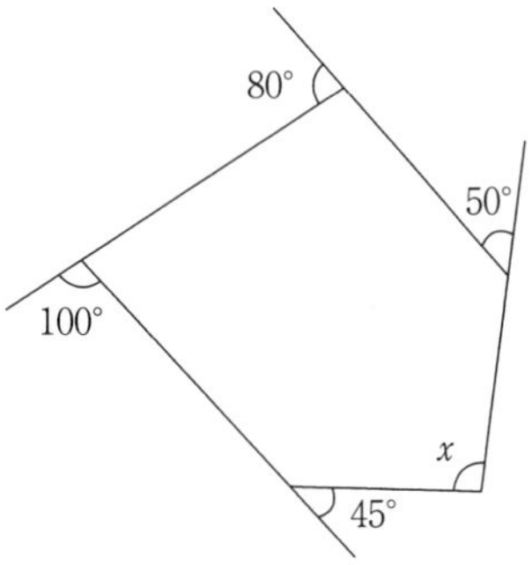

㋐　85°	㋑　90°	㋒　95°	㋓　100°	㋔　105°

右の図のように，1 辺の長さが 6 cmの正方形ABCDと辺BCを直径とする半円があります。点Aから半円に接線をひき，その接点をE，直線AEと辺CDの交点をFとします。このとき，次の問い **16**，**17** に答えなさい。

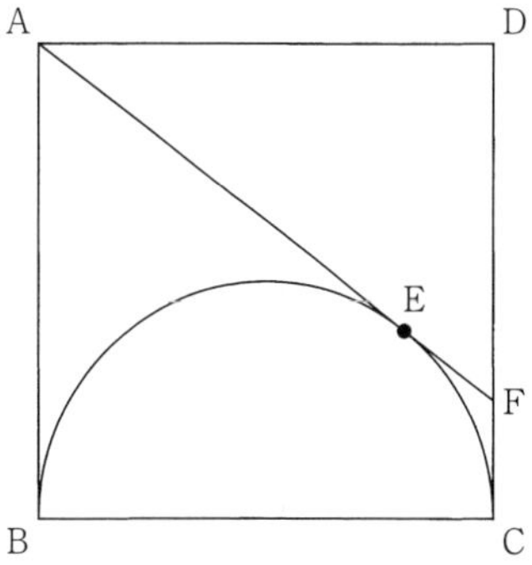

16　線分CFの長さを求めなさい。

㋐　$\frac{4}{3}$	㋑　$\frac{3}{2}$	㋒　$\frac{5}{3}$	㋓　$\frac{11}{6}$	㋔　2

17　△EBCの面積を求めなさい。

㋐　6	㋑　8	㋒　$\frac{36}{5}$	㋓　$\frac{72}{11}$	㋔　$\frac{81}{10}$

大小2つのさいころを同時に投げます。大きいさいころの出た目を a，小さいさいころの出た目を b とします。2直線 $y=ax$，$y=bx+3$ の交点の x 座標が整数になるのは [18] 通りあり，自然数になるのは [19] 通りあります。18，19 にあてはまるものを答えなさい。

18

㋐ 3	㋑ 5	㋒ 8	㋓ 16	㋔ 36

19

㋐ 3	㋑ 5	㋒ 8	㋓ 16	㋔ 36

20

（問題）

ある4けたの自然数 A について，この自然数の一番左の数字を一番右に移動して作られた4けたの自然数を B とする。

（例） $A=1234$ のときは $B=2341$ となる。

このとき，$A+B=5379$ となるような自然数 A が偶数であるものをすべて求め，その合計値を求めなさい。

先　生「さぁ，この問題をどうやって解いていこうかな。」

ビバ男「A と B の数字を文字を用いて表さないといけないね。」
「4けただから，$A=1000a+100b+10c+d$ という感じかな。」

ビバ子「それだと文字を4種類使ってしまうと複雑になってしまうわ。この問題は，一番左を一番右に移動するのだから移動する位は文字で表す必要があるわね。」

ビバ男「そうか！　それであれば移動する位とその他に分けて考えれば，A は文字を2種類で表せるね！　そうすれば，同じ文字を使用して B も表せるよ！」

ビバ子「使用する文字を a，b の2種類として移動する位を a を用いて表すようにすると A と B の式が完成するわ！」

先　生「すばらしいね！　なるべく使用する文字の種類は少ない方が良いからね。そして表し方もすばらしいよ！」

ビバ男「$A+B=5379$ だから，さっきの式を代入して式を整理すると $b=\cdots$ となるね。ここからどうすれば良いのかな？」

先　生「a，b の式がもう一つあれば，連立方程式で求めることはできそうだね。」
「どうだろう…。」

ビバ子「問題で与えられているのは A が偶数ということしかないわ。これでは a，b の式を作ることは難しいわね…。」

ビバ男「ちょっと待って！　そもそも a は移動する位の数字を表しているから，1以上9以下の自然数であって，その他を b で表しているから b の数字は3けたの自然数だね。」

ビバ子「すごいわ！　名推理よ！　自然数 A が偶数ということは，一の位が偶数になるから…この文字も偶数ね！」

ビバ男「a と b の値がある程度限定できそうだね。1つずつ確かめていけば…できた！」

ビバ子「あとは計算するだけね！」

先　生「二人ともすばらしいですね！　文字での表し方，与えられた条件から数値を限定していく考え，とてもすばらしいです！　では，答えはいくつですか？」

ビバ男・ビバ子「[　　　]」

[　　] にあてはまる数値を選びなさい。

㋐　3258	㋑　4614	㋒　5248	㋓　6328	㋔　7108

四

次の熟語の組み立てと同じ熟語をそれぞれ選びなさい。（解答番号　㊱～㊵）

㊱ 握手　㊲ 国営　㊳ 不安
㊴ 河川　㊵ 起伏

㋐ 雷鳴　㋑ 不屈　㋒ 呼応
㋓ 読書　㋔ 恩恵

五

次の数え方としてふさわしいものをそれぞれ選びなさい。（解答番号　㊶～㊺）

㊶ 豆腐　㊷ 鏡　㊸ 包丁
㊹ 相撲　㊺ 机

㋐ 一本　㋑ 一面　㋒ 一脚
㋓ 一丁　㋔ 一番

㋔ 離れていてもいまだに高倉天皇のことを思っているのだということ。

問八、傍線部4「ひきたまひけるやさしさ」について、(1)・(2)の問いに答えなさい。

(1) 「ひきたまひけるやさしさ」の現代仮名遣いとして最もふさわしいものを選びなさい。（解答番号 ㉗）

㋐ いきたまいけるやさしさ
㋑ いきたもうけるやさしさ
㋒ いきたまひけるやさしさ
㋓ ひきたまいけるやさしさ
㋔ ひきたもうけるやさしさ

(2) 「やさしさ」とは何のことを言っているのですか。最もふさわしいものを選びなさい。（解答番号 ㉘）

㋐ 琴の音のか細さ。
㋑ この楽曲のめずらしさ。
㋒ 小督殿の細やかな配慮。
㋓ 小督殿の上品で優美な様子。
㋔ 驚きで声も出ないほどの技術。

問九、この文章の内容に合致しているものを選びなさい。（解答番号 ㉙）

㋐ 松の一群がある方面から、琴の音がはっきりと聞こえてきた。
㋑ 高倉天皇は、琴の音に導かれるように家にたどり着いた。
㋒ 琴の音を聞いただけで、小督殿が弾いていると確信した。
㋓ 琴の音がやんだので、笛を吹くのをやめて門をたたいた。
㋔ 使いの者に小督殿を呼びに行かせたが、誰も出てこなかった。

問十、この文章の出典は『平家物語』ですが、これと同じ時代に成立した作品を選びなさい。（解答番号 ㉚）

㋐ 伊勢物語　㋑ 風姿花伝　㋒ 今昔物語集
㋓ 方丈記　㋔ 雨月物語

三

次の傍線部のうち文法的な性質が他と異なるものをそれぞれ選びなさい。（解答番号 ㉛～㉟）

㉛
㋐ 洞窟をこわごわのぞいた。
㋑ 午後から雨がざあざあ降ってきた。
㋒ 疲れたのでぐうぐう寝てしまった。
㋓ 彼は先頭をすたすたと歩いた。
㋔ 長年使った辞書はぼろぼろだ。

㉜
㋐ これから出かけるところだ。
㋑ ここはよく事故がおこるところだ。
㋒ もう少しでできるところだ。
㋓ 確かめたところでは、本当だった。
㋔ いま向かっているところだ。

㉝
㋐ どの作品も色がきれいです。
㋑ このカバンはとても軽いです。
㋒ 朝の空気はすがすがしいです。
㋓ 山道を歩くのがつらいです。
㋔ 月が出ている夜は明るいです。

㉞
㋐ 来たる四月八日は入学式です。
㋑ あらゆる場面を考えて準備する。
㋒ うるさい音が外から聞こえてくる。
㋓ いわゆる好青年とは彼のことだ。
㋔ 大きな車が道を通り抜けていった。

㉟
㋐ 今にも崩れそうな小屋だ。
㋑ 彼女は柔らかな手をしている。
㋒ 今日は穏やかな日だ。
㋓ さわやかな風が吹いてきた。
㋔ にぎやかな笑い声が聞こえてくる。

※少しもまがふべうもなき…少しも間違うはずもなく。
※小督殿…高倉天皇が愛した美女。高倉天皇の依頼で、仲国は小督殿を捜していた。
※爪音…琴を弾く音。
※君…高倉天皇。
※楽こそおほけれ…楽曲は多くあるのに。
※ちツとならいて…少し鳴らして。
※ほとほとたたけば…トントンとたたくと。
※参ツて候…参ったのでございます。
※とがむる人…何か言う人。

問一、 傍線部A～Dの言葉の意味として最もふさわしいものをそれぞれ選びなさい。（解答番号　A—⑯　B—⑰　C—⑱　D—⑲）

A　おぼつかなくは
㋐　おぼえきれないと　㋑　はっきりしないと
㋒　技術が低いと　㋓　理解できないと
㋔　思いつかないと

B　ありがたうおぼえて
㋐　感謝したいと思って
㋑　ありがちだと予想して
㋒　あさましいことだと感じて
㋓　めったにないと思われて
㋔　ありえないことだと覚えていて

C　やがて
㋐　すぐに　㋑　ゆっくりと
㋒　ぼんやりと　㋓　嫌がって
㋔　自然に

D　内裏
㋐　議会　㋑　寺院　㋒　居室
㋓　神殿　㋔　宮中

問二、 二重傍線部X・Yの主語として最もふさわしいものをそれぞれ選びなさい。ただし、同じ記号を繰り返し選んではいけません。（解答番号　X—⑳　Y—㉑）
㋐　君　㋑　小督殿　㋒　仲国
㋓　御使　㋔　作者

問三、 空欄Ⅰにあてはまる助詞として最もふさわしいものを選びなさい。（解答番号　㉒）
㋐　と　㋑　ぞ　㋒　ども　㋓　さへ　㋔　こそ

問四、 空欄Ⅱにあてはまる言葉として最もふさわしいものを選びなさい。（解答番号　㉓）
㋐　松　㋑　琴　㋒　音　㋓　楽　㋔　君

問五、 傍線部1「たづぬる人」とは誰ですか。最もふさわしいものを選びなさい。（解答番号　㉔）
㋐　君　㋑　小督殿　㋒　仲国
㋓　御使　㋔　作者

問六、 傍線部2「はやめて行くほどに」とありますが、その理由として最もふさわしいものを選びなさい。（解答番号　㉕）
㋐　嵐が近づいてきて天候が悪くなると思ったから。
㋑　夜が更けてしまうと先に進めなくなってしまうから。
㋒　琴の音があまりに美しく近くで聞きたいと思ったから。
㋓　捜している人がこの先にいるかもしれないと思ったから。
㋔　どこから音が聞こえてきているのか調べたかったから。

問七、 傍線部3「さればこそ」とは「思ったとおりだ」という意味ですが、何が思ったとおりだったのですか。最もふさわしいものを選びなさい。（解答番号　㉖）
㋐　笛に合わせやすいように気を遣って選んだのだということ。
㋑　自分のつらい思いを曲に合わせて歌っているのだということ。
㋒　高倉天皇にみつからないようにひっそりと暮らしているのだということ。
㋓　今の気持ちを高倉天皇に伝えるために演奏しているのだということ。

㋓ やっぱり　㋔ つまり

問三、二重傍線部A、Bの意味として最もふさわしいものをそれぞれ選びなさい。（解答番号　A—⑨　B—⑩）

A　スタンス

㋐ 心情　㋑ 意見　㋒ 標準

㋓ 立場　㋔ 目安

B　至極

㋐ それなりに　㋑ よく考えると　㋒ ほとんど

㋓ かろうじて　㋔ このうえなく

問四、次の文は本文のどこに入れたらよいですか。文章中の㋐～㋔から選びなさい。（解答番号　⑪）

主な原因は、情報の氾濫です。

問五、傍線部1「そんな状況」にあてはまる言葉として、最もふさわしいものを選びなさい。（解答番号　⑫）

㋐ 後悔　㋑ 心配　㋒ 絶望

㋓ 悲哀　㋔ 興奮

問六、傍線部2「メディアの発達と普及」によって起きたこととして、**ふさわしくないもの**を選びなさい。（解答番号　⑬）

㋐ 誰かに直接尋ねなくても、社会状況がわかるようになった。

㋑ 発信される膨大な情報の処理が追いつかなくなった。

㋒ 情報が過多になり、日々の不安が深刻になった。

㋓ 誰もが手軽に情報を入手することができるようになった。

㋔ わからないことが減り、これまでの問題が解決できた。

問七、傍線部3「現代社会は、過去に類のない不安社会なのです」とありますが、なぜですか。最もふさわしいものを選びなさい。（解答番号　⑭）

㋐ いつでも膨大な情報が周囲にあり、処理できずにいるから。

㋑ 場の空気を読まないと、情報を得ることができないから。

㋒ 困ったときに、気軽に話ができる人が周囲にいないから。

㋓ 日本人はシャイで、不安を感じやすい人が多いから。

㋔ スマホを手放すことができなくなってしまったから。

問八、この文章の内容に合致しているものを選びなさい。（解答番号　⑮）

㋐ 生まれ育った場所にずっと住み続ける人は少ないうえに、環境が変わると持っている情報は役に立たない。

㋑ 生きていくうえで必要な情報の真偽の見極めができず、情報があふれかえり、社会問題となっている。

㋒ メディアの発達によって、人々は〝正しい〟情報を教えてくれる人をSNS上で捜すようになった。

㋓ 情報機器が普及していなかった頃は、〝正しい〟方向に導いてくれるのは身近な人であった。

㋔ コロナ禍で発信される情報が爆発的に増えたことによって、一人で過ごす時間が長くなっている。

二

次の文章を読んで、後の問いに答えなさい。

※亀山のあたりちかく、松の一群ある方《かた》に、かすかに琴［Ⅰ］きこえける。峰の嵐か松風か1たづぬる人の琴の音か、Aおぼつかなくは思へども、駒を2はやめて行くほどに、※片折戸《かたをりど》したる内に琴をぞ弾き澄ませたる。ひかへて是《これ》を聞きければ、※少しもまがふべうもなき、※小督殿《こがうのとの》の※爪音なり。楽はなんぞと聞きければ、夫を想《おも》うて恋ふと読む、想夫恋《さうふれん》といふ［Ⅱ］なり。3さればこそ、※君の御事思ひ出で参らせて、※楽こそおほけれ、此《この》楽を4ひきたまひけるやさしさよ。Bありがたうおぼえて、腰より横笛ぬきいだし、※ちツとならいて、門を※ほとほととたたけば、Cやがて X ひきやみ給ひぬ。高声に、「是はD内裏より、仲国が御使に※参ツて候。開けさせ給へ」とて、Yたたけどもたたけども、※とがむる人もなかりけり。

（『平家物語』による）

※亀山…京都にある山。

※片折戸…一枚作りの開き戸。

だから、たくさんの情報の中から〝正しい〟を探してしがみつきたくなる。しかも、この〝正しい〟は変化していくのですから、たまりません。

この終わりのない競争のような状況から抜け出すために、自分のAスタンスや正しい情報を教えてくれる人を探す――。これは、B至極当然なことです。

スマホのような情報機器が普及していなかった頃、不安を癒《い》やし、〝正しい〟方向に導いてくれるのは、たいていは身近な人でした。両親や兄姉、【c】学校の先生や先輩だったかもしれません。顔も素性《すじょう》もよく知っているので、信頼できる人かどうかの判断は、それほど難しくはありませんでした。

ところが最近は、本当に信頼できる人がいない、という人が増えています。㋔

家族と過ごす時間が短くなったり、教室や部活での一体感が薄れてきたりしたことなどが理由だと考えられます。

気がつくと、一人で過ごす時間が長くなっています。他人に気をつかわずにすんで気楽かもしれませんが、困ったとき、不安なとき、気軽に話せる相手もいない。

誰かいてくれたら、というときに相談できる相手の代わりとなったのが、SNSなのです。

(真山　仁『〝正しい〟を疑え!』による　一部省略がある)

問一、傍線部①~⑤のカタカナの部分と同じ漢字を使うものをそれぞれ選びなさい。(解答番号　①~⑤)

① オク外
㋐ オク測だけで話してはいけない。
㋑ オク万長者になりたい。
㋒ 飼い猫はオク病なところがある。
㋓ 洋風の家オクを建てる。
㋔ 胸のオクで決意を固める。

② 風チョウ
㋐ 盛り上がりは最高チョウに達した。
㋑ 近所の川の生態チョウ査をする。
㋒ 相手選手の特チョウをつかむ。
㋓ チョウ内会の手伝いをする。
㋔ 表面チョウ力を使った実験。

③ 知シキ
㋐ シキ彩豊かな絵画。
㋑ AIでシキ別する。
㋒ シキ物の上で作業をする。
㋓ 親戚の結婚シキに出席する。
㋔ 悪の組シキと戦う物語。

④ ヨ裕
㋐ 賞状授ヨで壇上に立つ。
㋑ お年玉を銀行口座にヨ金する。
㋒ ヨ習復習を大切にしている。
㋓ ヨ韻にひたる。
㋔ 秋のヨ風にあたる。

⑤ ツきる
㋐ ジン望を集める。
㋑ ジン臓の検査をする。
㋒ 三種のジン器について習う。
㋓ 彼はジン義を重んじる人だ。
㋔ 優勝にジン力する。

問二、空欄a、b、cにあてはまる言葉として最もふさわしいものをそれぞれ選びなさい。(解答番号　a—⑥　b—⑦　c—⑧)

a　㋐ ステップ　㋑ ハードル　㋒ イメージ
　　㋓ コスト　㋔ バランス

b　㋐ 日進月歩　㋑ 一朝一夕　㋒ 時々刻々
　　㋓ 右往左往　㋔ 五里霧中

c　㋐ たとえば　㋑ それとも　㋒ あるいは

二〇二四年度　埼玉栄高等学校（単願・併願Ⅰ）

【国語】（五〇分）〈満点：一〇〇点〉

（注意）解答は、問題の後にある選択肢の中から、最も適しているものを一つだけ選び、その記号を解答用紙にマークしてください。

一　次の文章を読んで、後の問いに答えなさい。

不安は、なぜ生まれるのでしょう。

要因は人それぞれですが、自分自身の立場があいまいだと不安が膨らむことは、共通していると思います。

①オク外にいるときに目を閉じてみてください。

突然、周囲が見えなくなると、簡単には歩けないでしょう。人とぶつかるかもしれません。あるいは、何かにつまずく、水たまりにはまる、もしかしたら崖から落ちる——。

ああ、どうしよう。どっちへ行ったらいいの！

あなたの頭の中でどんどん膨らんでいく恐怖……それが、不安です。

さらに、耳をふさがれ、嗅覚も感じないようにされたら、もうその場にしゃがみ込んで助けを待つしかありません。

現代社会は、いつでも1そんな状況にあなたを陥《おとしい》れることができる、「危険な世界」なのです。

今まで書いてきたように、日本では、何でもかんでも事実を明確にするより、場の空気を読み、ことを荒立てずにすませる社会風②チョウが長く続きました。

目を開けていてもわからないことだらけなのに、わかりやすく説明してもらえず、自分で感じ取れ、と放り出されてしまうのです。

生まれ育った場所にずっと住むのであれば、情報や知③シキは徐々に身につくので、不安はあまり大きくなりません。

でも、転校、進学や就職などで、まったく知らない場所や環境に身を置く可能性は誰にでもあります。㋐

わからないから教えて、と誰にでも物怖《ものお》じせずに言える人は、新しい環境になじみやすく、不安も解消されていくでしょう。

でも、日本人にはシャイな人が多い。また、他者とのコミュニケーションが苦手な人も増えているようです。苦手意識がある上に、そんなことも知らないなんてバカじゃないのと思われる、恥ずかしいと考えて、自分で【ａ】を上げてしまう。よくないループです。

㋑新聞、テレビ、オンライン・ニュースなど情報を伝える2メディアの発達と普及によって、誰かに直接尋ねなくても、新しい環境や時代の変化、あるいは社会状況を把握できるようになりました。

さらに、誰もがスマホを手にし、ＳＮＳが普及していますから、情報は手軽に入手できます。

スマホとＳＮＳが不安を解消！　となるはずが、実際は逆に、日々の不安はさらに広がり、深刻になっています。

どうしてだと思いますか？㋒

発信される情報が爆発的に増えて、処理が追いつかなくなり、人々は情報の海に溺れ始めたのです。

自らシャットアウトしない限り、【ｂ】あふれんばかりに届く情報に溺れてしまい、どれが真実で、どれがフェイクかを見極める④ヨ裕もなくなりました。

こうして、不安は深刻の度を強めています。

不思議ですよね。㋓

場の空気から自力で情報を得なければならない社会も不安ですが、情報が山ほどあるのも不安。

何事もほどほどがいい、ということに⑤ツきます。

スマホを使う時間が長く、生きていくためにＳＮＳが欠かせないツールとなっている私たちは、日々、不安や不信と隣り合わせで暮らしています。

3現代社会は、過去に類のない不安社会なのです。

2024年度／埼玉栄高等学校（単願・併願Ⅰ）

英語解答

Ⅰ	問1 ㋑	問2 ㋓	問3 ㋒		Ⅳ	⑯ ㋑	⑰ ㋒	⑱ ㋒	⑲ ㋐
	問4 ㋐	問5 ㋑	問6 ㋓			⑳ ㋑	㉑ ㋑		
Ⅱ	問1 ㋐	問2 ㋓	問3 ㋓		Ⅴ	㉒ ㋑	㉓ ㋑	㉔ ㋓	㉕ ㋓
	問4 ㋓	問5 ㋓				㉖ ㋑	㉗ ㋒	㉘ ㋒	㉙ ㋒
Ⅲ	問1 ㋑	問2 ㋑	問3 ㋑，㋕						

Ⅰ〔長文読解総合―ノンフィクション〕

≪全訳≫❶これは実話である。1892年，スタンフォード大学で18歳の学生が学費の支払いに困っていた。母親も父親も亡《な》くなっていたので，彼はお金について頼りにするところがわからなかった。ある日，彼に良い考えが浮かんだ。彼と友人は，学内でコンサートを開き，学費を集めることにした。❷彼らは偉大なピアニストであるイグナシー・ヤン・パデレフスキに連絡を取った。パデレフスキのマネージャーは，ピアノコンサートのために2000ドルの出演料を支払うよう要求した。青年たちはこれに同意し，コンサートを成功させるために動き始めた。❸大事な日がやってきた。残念ながら，彼らは十分なチケットを売ることができなかった。1600ドルしか手に入れられなかったのだ。彼らはパデレフスキのところに行き，状況を説明した。彼らはパデレフスキに1600ドル全額を渡し，あと400ドルをできるだけ早く支払うことを約束する署名入りの手紙を書いた。❹「その必要はないよ」とパデレフスキは言った。「君たちの方が僕よりもこれを必要としている」　彼は手紙を破り，1600ドルを返して，２人の青年にこう言った。「ここに1600ドルある。学費の支払いにこのお金を使いなさい」　青年たちは驚き，彼にとても感謝した。❺それは小さな親切だった。なぜ彼は，よく知らない２人を助けたのだろうか。私たちは皆，生活の中でこのような場面に出くわす。しかしほとんどの人は，「彼らを助けたら，自分はどうなるのだろう」と考える。本当に偉大な人は「自分が彼らを助けなかったら，彼らはどうなるのだろう」と考える。偉大な人は見返りに何かを期待することなく，他人を助ける。彼らはそれがやるべき正しいことだと感じるのだ。❻パデレフスキは後に，ポーランドの首相になった。彼は偉大な指導者であったが，悲しいことに，第一次世界大戦中，彼の国は大きな被害を受けた。ポーランドには，食べ物を持たない人々が150万人以上いた。パデレフスキはどこに助けを求めればいいのかわからなかった。彼はアメリカのある団体に助けを求めた。❼その組織のリーダーはハーバート・フーバーという人物で，彼は後にアメリカ大統領となった。フーバーはすぐに，ポーランドの飢えた人々を助けるために大量の食料を輸送した。❽考えうる最悪の事態は回避された。パデレフスキはフーバーに直接お礼を言うため，彼に会いに行った。パデレフスキが感謝の言葉を述べ始めると，フーバーはすばやく彼を止め，こう言った。「首相，そうする必要はありません。何年か前，あなたの援助のおかげで２人の若い学生が大学に行くことができました。私はその１人です」❾世界はすばらしいところだ。巡りゆくものは巡りくるのだ。

問１＜英問英答＞「２人の学生はなぜ，コンサートを開いたのか」―㋑「学費を集めるため」　第１段落最終文参照。to collect 以下は‘目的’を表す to不定詞の副詞的用法。

問２＜内容一致＞「２人の学生がパデレフスキに出演料について話したとき，（　　）」―㋓「彼は1600ドルを返した」　第４段落参照。1600ドルで学費を払うように言った。

問３＜適文選択＞「最も適切な文を選んで空所を埋めなさい」　空所には，本当に偉大な人が考えることが入る。空所の後に続く２文から，前文で述べられている「ほとんどの人は他人よりも自分のことを心配する」という内容とは対照的に，自分のことよりも他人の心配をする内容になるとわかる。

問４＜英問英答＞「第一次世界大戦中にポーランドで何が起こったか」―㋐「ポーランドでは多くの人が十分な食事をとることができなかった」　第６段落第３文参照。食べるもののない人が150万人以上いた。

問５＜英問英答＞「フーバーが『首相，そうする必要はありません』と言ったとき，何を意図していたか」―㋑「『今度は私があなたを助ける番だ』」　下線部のdo it「そうする」は，前にあるexpress his thanksを受けているので，You don't have to do itはYou don't have to express your thanks「お礼を言う必要はない」ということ。直後の２文で，自分が以前パデレフスキに助けてもらった人物であることを明かしていることから，今回のことは以前してもらったことのお返しだ，という考えが読み取れる。

問６＜語句解釈＞「この状況で，『What goes around』とはどういう意味か」―㋓「あなたが他の人のために行った良いこと」　この文章は，パデレフスキに親切にしてもらった学生がその恩を忘れず，パデレフスキが困ったときに彼を助けたという内容。下線部を含む文の直訳は「出ていったものは帰ってくる」で，この文章の内容に当てはめれば「自分が人のためにしてあげた良い行いはやがて自分に返ってくる」という意味だと解釈できる。

Ⅱ〔長文読解総合―Ｅメール・ポスター〕

≪全訳≫送信者：タケイユナ／宛先：KCダンスアカデミー／日時：2023年６月25日／件名：ダンス教室／キャロル先生／私は13歳の中学生，タケイユナです。昨日ウエストジョーダン図書館に行ったとき，貴校のダンススクールのヒップホップダンスクラスのポスターを見ました。私はふだん，放課後にテニスの練習があるので，平日のレッスンは受けられません。日曜日のクラスなら参加できそうです。また，クラスには何人の生徒がいるのか知りたいです。また，生徒がイベントでパフォーマンスをすることもあるのですか？　私は今までダンスのレッスンを受けたことがありません。／よろしくお願いします，ユナ

送信者：KCダンスアカデミー／宛先：タケイユナ／日時：2023年６月26日／件名：無料レッスン／ユナさん／メールをありがとうございました。日曜日の午後のクラスは始まったばかりで，まだ小人数です。まだ７人しか生徒がいませんが，近いうちにあと５，６人参加してくれることを望んでいます。毎年夏に，生徒全員がウエストジョーダン・サマーフェスティバルでパフォーマンスをします。それは大きなイベントなので，彼らは一生懸命練習します。来月の無料レッスンに来られますか？　レッスンが楽しかったら，クラスに参加していただけます。タオルをご持参のうえ，動きやすい靴と服装でお越しください。来られる場合はお知らせください。／よろしくお願いします，ケイティ・キャロル

送信者：タケイユナ／宛先：KCダンスアカデミー／日時：2023年７月10日／件名：ありがとうございます／キャロル先生／お試しレッスンをどうもありがとうございました。すばらしいクラスをとても楽しみました。２人の高校生が，多くの点で私をサポートしてくれました。先生のダンススクールに入ることにしました。とてもわくわくしています。／ではまた，ユナ

KCダンスアカデミー　インストラクター―ケイティ・キャロル／○ヒップホップダンス／ストリートダンス／ジャズ　○楽しくフレンドリーな先生　○友達づくり　○かっこいい動きを学ぶ／金曜日　午後３時30分～４時30分（８～12歳）　午後４時45分～５時45分（13～17歳）／日曜日　午前10時～11時

(８～12歳)　午後２時～３時(13～17歳)／無料体験クラス　●７月４日火曜日　午後５時～６時　●７月９日日曜日　午後４時30分～５時30分　●７月25日火曜日　午後５時～６時　●７月30日日曜日　午後４時30分～５時30分／詳細は，www.katiedance.com にアクセスしてください。

問１＜英問英答＞「ユナはヒップホップダンスクラスのポスターをどこで見たか」―㋐「図書館で」　ユナの最初のメールの第２文参照。

問２＜英問英答＞「今，日曜日の午後のクラスには何人の生徒がいるか」―㋓「７人」　キャロル先生のメールの第３文参照。It は前文にある The Sunday afternoon class を指す。

問３＜内容一致＞「タケイユナは(　　)」―㋓「ダンスの初心者だ」　ユナの最初のメールの最終文参照。「ダンスのレッスンを受けたことがない」ので，初心者だと考えられる。

問４＜英問英答＞「ウエストジョーダンの街は夏に何を行うか」―㋓「フェスティバル」　キャロル先生のメールの第４文参照。「ウエストジョーダン・サマーフェスティバル」とある。

問５＜英問英答＞「ユナは何曜日の何時にダンススクールに行くか」―㋓「日曜日の午後２時から３時」　ユナの最初のメールの第１，４文およびポスター参照。ユナは13歳で日曜日のレッスンを希望している。

Ⅲ〔読解総合―広告〕

≪全訳≫夏限定／バンクーバースタジアム・ナイトツアー／４階の観覧席より，「バンクーバースタジアム・ナイトツアー」が，期間限定で一般の方々に公開されます。／夜のすばらしいスタジアム／食べ物と飲み物の販売／日付：2023年８月７日(月)～11日(金)，８月14日(月)～23日(水)／時間：午後５時30分～９時(最終入場午後８時／ラストオーダー午後８時30分)　▶ゲートＥよりご入場ください。／料金：お１人様５ドル(税込み)　▶チケットはツアー公式サイトまたは当日チケットカウンター(ゲートＥ側)にてお買い求めいただけます。　※６歳未満のお子様は無料。　公式サイトで前売りチケットをご購入の方は，無料のドリンクチケットがもらえます！　▶このツアーは，４階の観覧席のみご利用が可能です。／チケットを購入する／◆次に示すものはスタジアムにお持ち込みいただけません：危険物・アルコール飲料・火気

問１＜内容一致＞「このツアーでは(　　)ことができる」―㋑「４階からスタジアムの眺めを楽しむ」　写真の上の説明文と左の写真から，４階の観覧席からの眺めを楽しめるツアーだとわかる。

問２＜英問英答＞「大人２人と５歳の男の子１人，３歳の女の子１人がスタジアムのナイトツアーに参加すると，いくらかかるか」―㋑「10ドル」　表の「料金」欄参照。大人は１人５ドルで，６歳未満の子どもは無料である。

問３＜内容真偽＞㋐「このツアーは一年中，月曜日から金曜日まで利用できる」…×　「夏限定」である。　㋑「このツアーのチケットは当日スタジアムで，またはウェブサイトで購入する」…○　表の「料金」欄の内容に一致する。　㋒「午後８時30分にスタジアムに到着すれば，このツアーに参加できる」…×　最終入場は午後８時である。　㋓「来場者全員が，このツアーのためのドリンク無料チケットをもらえる」…×　無料チケットをもらえるのは，インターネットで前売りチケットを購入した人のみ。　㋔「来場者は，水，ジュース，アルコールを持ち込める」…×　アルコールは持ち込めない。　㋕「食べ物や飲み物が欲しい場合，来場者はスタジアム内のショップでそれらを購入できる」…○　右の写真の下に「食べ物と飲み物の販売」とある。

Ⅳ〔対話文完成―適文選択〕

⑯Ａ：ミキが今日，学校にいないの。なぜだか知ってる？／Ｂ：具合が悪くて寝ているらしいよ。早

く良くなるといいね。／／ミキが病気だと伝えた後に続く内容として適切なものを選ぶ。

⑰A：あなたとトムは同じバスケットボールチームなの？／B：そうだよ。いつも一緒に練習するんだ。／／トムと自分が同じバスケットボールチームに所属していると述べた後に続く内容として適切なものを選ぶ。

⑱A：もしもし，エミリーです。ホワイトさんとお話しできますか？／B：すみません，今外出中です。メッセージを残されますか？／A：いいえ，けっこうです。後でかけ直します。ありがとう。／／電話での会話。相手が不在で，メッセージを残すかどうかきかれた後の返答である。「後でかけ直します」と言っていることから，メッセージは残さないことを伝えたと考えられる。

⑲A：すみません。このバスはノーザンビーチに行きますか？／B：残念ながら，行きません。このバスは病院へ行きます。／A：では，どれに乗るべきですか？／B：向こうの8番のバスに乗ってください。ビーチまで行きますよ。／／AはバスでビーチにAこうとしている。この後Bがビーチへ行くバスを案内していることから，どのバスに乗ればよいかを尋ねたのだと判断できる。

⑳A：スコット，明日うちに夕食を食べに来ない？／B：もちろん，喜んで。何時に行けばいい？／A：6時以降ならいつでも。／B：よし。何か飲む物を持っていくよ。／／Aの自宅での夕食に招待され，6時以降にAの家に行くことになったBの発言として適切なものを選ぶ。

㉑A：キム，昨夜はよく眠れた？／B：うん，パパ。私が有名な歌手で，コンサートを開く夢を見たの。／A：お前の歌が上手なのは知ってるよ。もしかしたら夢がかなうかもね。／B：そうなればすばらしいわ。まずは歌のレッスンを受けないとね。／／直後のThatは空所の内容を受けるので，歌が上手なキムにとってすばらしいと考えられる内容が入る。

V 〔適語(句)選択・語形変化〕

㉒since I was a child「私が子どものときから」とあるので「ずっと～だ」という‘継続’の意味を表す現在完了形(‘have/has＋過去分詞’)の文である。　「私は子どもの頃からジャックを知っている」

㉓when I came home「私が家に帰ったとき」に姉〔妹〕がしていた内容が入る。「～していた」という‘過去のある時点で継続中の動作’を表すのは過去進行形(was/were ～ing)である。　「私が家に帰ったとき，姉〔妹〕は英語を勉強していた」

㉔slept wellとandで並列になるので(sleep－slept－slept)，過去形の㋒か㋓になるが，㋒では意味が通らない。was taken to bedで「ベッドに連れていかれた」という意味。‘take＋人＋to＋場所’「〈人〉を～に連れていく」の受け身の形である。　「トムはベッドに連れていかれて，よく眠った」

㉕‘tell＋人＋to＋動詞の原形’「〈人〉に～するように言う」の形。　tell－told－told　「彼の母親はいつも彼に，もっと勉強するように言った」

㉖空所以降はanswerの目的語になる。whatを入れると，‘疑問詞(what time)＋主語＋動詞’の間接疑問になる。　「今が何時なのか答えられなかった」

㉗without ～ing「～することなしに，～せずに」　「私の祖父は眼鏡なしでは新聞を読めない」

㉘anotherは3つ以上あるもののうちの「別のもの」を表す。　「このTシャツは好きではありません。別のものを見せてください」

㉙‘keep＋人＋～ing’で「〈人〉を～している状態にしておく」。この形では‘人＋～ing’の間が主述関係になる(本問では「あなたが待つ」という関係)。　「お待たせしてごめんなさい」

数学解答

1 ㋑	2 ㋓	3 ㋒	4 ㋔	15 ㋒
5 ㋔	6 ㋔	7 ㋑	8 ㋒	16・17　16 ㋑　17 ㋒
9 ㋒	10 ㋐	11 ㋐	12 ㋑	18・19　18…㋓　19…㋒
13・14　13 ㋑　14 ㋑				20 ㋑

1〔数と式―数の計算〕

与式$=\dfrac{3\times2\times2}{4}=3$

2〔数と式―式の計算〕

与式$=144x^3y^5\div(-216x^3y^6)\times\dfrac{9}{4}x^8y^4=144x^3y^5\times\left(-\dfrac{1}{216x^3y^6}\right)\times\dfrac{9x^8y^4}{4}=-\dfrac{144x^3y^5\times1\times9x^8y^4}{216x^3y^6\times4}=-\dfrac{3x^8y^3}{2}$

3〔数と式―式の計算〕

与式$=\dfrac{3(5x+2y)-2(2x+7y)}{6}=\dfrac{15x+6y-4x-14y}{6}=\dfrac{11x-8y}{6}$

4〔数と式―一次方程式〕

$5x-6x+3=-12$，$5x-6x=-12-3$，$-x=-15$　$\therefore x=15$

5〔数と式―等式変形〕

両辺に abc をかけて，$bc+ac-ab=0$，$-ab$ を移項して，$bc+ac=ab$，$ac+bc=ab$，$(a+b)c=ab$，両辺を $a+b$ でわって，$c=\dfrac{ab}{a+b}$ となる。

6〔数と式―連立方程式〕

$0.2x-0.1y=0$……①，$\dfrac{1}{2}x+y=\dfrac{5}{2}$……②とする。①×10 より，$2x-y=0$……①′　②×2 より，$x+2y=5$……②′　①′×2+②′ より，$4x+x=0+5$，$5x=5$　$\therefore x=1$　これを①′に代入して，$2\times1-y=0$，$-y=-2$　$\therefore y=2$

7〔数と式―数の計算〕

与式$=x^2+2\times x\times2y+(2y)^2=(x+2y)^2$ となる。$x+2y=(2\sqrt{2}-1)+2(3-\sqrt{2})=2\sqrt{2}-1+6-2\sqrt{2}=5$ だから，与式$=5^2=25$ となる。

8〔数と式―数の性質〕

$3<\sqrt{a}<\dfrac{7}{2}$ より，$\sqrt{3^2}<\sqrt{a}<\sqrt{\left(\dfrac{7}{2}\right)^2}$，$\sqrt{9}<\sqrt{a}<\sqrt{\dfrac{49}{4}}$，$9<a<\dfrac{49}{4}$，$9<a<12+\dfrac{1}{4}$ となるから，これを満たす正の整数 a は $a=10$，11，12 の 3 個ある。

9〔数と式―数の性質〕

$\sqrt{117x}=\sqrt{3^2\times13\times x}$ となるから，$\sqrt{117x}$ が自然数となるような整数 x の中で最も小さいのは，$3^2\times13\times x=3^2\times13^2$ となる x である。よって，$x=13$ である。

10〔データの活用―範囲〕

分布の範囲は，最大値から最小値をひいた差で表される。5 人の得点の中で，最大値は 92 点，最小値は 42 点だから，得点の分布の範囲は，$92-42=50$(点)である。

11〔データの活用―標本調査―母集団の数〕

池にいる鯉《こい》の数を x 匹とする。そのうちの 60 匹に印をつけたから，池にいる鯉の数と印をつけた鯉の数の比はx：60である。また，翌日に50匹捕獲し，このうちの10匹に印がついていたので，その比は50：10である。池にいる鯉の数と印をつけた鯉の数の比，捕獲した鯉の数とその中にいる印をつけた鯉の数の比は等しいと考えられるので，x：60＝50：10が成り立つ。これを解くと，$x\times10=60\times50$，$x=300$となるので，池にいる鯉はおよそ300匹と推定できる。

12〔数と式—数量の計算〕

はかりは，青いかばんを乗せると13kgを示し，赤いかばんと青いかばんを同時に乗せると21kgを示すから，この重さの差は，赤いかばんの本当の重さを表している。よって，赤いかばんの本当の重さは，$21-13=8$(kg)である。

13・**14**〔関数—関数$\boldsymbol{y=ax^2}$と一次関数のグラフ〕

≪基本方針の決定≫14　まず，△OABの面積を求める。

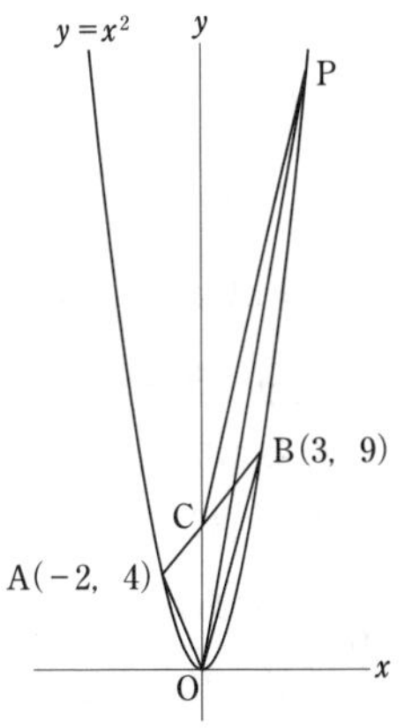

13＜y座標＞右図で，直線ABは2点A(−2，4)，B(3，9)を通るから，傾きは$\frac{9-4}{3-(-2)}=1$となり，その式は$y=x+b$とおける。点Aを通るから，$x=-2$，$y=4$を代入して，$4=-2+b$，$b=6$となる。直線ABの切片が6だから，点Cのy座標は6である。

14＜x座標＞右図で，13より，点Cのy座標は6だから，OC＝6である。△OAC，△OBCの底辺をOCと見ると，2点A，Bのx座標がそれぞれ−2，3より，△OACの高さは2，△OBCの高さは3となる。よって，$\triangle OAC=\frac{1}{2}\times6\times2=6$，$\triangle OBC=\frac{1}{2}\times6\times3=9$であり，$\triangle OAB=\triangle OAC+\triangle OBC=6+9=15$となる。これより，$\triangle OCP=\triangle OAB=15$となる。△OCPの底辺をOCと見たときの高さを$p$とすると，△OCPの面積について，$\frac{1}{2}\times6\times p=15$が成り立つので，$p=5$となる。点Pの$x$座標は正だから，5である。

15〔平面図形—五角形—角度〕

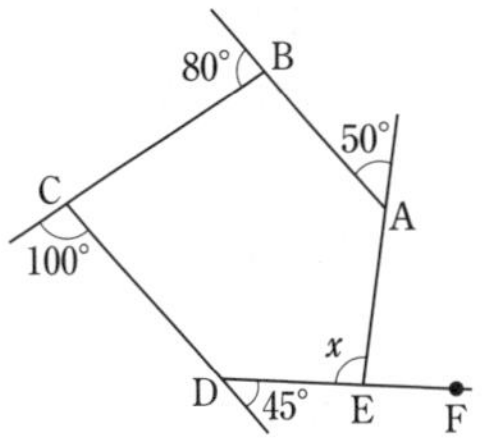

右図のように，5点A～Eを定め，線分DEの延長線上に点Fをとる。$\angle AEF=180^\circ-\angle AED=180^\circ-\angle x$と表せ，五角形ABCDEの外角の和は360°だから，$50^\circ+80^\circ+100^\circ+45^\circ+(180^\circ-\angle x)=360^\circ$が成り立つ。これより，$455^\circ-\angle x=360^\circ$，$\angle x=95^\circ$となる。

16・**17**〔平面図形—正方形と半円〕

≪基本方針の決定≫16　△AFDに着目する。　17　〔台形ABCF〕−△ABE−△CEFである。

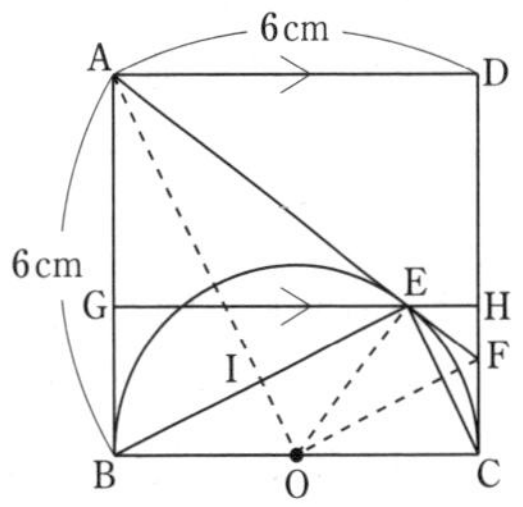

16＜長さ＞右図のように，半円の中心をOとし，点Oと3点A，E，Fをそれぞれ結ぶ。点Eは半円OとAFの接点だから，OE⊥AFとなり，$\angle ABO=\angle AEO=90^\circ$である。また，OB＝OE，AO＝AOだから，△BAO≡△EAOとなり，AE＝AB＝6である。同様に，△EFO≡△CFOとなるから，EF＝CFである。CF＝x(cm)とおくと，EF＝CF＝x，DF＝DC−CF＝$6-x$，AF＝AE＋EF＝$6+x$と表せる。よって，△AFDで三平方の定理より，$AF^2=AD^2+DF^2$だから，$(6+x)^2=6^2+(6-x)^2$が成り立ち，$36+12x+x^2=36+36-12x+x^2$，$24x=36$，$x=\frac{3}{2}$となるので，$CF=\frac{3}{2}$(cm)である。

17＜面積＞右上図で，△EBC＝〔台形ABCF〕−△ABE−△CEFである。また，〔台形ABCF〕＝$\frac{1}{2}\times(AB+CF)\times BC=\frac{1}{2}\times\left(6+\frac{3}{2}\right)\times6=\frac{45}{2}$である。点Eを通り辺ADに平行な直線と，辺AB，DCの

交点をそれぞれG，Hとすると，四角形AGHDは長方形となるから，GH⊥AB，GH⊥DC，GH＝AD＝6となる。AB∥DCであり，16より，$EF=CF=\frac{3}{2}$だから，$GE:EH=AE:EF=6:\frac{3}{2}=4:1$となる。これより，$GE=\frac{4}{4+1}GH=\frac{4}{5}\times 6=\frac{24}{5}$，$EH=GH-GE=6-\frac{24}{5}=\frac{6}{5}$となるので，$\triangle ABE=\frac{1}{2}\times AB\times GE=\frac{1}{2}\times 6\times\frac{24}{5}=\frac{72}{5}$，$\triangle CEF=\frac{1}{2}\times CF\times EH=\frac{1}{2}\times\frac{3}{2}\times\frac{6}{5}=\frac{9}{10}$である。以上より，$\triangle EBC=\frac{45}{2}-\frac{72}{5}-\frac{9}{10}=\frac{36}{5}$($cm^2$)となる。

≪別解≫前ページの図で，AOとBEの交点をIとする。△BAO≡△EAOより，AO⊥BEとなり，∠BIO＝90°である。線分BCが半円Oの直径より，∠BEC＝90°だから，∠BIO＝∠BECとなり，AO∥ECとなる。これより，∠AOB＝∠BCEであり，∠ABO＝∠BEC＝90°だから，△BAO∽△EBCとなる。$BO=\frac{1}{2}BC=\frac{1}{2}\times 6=3$だから，△BAOで三平方の定理より，$AO=\sqrt{AB^2+BO^2}=\sqrt{6^2+3^2}=\sqrt{45}=3\sqrt{5}$となり，△BAOと△EBCの相似比は，$AO:BC=3\sqrt{5}:6=\sqrt{5}:2$となる。よって，$\triangle BAO:\triangle EBC=(\sqrt{5})^2:2^2=5:4$である。$\triangle BAO=\frac{1}{2}\times AB\times BO=\frac{1}{2}\times 6\times 3=9$だから，$\triangle EBC=\frac{4}{5}\triangle BAO=\frac{4}{5}\times 9=\frac{36}{5}$($cm^2$)となる。

18・**19**〔データの活用―場合の数―さいころ〕

≪基本方針の決定≫2直線の交点のx座標をa，bで表す。

＜解説＞2直線$y=ax$，$y=bx+3$の交点のx座標は，$ax=bx+3$，$ax-bx=3$，$(a-b)x=3$より，$x=\frac{3}{a-b}$である。これが整数となるのは，$a-b=1$，-1，3，-3になるときである。$a-b=1$のとき，$(a,\ b)=(2,\ 1)$，$(3,\ 2)$，$(4,\ 3)$，$(5,\ 4)$，$(6,\ 5)$の5通りある。$a-b=-1$のとき，$(a,\ b)=(1,\ 2)$，$(2,\ 3)$，$(3,\ 4)$，$(4,\ 5)$，$(5,\ 6)$の5通りある。$a-b=3$のとき，$(a,\ b)=(4,\ 1)$，$(5,\ 2)$，$(6,\ 3)$の3通りある。$a-b=-3$のとき，$(a,\ b)=(1,\ 4)$，$(2,\ 5)$，$(3,\ 6)$の3通りある。以上より，交点のx座標が整数となるのは，$5+5+3+3=16$(通り)ある。また，交点のx座標が自然数となるのは，$a-b=1$，3のときで，それぞれ5通り，3通りより，$5+3=8$(通り)となる。

20〔数と式―数の性質〕

≪基本方針の決定≫4けたの自然数A，Bを，それぞれ2つの文字を使って表す。

＜解説＞4けたの自然数Aの一番左の数字をa，それより右の3つの数字で表された3けたの数をbとおく。aは千の位の数字であるから，$A=1000a+b$と表せる。また，Bは，Aの一番左の数字を一番右に移動してつくられた数であるから，aは一の位の数字となり，bの3けたの数はそのまま1つ位が左に移動するので，$B=10b+a$と表せる。よって，$A+B=5379$だから，$(1000a+b)+(10b+a)=5379$が成り立つ。これをbについて解くと，$1001a+11b=5379$，$11b=5379-1001a$，$b=489-91a$となる。ここで，Aが偶数のとき，Aの一の位の数が偶数だから，bは偶数となる。489は奇数であるから，$91a$は奇数であり，aは奇数となる。したがって，考えられるaは，$a=1$，3，5，7，9である。$a=1$のとき，$b=489-91\times 1=398$となり，$A=1398$である。$a=3$のとき，$b=489-91\times 3=216$となり，$A=3216$である。$a=5$のとき，$b=489-91\times 5=34$となり，2けたの数になるから，適さない。$a=7$，9のときもbの値は100より小さい数となるので，適さない。よって，$A=1398$，3216であり，それらの和は$1398+3216=4614$である。

国語解答

一 問一 ①…㋓ ②…㋐ ③…㋑ ④…㋓
⑤…㋔
問二 a…㋑ b…㋒ c…㋒
問三 A…㋓ B…㋔ 問四 ㋒
問五 ㋑ 問六 ㋔ 問七 ㋐
問八 ㋓

二 問一 A…㋑ B…㋓ C…㋐ D…㋔
問二 X…㋑ Y…㋒ 問三 ㋑
問四 ㋓ 問五 ㋑ 問六 ㋓
問七 ㋔ 問八 (1)…㋓ (2)…㋓
問九 ㋒ 問十 ㋓

三 ㉛ ㋔ ㉜ ㋑ ㉝ ㋐ ㉞ ㋒
㉟ ㋐

四 ㊱ ㋓ ㊲ ㋐ ㊳ ㋑ ㊴ ㋔
㊵ ㋒

五 ㊶ ㋓ ㊷ ㋑ ㊸ ㋐ ㊹ ㋔
㊺ ㋒

一〔論説文の読解―社会学的分野―現代社会〕出典：真山仁『“正しい”を疑え！』「不安は，“正しい”を求める」。

≪本文の概要≫現代社会は，人々を不安に陥れる。日本では，場の空気を読み，事を荒立てずに済ませる社会風潮が長く続き，わからないことについてわかりやすく説明してもらえないし，わからないから教えてとも言いにくい。メディアの発達によって，誰かに直接尋ねなくても，新しい環境や時代の変化，あるいは社会状況を把握できるようになった。さらに，誰もがスマホを持ち，SNSが普及しているので，情報は手軽に入手できる。それで不安を解消できるはずが，実際は逆に，日々の不安はさらに広がり，深刻になっている。それは，発信される情報が爆発的に増えて，処理が追いつかなくなったからである。現代社会は，過去に類のない不安社会なのである。だから，たくさんの情報の中から“正しい”を探してしがみつきたくなるが，かつてとは異なり，自分のスタンスや正しい情報を教えてくれる信頼できる人が，身近にはいない。一人で過ごす時間も長くなっている。そこで，相談できる相手の代わりになったのが，SNSなのである。

問一＜漢字＞①「屋外」と書く。㋐は「憶測」，㋑は「億万長者」，㋒は「臆病」，㋔は「奥」。　②「風潮」と書く。㋑は「調査」，㋒は「特徴」，㋓は「町内会」，㋔は「表面張力」。　③「知識」と書く。㋐は「色彩」，㋒は「敷物」，㋓は「結婚式」，㋔は「組織」。　④「余裕」と書く。㋐は「授与」，㋑は「預金」，㋒は「予習」，㋔は「夜風」。　⑤「尽(きる)」と書く。㋐は「人望」，㋑は「腎臓」，㋒は「神器」，㋓は「仁義」。

問二．a＜語句＞乗り越えなければならない関門や困難のことを，「ハードル」という。　b＜四字熟語＞「時々刻々」は，時間が過ぎていくこと。また，物事が次々と経過すること。「日進月歩」は，日ごと月ごとに絶え間なくどんどん進歩すること。「一朝一夕」は，わずかな時日のこと。「右往左往」は，あちらへ行ったりこちらへ行ったり，秩序なくうろうろすること。「五里霧中」は，現状がわからず，見通しや方針が立たないこと。　c＜接続語＞かつて「不安を癒やし，“正しい”方向に導いてくれる」のは，「両親や兄姉」，または「学校の先生や先輩」だったかもしれない。

問三＜語句＞A.「スタンス」は，何かに取り組む際の姿勢や立場のこと。　B.「至極」は，このうえないこと。

問四＜文脈＞「スマホとSNSが不安を解消」するはずが，「実際は逆に，日々の不安はさらに広がり，深刻になって」いる。どうしてかというと，「主な原因は，情報の氾濫」である。「発信される情報が爆発的に増えて，処理が追いつかなくなり，人々は情報の海に溺れ始めた」のである。

問五＜文章内容＞「そんな状況」とは，「屋外にいるとき」に「突然，周囲が見えなく」なり，どちらへ行ったらいいのかわからず，「頭の中」で「恐怖」が「どんどん膨らんで」いく「不安」にさいなまれるような状況である。「不安」に思うということは，「心配」するということである。

問六＜文章内容＞「メディアの発達と普及」によって，「誰かに直接尋ねなくても，新しい環境や時代の変化，あるいは社会状況を把握できる」ようになった(㋐…○)。「誰もがスマホを手にし，SNSが普及して」いるので，「情報は手軽に入手」できるが(㋓…○)，「スマホとSNSが不安を解消！となるはず」が，実際は「発信される情報が爆発的に増えて，処理が追いつかなく」なり(㋑…○)，「日々の不安はさらに広がり，深刻に」なった(㋒…○，㋔…×)。

問七＜文章内容＞「メディアの発達と普及」によって，「発信される情報が爆発的に増えて，処理が追いつかなく」なった。情報が山ほどあり，何が正しいのか見きわめるのが難しいために，私たちは，「日々，不安や不信と隣り合わせで暮らして」いるという状況に陥っている。

問八＜要旨＞「生まれ育った場所にずっと住むのであれば，情報や知識は徐々に身につく」が，「まったく知らない場所や環境に身を置く可能性」は誰にでもあり，そこで誰にでも「わからないから教えて」と言える日本人は多くない(㋐…×)。「メディアの発達と普及によって，誰かに直接尋ねなくても，新しい環境や時代の変化，あるいは社会状況を把握できるように」はなったが，「発信される情報が爆発的に増えて，処理が追いつかなく」なり，人々は「情報の海」に溺れて「どれが真実で，どれがフェイクかを見極める余裕」もなくなった(㋑…×)。そこで「自分のスタンスや正しい情報を教えてくれる人を探す」ことになるが，「スマホのような情報機器が普及していなかった頃，不安を癒やし，“正しい”方向に導いてくれるのは，たいていは身近な人」だったのに(㋓…○)，今は「本当に信頼できる人がいない，という人が増えて」きていて，「気がつくと，一人で過ごす時間が長くなって」おり，SNSが「相談できる相手の代わり」となった(㋒・㋔…×)。

二〔古文の読解―物語〕出典：『平家物語』巻第六「小督」。

≪現代語訳≫亀山の近辺の，松が一群立っている方で，かすかに琴の音が聞こえた。峰を吹きわたる嵐か松風か尋ねる人(＝小督殿)が弾く琴の音か，はっきりしないとは思ったが，馬を急がせていくうちに，片折戸をした家の中で(誰かが)琴を心を澄ませて弾いていた。馬を控えてこれを聴いたところ，少しも間違うはずもなく，小督殿が琴を弾く音である。楽曲は何かと聴くと，夫を想って恋うという想夫恋という〈楽曲〉である。思ったとおりだ，高倉天皇の御事を思い出し申し上げて，楽曲は多くあるのに，この楽曲をお弾きになったとは優美なことだ。めったにないと思われて，腰から横笛を抜き出し，少し鳴らして，門をトントンとたたくと，すぐに弾きやまれた。声高く，「これは宮中から，仲国がお使いに参ったのでございます。お開けください」と言ってたたいてもたたいても，何か言う人もなかった。

問一＜古語＞A．「おぼつかなく」は，「おぼつかなし」の連用形。「おぼつかなし」は，はっきりしない，あやしい，という意味。　B．「ありがたう」は，「ありがたし」の連用形ウ音便。「ありがたし」は，めったにない，という意味。「おぼえ」は，「おぼゆ」の連用形。「おぼゆ」は，思われる，という意味。　C．「やがて」は，すぐに，という意味。　D．「内裏」は，宮中のこと。

問二＜古文の内容理解＞X．琴を弾いていた小督殿は，弾くのをやめた。　Y．小督殿を尋ね当てた仲国は，門をたたいた。

問三＜古典文法＞係り結びの法則により，結びが「けり」の連体形の「ける」になっているので，係助詞「ぞ」が入る。

問四＜古文の内容理解＞仲国は，琴の音を聞きつけ，「楽」は何かと耳を傾けた。すると，その「楽」は，「想夫恋」という「楽」だった。

問五＜古文の内容理解＞仲国は，琴の音を聞きつけて「たづぬる人」である小督殿の琴の音かと思い，音のする方へ行ってみた。すると，片折戸の内で琴を弾いているのが聞こえたので耳を傾けると，それは間違いなく小督殿が琴を弾く音だった。

問六＜古文の内容理解＞小督殿を捜してやってきた仲国は，遠くに琴の音がするのを聞きつけ，「峰の嵐か松風かたづぬる人の琴の音か」と思った。そこで，「たづぬる人」がこの先にいるのかもしれないと思い，馬を速めた。

問七＜古文の内容理解＞仲国は，琴で弾いている楽曲が「想夫恋」であるとわかると，思ったとおりだ，小督殿は今も高倉天皇のことを思いながら，楽曲はたくさんあるのにその中でこの曲を選んで弾いていると思った。

問八．⑴＜歴史的仮名遣い＞歴史的仮名遣いの語頭以外のハ行は，現代仮名遣いでは原則として「わいうえお」になる。　⑵＜古文の内容理解＞小督殿は，今も高倉天皇のことを思いながら「想夫恋」という楽曲を弾いていた。仲国は，それがいかにも上品で優美だと感じた。

問九＜古文の内容理解＞松の一群がある方面から，「かすかに」琴の音が聞こえた(㋐…×)。仲国は，その音のする方へ行って，その家にたどり着いた(㋑…×)。そこで仲国は琴の音に耳を傾け，それは間違いなく自分が捜している小督殿が琴を弾く音だと確信した(㋒…○)。仲国が横笛を出して鳴らし，門をたたくと，それまで琴を弾いていた人は，弾くのをやめた(㋓…×)。仲国は，自ら門をたたいたが，応答はなかった(㋔…×)。

問十＜文学史＞『平家物語』と『方丈記』は，鎌倉時代に成立した。『伊勢物語』は平安時代，『風姿花伝』は室町時代，『今昔物語集』は平安時代，『雨月物語』は江戸時代に成立した。

三〔品詞〕

㉛「こわごわ」「ざあざあ」「ぐうぐう」「すたすたと」は，副詞。「ぼろぼろだ」は，形容動詞。

㉜「これから出かけるところだ」「もう少しでできるところだ」「確かめたところでは」「いま向かっているところだ」の「ところ」は，場面や範囲を示す。「よく事故がおこるところだ」の「ところ」は，空間的な場所を示す。　㉝「きれい」は，形容動詞「きれいだ」の語幹。「軽い」「すがすがしい」「つらい」「明るい」は，形容詞。　㉞「来たる」「あらゆる」「いわゆる」「大きな」は，連体詞。「うるさい」は，形容詞。　㉟「今にも崩れそうな」の「な」は，助動詞「そうだ」の活用語尾。「柔らかな」「穏やかな」「さわやかな」「にぎやかな」の「な」は，形容動詞の活用語尾。

四〔熟語の構成〕

㊱「握手」と「読書」は，下の漢字が上の漢字の目的語の関係になっている熟語。　㊲「国営」と「雷鳴」は，上の漢字が主語，下の漢字が述語の関係になっている熟語。　㊳「不安」と「不屈」は，下の漢字を上の漢字が打ち消している関係の熟語。　㊴「河川」と「恩恵」は，同じような意味の漢字を組み合わせた熟語。　㊵「起伏」と「呼応」は，反対の意味の漢字を組み合わせた熟語。

五〔語句〕

㊶豆腐を数える語は，「丁」。　㊷鏡を数える語は，「面」。　㊸包丁を数える語は，「本」。　㊹相撲の取り組みを数える語は，「番」。　㊺机や椅子などを数える語は，「脚」。

2024年度 埼玉栄高等学校(併願Ⅱ)

【英　語】（50分）〈満点：100点〉

（注意）　解答は，問題のあとにある選択肢の中から，最も適しているものを選び，その記号を解答用紙にマークしてください。

Ⅰ　英文を読んで，文を完成させるのに最も適切なもの，または質問に対する答えとして最も適切なものを答えなさい。　（解答番号は①～⑥）

*Franklin D. Roosevelt knew that one of the simplest and most important ways of getting support was by remembering names and making people feel important — yet how many of us do it ?

We often forget strangers' names soon after we meet them.

One of the first lessons a politician learns is this : "To remember a someone's name is a skill." And to remember names is almost as important in business and *social *contacts as it is in *politics.

Napoleon the Third, Emperor of France, could remember the name of every person he met. How did he do it ? Simple. If he didn't hear a name clearly, he said, "So sorry. I didn't catch your name." Then, if it was an unusual name, he would say, "How is it spelled ?" During the conversation, he repeated the name several times, and tried to *associate it in his mind with the person's *features and looks. If the person was someone of importance, Napoleon went to even further pains. As soon as he was alone, he wrote the name down on a piece of paper, looked at it, read it many times, kept it in his mind, and then *tore up the paper. In this way, he got *a visual and oral impression of the name. All this takes time. "Good manners come from little *sacrifices," said the *poet Emerson.

Remembering and using names is important not just for kings and company *executives. It works for all of us. Ken Smith, who worked for a big car factory in America, usually had lunch at the company cafeteria. He noticed that the woman who worked there always had an unhappy expression on her face. She just made sandwiches and he was just another customer ordering one. Every time he told her what he wanted, she would just *weigh out the ham, put one leaf of lettuce and a few potato chips on the plate and hand it to him. The next day he went to the same *line. Same woman, same unhappy face. This time, however, he noticed her name tag. He smiled and said, "Hello, Eunice," and then told her what he wanted. Eunice then *piled on the ham, gave him three leaves of lettuce and filled the plate with potato chips.

We should notice the magic *contained in a name and realize that everyone has one. The name *sets the *individual apart ; it makes him or her special among all others. From the waiter to the company executive, saying a name will work magic when we have contact with others.

（注）　Franklin D. Roosevelt　ルーズベルト(第32代アメリカ合衆国大統領)　　social　社会的な
contacts　つながり　　politics　政治　　associate　結びつける　　features　特徴
tore up　破いた　　a visual and oral impression　見た目と音声の印象
sacrifices　犠牲　　poet　詩人　　executives　重役　　weigh out　量り分ける
line　列　　piled on　山盛りにした　　contained　含まれている
set ～ apart　～を分ける　　individual　個人

問１　Franklin D. Roosevelt knew　（解答番号は①）

㋐　that it is difficult to remember people's names without efforts.

㋑　that he was elected President by remembering other people's names.

㋒　that it is simple to remember people's names.

㋓　that remembering names is one of the most important ways to be liked by other people.

問２　Emerson's word means　（解答番号は②）

㋐　that you can remember things well just by repeating them.

㋑　that small efforts will bring good results.

㋒　that a person's good habits always need other people's sacrifices.

㋓　that it is good manners for us to sacrifice our important things.

問３　The woman working in the company cafeteria changed her attitude because　（解答番号は③）

㋐　she got to know Ken Smith very well.

㋑　she noticed that Ken Smith was a company executive.

㋒　she got a new name tag.

㋓　she was called by her own name.

問４　下線部が表す意味を選びなさい。　（解答番号は④）

㋐　さらに努力した　　㋑　困り果てた

㋒　あきらめてしまった　　㋓　避けるようになった

問５　Choose the best answer about the story.　（解答番号は⑤）

㋐　When people first meet a stranger, they often remember the person's name easily.

㋑　Politicians and people in the business world need the ability to remember names.

㋒　Names can't make each of us special among all others because everybody has one.

㋓　A waiter needs magic in order to be called her name by company executives.

問６　Choose the best title for the story.　（解答番号は⑥）

㋐　How to keep strangers' names in mind

㋑　How important to remember names

㋒　How great Napoleon the Third was

㋓　How Franklin D. Roosevelt became president

Ⅱ　次のＥメールを読み，質問に対する答えとして最も適切なもの，または文を完成させるのに最も適切なものを答えなさい。　（解答番号は⑦～⑫）

From：Ken
To：Mike
Date：February 25, 2023　1:04 p.m.
Subject：Spring vacation

Hello Mike,

How are you?　Two months have passed since you went back to Vancouver from Tokyo. Today, I have big news.　This March I'm going to join a homestay program, and study English at a language school in Vancouver.　You live there, so I want to see you then.　This is my schedule.

Sunday, March 26	Arrive in Vancouver
Monday, March 27 – Friday, March 31	English classes
Saturday, April 1	Free
Sunday April 2	Party
Monday, April 3	Leave Vancouver

This school starts at 8:45 a.m. and finishes at 3:30 p.m. On Thursday, March 30, we can leave school at noon. Can you tell me your schedule ?
Ken

From : Mike
To : Ken
Date : February 26, 2023 9:23 a.m.
Subject : Re : Spring vacation

Hi Ken,
Thank you for your e-mail. I really want to see you. My family wants to see you, too. They know you helped me a lot in Japan. They're also interested in Japanese culture and they want to visit Kyoto someday.

About my schedule, I'm going to stay in New York from Tuesday to Friday. How about coming to my house on Saturday ? You said you liked baseball very much. Baseball is popular in my town, too. We have a professional baseball team. Let's go watch !
Mike

問1 What does Ken want to know about ? (解答番号は⑦)
㋐ Vancouver ㋑ Mike's news
㋒ Mike's schedule ㋓ Mike's favorite sports

問2 Which of the following is true about the language school ? (解答番号は⑧)
㋐ It has classes all day long from Monday to Saturday.
㋑ It has classes in the morning from Monday to Saturday.
㋒ It has classes in the afternoon from Monday to Friday.
㋓ It has no classes on Thursdays afternoon.

問3 When did Mike visit Japan ? (解答番号は⑨)
㋐ In October ㋑ In February
㋒ In December ㋓ In January

問4 Mike's family (解答番号は⑩)
㋐ saw Ken two months ago.
㋑ is looking forward to seeing Ken.
㋒ is going to Tokyo to study Japanese.
㋓ has visited Kyoto before.

問5　Which of the following is true about these e-mails ?　(解答番号は⑪)

㋐ Mike wants to take Ken to a professional baseball game in Vancouver.
㋑ Ken's family helped Mike in Japan.
㋒ Ken is going to visit New York to see Mike.
㋓ Mike and his family want to see Ken in Kyoto, Japan.

問6　When is Ken probably going to see Mike ?　(解答番号は⑫)

㋐ March 26　㋑ March 30　㋒ April 1　㋓ April 3

Ⅲ　次のテキストメッセージを読み，質問に対する答えとして最も適切なものを答えなさい。(解答番号は⑬⑭)

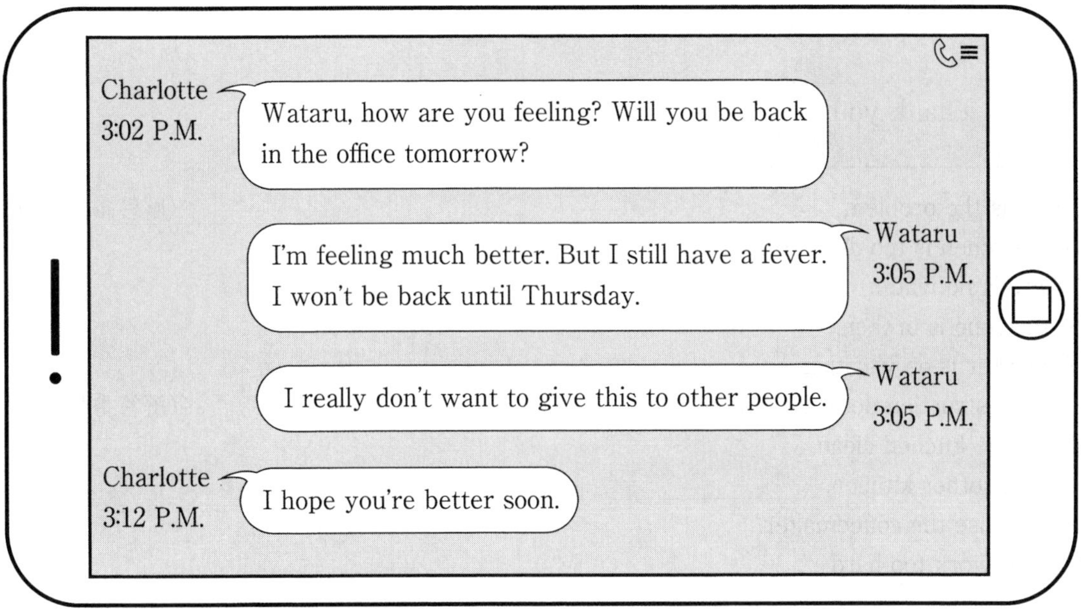

問1　What will Wataru probably do tomorrow ?　(解答番号は⑬)

㋐ Go out to eat.　㋑ Meet some friends.
㋒ Go to the office.　㋓ Stay at home.

問2　Wataru　(解答番号は⑭)

㋐ works in the same office as Charlotte.
㋑ will change his job.
㋒ wanted to give Charlotte a gift.
㋓ thought the room was cold.

Ⅳ　次のお知らせを読み，質問に対する答えとして最も適切なものを答えなさい。

（解答番号は⑮⑯）

> **To all kitchen users ～**
>
> The coffeemaker is not working.
> Please do not fill it with coffee or water.
>
> Thank you.

問1　What is the problem ?　（解答番号は⑮）

㋐ The kitchen is too dirty to use.
㋑ There is no water.
㋒ A machine is broken.
㋓ A worker is on vacation.

問2　What instruction does the notice give ?　（解答番号は⑯）

㋐ Keep the kitchen clean.
㋑ Go to another kitchen.
㋒ Do not use the coffeemaker.
㋓ Do not work too hard.

Ⅴ　次の各会話文が成立するように（　）に入るものを選びなさい。　（解答番号は⑰～㉒）

⑰ A： Carrie, what's today's date ?
B： (　　　　)
A： I just remembered !　Today is my mother's birthday !　I'll buy some flowers !

㋐ It's Wednesday.　㋑ It's six thirty.
㋒ It's cloudy.　㋓ It's August 30.

⑱ A： Jane, are you ready to go out ?
B： (　　　　)
A： We have to leave in 10 minutes.

㋐ On Sunday morning.　㋑ Just a moment.
㋒ With a friend.　㋓ At ten o'clock.

⑲ A： Can you come to my house for dinner tonight ?
B： (　　　　) I'm going to do my homework tonight.
A： I'm sorry to hear that.

㋐ I'm glad to come.　㋑ Yes, I can.
㋒ I'll do my best.　㋓ I'm afraid I can't.

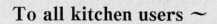

⑳ A： Where are you going?
B： I'm going to the library to borrow some books.
A： Wait a minute. (　　　) I need to return the books I got last week.
B： Okay.

㋐ I'll order a magazine.　㋑ Give me a novel.
㋒ I'll come with you.　㋓ I want to buy some books.

㉑ A： Excuse me. I think this is my seat.
B： Really? What's your seat number?
A： It's 30, and this seat number is 30.
B： Oh! I'm sorry. (　　　) I'll move soon.

㋐ Please find a seat in the next train.
㋑ Your seat is behind this one.
㋒ Let's find your seat together.
㋓ My seat is in front of yours.

㉒ A： Hi, John. Thank you very much for coming to my party today.
B： Happy birthday, Tom! Unfortunately, Ken couldn't come.
A： That's too bad. (　　　) I'm looking forward to seeing him soon.
B： I'll be sure to tell him!

㋐ Do you think this party is nice?
㋑ Are you ready to enjoy yourself?
㋒ Please set the table right now.
㋓ Please say hello to him.

Ⅵ　次の各文の(　)内に入る適切なものを選びなさい。　(解答番号は㉓～㉚)

㉓ (　　　) has he lived in Tokyo?
㋐ How about　㋑ How far　㋒ How many　㋓ How long

㉔ There (　　) a big tree here two years ago.
㋐ is　㋑ was　㋒ are　㋓ were

㉕ A letter (　　　) by my sister last Sunday.
㋐ was sending　㋑ sent me
㋒ was sent to me　㋓ sent to me

㉖ My brother told me (　　) to buy for our mother on her birthday.
㋐ where　㋑ when　㋒ how　㋓ what

㉗ The boys (　　　) over there are my friends.
㋐ are playing tennis　㋑ play tennis
㋒ playing tennis　㋓ played tennis

㉘ John got married the earliest (　　) the three brothers.
㋐ by　㋑ of　㋒ to　㋓ in

㉙ Kyoto is a famous city (　　) many people visit every year.
㋐ which　㋑ why　㋒ there　㋓ where

㉚ David helped me with my homework (　　) he was very busy.
㋐ if　㋑ since　㋒ though　㋓ because

【数　学】（50分）〈満点：100点〉

（注意）　解答は，問題のあとにある選択肢の中から，最も適しているものを一つだけ選び，その記号を解答用紙にマークしてください。

※円周率はπとして計算しなさい。

1　次の式を計算しなさい。

$6\div(-3^2)+2\times\{1-(0.5)^2\}$

㋐ $-\dfrac{13}{6}$　㋑ $-\dfrac{5}{6}$　㋒ 0　㋓ $\dfrac{5}{6}$　㋔ $\dfrac{13}{6}$

2　方程式$(x+4)(x-4)=-6x$の解のうち，大きいほうの解を求めなさい。

㋐ 2　㋑ 3　㋒ 7　㋓ 8　㋔ 9

3　$\dfrac{x+2y}{4}=\dfrac{x+y+1}{3}$が成り立つとき，$x-2y$の値を求めなさい。

㋐ 2　㋑ -2　㋒ 4　㋓ -4　㋔ $\dfrac{1}{2}$

4　次の式を計算しなさい。

$(3x-y)(x-2y)$

㋐ $3x^2-7xy-2y^2$　㋑ $3x^2+7xy+2y^2$　㋒ $3x^2-7xy+2y^2$
㋓ $3x^2+7xy-2y^2$　㋔ $-3x^2-7xy-2y^2$

5　$A=2x-y$，$B=4x-3y$のとき，$3A-2(2A-B)+3B$を計算しなさい。

㋐ $18x-14y$　㋑ $9x-7y$　㋒ $9x-2y$　㋓ $18x-2y$　㋔ $18x-7y$

6　下の図の三角柱において，辺BCとねじれの位置にある辺の数を求めなさい。

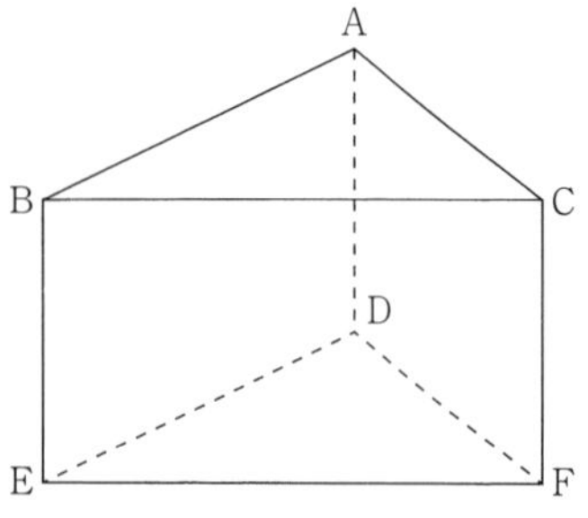

㋐ 2　㋑ 3　㋒ 4　㋓ 5　㋔ 6

7　1つの内角の大きさが144°であるような正多角形を求めなさい。

㋐ 正八角形　㋑ 正九角形　㋒ 正十角形　㋓ 正十一角形　㋔ 正十二角形

8　$\sqrt{54n}$ が自然数になるような最小の自然数 n を求めなさい。

㋐ 2　㋑ 3　㋒ 6　㋓ 9　㋔ 18

9　濃度4％の食塩水と濃度12％の食塩水を混ぜて，濃度10％の食塩水を800g作りたい。濃度4％の食塩水は何g必要か求めなさい。

㋐ 200g　㋑ 300g　㋒ 400g　㋓ 500g　㋔ 600g

10　チョコレート3箱とクッキー5箱を買うと代金の合計が1210円になり，チョコレート7箱とクッキー4箱を買うと代金の合計が1750円になります。チョコレートひと箱の値段を求めなさい。ただし，消費税は考えないものとします。

㋐ 150円　㋑ 170円　㋒ 190円　㋓ 210円　㋔ 230円

11　$x>0$ とします。次の関数のうち，x の値が増加すると y の値が減少するものを一つ選びなさい。

㋐ $y=\frac{1}{2}x$　㋑ $y=\frac{1}{2}x^2$　㋒ $y=2x$　㋓ $y=\frac{2}{x}$　㋔ $y=-\frac{2}{x}$

右の図は，関数 $y=ax^2\,(a>0)$ のグラフです。2点A，Bはこのグラフ上の点で，x 座標はそれぞれ -4，2です。直線ABの傾きが -1 のとき，次の問い **12**，**13** に答えなさい。

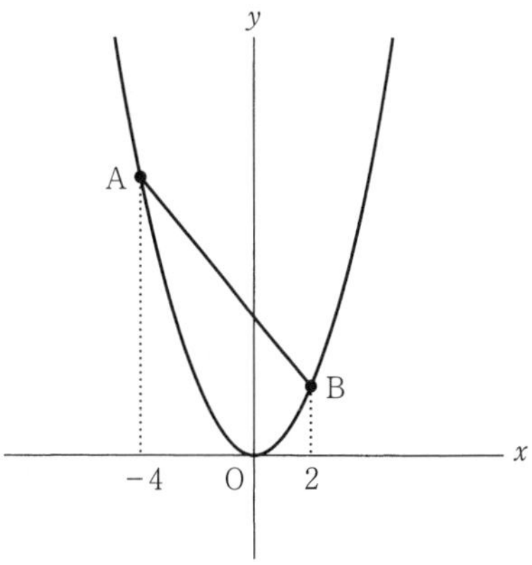

12　a の値を求めなさい。

㋐ $\frac{1}{3}$　㋑ $\frac{1}{2}$　㋒ $\frac{2}{3}$　㋓ 1　㋔ $\frac{3}{2}$

13　△OABの面積を求めなさい。

㋐ 10　㋑ 11　㋒ 12　㋓ 13　㋔ 14

右の図のように，円周上に3点A，B，CがありAB＝AC＝5 cm，BC＝3 cmです。さらに，AC上にBC＝BDとなる点Dをとり，BDの延長と円との交点をEとします。このとき，次の問い 14，15 に答えなさい。

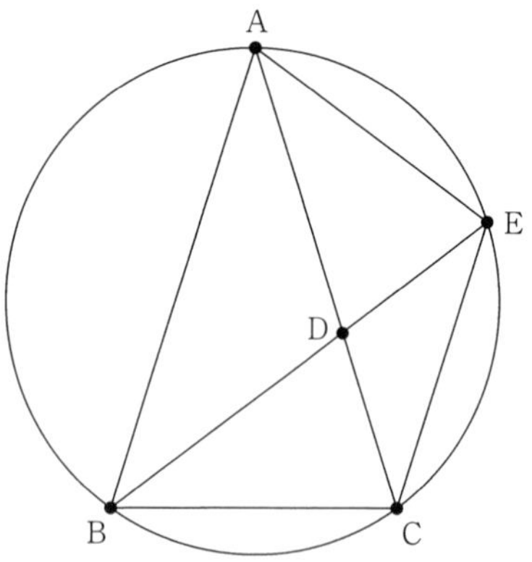

14　CEの長さを求めなさい。

㋐ $\frac{14}{5}$ cm	㋑ 3 cm	㋒ $\frac{16}{5}$ cm
㋓ $\frac{10}{3}$ cm	㋔ $\frac{11}{3}$ cm	

15　△ABD：△ABCを求めなさい。

㋐ 3：5	㋑ 4：5	㋒ 9：16	㋓ 9：25	㋔ 16：25

16　下の図のような△ABCにおいて，辺ABの中点をD，辺BCの中点をEとします。このとき，△ABCの面積は△ADEの面積の何倍かを答えなさい。

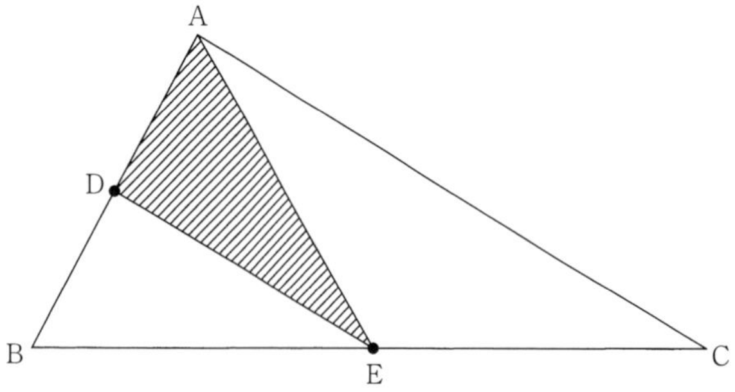

㋐ $\frac{16}{5}$ 倍	㋑ $\frac{15}{4}$ 倍	㋒ 4倍	㋓ $\frac{9}{2}$ 倍	㋔ 5倍

17　大小2つのさいころを同時に投げます。大きいさいころの出た目をx，小さいさいころの出た目をyとします。点$(x,\ y)$が直線$y=\frac{1}{3}x$上の点となる確率を求めなさい。

㋐ $\frac{1}{3}$	㋑ $\frac{1}{6}$	㋒ $\frac{1}{9}$	㋓ $\frac{1}{18}$	㋔ $\frac{1}{36}$

さいころを３回投げて出た目を順に x，y，z とし，$S=xyz$ とします。次の問い **18**，**19** に答えなさい。

18　$S=3^2$ となる確率を求めなさい。

㋐ $\frac{1}{18}$　㋑ $\frac{1}{36}$　㋒ $\frac{1}{72}$　㋓ $\frac{1}{108}$　㋔ $\frac{1}{216}$

19　S が 3^3 の倍数となる確率を求めなさい。

㋐ $\frac{1}{27}$　㋑ $\frac{5}{36}$　㋒ $\frac{1}{54}$　㋓ $\frac{5}{108}$　㋔ $\frac{5}{216}$

20

（問題）
　埼玉栄高校から総合グラウンドまで往復し続けるトレーニングを考えます。Ａ君，Ｂ君，Ｃ君の３人が学校から総合グラウンドに向かってＡ君は分速80mのペース，Ｂ君は分速160mのペース，Ｃ君は自転車に乗って一定のペースで進みます。３人が同時に学校をスタートし，往復し続けると開始から25分後にＣ君が初めてＡ君に追いつき，さらに25分後に初めてＢ君に追いつきました。このとき，学校から総合グラウンドまでの距離を答えなさい。

先　生「さぁ，この問題は解けるかな？」
ビバ男「このトレーニングはきついよね…あまり距離を気にしたことなかったな。」
ビバ子「先生，追いつくというのはすれ違うのではなく，同じ方向に向かって進んでいる状態で追いつくということですよね？」
先　生「その通りです。良い質問ですね。」
ビバ男「まず，学校からグラウンドまでの距離を y mとして，Ｃ君の速さを分速 x mとすることで式を立ててみよう。」
ビバ子「25分後にＣ君がＡ君に追いついたから，Ｃ君が進んだ道のりとＡ君が進んだ道のりの差を y の関係式で表してみたら…。」
ビバ男「それなら，同じようにＣ君がＢ君に追いついた時点での道のりの差を y の関係式で表して…二つを連立すればいいんだね。そうすれば，Ｃ君の速さがわかるね。」
ビバ子「Ｃ君の速さがわかれば，学校からグラウンドまでの距離が求められるね。」
ビバ男「答えは…です！」
先　生「あれ？　おかしいな…君たちの式は正解だけども，学校からグラウンドまでの距離は4000mのはずなんだよな…どこが違うんだろう？」
ビバ子「先生，問題のペースが違うのではないですか？　学校からグラウンドまでが4000mなら，３人のペースを □ したら，計算が合いますよ。」
ビバ男「確かに。なんかペースがおかしいと思ったんだよね。そういうことか。」
先　生「いや〜。申し訳ない。今回は先生が作った問題が間違えてたね。ありがとう。」

□ に入るものとして適当なものを選びなさい。

㋐ $\frac{1}{2}$倍　㋑ $\frac{3}{2}$倍　㋒ ２倍　㋓ ３倍　㋔ ４倍

㋔ 探していた牛が、関寺の木につながれていた

問九、この文章の内容に合致しているものを選びなさい。（解答番号 ㉙）

㋐ 左衛門の大夫が手に入れた牛は、平義清が越後から連れて来た。
㋑ 清水寺の僧は、関寺の聖に頼まれて飼っていた牛を譲り渡した。
㋒ 三井寺の僧正の前に現れた牛には、少し平たい角が生えていた。
㋓ 牛に姿を変えた迦葉仏は、関寺の聖の隣で使いの僧を出迎えた。
㋔ 多くの僧たちが、三井寺から僧正に連れられて関寺を参拝した。

問十、この文章が収められている『古本説話集』と同じジャンルの作品を選びなさい。（解答番号 ㉚）

㋐ 日本永代蔵　㋑ 新古今和歌集　㋒ 今昔物語集
㋓ 十六夜日記　㋔ 風土記

三

次の文に最もふさわしいことわざをそれぞれ選びなさい。（解答番号 ㉛～㉟）

㉛ テニスを始めたばかりだが、今日からコートに出て練習することになった。
㉜ 待っているだけでは何も変わらないから、気持ちを新たに挑戦しよう。
㉝ 目立たない印象の彼女が、見事にピアノを弾きこなしていたのには驚いた。
㉞ 閉店までまだ三十分以上もあったのに、店員の接客態度がそっけなかった。
㉟ 隣の家族はみんな明るくて、週末になると人が大勢集まるからにぎやかだ。

㋐ まかぬ種は生えぬ
㋑ 親しき仲にも礼儀あり
㋒ 木で鼻をくくる
㋓ 笑う門には福来たる
㋔ 急《せ》いては事をし損ずる
㋕ 能ある鷹は爪を隠す
㋖ 過ぎたるはなお及ばざるがごとし
㋗ 習うより慣れよ

四

次の文の文節の数をそれぞれ選びなさい。（同じ選択肢を使ってもよい。）（解答番号 ㊱～㊵）

㊱ 妹は毎朝飼い犬のポチを連れて公園まで散歩に行くのを日課にしている。
㊲ 新しい自転車を誕生日のプレゼントに買ってほしいと両親に頼んだ。
㊳ せっかく久しぶりの休日なのに朝から雨降りでどこにも出かけられない。
㊴ 若い世代に人気の女優が絵画コンクールで金賞を受賞したと話題になった。
㊵ 最近の祖父がやたらと機嫌が良いのは兄が大学に合格したからなのだ。

㋐ 7　㋑ 8　㋒ 9　㋓ 10　㋔ 11

五

次の作家とかかわりのあるものをそれぞれ選びなさい。（解答番号 ㊶～㊺）

㊶ 志賀直哉　㊷ 田山花袋　㊸ 二葉亭四迷
㊹ 高浜虚子　㊺ 与謝野晶子

㋐ 写実主義　㋑ 浪漫主義　㋒ 自然主義
㋓ 白樺派　㋔ ホトトギス派

※料…ため。

※引き具して…引き連れて。

問一、二重傍線部「越後」に相当する県名を選びなさい。（解答番号 ⑯）

㋐ 石川県　㋑ 富山県　㋒ 新潟県

㋓ 福井県　㋔ 岐阜県

問二、波線部「よし」の意味として最もふさわしいものを選びなさい。（解答番号 ⑰）

㋐ 事情　㋑ 良いこと　㋒ そぶり

㋓ 口実　㋔ 方法

問三、文章中の㋐～㋔の「の」のうち、用法の異なるものを選びなさい。（解答番号 ⑱）

㋐ 関寺の聖の関寺造るに、

㋑ 牛のなかりければ、

㋒ 木のある限り引き果てて後に、

㋓ 御堂の前に白き牛つなぎてあり。

㋔ 牛の言ふやう、

問四、［＊］にあてはまる語として最もふさわしいものを選びなさい。（解答番号 ⑲）

㋐ やは　㋑ なむ　㋒ より

㋓ にて　㋔ かし

問五、文章中に読み仮名がつけられた次の語のうち、歴史的仮名遣いが使われているものがいくつあるか選びなさい。（解答番号 ⑳）

左衛門《さゑもん》　清水《きよみづ》　聖《ひじり》　空車《むなぐるま》

三井寺《みゐでら》　御堂《みだう》　己《おのれ》

㋐ 一つ　㋑ 二つ　㋒ 三つ

㋓ 四つ　㋔ 五つ以上

問六、傍線部A～Dの主語として最もふさわしいものをそれぞれ選びなさい。（解答番号 A―㉑ B―㉒ C―㉓ D―㉔）

㋐ 越後の守　㋑ 清水なる僧　㋒ 聖

㋓ 前大僧正　㋔ 使ひの僧　㋕ 牛

問七、傍線部1～3の意味として最もふさわしいものをそれぞれ選びなさい。（解答番号 1―㉕ 2―㉖ 3―㉗）

1　今は昔

㋐ 今となってはもう昔のことだが

㋑ 今よりも少しだけ昔の話だが

㋒ 今からどれ程昔なのか知らないが

㋓ 昔から今まで語り伝えてきたが

㋔ 昔も今も変わらないことだが

2　こは何ぞの牛ぞ

㋐ これはまあどうして牛がいるのですか

㋑ これはまあどういう牛なのですか

㋒ これはまあ何者が飼っている牛ですか

㋓ これは何という牛なのですか

㋔ これはなぜ牛の姿をしているのですか

3　心得ぬ夢かな

㋐ 思いもよらない夢であるよ

㋑ 心が落ち着かない夢だったよ

㋒ 興味のわかない夢だったなあ

㋓ 気分の晴れない夢だなあ

㋔ わけが分からない夢だなあ

問八、傍線部4「驚き尊び給ひて」とありますが、その理由を答えた次の文の空欄にあてはまる内容として最もふさわしいものを選びなさい。（解答番号 ㉘）

三井寺の僧正が［　　　　］から。

㋐ 越後の国から牛が自分を訪ねて来たことに感激した

㋑ 関寺の造営のために聖が牛を飼っていると知った

㋒ 予想したとおり、使いの僧が牛を連れて帰った

㋓ 夢に見た牛は、関寺に実在していると分かった

㋔ 公の場で積極的に質問することは新たな発見につながる。

問四、空欄ａにあてはまる四字熟語として最もふさわしいものを選びなさい。（解答番号⑩）

㋐ 一心同体　㋑ 付和雷同　㋒ 一意専心
㋓ 意気投合　㋔ 以心伝心

問五、次の文は本文のどこに入れたらよいですか。文章中の㋐～㋔から選びなさい。（解答番号⑪）

思っていることを言わないで後悔するより、後悔するくらいならその時に言っておく、というほうがはるかに健康的です。

問六、傍線部Ｂ「しりごみして何も発言しない」とありますが、その理由として最もふさわしいものを選びなさい。（解答番号⑫）

㋐ 話しすぎると人間の価値を下げることになってしまうから。
㋑ うまく言えなかったり反論されたりすると恥をかくから。
㋒ 相手におとなしくて奥ゆかしい人だと思われたいから。
㋓ 適切な言葉を使って正しく表現できる自信がないから。
㋔ 自分の考えがまとまっておらず分かりやすく話せないから。

問七、空欄ｂにあてはまる筆者の考えとして最もふさわしいものを選びなさい。（解答番号⑬）

㋐ 声が小さくて聞こえない　㋑ 自分は発言しなくて良い
㋒ 自分の質問は意味がない　㋓ 案内係の女性は忙しい
㋔ 聴衆は自分に興味がない

問八、空欄1～3にあてはまる語の組み合わせとして最もふさわしいものを選びなさい。（解答番号⑭）

㋐ 1 ちょこんと　2 ぱっと　3 さっさと
㋑ 1 ちょこんと　2 にゅっと　3 そっと
㋒ 1 どっかりと　2 にゅっと　3 さっさと
㋓ 1 ちょこんと　2 ぱっと　3 そっと
㋔ 1 どっかりと　2 にゅっと　3 そっと

問九、この文章の内容に合致しているものを選びなさい。（解答番号⑮）

㋐「雄弁は銀、沈黙は金」という考え方は、世界共通であり、多くを語らず、黙っていた方が良いとされている。
㋑ 日本では、「沈黙」こそが奥ゆかしさの象徴とされており、自分の考えを述べることは、図々しいと思われている。
㋒ 失敗は誰にでもあることだから、臆せず多くのことに挑戦し続けることで満足や感動を得ることができる。
㋓ 筆者は、あるシンポジウムで失敗したことをきっかけにコミュニケーション力を高めたいと思うようになった。
㋔ 欧米では、公の場で自分の意見を否定されて動揺したり、パニックになったりすることは許されない。

二

次の文章を読んで、後の問いに答えなさい。

1今は昔、左衛門《さゑもん》の大夫《たいふ》、平義清《たひらののりきよ》が父、越後《ゑちご》の守《かみ》、その国より白き牛を得たり。年ごろ乗りてＡ歩《あり》くほどに、清水《きよみづ》なる僧に取らせて、また関寺《せきでら》の※聖《ひじり》㋐の関寺造るに、※空車《むなぐるま》を持ちて、牛㋑のなかりければ、この牛を聖に取らせつ。聖、このよしを言ひて、寺の木を引かす。木㋒のある限りＢ引き果てて後に、三井寺《みゐでら》の前大《さきのだい》僧正《そうじやう》、夢に関寺に参り給《たま》ひけるに、御堂《みだう》㋓の前に白き牛つなぎてあり。僧正、「2こは何ぞの牛ぞ」と問ひ給へば、牛㋔の言ふやう、「己《おのれ》は迦葉仏《かしようぶつ》なり。しかるを、『この寺の仏を助けむ』とて、牛になりたるなり」とＣ見て、夢覚めぬ。「3心得ぬ夢かな」とおぼして、僧一人を以《も》ちて、関寺に「寺の木引く牛やある」と問ひに遣《や》りて、給ふ。使ひの僧、帰りて、「白き大きなる牛、角少し平《ひら》みたる［＊］、聖の傍《かたは》らに立てて飼ふ。『こは何ぞの牛ぞ』とＤ問へば、『この寺の木引く※料《れう》にまうけたるなり』といふ」。そのよしを申せば、4驚き尊び給ひて、三井寺より多くの僧ども※引き具して、関寺へ参り給ふ。

（『古本説話集』による）

※聖…徳の高い僧。
※空車…車台だけで、上に屋形などのない車。荷車。

「そうか、【　b　】」と気づいた私は、それからは人前で失敗することを恐れなくなりました。もちろん、この事件の前までは、「人前で恥をかくことは、できれば避けたい」という気持ちはありました。でも、「このままずっと避け続けていたら、自分は一生変われない」とも思ったのです。㋔

こうしてその後も、「実践→失敗→反省→新たな実践→新たな失敗」を繰り返していくうちに、少しずつ公の場で発言できるようになってきました。

みなさんにも、できる③ハン囲で、こうしたトレーニングを行うことをお勧めします。たとえば、将来ついてみたい職業があるとします。どんな職業であれ、興味をもっている分野で活④ヤクしている人に会ってみたいと思うのなら、方法はいくらでもあります。目当ての人を見つけたら、その人の講演会などに足を運んで話を聞き、質疑応答の時に何か質問をしてみるとよいでしょう。

勇気を出して手をあげて質問すれば必ずきちんと答えてくれる。（Ⅲ）、その質問をする前に比べると、あなたは新しい何かを手に入れているわけです。その「何か」とは、よそでは絶対に手に入らない貴重な情報かもしれないし、「尊敬する人が自分の質問に答えてくれた」という満足感だけかもしれません。でも、とにかく⑤カク実に新しい感動や知的刺激が手に入るのです。

一度経験してしまえば、次からは失敗が怖くなくなるので、前向きなことについての「人前で恥をかく経験」は早いほどいいのです。

（今北純一『自分力を高める』による）

※欧米…ヨーロッパやアメリカ。
※シンポジウム…公開討論会。
※プレゼンテーション…会議で計画・企画・意見などを提示・発表すること。

問一、傍線部①～⑤のカタカナの部分と同じ漢字を使うものをそれぞれ選びなさい。（解答番号　①～⑤）

①　ヨウ素
㋐　全ヨウを解明する。　㋑　話のヨウ点をまとめる。
㋒　抑ヨウのある話し方。　㋓　ヨウ護教諭を目指す。
㋔　ヨウ稚園に通う。

②　シ名
㋐　合唱のシ揮をする。　㋑　会の趣シに賛同する。
㋒　両親にシ送りをする。　㋓　シ法試験に合格する。
㋔　シ外線を防止する。

③　ハン囲
㋐　美術作品をハン入する。　㋑　新しい店がハン盛する。
㋒　正しいハン断を下す。　㋓　お祝いに赤ハンを食べる。
㋔　下級生の模ハンになる。

④　活ヤク
㋐　ヤク束を果たす。　㋑　舞台の配ヤクを決める。
㋒　跳ヤク競技に出場する。　㋓　ヤクよけのお守りを買う。
㋔　ヤク草を煎じて飲む。

⑤　カク実
㋐　成功のカク率が高い。　㋑　前後の間カクを空ける。
㋒　農作物を収カクする。　㋓　カク心に迫る意見。
㋔　旅カク機を操縦する。

問二、空欄Ⅰ～Ⅲに入る語として最もふさわしいものをそれぞれ選びなさい。（解答番号　Ⅰ—⑥　Ⅱ—⑦　Ⅲ—⑧）
㋐　つまり　㋑　おそらく　㋒　ところが
㋓　たとえば　㋔　あるいは

問三、傍線部A「沈黙は『金』ではなく『罪』であり、『何も考えていない愚か者の証拠』です」とありますが、この考え方と異なるものを選びなさい。（解答番号　⑨）
㋐　人前で間違ったり失敗したりしてもかまわない。
㋑　自分が思っていることを発言しないのは恥ずかしいことだ。
㋒　自分から働きかけることで思い通りに行動することができる。
㋓　言葉に出さなくても人は自分のことを分かってくれる。

二〇二四年度
埼玉栄高等学校（併願Ⅱ）

【国　語】〈五〇分〉〈満点：一〇〇点〉

（注意）解答は、問題の後にある選択肢の中から、最も適しているものを一つだけ選び、その記号を解答用紙にマークしてください。

一　次の文章を読んで、後の問いに答えなさい。

西洋のことわざに、「雄弁は銀、沈黙は金」という言葉があります。「口から泡を飛ばすような雄弁よりも、黙して語らぬほうが分別があり、すぐれている」という意味です。

なぜか日本では「沈黙は金」だけが切り離されて、「おしゃべりが度を超すと人間の価値を下げることになる」という、いましめの意味でよく使われています。「能ある鷹は爪を隠す」と同じように、「沈黙」は奥ゆかしさの①ヨウ素の一つとみなされているわけです。

けれど※欧米社会の現場では、こういう考え方はまったく通用しません。私自身の経験から言うと、A沈黙は「金」ではなく「罪」であり、「何も考えていない愚か者の証拠」です。

（Ⅰ）、ビジネスの交渉の場や、※シンポジウム、ディベートなどに出席して、ひと言も発言しない人がいたとします。日本では、「何か発言すればいいのに。ずいぶんとおとなしい人だな」と思われるくらいですむかもしれませんが、欧米では、「あなた、なんのためにここにいるの?」という目で見られます。㋐

場合によっては、「邪魔だ」と思われるかもしれません。自分の考えを何も発言しないということは、非常に恥ずべきことだと思われているのです。

「雄弁は銀、沈黙は金」ということわざは、あくまでも原則の世界のことであって、現実には、黙っていたのでは何もことは運ばないし、何も手に入れることができません。阿吽《あうん》の呼吸とか、【ａ】とかいった言い回しがあるように、日本では「あえて口に出して言わなくても、相手は理解してくれるはず」と考えがちですが、欧米では、はっきり口に出して言わなければ何も理解されないし、自分から動かなければ何一つ自由になりません。

人前でミスをしたり意見を否定されたりすることは、ぜんぜん恥ずかしいことではありません。一歩日本の外に出れば、Bしりごみして何も発言しない方がよほど恥ずかしいことなのです。意見を述べている時に頭がパニックになったり、意見を否定されて動揺したりすることは誰にでもあるのですから、気に病むことはありません。㋑

私は二〇代後半からヨーロッパを中心に仕事をするようになりましたが、その時公の場で自分の意見をきちんと発言できるようになりたいと思い、「国際会議やシンポジウムの席で、必ず一つは質問をする」という課題を自分自身に与えました。

私にとって難しい課題でしたが、これに慣れない限り、コミュニケーション力や※プレゼンテーション力や交渉力を高めることはできないと考えたのです。でも、そうは思っても、はじめは会場の片隅に［１］座ったまま、手をあげるタイミングさえつかめず、ひと言も発言できずにうなだれて帰ってきました。㋒

そこで次は、「質問をしないうちは帰らない」と心に決めて、あるシンポジウムに参加しました。基調講演に耳を傾ける余裕もなく、質疑応答に入るのを今か、今かと待っているうちに、ようやく質疑応答になり、意を決して［２］手をあげると、演壇上の講演者から②シ名され、それと同時に案内係の女性が飛んできてマイクを私の前に差し出しました。（Ⅱ）席を立ちマイクを手にしたその瞬間、それまで考えていた質問が頭の中からすべて吹っ飛んでしまったのです。結局何も言えずじまいで着席しました。㋓

「ああ、大恥をかいてしまった。周りの人達はさぞかし僕のことを冷笑しているだろうな」と思いましたが、周囲にはざわめきすら起こらず、マイクを手渡す係の女性は［３］別の質問者のほうに飛んでいきました。

2024年度／埼玉栄高等学校（併願Ⅱ）

英語解答

Ⅰ　問1　㋓　問2　㋑　問3　㋓

　問4　㋐　問5　㋑　問6　㋑

Ⅱ　問1　㋒　問2　㋓　問3　㋒

　問4　㋑　問5　㋐　問6　㋒

Ⅲ　問1　㋓　問2　㋐

Ⅳ　問1　㋒　問2　㋒

Ⅴ　⑰　㋓　⑱　㋑　⑲　㋓　⑳　㋒

　㉑　㋓　㉒　㋓

Ⅵ　㉓　㋓　㉔　㋑　㉕　㋒　㉖　㋓

　㉗　㋒　㉘　㋑　㉙　㋐　㉚　㋒

Ⅰ〔長文読解総合―説明文〕

≪全訳≫❶フランクリン・D・ルーズベルトは，支持を得るための最も簡単で重要な方法の1つは，名前を覚え，人々に重要であると感じさせることであると知っていた。しかし，私たちの何人がそうしているだろうか。❷私たちはしばしば，見知らぬ人の名前を会ったすぐ後に忘れてしまう。❸政治家が最初に学ぶ教訓の1つは，「人の名前を覚えることは技術である」ということだ。そして，名前を覚えることは，政治において重要であるのとほとんど同じくらい，仕事や社会的なつながりにおいても重要である。❹フランス皇帝ナポレオン3世は，会う人全ての名前を覚えることができた。どうやってそんなことができたのだろうか。単純なことだ。名前をはっきり聞き取れなかった場合に，彼は「すみません。あなたの名前を聞き取れませんでした」と言ったのだ。そして，それが珍しい名前の場合は「どのようにつづるのですか？」と言った。会話中，彼はその名前を何度も繰り返し，頭の中でその人の特徴や外見と関連づけようとした。相手が重要人物であれば，ナポレオンはさらに苦心した。1人になるとすぐにその名前を紙に書き，それを見て，何度も読み，それを覚えてからその紙を破った。こうして，彼はその名前の見た目と音声の印象を得ていたのだ。これには時間がかかる。「良いマナーは小さな犠牲から生まれる」と，詩人エマーソンは言った。❺名前を覚えて使うことが重要なのは，王や会社の重役にとってだけではない。それは私たち全員の役に立つのだ。アメリカの大きな自動車工場で働いていたケン・スミスは，いつも社員食堂で昼食をとっていた。彼はそこで働く女性がいつも不機嫌な表情をしていることに気づいた。彼女はサンドイッチをつくるだけで，彼はただサンドイッチを注文する客にすぎなかった。彼が彼女に欲しいものを伝えるたびに，彼女はハムを量り，レタスの葉を1枚とポテトフライをいくつか皿に盛り，それを彼に手渡すだけだった。翌日，彼は同じ列に行った。同じ女性，同じ不機嫌な顔。しかし今回，彼は彼女の名札に気づいた。彼はほほ笑んで，「こんにちは，ユニス」と言い，欲しいものを告げた。するとユニスはハムを山盛りにし，レタスの葉を3枚乗せて，ポテトフライで皿を埋めた。❻私たちは名前に含まれる魔法に気づき，誰もが名前を持っているということを認識するべきだ。名前は個人を別々にし，他の誰とも違う特別な存在にする。ウェイターから会社の重役に至るまで，他の人とつながりを持つとき，名前を言うことで魔法がかかるのだ。

問1＜内容一致＞「フランクリン・D・ルーズベルトは(　　)ということを知っていた」―㋓「名前を覚えることは，他の人に好かれるための最も重要な方法の1つだ」　第1段落参照。本文中の getting support「サポートを受ける」が be liked by other people「他の人に好かれる」と言い換えられている。

問2＜内容一致＞「エマーソンの言葉は，(　　)ということを意味する」―㋑「小さな努力が良い結果をもたらす」　エマーソンの言葉は，第4段落最終文のGood manners come from little sacrifices「良いマナーは小さな犠牲から生まれる」。筆者はこの前で，ナポレオン3世が人の名前を覚えるために小さな努力を重ねていたことを述べている。

問3＜内容一致＞「社員食堂で働いていた女性が態度を改めたのは，(　　)からだ」―㋓「自分の名前で呼ばれた」　第5段落参照。ケンが女性の名札を見て彼女の名前を呼んだ後，女性のケンに対するサービスが改善されている。

問4＜語句解釈＞下線部の後で，名前を覚えるためにさらに努力している様子が説明されており，これは，下線部の内容を具体的に示したものだと考えられる。

問5＜要旨把握＞「この話に関する最も適切な答えを選びなさい」―㋑「政治家や仕事をする人々には，名前を覚える能力が必要だ」　第3段落参照。

問6＜表題選択＞「この話の最適なタイトルを選びなさい」―㋑「名前を覚えることがいかに重要か」　全体を通して，人の名前を覚えることの重要性について述べられている。

Ⅱ〔長文読解総合―Eメール〕

≪全訳≫送信者：ケン／宛先：マイク／日時：2023年2月25日午後1時4分／件名：春休み❶やあ，マイク／元気？　君が東京からバンクーバーに戻ってから，2か月がたったね。今日はビッグニュースがあるんだ。僕は今年の3月にホームステイプログラムに参加して，バンクーバーの語学学校で英語を勉強する予定なんだ。君はそこに住んでいるから，そのとき君に会いたいな。これが僕のスケジュールだよ。／3月26日日曜日　バンクーバー着／3月27日月曜日～3月31日金曜日　英語の授業／4月1日土曜日　予定なし／4月2日日曜日　パーティー／4月3日月曜日　バンクーバー発❷この学校は午前8時45分に始まって午後3時30分に終わるんだ。3月30日の木曜日は正午に学校を出られるよ。君のスケジュールを教えてもらえる？／ケン

送信者：マイク／宛先：ケン／日時：2023年2月26日午前9時23分／件名：／Re：春休み❶やあ，ケン／メールをありがとう。君にとても会いたいよ。僕の家族も君に会いたがっているよ。彼らは君が日本で僕を大いに助けてくれたことを知っているからね。彼らは日本の文化にも興味を持っていて，いつか京都に行きたいと思っているんだよ。❷僕のスケジュールは，火曜日から金曜日まではニューヨークに滞在する予定なんだ。土曜日に僕の家に来るのはどうかな？　君は野球が大好きだって言っていたね。僕の町でも野球は人気だよ。プロ野球チームもあるんだ。見に行こうよ！／マイク

問1＜英問英答＞「ケンは何について知りたがっているか」―㋒「マイクのスケジュール」　ケンはメールの最後で，「君のスケジュールを教えてもらえる？」と書いている。

問2＜英問英答＞「語学学校について正しいものは，次のどれか」―㋓「木曜日の午後は授業がない」　ケンはメールの最後から2文目で「木曜日は正午に学校を出られる」と書いている。

問3＜英問英答＞「マイクが日本を訪れたのはいつか」―㋒「12月」　ケンはメールの冒頭で，「君が東京からバンクーバーに戻ってから，2か月がたった」と書いている。ケンが送ったメールの日付は2月なので，マイクが日本を訪れたのはそれより2か月前の12月である。

問4＜内容一致＞「マイクの家族は(　　)」―㋑「ケンに会うのを楽しみにしている」　マイクはメールの第3文で，「僕の家族も君に会いたがっている」と書いている。　look forward to ～ing「～することを楽しみに待つ」

問５＜内容真偽＞「これらのＥメールについて正しいのは次のどれか」　㋐「マイクはケンを，バンクーバーのプロ野球の試合に連れていきたい」…○　マイクのメールの最後の２文に一致する。　㋑「ケンの家族は日本でマイクを助けた」…×　マイクのメールの第１段落第４文に，ケンが日本でマイクを助けたことが書かれているが，ケンの家族については記述がない。　㋒「ケンはマイクに会うためにニューヨークを訪れる」…×　マイクのメールの第２段落参照。ニューヨークから戻った土曜日にバンクーバーの家に来るようケンを誘っている。　㋓「マイクと彼の家族は，日本の京都でケンに会いたいと思っている」…×　マイクのメールの第１段落参照。京都はマイクの両親がいつか訪ねてみたいと思っている場所である。

問６＜英問英答＞「ケンはおそらくいつマイクに会いに行くだろうか」―㋒「４月１日」　マイクはメールの第２段落で，土曜日に会いに来るようケンを誘っている。ケンが送ったメールのスケジュールから，土曜日は４月１日で，ケンの予定もない。

Ⅲ〔読解総合―チャット〕

≪全訳≫❶シャーロット(Ｃ)：ワタル，気分はどう？　明日，会社に戻ってくる？／午後３時２分❷ワタル(Ｗ)：だいぶ良くなったよ。でもまだ熱があるんだ。木曜日まで戻らないよ。／午後３時５分❸Ｗ：これを他の人にうつしたくないんだ。／午後３時５分❹Ｃ：早く良くなるといいね。／午後３時12分

問１＜英問英答＞「ワタルは明日おそらく何をするだろうか」―㋓「家にいる」　シャーロットの「明日会社に戻ってくるか」という質問に，ワタルは「木曜日まで戻らない」と答えている。

問２＜内容一致＞「ワタルは(　　)」―㋐「シャーロットと同じ会社で働いている」　シャーロットの最初のメッセージから，ワタルとシャーロットは会社の同僚だと判断できる。

Ⅳ〔英問英答―お知らせを見て答える問題〕

≪全訳≫キッチンをご利用の全ての方へ／コーヒーメーカーが動きません。コーヒーや水を入れないでください。／ありがとう。

＜解説＞問１．「何が問題か」―㋒「機械が壊れている」　is not working「正常に動かない」が，is broken「壊れている」と言い換えられている。　問２．「お知らせはどんな指示を伝えているか」―㋒「コーヒーメーカーを使ってはいけない」　コーヒーや水を入れてはいけないということは，コーヒーメーカーを使ってはいけないということ。

Ⅴ〔対話文完成―適文選択〕

⑰Ａ：キャリー，今日は何日？／Ｂ：8月30日だよ。／Ａ：今思い出した！　今日はお母さんの誕生日だ！　花を買うよ！／／today's date は「今日の日付」という意味。なお，'曜日'は What day is it today?「今日は何曜日ですか」などと尋ねる。

⑱Ａ：ジェーン，出かける準備はできた？／Ｂ：ちょっと待って。／Ａ：あと10分で出なきゃいけないよ。／／Just a moment.「ちょっと待って」

⑲Ａ：今夜，うちに夕食を食べに来られる？／Ｂ：残念だけど行けないよ。今晩は宿題をするつもりなんだ。／Ａ：それを聞いて残念だわ。／／食事にＢを誘ったＡが，Ｂの発言を聞いて残念に思っているのでＢは誘いを断ったのだとわかる。I'm afraid (that) 〜 で「(残念ながら)〜だと思う」という意味。㋓の I'm afraid I can't の後には，come to your house for dinner tonight が省略

されている。

⑳A：どこへ行くの？／B：図書館に本を借りに行くんだ。／A：ちょっと待って。一緒に行くわ。先週借りた本を返さなくちゃいけないの。／B：わかった。∥直後の「本を返さなければならない」から，Aも図書館に行こうとしていることがわかる。

㉑A：すみません。ここは私の席だと思うのですが。／B：本当に？　あなたの席の番号は何番ですか？／A：30番で，この席は30番です。／B：あっ！　すみません。私の席はあなたの席の前でした。すぐに移動しますね。∥「すみません」と謝っており，この後「すぐに移動する」と言っていることから，Bが席を間違えていたのだとわかる。

㉒A：こんにちは，ジョン。今日は僕のパーティーに来てくれてありがとう。／B：誕生日おめでとう，トム！　残念だけど，ケンは来られなかったんだ。／A：それは残念。彼によろしくって伝えておいて。近いうちに彼に会えるのを楽しみにしているよ。／B：必ず伝えるよ！∥この後，Bが「必ず彼に伝える」と言っていることから，ケンに何かを伝えるようAがBに頼んだのだとわかる。say hello to ～「～によろしくと伝える」　be sure to ～「きっと～する」

Ⅵ〔適語(句)選択・語形変化〕

㉓how long「どのくらい(の間)」は，‘期間’を尋ねる疑問詞。　「彼は東京にどれくらい住んでいるのですか」

㉔‘There＋be動詞＋主語…’「～がある〔いる〕」の文。‘主語’に当たるa big treeが単数で，文末のtwo years agoから過去の文とわかるので，be動詞はwasが適切。　「2年前，ここには大きな木があった」

㉕主語がA letterなので‘be動詞＋過去分詞’の受け身形で「送られた」とする。A letter was sent to meは，‘send＋物＋to＋人’「〈物〉を〈人〉に送る」の受け身形である。　「この前の日曜日，姉〔妹〕から私に手紙が送られてきた」

㉖‘tell＋人＋物事’「〈人〉に〈物事〉を教える」の‘物事’に‘疑問詞＋to不定詞’が入る形。buyの目的語がないことから，what以外は入らない。whatがbuyの目的語となり，what to buyで「何を買うべきか」という意味を表す。‘疑問詞＋to不定詞’の形は疑問詞に応じて「何を〔いつ，どこで，どのように〕～すべきか」という意味を表す。　「兄〔弟〕は私に，母の誕生日に何を買うべきか教えてくれた」

㉗The boys playing tennis over thereは‘名詞＋現在分詞＋その他の語句’の形で「あそこでテニスをしている少年たち」という意味になる。playing tennis over thereが前の名詞The boysを修飾する現在分詞の形容詞的用法。　「あそこでテニスをしている少年たちは，私の友人だ」

㉘‘the＋最上級＋of/in ～’「～の中で最も…」の形。一般に，最上級の文で「～の中で」を表すとき，本問のように‘～’が比較の対象と同類の複数名詞または数詞ならofを，‘範囲・場所’を表す単数名詞ならinを用いる。　「ジョンは3兄弟の中で一番早く結婚した」

㉙a famous cityがvisitの目的語に当たるので，目的格の関係代名詞が入る。　「京都は，毎年多くの人が訪れる有名な都市だ」

㉚空所の前後が相反する内容になっている。thoughは「～ではあるが，～にもかかわらず」という‘逆接’の意味を表す接続詞。　「デイビッドはとても忙しかったが，私の宿題を手伝ってくれた」

2024年度／埼玉栄高等学校（併願Ⅱ）

数学解答

1 ㋓	2 ㋐	3 ㋓	4 ㋒	14・15	14 ㋑　15 ㋔
5 ㋐	6 ㋑	7 ㋒	8 ㋒	16 ㋒	17 ㋓
9 ㋐	10 ㋑	11 ㋓		18・19	18 ㋒　19 ㋐
12・13	12 ㋑　13 ㋒			20 ㋒	

1〔数と式―数の計算〕

与式$=6\div(-9)+2\times\left\{1-\left(\frac{1}{2}\right)^2\right\}=-\frac{6}{9}+2\times\left(1-\frac{1}{4}\right)=-\frac{2}{3}+2\times\frac{3}{4}=-\frac{2}{3}+\frac{3}{2}=-\frac{4}{6}+\frac{9}{6}=\frac{5}{6}$

2〔数と式―二次方程式〕

$x^2-16=-6x$，$x^2+6x-16=0$，$(x+8)(x-2)=0$　$\therefore x=-8$，2　よって，大きい方の解は，$x=2$である。

3〔数と式―文字式の利用〕

$\frac{x+2y}{4}=\frac{x+y+1}{3}$より，$3(x+2y)=4(x+y+1)$，$3x+6y=4x+4y+4$，$-x+2y=4$，$x-2y=-4$となる。

4〔数と式―式の計算〕

与式$=3x^2-6xy-xy+2y^2=3x^2-7xy+2y^2$

5〔数と式―式の計算〕

$3A-2(2A-B)+3B=3A-4A+2B+3B=-A+5B=-(2x-y)+5(4x-3y)=-2x+y+20x-15y=18x-14y$

6〔空間図形―三角柱―ねじれの位置にある辺〕

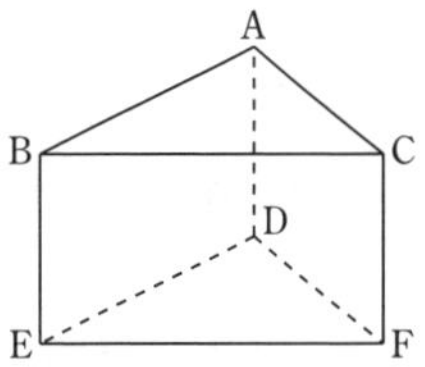

右図で，辺BCと交わっている辺は，辺AB，AC，BE，CFであり，辺BCと平行な辺は，辺EFである。これらの辺以外が辺BCとねじれの位置にある辺であり，辺AD，DE，DFの3本ある。

7〔平面図形―正多角形〕

正多角形の1つの内角の大きさが144°なので，1つの外角の大きさは180°−144°＝36°である。多角形の外角の和は常に360°であるから，360°÷36°＝10より，頂点は10個ある。よって，1つの内角の大きさが144°である正多角形は，正十角形である。

8〔数と式―数の性質〕

$54=2\times3^3$より，$\sqrt{54n}=\sqrt{2\times3^3\times n}$となるから，$\sqrt{54n}$が自然数になる最小の自然数$n$は，$2\times3^3\times n=2^2\times3^4$となる$n$である。よって，$n=2\times3$より，$n=6$である。

9〔数と式―一次方程式の応用〕

4％の食塩水の量をxgとする。4％の食塩水xgと12％の食塩水を混ぜて10％の食塩水を800gつくるので，12％の食塩水の量は$800-x$gと表せる。このとき，4％の食塩水xgに含まれる食塩の量と12％の食塩水$800-x$gに含まれる食塩の量の和は，できた10％の食塩水800gに含まれる食塩の量と等しいから，$x\times\frac{4}{100}+(800-x)\times\frac{12}{100}=800\times\frac{10}{100}$が成り立つ。これを解くと，$4x+12(800-x)=8000$，$4x+9600-12x=8000$，$-8x=-1600$，$x=200$となる。よって，必要な4％の食塩水の量は200gである。

10〔数と式―連立方程式の応用〕

チョコレート1箱の値段をx円，クッキー1箱の値段をy円とする。チョコレート3箱とクッキー

5箱を買うと代金の合計が1210円となることから，$3x+5y=1210$……①が成り立ち，チョコレート7箱とクッキー4箱を買うと代金の合計が1750円になることから，$7x+4y=1750$……②が成り立つ。①×4－②×5でyを消去すると，$12x-35x=4840-8750$，$-23x=-3910$，$x=170$となるので，チョコレート1箱の値段は170円である。

11〔関数〕

関数$y=ax$で，xの値が増加すると，$a>0$のときyの値は増加し，$a<0$のときyの値は減少する。よって，関数$y=\frac{1}{2}x$，$y=2x$は，yの値が増加する。また，関数$y=ax^2$で，$x>0$においてxの値が増加すると，$a>0$のときyの値は増加し，$a<0$のときyの値は減少する。よって，$x>0$において，関数$y=\frac{1}{2}x^2$は，yの値が増加する。さらに，関数$y=\frac{a}{x}$で，$x>0$においてxの値が増加すると，$a>0$のときyの値は減少し，$a<0$のときyの値は増加する。よって，$x>0$において，関数$y=\frac{2}{x}$は，yの値が減少し，関数$y=-\frac{2}{x}$は，yの値が増加する。以上より，$x>0$において，xの値が増加するとyの値が減少する関数は，$y=\frac{2}{x}$である。

12・**13**〔関数―関数$\boldsymbol{y=ax^2}$と一次関数のグラフ〕

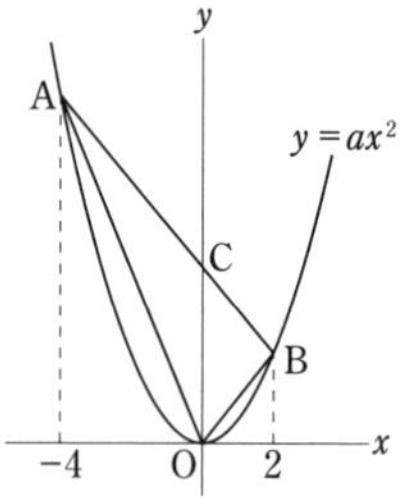

12＜比例定数＞右図で，2点A，Bは関数$y=ax^2$のグラフ上にあり，x座標がそれぞれ-4，2だから，点Aのy座標は$y=a\times(-4)^2=16a$，点Bのy座標は$y=a\times2^2=4a$となり，A$(-4,\ 16a)$，B$(2,\ 4a)$と表せる。これより，直線ABの傾きは，$\frac{4a-16a}{2-(-4)}=\frac{-12a}{6}=-2a$となる。よって，直線ABの傾きが$-1$より，$-2a=-1$が成り立ち，$a=\frac{1}{2}$である。

13＜面積＞右図で，直線ABは，傾きが-1だから，その式は$y=-x+b$とおける。**12**より，$4a=4\times\frac{1}{2}=2$だから，B$(2,\ 2)$となる。直線$y=-x+b$が点Bを通るので，$x=2$，$y=2$を代入すると，$2=-2+b$，$b=4$となる。よって，直線ABの切片が4だから，直線ABとy軸の交点をCとすると，C$(0,\ 4)$であり，OC＝4である。△OAC，△OBCの底辺をOCと見ると，2点A，Bのx座標より，△OACの高さは4，△OBCの高さは2となるから，△OAB＝△OAC＋△OBC＝$\frac{1}{2}\times4\times4+\frac{1}{2}\times4\times2=12$である。

14・**15**〔平面図形―円，三角形〕

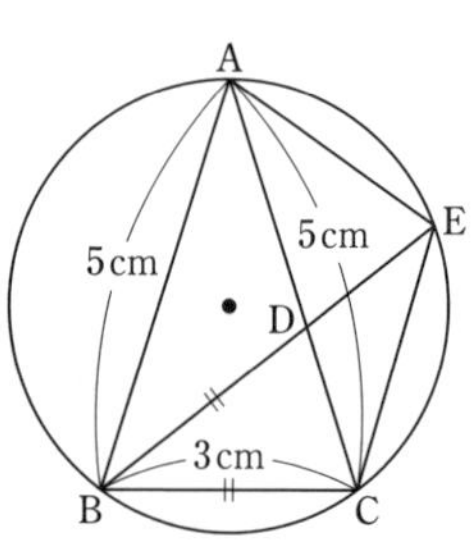

14＜長さ＞右図で，△ABCはAB＝ACの二等辺三角形だから，∠ABC＝∠BCDであり，△BCDもBC＝BDの二等辺三角形だから，∠BCA＝∠CDBである。よって，△ABC∽△BCDとなるから，∠BAC＝∠CBDである。また，$\overset{\frown}{\mathrm{BC}}$に対する円周角より，∠BAC＝∠BECだから，∠CBD＝∠BECとなり，△CBEは二等辺三角形となる。したがって，CE＝BC＝3(cm)である。

15＜面積比＞右図で，**14**より，△ABC∽△BCDだから，AB：BC＝BC：CDであり，5：3＝3：CDが成り立つ。これより，5×CD＝3×3，CD＝$\frac{9}{5}$となり，AD＝AC－CD＝5－$\frac{9}{5}=\frac{16}{5}$となる。△ABD，△ABCは，底辺をそれぞれAD，ACと見ると，高さは等しいから，面積の比は底辺の比と等しくなり，△ABD：△ABC＝AD：AC＝$\frac{16}{5}$：5＝16：25である。

≪別解≫前ページの図で，△ABC∽△BCD であり，相似比は AB：BC＝5：3 だから，△ABC：△BCD＝5^2：3^2＝25：9 である。よって，△ABD：△ABC＝(25－9)：25＝16：25 となる。

16〔平面図形―三角形―面積比〕

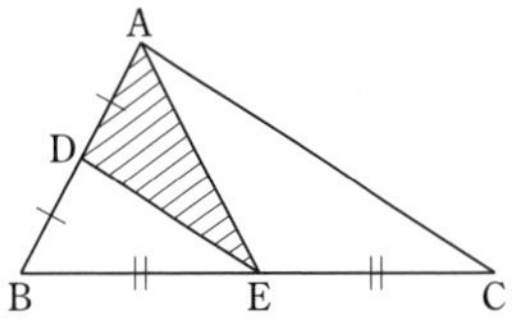

右図で，点 D が辺 AB の中点だから，AD＝BD である。△ADE，△BDE の底辺をそれぞれ AD，BD と見ると，底辺，高さがそれぞれ等しいので，△ADE＝△BDE となり，△ABE＝2△ADE となる。同様に，点 E は辺 BC の中点だから，△ABE＝△AEC となり，△ABC＝2△ABE＝2×2△ADE＝4△ADE となる。よって，△ABC の面積は △ADE の面積の 4 倍である。

17〔データの活用―確率―さいころ〕

大小 2 つのさいころを同時に投げるとき，さいころの目はそれぞれ 6 通りあるので，目の出方は全部で 6×6＝36(通り)あり，点$(x,\ y)$も 36 通りある。このうち，点$(x,\ y)$が直線$y=\frac{1}{3}x$上の点となるのは，$(x,\ y)$＝(3，1)，(6，2)の 2 通りある。よって，求める確率は$\frac{2}{36}=\frac{1}{18}$である。

18・**19**〔データの活用―確率―さいころ〕

⑱＜確率＞さいころを 3 回投げるとき，目の出方は全部で 6×6×6＝216(通り)あるので，x，y，z の組も 216 通りある。このうち，$S=3^2=9$ となるのは，$xyz=9$ だから，1 と 3 と 3 の目が出るときで，$(x,\ y,\ z)$＝(1，3，3)，(3，1，3)，(3，3，1)の 3 通りある。よって，求める確率は$\frac{3}{216}=\frac{1}{72}$である。

⑲＜確率＞さいころの 3 の倍数の目は 3，6 で，ともに素因数 3 は 1 個であるから，S が 3^3 の倍数となるのは，3 回とも 3 か 6 の目が出るときである。216 通りのうち，3 回とも 3 か 6 の目が出る場合は，1 回目，2 回目，3 回目の目の出方がそれぞれ 2 通りより，2×2×2＝8(通り)ある。よって，求める確率は$\frac{8}{216}=\frac{1}{27}$である。

20〔数と式―連立方程式の応用〕

C 君が A 君に初めて追いつくとき，C 君は A 君よりも，学校とグラウンドの間を 1 往復分多く走っている。学校を同時にスタートしてから 25 分後に追いついているので，A 君が進んだ道のりは 80×25＝2000(m)，C 君が進んだ道のりは $x\times25=25x$(m)より，その差は $25x-2000$ m であり，これが $y\times2=2y$(m)だから，$25x-2000=2y$ が成り立ち，$25x-2y=2000$……①となる。また，同様に考えて，学校を同時にスタートしてから 25＋25＝50(分)後に，C 君は B 君に初めて追いついているので，B 君が進んだ道のりは 160×50＝8000(m)，C 君が進んだ道のりは $x\times50=50x$(m)より，$50x-8000=2y$ が成り立ち，$25x-4000=y$，$25x-y=4000$……②となる。①－②より，$-2y-(-y)=2000-4000$，$-y=-2000$，$y=2000$ となり，学校からグラウンドまでの距離は 2000m となる。実際の距離は 4000m であることより，求めた距離の 4000÷2000＝2(倍)である。距離は，速さに比例するから，3 人のペースを 2 倍にすれば，進む道のりも 2 倍になり，計算が合うことになる。

═読者へのメッセージ═

⑪では，関数 $y=ax^2$，$y=\frac{a}{x}$ の y の変化について考えました。これらの関数のグラフは，それぞれ，放物線，双曲線となります。放物線，双曲線は，円錐を平面で切断したときにも現れる曲線です。高校で学習します。

2024年度／埼玉栄高等学校（併願Ⅱ）

国語解答

一　問一　①…㋑　②…㋐　③…㋔　④…㋒　⑤…㋐

問二　Ⅰ…㋓　Ⅱ…㋒　Ⅲ…㋐

問三　㋓　問四　㋔　問五　㋑

問六　㋑　問七　㋔　問八　㋐

問九　㋒

二　問一　㋒　問二　㋐　問三　㋓

問四　㋑　問五　㋓

問六　A…㋐　B…㋕　C…㋓　D…㋔

問七　1…㋐　2…㋑　3…㋔

問八　㋓　問九　㋔　問十　㋒

三　㉛　㋗　㉜　㋐　㉝　㋕　㉞　㋒

㉟　㋓

四　㊱　㋔　㊲　㋑　㊳　㋐　㊴　㋒

㊵　㋑

五　㊶　㋓　㊷　㋒　㊸　㋐　㊹　㋔

㊺　㋑

一〔論説文の読解―哲学的分野―人生〕出典：今北純一『自分力を高める』「自分を伝えるためのコミュニケーション能力」。

≪本文の概要≫日本では，「沈黙は金」という言葉が，「おしゃべりが度を超すと人間の価値を下げることになる」という戒めの意味でよく使われている。しかし，欧米では，自分の考えを何も発言しないのは，非常に恥ずべきことだと思われている。黙っていたのでは何も事は運ばないし，何も手に入れることができない。人前でミスをしたり意見を否定されたりすることは，全然恥ずかしいことではない。私は，二〇代後半からヨーロッパを中心に仕事をするようになり，公の場で自分の意見を発言できるようになりたいと思って，「国際会議やシンポジウムの席で，必ず一つは質問をする」という課題を自分に与えた。初めは失敗したが，実践と失敗と反省を繰り返していくうちに，少しずつ公の場で発言できるようになってきた。皆さんにもこのようなトレーニングを勧める。勇気を出して質問すれば必ず答えてもらえ，確実に新しい感動や知的刺激が手に入る。一度経験すれば失敗が怖くなくなるので，前向きなことについての「人前で恥をかく経験」は，早いほどよい。

問一＜漢字＞①「要素」と書く。㋐は「全容」，㋒は「抑揚」，㋓は「養護」，㋔は「幼稚園」。　②「指名」と書く。㋑は「趣旨」，㋒は「仕送り」，㋓は「司法」，㋔は「紫外線」。　③「範囲」と書く。㋐は「搬入」，㋑は「繁盛」，㋒は「判断」，㋓は「赤飯」。　④「活躍」と書く。㋐は「約束」，㋑は「配役」，㋓は「厄」，㋔は「薬草」。　⑤「確実」と書く。㋑は「間隔」，㋒は「収穫」，㋓は「核心」，㋔は「旅客機」。

問二＜接続語＞Ⅰ．沈黙している人の例として，「ビジネスの交渉の場や，シンポジウム，ディベートなどに出席して，ひと言も発言しない人」を想定する。　Ⅱ．指名された「私」のところに「案内係の女性が飛んできてマイクを私の前に差し出し」たのに，「私」の方は，「席を立ちマイクを手にしたその瞬間，それまで考えていた質問が頭の中からすべて吹っ飛んで」しまった。　Ⅲ．「勇気を出して手をあげて質問すれば必ずきちんと答えてくれる」ということは，要するに，「その質問をする前に比べると，あなたは新しい何かを手に入れている」ということである。

問三＜文章内容＞「沈黙は『金』ではなく『罪』であり，『何も考えていない愚か者の証拠』です」は，自分の意見を言わないのはよくないことだという考え方である。日本では「あえて口に出して言わなくても，相手は理解してくれるはず」と考えがちであるが，欧米では，「はっきり口に出して言わなければ何も理解されない」し，自分から動かなければ何も自由にならない。

問四＜四字熟語＞「以心伝心」は，思っていることが心から心へと伝わること。「一心同体」は，異なる人が一つの心，一つの体であるかのように強く結びついていること。「付和雷同」は，自分の意見がなく，他人の意見に訳もなく賛成すること。「一意専心」は，他のことに心を向けずに，そのことだけに心を用いること。「意気投合」は，気が合って親しくなること。

問五＜文脈＞「意見を述べている時に頭がパニックになったり，意見を否定されて動揺したりすることは誰にでもある」ので，「気に病む」ことはない。「思っていることを言わないで後悔するより，後悔するくらいならその時に言っておく，というほうがはるかに健康的」である。

問六＜文章内容＞「人前でミスをしたり意見を否定されたりすること」は「恥ずかしいこと」ではない。それを「恥ずかしい」と思うと，「しりごみして何も発言しない」ということになる。

問七＜文章内容＞「私」が「何も言えずじまいで着席」しても，周囲には「ざわめき」も起こらず，「マイクを手渡す係の女性」は「別の質問者のほうに飛んで」いった。「私」は，周りの人たちが「私」のことを気にとめていなかったことに気づき，「人前で失敗すること」を恐れなくなった。

問八＜表現＞1.「私」は，会場の片隅に小さくなって座っていた。　2.「私」は，意を決してすばやく手を挙げた。　3.「マイクを手渡す係の女性」は，すぐに別の質問者の方に飛んでいった。

問九＜要旨＞西洋の「雄弁は銀，沈黙は金」という言葉は「あくまでも原則の世界のこと」で，現実には，「沈黙」は恥ずべきことだと考えられている(㋐…×)。日本では，「沈黙」は「奥ゆかしさの要素の一つ」と見なされ，「おしゃべりが度を超すと人間の価値を下げることになる」と考えられている(㋑…×)。「意見を述べている時に頭がパニックになったり，意見を否定されて動揺したりすることは誰にでもある」ので「気に病む」ことはなく(㋔…×)，人前で発言してそのようなことがあっても，「貴重な情報」なり「満足感」なり，「新しい感動や知的刺激」が手に入る(㋒…○)。「私」は，「国際会議やシンポジウムの席で，必ず一つは質問をする」ということに慣れないかぎり，「コミュニケーション力やプレゼンテーション力や交渉力を高めることはできない」と考えていたが，はじめは一言も発言できず，次は，質問しようと手を挙げながら「それまで考えていた質問が頭の中からすべて吹っ飛んで」しまって「結局何も言えずじまい」だった(㋓…×)。

二〔古文の読解―説話〕出典：『古本説話集』第七十。

≪現代語訳≫今となってはもう昔のことだが，左衛門の大夫だった，平義清の父の，越後の守は，その国から白い牛を手に入れた。(越後の守は)長年この牛に乗って出歩いたが，清水寺の僧に与えて，(その僧は)また関寺の聖が関寺をつくるときに，荷車を持って(いながら)，(それを引く)牛がいなかったので，この牛を聖に与えた。聖は，この事情を言って，寺の(ための)材木を引かせる。全ての木を引き終えた後に，三井寺の前の大僧正が，夢で関寺にお参りになると，お堂の前に白い牛をつないであった。僧正が，「これはまあどういう牛なのですか」とお尋ねになると，牛が，「私は迦葉仏である。しかし，『この寺の仏を助けよう』として，牛になったのだ」と(言ったのを)見て，夢が覚めた。「訳がわからない夢だなあ」とお思いになって，僧一人を使いにして，関寺に「寺の材木を引いている牛がいるか」と尋ねにおやりになる。使いの僧は，帰って，「白い大きな牛で，角が少し平たくなっているのを，聖のそばに立てて飼っています。『これはどういう牛なのですか』と尋ねると，『この寺の材木を引くためにいただいたものです』と言いました」(と言った)。そのことを申し上げると，(前の大僧正は)驚き尊びなさって，三井寺から多くの僧たちを引き連れて，関寺へ参上なさった。

問一＜古典の知識＞「越後」は，現在の新潟県。

問二＜古語＞「よし」は「由」で，ここでは，事情のこと。

問三＜古典文法＞「御堂の前」の「の」は，連体修飾語をつくるはたらきをする格助詞。「聖の関寺造るに」「牛のなかりければ」「木のある限り」「牛の言ふやう」の「の」は，主格を示す格助詞。

問四＜古典文法＞その上の語を特に強調する際に，「なむ」を用いる。

問五＜歴史的仮名遣い＞現代仮名遣いでは，「さゑもん」の「ゑ」，「きよみづ」の「づ」，「みゐでら」

の「ゐ」は，それぞれ「え」「ず」「い」になり，「みだう」は「みどう」になる。

問六＜古文の内容理解＞A．越後の守は，白い牛を手に入れ，長年その牛に乗って出歩いていた。　B．聖が牛に材木を引かせ，牛はある材木を全て引き終えた。　C．前の大僧正は，関寺で白い牛と話す夢を見た。　D．大僧正の使いの僧は，関寺で白い牛を飼っていたので，これはどういう牛なのですかと尋ねた。

問七＜現代語訳＞1．「今は昔」は，今となってはもう昔のことだが，という意味。　2．「何ぞの」は，どんな，どういう，という意味。　3．「心得ぬ」は，訳がわからない，理解できない，という意味。「かな」は，文末に用いて詠嘆を表す終助詞で，～だなあ，という意味。

問八＜古文の内容理解＞三井寺の前の大僧正は，関寺に参ると白い牛がいて，その牛が「己は迦葉仏なり。～牛になりたるなり」と言った，という夢を見た。そこで関寺へ使いをやり，確かに関寺には白い牛がいることがわかったので，前の大僧正は驚き，尊んだ。

問九＜古文の内容理解＞左衛門の大夫の平義清の父は，越後の国守だったとき，その国から白い牛を手に入れた(㋐…×)。清水寺の僧は，関寺をつくるのに牛がいないという聖に牛を与えた(㋑…×)。三井寺の前の大僧正は，関寺の白い牛が自分は迦葉仏で牛になっていると言ったという夢を見た後，一人の僧を関寺へ使いにやった(㋓…×)。前の大僧正の使いで関寺に行った一人の僧は，関寺で，少し平たい角の生えた白い牛を見た(㋒…×)。関寺に実際に白い牛がいることを知った前の大僧正は，三井寺から大勢の僧たちを引き連れて，関寺に参上した(㋔…○)。

問十＜文学史＞『古本説話集』と『今昔物語集』は，説話集。『日本永代蔵』は，浮世草子。『新古今和歌集』は，和歌集。『十六夜日記』は，日記。『風土記』は，地誌。

三〔ことわざ〕

㋐「まかぬ種は生えぬ」は，原因がないのに結果が生じることはない，という意味(…㉜)。　㋑「親しき仲にも礼儀あり」は，親しい間柄でも礼儀を重んじるべきである，という意味。　㋒「木で鼻をくくる」は，対応の仕方が無愛想である，という意味(…㉞)。　㋓「笑う門には福来たる」は，いつも笑っている人の家には自然に幸運がくる，という意味(…㉟)。　㋔「急いては事をし損ずる」は，あまりあせるとかえって失敗しやすく，急いでしたことが無駄になる，という意味。　㋕「能ある鷹《たか》は爪を隠す」は，本当に優れた能力や実力のある者は，そのことをひけらかさない，という意味(…㉝)。　㋖「過ぎたるはなお及ばざるがごとし」は，何事もやりすぎることは，やり足りないことと同じようによくない，という意味。　㋗「習うより慣れよ」は，人に教えてもらうより自分で体験して慣れる方が身につく，という意味(…㉛)。

四〔ことばの単位〕

㊱「妹は／毎朝／飼い犬の／ポチを／連れて／公園まで／散歩に／行くのを／日課に／して／いる」と分けられる。　㊲「新しい／自転車を／誕生日の／プレゼントに／買って／ほしいと／両親に／頼んだ」と分けられる。　㊳「せっかく／久しぶりの／休日なのに／朝から／雨降りで／どこにも／出かけられない」と分けられる。　㊴「若い／世代に／人気の／女優が／絵画コンクールで／金賞を／受賞したと／話題に／なった」と分けられる。　㊵「最近の／祖父が／やたらと／機嫌が／良いのは／兄が／大学に／合格したからなのだ」と分けられる。

五〔文学史〕

㋐「写実主義」の代表的な作家は，坪内逍遥や二葉亭四迷など(…㊸)。　㋑「浪漫主義」の代表的な作家は，森鷗外や樋口一葉，与謝野晶子など(…㊺)。　㋒「自然主義」の代表的な作家は，田山花袋や島崎藤村など(…㊷)。　㋓「白樺派」の代表的な作家は，武者小路実篤や有島武郎，志賀直哉など(…㊶)。　㋔「ホトトギス派」の代表的な俳人は，高浜虚子や飯田蛇笏など(…㊹)。

2023年度 埼玉栄高等学校（単願・併願Ⅰ）

【英　語】（50分）〈満点：100点〉

（注意）解答は，問題のあとにある選択肢の中から，最も適しているものを一つだけ選び，その記号を解答用紙にマークしてください。

Ⅰ　以下の文は多額の借金を抱えた経営者と公園で出会った老人の物語である。質問に対する答えとして最も適切なものを答えなさい。（解答番号は①～⑥）

A business owner borrowed much more money than he could pay back. He didn't know what to do.

Some people were asking for the money back from him, others were asking for *payment. He sat on a park bench, with his head in his hands and *wondered if anything could save him from losing his business.

Suddenly an old man stood before him. "I can see that you have trouble," he said.

After he listened to the business owner's story, the old man said, "I believe I can help you."

He asked the man his name, *wrote out a check, and pushed it into his hand. He said, "Take this money. Meet me here in exactly one year, and you can pay me back then." Then he turned and went somewhere.

The business owner saw in his hand a check for $500,000 signed by John D. Rockefeller, one of the richest men in the world! He said to himself, "My money worries have disappeared *in an instant!"

However, the owner decided to put the check in his *safe. He thought, "Just knowing it is there may give me the power to save my business."

He began working hard again. He asked his business partners to let him pay the money back later. He took any job. Within a few months, he paid back all the money and even started making money once again.

Exactly one year later, he returned to the park with the check. *As he promised, the old man came to see the business owner. But just when he *was about to hand back the check and tell his success story, a nurse came running up and caught the old man.

"I'm so glad I caught him!" she cried. "I hope he hasn't been giving you a bad time. He's always leaving the *rest home and telling people he's John D. Rockefeller."

The surprised business owner just stood there without saying a word. He was buying and selling as he believed he had $500,000 behind him.

Suddenly, he realized that the most important thing was not the money. There was one thing that gave him the power to *achieve anything. It was his [A].

（注）payment　支払い　　wondered if～　～かどうかと考えた
wrote out a check　小切手（お金の代わりとなるもの）を書いた
in an instant　一瞬のうちに　　safe　金庫　　as he promised　彼が約束した通り
was about to　まさに～しようとした　　rest home　療養施設　　achieve　成し遂げる

問１　Why did the business owner hold his head in his hands?（解答番号は①）

㋐　Because he didn't think that an old man could help him.

㋑　Because he didn't know what to do for his business.

㋒ Because he lost the check that was given by the old man.
㋓ Because he had a bad headache.

問2 Who is the old man that the owner met in the park ? (解答番号は②)
㋐ He is an owner of a big company.
㋑ He is one of the richest men in the world.
㋒ He is just an old man staying at the rest home.
㋓ He is the owner's business partner.

問3 Why did the owner decide to put the check in his safe ? (解答番号は③)
㋐ Because he thought his business partner would allow him to pay the money back later.
㋑ Because he thought the check would disappear in an instant.
㋒ Because he thought he wanted to use it after the success of his business.
㋓ Because he thought that the check might give him the power to save his business even though he didn't use it.

問4 Why did the nurse catch the old man ? (解答番号は④)
㋐ Because the old man stole the check.
㋑ Because the old man left the rest home.
㋒ Because the owner gave the old man a bad time.
㋓ Because it was time to leave the rest home.

問5 Which is the best answer to fill in the blank [A] ? (解答番号は⑤)
㋐ way of buying and selling ㋑ luck
㋒ new self-confidence ㋓ success story

問6 次の各文で本文の内容に合うものをひとつ選びなさい。 (解答番号は⑥)
㋐ The owner borrowed as much money as he could pay back.
㋑ The old man promised to meet the owner in exactly one year when the owner received the check.
㋒ The owner paid back all the money but he couldn't make extra money.
㋓ The old man was buying and selling although he told a lie.

Ⅱ　次のEメールと本の一部を読み，質問に対する答えとして最も適切なもの，または文を完成させるのに最も適切なものを答えなさい。　（解答番号は⑦～⑪）

From：Ava Wilson
To：Yuna Wilson
Date：May 6, 2022
Subject：My class

Hi, Mom!　How are you?　I'm fine and enjoying life here in Osaka.　It's a big city.　From Tokyo, it takes about three hours by *bullet train.　My job is fun because the students are friendly and really want to speak English.　I'm the first teacher from New Zealand at my school, so both the students and teachers ask me a lot of questions about life there.　The students especially like to hear stories about the farms and nature in New Zealand.　I'd like to tell them about our history and *Maori culture, too.　Do you know any good books you could recommend?
Say hi to Dad and Ella.

From：Yuna Wilson
To：Ava Wilson
Date：May 8, 2022
Subject：Re：My class

Hi, Ava.　We miss you, but I'm glad you like teaching English in Japan.　Your students sound nice.　I think "MINI ENCYCLOPEDIA OF NEW ZEALAND" is good.　How about ordering that on the Internet?　There is a lot of information about New Zealand in the book, and you can listen to some songs and stories in Maori through the QR code in the book.　Maybe you can use it in your class.
Love,

From：Ava Wilson
To：Yuna Wilson
Date：May 13, 2022
Subject：Thanks!

Thank you for letting me know.　I got it and used it in today's lesson.　The students were surprised to hear that English and Maori are both used as official languages in New Zealand.　They enjoyed listening to the songs and want to learn one of them.　Next time, we'll sing one of the songs in class.　I'm sure it'll be fun.　But I'm worried because I can't sing very well!　I'll have to practice at home before class.　I'll write about my next lesson soon.　Bye for now.

NEW ZEALAND

MINI ENCYCLOPEDIA OF NEW ZEALAND

EDITORS

Grace Smith

Samuel Jones

SSH

SSH ***Publishers***

Contents

−2−

(注) bullet train　新幹線　　Maori　マオリ(ニュージーランドの先住民族)，マオリ語
transport　交通機関

問1　Where does Ava live now ?　(解答番号は⑦)

㋐ Tokyo　㋑ Osaka　㋒ New Zealand　㋓ Auckland

問2　What does Ava do now ?　(解答番号は⑧)

㋐ She writes books about nature.
㋑ She teaches English in Japan.
㋒ She works on a farm.
㋓ She studies Japanese in New Zealand.

問3　Why did Ava need the book ?　(解答番号は⑨)

㋐ She wanted to use it in class.
㋑ She wanted to read the book by Grace Smith.
㋒ She wanted to know about Japan.
㋓ She wanted to give it to Ella.

問4　The students were surprised to hear that　(解答番号は⑩)

㋐ Ava is from New Zealand.
㋑ Ava can play music very well.
㋒ there are two official languages in New Zealand.
㋓ many Japanese songs are popular in New Zealand.

問5　What chapter of the book was probably used in her class ?　(解答番号は⑪)

㋐ Chapter 2　㋑ Chapter 3　㋒ Chapter 4　㋓ Chapter 5

Ⅲ　次の広告を見て，質問に対する答えとして最も適切なもの，または文を完成させるのに最も適切なものを答えなさい。（解答番号は⑫～⑮）

Saitama *Aquarium

Opening Hours and *Admission Fees

【Opening Hours】

Normal Season (2022/3/1 - 2022/11/30)　　9:00a.m. - 5:00p.m.

Winter Season (2022/12/1 - 2023/2/28)　　9:30a.m. - 4:00p.m.

※*Last admission is one hour before the closing time.

【Admission Fees】

	Normal Season	Winter Season
Adults (Aged Over 18)	1500 yen	1100 yen
Elementary, junior high, high school Students (Aged Over 7)	600 yen	400 yen
Children (Aged Over 3)	300 yen	200 yen

Events

★The Penguin Hike to the Sea (Marine *mammal park)

＜Starting time＞　1) 10:00a.m. 2) 1:00p.m.　(Performance time : 20minutes)

*Humboldt penguins walk right past you on their hike to the sea!

★South American *sea lion and dolphin show (Dolphin stadium)

＜Starting time＞　1) 11:00a.m. 2) 2:00p.m. (Performance time : 20minutes)

Dolphins perform a jump out of the water touching a ball in the air.

★*Seal Show (Marine mammal park)

＜Starting time＞　1) 12:00a.m.　2) 3:00p.m (Performance time : 20minutes)

We introduce you to the special *features of seals *anatomy through the show.

Contact

TEL : 048-624-XXXX

（注）Aquarium　水族館　　Admission Fees　入館料　　Last admission　最終入館
mammal　哺乳類　　Humboldt penguins　フンボルトペンギン　　sea lion　アシカ
Seal Show　アザラシショー　　features　特徴　　anatomy　構造

問 1　When is the Aquarium open on July 18 ?　(解答番号は⑫)

㋐ 9:00a.m. to 4:00p.m.　㋑ 9:00a.m. to 5:00p.m.

㋒ 9:30a.m. to 4:00p.m.　㋓ 9:30a.m. to 5:00p.m.

問 2　How much will it cost when two adults, one junior high school student and one four-year-old child go to the Aquarium on December 23 ?　(解答番号は⑬)

㋐ 2,600 yen　㋑ 2,800 yen　㋒ 3,600 yen　㋓ 3,900 yen

問 3　What time does "The Penguin Hike to the Sea" start ?　(解答番号は⑭)

㋐ 9:00a.m.　㋑ 10:00a.m.　㋒ 11:00p.m.　㋓ 12:00p.m.

問 4　All visitors　(解答番号は⑮)

㋐ must enter the Aquarium one hour before the closing time.

㋑ don't have to pay the admission fee if they are over 60 years old.

㋒ can get a discount on the admission fee if they call 048-624-XXXX.

㋓ can see "Seal Show" at the Dolphin stadium.

Ⅳ　次の各会話文が成立するように(　)に入るものを選びなさい。　(解答番号は⑯～㉑)

⑯ Man　：Can I have some more salad, Mary ?

Woman：Of course, Jack. (　　　)

㋐ Help yourself.　㋑ Me, too.　㋒ That's right.　㋓ I see.

⑰ Daughter：We need some eggs to make a cake, Mom ?

Mother　：(　　　) Can you go to the supermarket and buy some ?

㋐ You don't have to.　㋑ We have some apples.

㋒ I don't think so.　㋓ We don't have any.

⑱ Girl：Do you usually go to the library after school ?

Boy：No, but (　　　) I need some books for my homework.

㋐ it's open at 10:00.

㋑ I do it today.

㋒ I have a lot of books.

㋓ there are two libraries in our town.

⑲ Boy：Sara, this hamburger is delicious. Where did you buy it ?

Girl：Oh, (　　　)

Boy：Really ? I didn't know that you could cook well.

Girl：I can! I learned cooking from my mom and grandma.

㋐ from a restaurant down the street.

㋑ it's a frozen hamburger.

㋒ my grandma made it for me.

㋓ I made it myself.

⑳ Man　：Excuse me. Do you take credit cards in this restaurant ?

Clerk：I'm afraid you can't use them.

Man　：I see. Then, (　　　)

Clerk：Thank you. That will be $65, sir.

㋐ I want the card.　㋑ I'll show you the card.

㋒ I'll pay in cash.　㋓ I want three, please.

㉑ Man　: Hello, how can I help you ?
Woman : I'd like to send this package to Germany. How long will it take ?
Man　: If you send it by express, (　　　) It costs $70.
Woman : It's a little expensive, but I hope it'll get there soon. I'll take that.
㋐ it'll cost less money.
㋑ it'll take a couple of days.
㋒ it'll be about 7,000km away.
㋓ it'll be 3kg.

V　次の各文の(　)内に入る適切なものを選びなさい。　(解答番号は㉒～㉙)

㉒ A : What do you want to do today ?
B : I want to eat (　) for dinner.
㋐ in　㋑ out　㋒ off　㋓ on

㉓ The summer vacation is coming. I (　) wait!
㋐ won't　㋑ don't　㋒ can't　㋓ needn't

㉔ A : Mom, can I open the window ?
B : No. Keep it (　).
㋐ close　㋑ closing　㋒ closed　㋓ to close

㉕ A : Do you know (　) will be our homeroom teacher next year ?
B : No, but I will be glad if Mr.Tanaka is chosen.
㋐ who　㋑ whose　㋒ whom　㋓ which

㉖ Our school is very old. It was (　) about 100 years ago.
㋐ build　㋑ builds　㋒ built　㋓ building

㉗ This is the CD (　) he bought at the concert.
㋐ which　㋑ what　㋒ where　㋓ why

㉘ Please switch (　) your mobile phone when you are in this concert hall.
㋐ to　㋑ of　㋒ off　㋓ in

㉙ The view (　) from the hotel room is so beautiful.
㋐ see　㋑ saw　㋒ seen　㋓ seeing

【数　学】（50分）〈満点：100点〉

（注意）　解答は，問題のあとにある選択肢の中から，最も適しているものを一つだけ選び，その記号を解答用紙にマークしてください。

※円周率はπとして計算しなさい。

1　次の式を計算しなさい。

$$(6-7)^{10}\times\left(-\frac{5}{4}+\frac{2}{3}\right)\div\frac{1}{2}$$

㋐ $-\frac{7}{6}$	㋑ $-\frac{6}{7}$	㋒ $\frac{1}{7}$	㋓ $\frac{6}{7}$	㋔ $\frac{7}{6}$

2　七角形の外角の和を求めなさい。

㋐ 90°	㋑ 105°	㋒ 150°	㋓ 180°	㋔ 360°

3　yはxに反比例し，$x=2$のとき$y=-1$です。$x=-1$のときのyの値を求めなさい。

㋐ -4	㋑ -2	㋒ 2	㋓ 4	㋔ 8

4　次の方程式を解きなさい。

$$\frac{x+4}{3}=\frac{x+2}{2}-\frac{2x+1}{6}$$

㋐ $x=-7$	㋑ $x=-6$	㋒ $x=-5$	㋓ $x=-4$	㋔ $x=-3$

5　2次方程式$x^2+bx+c=0$の解が$x=3$と$x=5$であるとき，b，cの値を求めなさい。

㋐ $\begin{cases}b=15\\c=8\end{cases}$	㋑ $\begin{cases}b=-2\\c=15\end{cases}$	㋒ $\begin{cases}b=2\\c=-15\end{cases}$	㋓ $\begin{cases}b=8\\c=-15\end{cases}$	㋔ $\begin{cases}b=-8\\c=15\end{cases}$

6　ある商品の価格を6店舗で調査して次のデータが得られました。このデータの中央値を求めなさい。

510，470，490，510，550，420

㋐ 485.5	㋑ 490	㋒ 500.5	㋓ 500	㋔ 510

7　$A=-x+5$，$B=x-2$ のとき，$2A-3B+2(B-A)$ を計算しなさい。

㋐　$x-2$	㋑　$-x+2$	㋒　x	㋓　$2x-3$	㋔　$-2x+7$

8　原価 x 円の品物に30％の利益を見込んで定価をつけたが，売れませんでした。そこで50円値引きして売ったところ，1250円で売れました。このとき，x の値を求めなさい。

㋐　950	㋑　1000	㋒　1050	㋓　1100	㋔　1150

9　2けたの自然数があります。一の位の数は十の位の数の２倍で，十の位の数と一の位の数を入れかえてできる数は，もとの自然数より18だけ大きくなります。もとの自然数を求めなさい。

㋐　24	㋑　25	㋒　26	㋓　27	㋔　28

10　n を整数とするとき，x についての２次方程式 $x^2-nx+36=0$ の異なる２つの解がどちらも正の整数になりました。このときの n の値の個数を求めなさい。

㋐　2個	㋑　3個	㋒　4個	㋓　5個	㋔　6個

11　２つの関数 $y=ax^2$ と $y=-\frac{1}{2}x+3$ のグラフが２点A，Bで交わっています。点Aの x 座標が２のとき，点Bの x 座標を求めなさい。

㋐　-3	㋑　-1	㋒　0	㋓　1	㋔　3

右の図において，関数①は $y=2x^2$ であり，関数②は $y=ax^2$ $(a>0)$ です。直線③は y 軸上の y 座標が正である点Aを通り，x 軸に平行です。関数①と直線③との２つの交点を x 座標が小さい順にB，Cとします。関数②と直線③との２つの交点を x 座標が小さい順にD，Eとするとき，次の問い **12**，**13** に答えなさい。

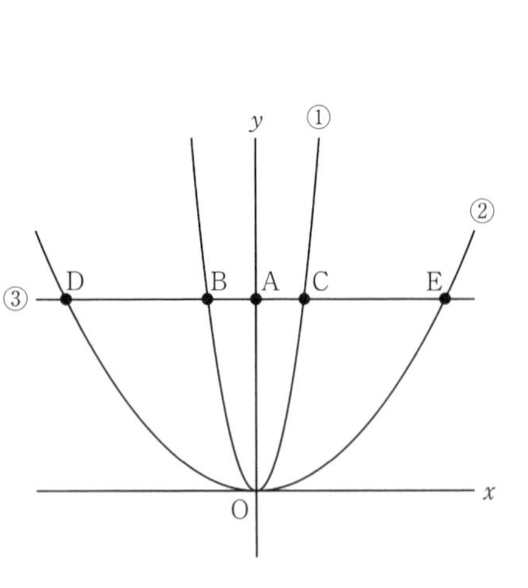

12　点Aの y 座標が８のとき，△OBCの面積を求めなさい。

㋐　2	㋑　4	㋒　8	㋓　12	㋔　16

13　DE＝4BCのとき，aの値を求めなさい。

㋐ $\frac{1}{2}$	㋑ $\frac{1}{4}$	㋒ $\frac{1}{8}$	㋓ $\frac{1}{12}$	㋔ $\frac{1}{16}$

14　右の図において，$l \parallel m \parallel n$のとき，$x$の値を求めなさい。

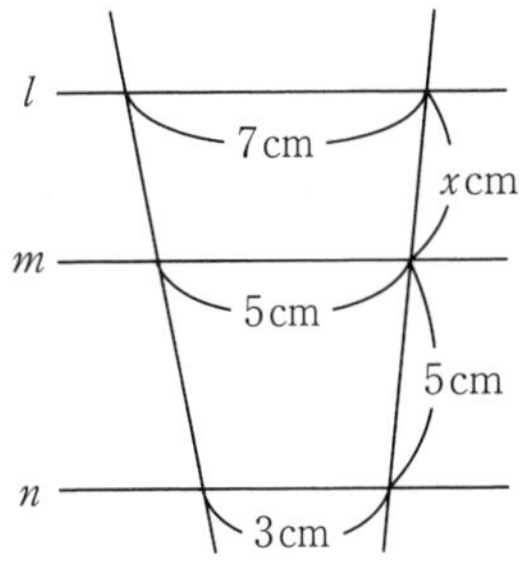

㋐ $\frac{5}{2}$cm	㋑ 3 cm
㋒ $\frac{7}{3}$cm	㋓ 4 cm
㋔ 5 cm	

15　右の図のように，線分ACを直径とし，中心がOで半径3 cmの円があります。BC∥OD，∠BAC＝35°であるとき，斜線部分のおうぎ形の面積を求めなさい。

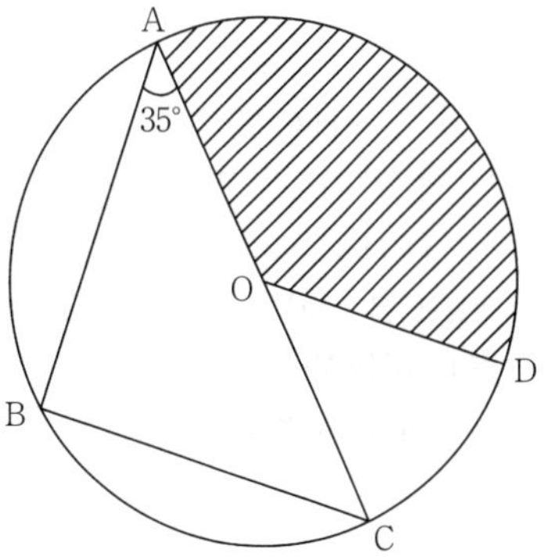

㋐ $\frac{\pi}{8}$cm^2	㋑ $\frac{15\pi}{8}$cm^2
㋒ $\frac{25\pi}{8}$cm^2	㋓ $\frac{27\pi}{8}$cm^2
㋔ 3π cm^2	

文化祭で次のような【ルール】のさいころゲームを企画しました。次の問い **16**，**17** に答えなさい。ただし，さいころの1から6までの目の出方は同様に確からしいものとします。

【ルール】
① 右の図のような正五角形ABCDEの頂点Aにコマを置く。
② 大小2つのさいころを同時に1回投げて，出た目の数の積と同じ数だけ，コマを頂点AからB，C，D，E，A，…の順に1つずつ矢印の方向へ移動させる。
③ 最も多く止まる頂点 [X] に止まったときお菓子を渡す。

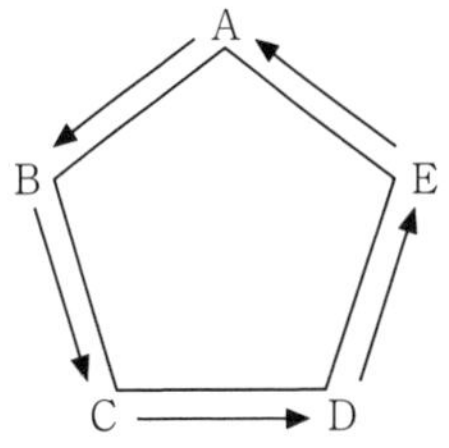

16　[X] に適するものを選びなさい。

㋐ A	㋑ B	㋒ C	㋓ D	㋔ E

17　2番目に多く止まる頂点の確率を求めなさい。

㋐ $\frac{5}{36}$	㋑ $\frac{1}{6}$	㋒ $\frac{7}{36}$	㋓ $\frac{2}{9}$	㋔ $\frac{1}{4}$

表に1と書かれたコインが2枚，2と書かれたコインが4枚，4と書かれたコインが1枚の合計7枚のコインがあります。いずれのコインも裏には何も書かれていません。この合計7枚のコインを同時に投げるとき，次の問い 18，19 に答えなさい。ただし，いずれのコインも表裏の出方は同様に確からしいものとします。

18　表が出たコインに書かれた数の和が6になる確率を求めなさい。

㋐ $\frac{3}{32}$　㋑ $\frac{15}{128}$　㋒ $\frac{1}{4}$　㋓ $\frac{63}{128}$　㋔ $\frac{87}{128}$

19　表が出たコインに書かれた数の和が6以上になる確率を求めなさい。

㋐ $\frac{3}{32}$　㋑ $\frac{15}{128}$　㋒ $\frac{1}{4}$　㋓ $\frac{63}{128}$　㋔ $\frac{87}{128}$

20

先　生「今日の問題はこちらです。解けるかな？」

問題

右の図のような中心O，半径1のおうぎ形OABがあります。∠AOB＝90°で，点Pを弧AB上の点とし，∠BOP＝60°です。点Qが線分OA上にあるとき，PQ＋QBが最小となる線分OQの長さを求めなさい。

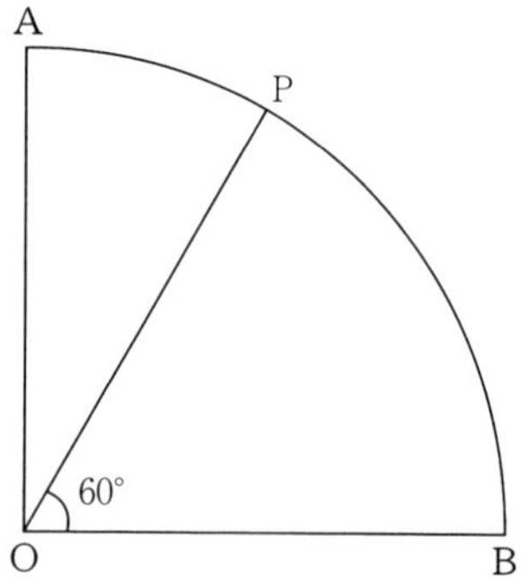

ビバ男「3点P，Q，Bを一直線につなげることができれば，PQ＋QBが最小になるんじゃないかな？」

ビバ子「線分OAを対称の軸としておうぎ形OABを対称移動させた図形を作って半円として考えてみたらどう？　対称移動させた図形をおうぎ形OAB′として，点Pを同じように対称移動させたものを点P′とすると3点P′，Q，Bは一直線として考えることができるよ！」

ビバ男「たしかに！　PQ＝P′Qだから3点P′，Q，Bが一直線になるように点Qを考えたらいいのか！　そうすると∠P′OB′の値がわかるから，∠P′BB′も求めることができるね！」

ビバ子「△OBQに着目すれば線分OQを求められそうだね！　計算すると……」

ビバ男とビバ子「［　　　］だね！」

先　生「正解です！」

㋐ $\frac{1}{\sqrt{3}}$　㋑ $\frac{1}{\sqrt{2}}$　㋒ $\frac{1}{2}$　㋓ $\frac{1}{3}$　㋔ $\frac{1}{6}$

㉜ 行

㋐ のぎへん　㋑ おおざと　㋒ ぎょうにんべん

㋓ しかばね　㋔ さんずい

㉝ 京

㋐ なべぶた　㋑ うかんむり　㋒ ひとあし

㋓ こへん　㋔ こめへん

㉞ 別

㋐ あくび　㋑ しんにょう　㋒ もんがまえ

㋓ りっとう　㋔ あしへん

㉟ 店

㋐ えんにょう　㋑ ふしづくり　㋒ がんだれ

㋓ にすい　㋔ まだれ

四

次のことわざに最もふさわしい熟語をそれぞれ選びなさい。（解答番号 ㊱～㊵）

㊱ 転ばぬ先のつえ

㊲ うりのつるになすびはならぬ

㊳ 月とすっぽん

㊴ 弘法にも筆の誤り

㊵ 猫に小判

㋐ 油断　㋑ 格差　㋒ 用心

㋓ 無効　㋔ 遺伝

五

次の語を指定された敬語に改めたものとしてふさわしいものをそれぞれ選びなさい。（解答番号 ㊶～㊺）

㊶ 着る（尊敬語）

㊷ 行く（謙譲語）

㊸ 見る（謙譲語）

㊹ ある（丁寧語）

㊺ 食べる（尊敬語）

㋐ うかがう　㋑ ございます

㋒ 拝見する　㋓ いただく

㋔ ご覧になる　㋕ お召しになる

㋖ いらっしゃる　㋗ 召し上がる

㋓ 主人や妻、家臣の肩に噛《か》み付いたこと。
㋔ 主人に禁じられている糊を食べたこと。

(2) 主人は、ねずみが「かかること」をしたのはなぜだと考えていますか。その理由として最もふさわしいものを選びなさい。（解答番号 ㉔）

㋐ 新しいものに興味を持ったから。
㋑ 糊がついているものの匂いが好きだから。
㋒ 仲間を人間に狩られて、腹が立ったから。
㋓ 日頃から、この家の者たちに恨みがあったから。
㋔ 食べ物がなく、お腹が空いていたから。

問六、傍線部3「さらに心にかくべきことにあらず」の解釈として最もふさわしいものを選びなさい。（解答番号 ㉕）

㋐ まったく覚えておく必要はないことです。
㋑ 決して配慮に欠けることではありません。
㋒ まったく気にかけるべきことではありません。
㋓ さらに注意することが必要か、いや必要ではありません。
㋔ もう一度懲らしめるべきことです。

問七、傍線部4「かたく申しつけ」について、申しつけた内容として最もふさわしいものを選びなさい。（解答番号 ㉖）

㋐ 決してねずみ狩りをしないことと、ねずみに食事を与えること。
㋑ ねずみが好む糊を使ってねずみを捕まえて、食事を与えること。
㋒ 食べ物でおびき出してねずみを捕まえて、ねずみを懲らしめること。
㋓ 人が噛まれないように、ねずみが好む糊を隠しておくこと。
㋔ 事の成り行きを見守った上で、ねずみの悪事を懲らしめること。

問八、傍線部5「かかる仁義の男」とは誰のことを指しますか。最もふさわしいものを選びなさい。（解答番号 ㉗）

㋐ ねずみに対して愛情を抱き、周りの意見を聞かない「ある人」。
㋑ ねずみの行為に対して思いやり、道理にかなった対応をする「ある人」。
㋒ 優柔不断な主人に対して自分の考えを明示できる「家臣」。
㋓ ねずみの行為を恨み、憎しみにかられて残酷な対処をする「家臣」。
㋔ ねずみの行為に対して優しい心を持つ半面、厳しい対応をする「ある人」。

問九、この文章の内容に合致しているものを選びなさい。（解答番号 ㉘）

㋐ 家臣の対応によって、ねずみはその後、壁や礼服を破るなどの悪さをしなくなった。
㋑ 主人が自分の行為によって、その後もうまく事を運ぶことができた。
㋒ 主人の発言によって、その妻や家臣たちはその後、ねずみをかわいがるようになった。
㋓ ねずみ狩りによって、ねずみはその後、その家には二度と近寄らなくなった。
㋔ ねずみが出て行ったことによって、妻や家臣たちはねずみの悪さを心配することはなくなった。

問十、この文章のジャンルは随筆ですが、これとは**異なる**ジャンルの作品を**二つ**選びなさい。（解答番号 ㉙・㉚）

㋐ 方丈記　㋑ 徒然草　㋒ 玉勝間
㋓ 太平記　㋔ 枕草子　㋕ 宇治拾遺物語

三 次の漢字の部首としてふさわしいものを選びなさい。（解答番号 ㉛〜㉟）

㉛ 国
㋐ わかんむり　㋑ くにがまえ　㋒ かくしがまえ
㋓ がんだれ　㋔ ふるとり

ていけば、人は幸せになれる。

二

次の文章を読んで、後の問いに答えなさい。

ある人正月の支度とて、※麻裃《あさがみしも》を新しく※制し置きけるを、ねずみつきて肩を食ひ破りしを、妻子などは心にかけて、その家臣などは怒りＡののしり、「Ｂ憎きねずみの仕業かな。ねずみ狩りせむ。」と、或《ある》ひは※ます落とし・わななどａ※ひしめきけるを、主かたく制して、「ねずみは糊《のり》あるものを※喰《く》ひうちなり。食事を1あてがはざるゆゑ、2かかることもなしなむ。3さらに心にかくべきことにあらず。今より食事与へよ。」と4かたく申しつけ、「※ゆめゆめねずみ狩りなどすまじ。」とｂ切《せつ》に申しつけ、

※つづれさす虫にも恥よよめが君

とｃ一句なしけるとかや。5かかる仁義の男なるゆゑや、ほどなく※仕合《しあ》わせもよろしく、またねずみもかかる悪事後々はなさざりしとや。

（『耳嚢』による）

※麻裃…礼服。
※制し置き…作り置き。
※ます落とし…ねずみ取りの仕掛けの一つ。
※ひしめきけるを…集まって騒ぎ立てていたのを。
※喰ひうちなり…食べがちである。
※ゆめゆめ～まじ…決して～いけない。
※つづれさす～よめが君…「嫁という名が付いているのに着物を破るとは、つぎ当てるという名の虫にも恥じるがよい。」という内容の句。「つづれさす虫」はこおろぎのこと。「よめが君」とはねずみのこと。
※仕合わせ…事の成り行き。

問一、二重傍線部ａ～ｃの主語のうち、「ある人」（「主」）にはアを、それ以外であればイを選びなさい。　（解答番号　ａ―⑯　ｂ―⑰　ｃ―⑱）

問二、傍線部Ａ・Ｂの本文中での意味として最もふさわしいものをそれぞれ選びなさい。　（解答番号　Ａ―⑲　Ｂ―⑳）

Ａ　ののしり

㋐ 罵倒して　㋑ 評判になって
㋒ 乗りかかって　㋓ 噂《うわさ》をして
㋔ 命じて

Ｂ　憎きねずみの仕業かな

㋐ 憎きねずみの仕事にちがいない
㋑ 憎きねずみの計画である
㋒ 憎きねずみの行いだなあ
㋓ 憎きねずみの失敗であろう
㋔ 憎きねずみの悪行なのか

問三、波線部「ねずみ狩りせむ」の「せ」と同じ単語を選びなさい。　（解答番号　㉑）

㋐ かぐや姫すこしあはれと思しけり。
㋑ 「くらもちの皇子おはしたり」と告ぐ。
㋒ 翁のありさまを申して、
㋓ よろづの遊びをぞしける。
㋔ 夕べを待つことなし。

問四、傍線部1「あてがはざるゆゑ」の現代仮名遣いとして最もふさわしいものを選びなさい。　（解答番号　㉒）

㋐ あてがわざるゆえ　㋑ あてごうざるゆえ
㋒ あてがはざるゆる　㋓ あてがわざるうえ
㋔ あてがわざるうへ

問五、傍線部2「かかることもなしなむ」について、(1)・(2)を答えなさい。

(1) 「かかること」とはどのようなことですか。最もふさわしいものを選びなさい。　（解答番号　㉓）

㋐ 食べ物を盗み食いしたこと。
㋑ 主人の礼服を食い破ったこと。
㋒ 家の壁を破って巣を作ったこと。

㋒ A さらに B また C そして D かえって
㋓ A そして B しかも C それから D まさに
㋔ A しかし B 例えば C さらに D むしろ

問三、空欄Xにあてはまる四字熟語として最もふさわしいものを選びなさい。（解答番号 ⑦）

㋐ 先手必勝 ㋑ 起死回生 ㋒ 試行錯誤
㋓ 勧善懲悪 ㋔ 弱肉強食

問四、空欄Yにあてはまる熟語として最もふさわしいものを選びなさい。（解答番号 ⑧）

㋐ 実物 ㋑ 関心 ㋒ 等身
㋓ 原寸 ㋔ 影響

問五、次の文は本文のどこに入れたらよいですか。文章中の㋐〜㋔から選びなさい。（解答番号 ⑨）

つまり作品にとって重要なことは、それぞれの生の不運や悲しみにあって、なぜある人々は鬼となり、またなぜある人々は鬼にならなかったのか、ということなのである。

問六、傍線部1「日本を舞台に」して大正時代に書かれた小説として最もふさわしいものを選びなさい。（解答番号 ⑩）

㋐ トロッコ ㋑ 舞姫 ㋒ 銀河鉄道の夜
㋓ 走れメロス ㋔ 三四郎

問七、傍線部2「鬼たちが鬼になった理由」の一つとして最もふさわしいものを選びなさい。（解答番号 ⑪）

㋐ 剣士たちが知ることのできない数多くの不幸を、幼い頃から抱えて生きてきたから。
㋑ 他人を信じられず、自分の存在を認めてくれる剣士をも恨み、傷つけてしまったから。
㋒ さまざまな過去を背負いきれなくなり、人間らしさを含めたすべてを捨て去ったから。
㋓ 大切な人を守れなかった自分の運命と無力さを憎み、戦うために生きるようになったから。
㋔ 悲運な生い立ちによって、常に情念にかき乱され、否定することしかできなかったから。

問八、傍線部3「筆者はここに、作品の重要なメッセージがあるように思う」を単語に分けたとき、使われていない品詞を選びなさい。（解答番号 ⑫）

㋐ 動詞 ㋑ 形容詞 ㋒ 形容動詞
㋓ 助詞 ㋔ 助動詞

問九、傍線部4「作品には、こうして〈救い〉と〈信頼〉をめぐるメッセージが散りばめられている」とありますが、〈救い〉と〈信頼〉について説明した次の文の空欄Ⅰ、Ⅱにあてはまる内容として最もふさわしいものを選びなさい。（解答番号 Ⅰ―⑬ Ⅱ―⑭）

〈救い〉は［Ⅰ］心の状態を表し、〈信頼〉は［Ⅱ］ことを対象としている。

㋐ 強大な力を得て、満ち足りている
㋑ 出会った人の生き方を全うしようとする
㋒ 現実を認めて前に進もうとする
㋓ 自分の生を引き継ぐ人の出現を願う
㋔ 不確かな何かとつながるために努力する

問十、この文章の内容に合致しているものを選びなさい。（解答番号 ⑮）

㋐ 『鬼滅の刃』は、登場する鬼たちの〝人間らしさ〟に大人も共感する、不思議な作品である。
㋑ 『鬼滅の刃』における剣士は、自分を見限らない人との出会いに気づけたから、鬼にならなかった。
㋒ 筆者の考える人間と鬼との違いは、矛盾や葛藤を打ち負かすために戦えるかどうかである。
㋓ 人は誰でも、何かを背負ったり打ちのめされたりしながら、思い通りにいかない世界を生きている。
㋔ 得られたものや出会えたことに感謝して、それを大切に育てつの日か、その生を引き継いでくれる誰かが現れるだろうことを〈信頼〉する。また剣士たちは、自らを〈信頼〉してくれた誰かの想い、その誰かの願いを〈信頼〉する。それぞれが与えられた現実のなかで、より良く生きようとして日々戦っていること、それぞれの道を全《まっと》うしようとした、その人たちの生き方を〈信頼〉する。何かを託し、託されていく、そこにある「繋《つな》がり」と「永遠」というものを、彼らは〈信頼〉しているからである。㋓

4作品には、こうして〈救い〉と〈信頼〉をめぐるメッセージが散りばめられている。だからこそ、見る者たちは、何かを背負い、打ちのめされようとも、「今の自分にできる精一杯」で生きようとする、そんな人々の力強さを見て勇気づけられる。と同時に、決して〈救われる〉ことなく、そうした生き方しかできなかった人々の悲しみに触れて、心を打たれるのである。私たちは、思い通りにいかない世界を生きているのかもしれない。それでも多くの人たちは、実は得るべきものを得、出会うべきものたちと出会っている。そのことに気がつき、感謝し、それを大切に育てていけるかどうかはその人自身の問題であること、「幸せかどうかを決めるのは自分自身」であるということを、物語は教えてくれるのである。㋔

（上柿崇英「『鬼滅の刃』に見る、〈救い〉と〈信頼〉の物語」による）

※天賦…天から受けた性質、才能。

※怯懦、傲慢…「怯懦」は、臆病で意志が弱いこと。「傲慢」は、偉そうに振る舞って、人を見下すさま。

※葛藤…心の中に相反する欲求や感情などが存在し、そのどちらを選ぶか迷うこと。

問一、傍線部①～⑤のカタカナの部分と同じ漢字を使うものをそれぞれ選びなさい。（解答番号　①～⑤）

① 視チョウ
㋐ チョウ戦する気持ちが大切だ。
㋑ チョウ笑を見とがめる。
㋒ チョウ人的な技を繰り出す。
㋓ チョウ刻作品を鑑賞する。
㋔ チョウ診器を背中に当てる。

② ヒン困
㋐ 来ヒンのスピーチが始まる。
㋑ 海ヒン植物の種類を調べる。
㋒ ヒン質管理を徹底する。
㋓ ヒン血解消の献立を決める。
㋔ ヒン繁にパスワードを変える。

③ 評カ
㋐ 風光絶カの地として知られる。
㋑ 物カ高による影響を受ける。
㋒ 休カの過ごし方を考える。
㋓ 結カを出すために努力する。
㋔ 祖父の日カは犬の散歩だ。

④ フン怒
㋐ フン然として席を立つ。
㋑ フン囲気の良い店に入る。
㋒ フン争の終結を願う。
㋓ フン起を誓う姿が頼もしい。
㋔ フン水の前で立ち止まる。

⑤ モウ目
㋐ 体力の消モウが激しい。
㋑ 優勝できて本モウだ。
㋒ 計画のモウ点を突かれる。
㋓ 被害モウ想に駆られる。
㋔ 中止する気はモウ頭ない。

問二、空欄A～Dにあてはまる言葉の組み合わせとして最もふさわしいものを選びなさい。（解答番号　⑥）

㋐ A　そして　B　例えば　C　さらに　D　かえって
㋑ A　しかし　B　すなわち　C　あるいは　D　むしろ

二〇二三年度 埼玉栄高等学校（単願・併願Ⅰ）

【国語】（五〇分）〈満点：一〇〇点〉

〈注意〉解答は、問題の後にある選択肢の中から、最も適しているものを一つだけ選び、その記号を解答用紙にマークしてください。

一 次の文章を読んで、後の問いに答えなさい。

『鬼滅の刃』（吾峠呼世晴作、集英社）は、大正時代の1日本を舞台に、鬼と呼ばれる異形の敵を、鬼殺隊という剣士たちが成敗していく物語である。世間に遅れること数年、筆者は最近になってこの作品をテレビで視①チョウした。そしてそれが単純な［　X　］の物語ではないこと、大人も引き込まれるその不思議な魅力は、この作品に込められたメッセージにあると感じた。ここではそのことについて書いてみたい。

まず作品では、敵である鬼たちがとても魅力的に描かれている。鬼たちもかつては人間であり、さまざまな過去を背負っている。見る者は、そこで鬼たちの〝人間らしさ〟に触れて共感し、愛着がわくこともあるだろう。だが、この作品の本当の味わいはこの先にあるのである。例えば2鬼たちが鬼になった理由、それはときに②ヒン困、病、幼少期の虐待など、抗《あらが》えない不幸な身の上だったりする。【A】不幸な素性だけで言えば、それは多くの剣士たちも同じである。㋐

【B】ある人は、悲運な生い立ちにあっても、自分を見限ることなく、一人の人間として接してくれる誰かとの出会いを通じて剣士となった。だが別の人は、そうした誰かと出会っているにもかかわらず、そのことに気がつかない。なぜ特別であるはずの自分を評③カしないのかといって、その人をかえって恨み、傷つけ、鬼となった。またある人は、他人が羨むすべてを手にしていながら、※天賦の才覚を持つ弟の存在が許せないばかりに、すべてを捨てて鬼となった。【C】別の人は、自らを救った代えがたい人々の命を隣人に奪われ、おのれの運命と無力さを憎み、戦うこと以外に意味を見いだせなくなって鬼となった。悔恨、悲哀、憎悪《ぞうお》、※怯懦《きょうだ》、傲慢、④フン怒、嫉妬、虚栄。鬼たちはいつだって情念にかき乱されている。可哀想な自分という檻《おり》のなかで、いつだって独りで蹲《うずくま》っている。〝あの時〟のことを、あるいは［　Y　］大のおのれの姿を受け入れられず、いつでも何かを否定していなければならないのである。㋑

3筆者はここに、作品の重要なメッセージがあるように思う。それは生きることの〈救い〉についてである。〈救い〉とは、すべてが満たされて幸福であることを意味しない。それは、たとえ苦しみや悲しみが消えなくとも、ありのままの現実を肯定し、心乱されることなく、前に進んでいくことができる心の状態のことだと言える。つまり鬼たちは、力を得たにもかかわらず、結局は誰一人として〈救われて〉いないということ、【D】〈救われて〉いないからこそ、彼らは鬼なのである。もちろん、剣士たちもまた苦しんでいる。闘う相手が違っただけで、限りなく鬼に近い状態の剣士もいる。だが彼らが鬼たちと違うのは、「さまざまな矛盾や※葛藤」を抱えながら、それでも何ものかと向き合い、前に進もうとしているところなのである。㋒

ではなぜ、人との出会いこそが、ときに誰かの道を開く鍵になるのだろうか。筆者はここに〈信頼〉という、作品のもうひとつのメッセージがあるように思う。〈信頼〉とは、⑤モウ目になって何かに身を任せることではない。そうではなく、あやふやで、眼で見たり、触って確かめたりすることができない何かを、それでも信じることだと言える。努力は、実らないかもしれない。信じた人が、裏切るかもしれない。それでも何かを頼りにして、自らの道を進もうとする心のあり方、それこそが〈信頼〉なのである。鬼たちが信じているのは、何かを打ち負かすことができる強大な力だけで、結局彼らは何ひとつ〈信頼〉してはいない。だが剣士たちは、自身の生き方が、より良き生のためのものだったと〈信頼〉する。そしてい

英語解答

Ⅰ 問１ ㋑　問２ ㋒　問３ ㋓
問４ ㋑　問５ ㋒　問６ ㋑

Ⅱ 問１ ㋑　問２ ㋑　問３ ㋐
問４ ㋒　問５ ㋒

Ⅲ 問１ ㋑　問２ ㋑　問３ ㋑
問４ ㋐

Ⅳ ⑯ ㋐　⑰ ㋓　⑱ ㋑　⑲ ㋓
⑳ ㋒　㉑ ㋑

Ⅴ ㉒ ㋑　㉓ ㋒　㉔ ㋒　㉕ ㋐
㉖ ㋒　㉗ ㋐　㉘ ㋒　㉙ ㋒

Ⅰ〔長文読解総合─物語〕

≪全訳≫❶ある経営者が，返せる金額よりもはるかに多くのお金を借りた。彼はどうしたらいいのかわからなかった。❷彼にお金の返済を求める人もいれば，支払いを求める人もいた。彼は公園のベンチに座り，頭を抱えながら，何か事業を失うことから自分を救えるものがないかどうかと考えた。❸突然，１人の老人が彼の前に立った。「お困りのようですね」と彼は言った。❹老人は経営者の話を聞いた後，「あなたをお助けすることができると思います」と言った。❺老人は男に名前を尋ね，小切手を書き，男の手に握らせた。老人は言った。「この金を受け取ってください。ちょうど１年後にここで会いましょう，そのときに返してくれればいい」　それから老人は，背を向けてどこかへ行った。❻経営者は手の中の，世界で最も裕福な人の１人，ジョン・D・ロックフェラーの署名が入った50万ドルの小切手を見た。「お金の悩みが一瞬のうちに消えてしまった！」と，彼は心の中で思った。❼しかし経営者は，その小切手を金庫に入れておくことにした。「それがそこにあるとわかっているだけで，事業を救う力が湧いてくるかもしれない」と，彼は思った。❽彼は再び，仕事に励むようになった。彼は取引先に，お金の返済を遅らせてもらうよう頼んだ。どんな仕事でも引き受けた。彼は数か月で全てのお金を返し，再びお金を稼ぐようにさえなった。❾ちょうど１年後，彼は小切手を持って公園に戻った。約束したとおり，老人は経営者に会いに来た。しかし，彼が小切手を返して自分の成功談を語ろうとしたちょうどそのとき，看護師が駆け寄ってきて，老人を捕まえた。❿「捕まえられてほんとによかった！」と彼女は叫んだ。「この人があなたに悪いことをしていなければいいのですが。彼はいつも療養施設を抜け出して，自分がジョン・D・ロックフェラーだと人々に言っているんです」⓫驚いた経営者は，無言で立ち尽くした。彼は自分の後ろに50万ドルあると信じて，売買を行っていたのだ。⓬彼は突然，最も重要なものはお金ではないということに気づいた。彼に何でも成し遂げる力を与えたものが１つあった。それは，新たな自信だった。

問１＜英問英答＞「経営者はなぜ頭を抱えたのか」─㋑「事業のために何をしたらいいのかわからなかったから」　第２段落最終文参照。

問２＜英問英答＞「経営者が公園で会った老人は誰か」─㋒「療養施設にいる，ただの老人」　第10段落最終文参照。看護師が来たことで，老人が実際はジョン・D・ロックフェラーではなく，小切手も全くのでたらめだったことが明らかになった。

問３＜英問英答＞「経営者はなぜ，小切手を金庫に入れることにしたのか」─㋓「小切手は，使わなくても事業を救う力を与えてくれるかもしれないと思ったから」　第７段落参照。

問４＜英問英答＞「看護師はなぜ老人を捕まえたのか」─㋑「老人が療養施設を抜け出したから」

第10段落最終文参照。

問５＜適語(句)選択＞「空所Ａに入れるのに最も適した答えはどれか」―㋒「新たな自信」　直前の「彼に何でも成し遂げる力を与えたもの」という説明に当てはまるものを選ぶ。経営者が再び仕事に打ち込み，事業を立て直すことができたのは，後ろにお金があるから大丈夫だと信じていたからである。

問６＜内容真偽＞㋐「経営者は，返せるだけのお金を借りた」…×　第１段落第１文参照。　㋑「経営者が小切手を受け取ったとき，老人はちょうど１年後に経営者に会うと約束した」…○　第５段落の内容に一致する。　㋒「経営者はお金を全部返したが，余分なお金を稼ぐことはできなかった」…×　第８段落最終文参照。数か月で全ての返済を完了し，再び稼ぐようになった。　㋓「老人はうそをついていたにもかかわらず，売買をしていた」…×　このような記述はない。

Ⅱ〔長文読解総合―Ｅメール〕

≪全訳≫送信者：エバ・ウィルソン／宛先：ユナ・ウィルソン／日時：2022年５月６日／件名：私のクラス／こんにちは，ママ！　元気？　私は元気にここ大阪での生活を楽しんでいるわ。大阪は大きな都市よ。東京から新幹線で３時間くらいなの。生徒は気さくだし，とても英語を話したがるから，仕事は楽しいわ。私の学校では，ニュージーランド出身の先生は私が初めてだから，生徒も先生方も，そこでの生活についてたくさん質問してくるの。生徒たちは特に，ニュージーランドの農場や自然についての話を聞くのが好きよ。私たちの歴史やマオリ文化についても，彼らに話したいの。何かお勧めのいい本を知らない？／パパとエラによろしくね。

送信者：ユナ・ウィルソン／宛先：エバ・ウィルソン／日時：2022年５月８日／件名：Re：私のクラス／こんにちは，エバ。あなたがいなくて寂しいけれど，あなたが日本で英語を教えることを気に入っていてうれしいわ。生徒たちはいい子みたいね。「ニュージーランドミニ百科事典」がいいと思うわ。インターネットで注文してみてはどうかしら。この本にはニュージーランドの情報がたくさん載っているし，本に載っているＱＲコードから，マオリ語の歌や物語を聞くことができるのよ。授業で使えるかもしれないわ。／愛を込めて

送信者：エバ・ウィルソン／宛先：ユナ・ウィルソン／日時：2022年５月13日／件名：ありがとう！／教えてくれてありがとう。本を買って，今日の授業で使ったの。ニュージーランドでは英語とマオリ語がどちらも公用語として使われていると聞いて，生徒たちは驚いていたわ。歌を聴くのを楽しんでいたし，その中の１曲を習いたがっているの。次回は，授業でその中の１曲を歌うつもりよ。きっと楽しいと思うわ。でも，私はあまり上手に歌えないから，心配だわ！　授業の前に家で練習しなくちゃ。次の授業について，すぐに書くわね。じゃあ，またね。

ニュージーランド／ニュージーランドミニ百科事典／編集／グレイス・スミス／サミュエル・ジョーンズ／ＳＳＨ／ＳＳＨ出版

目次／はじめに…３／この本について…５／第１章　ニュージーランドという国…７／オークランド…９／クライストチャーチ…11／ウェリントン…13／ハミルトン…15／第２章　スポーツ…17／第３章　食べ物…23／第４章　ニュージーランドの歴史とマオリ文化…25／第５章　交通機関…35／第６章　産業…37／第７章　ニュージーランドのユネスコ世界遺産…41

問１＜英問英答＞「エバは今どこに住んでいるか」―㋑「大阪」　エバが送った１つ目のメール本文

第３文参照。

問２＜英問英答＞「エバは今何をしているか」―㋑「日本で英語を教えている」　エバが送った１つ目のメール本文第３，６文参照。

問３＜英問英答＞「なぜエバは本が必要だったのか」―㋐「授業で使いたかった」　エバが送った２つ目のメール本文第２文参照。母親が勧めた本を授業で使っている。

問４＜内容一致＞「(　　)と聞いて，生徒たちは驚いた」―㋒「ニュージーランドには公用語が２つある」　エバが送った２つ目のメール本文第３文参照。

問５＜英問英答＞「彼女の授業で使われたのは，本の何章だろうか」―㋒「第４章」　エバが送った１つ目のメールの最後から３文目に「私たちの歴史やマオリ文化についても，彼らに話したい」とある。本の目次を見ると，「ニュージーランドの歴史とマオリ文化」は第４章である。

Ⅲ〔読解総合―広告〕

≪全訳≫サイタマ水族館／開館時間と入館料／【開館時間】通常期(2022年３月１日～2022年11月30日)午前９時～午後５時／冬期(2022年12月１日～2023年２月28日)９時30分～午後４時／※最終入館は，閉館時間の１時間前となります。／【入場料】／通常期／冬期／大人(19歳以上)／1500円／1100円／小学生，中学生，高校生(８歳以上)／600円／400円／子ども(４歳以上)／300円／200円／イベント／★ペンギンの海へのハイキング(海洋ほ乳類公園)／＜開始時間＞1)午前10時　2)午後１時(上演時間：20分)／海へのハイキング中，フンボルトペンギンはあなたのすぐそばを歩いていきます！／★オタリアとイルカのショー(イルカスタジアム)／＜開始時間＞1)午前11時　2)午後２時(上演時間：20分)／イルカが水中から飛び出して空中のボールにタッチするパフォーマンスを行います。／★アザラシショー(海洋ほ乳類公園)／＜開始時間＞1)午前12時　2)午後３時(上演時間：20分)／アザラシの構造の特徴を，ショーを通してご紹介します。／お問い合わせ／電話番号：048-624-XXXX

問１＜英問英答＞「７月18日の水族館の開館時間はいつか」―㋑「午前９時から午後５時」　７月はNormal Seasonに当たる。

問２＜英問英答＞「12月23日に大人２人，中学生１人，４歳の子ども１人で水族館に行くと，いくらかかるか」―㋑「2800円」　12月はWinter Seasonなので，大人(19歳以上)×２＋中学生(８歳以上)＋４歳の子ども＝1100×２＋400＋200＝2800(円)。

問３＜英問英答＞「『ペンギンの海へのハイキング』は何時に始まるか」―㋑「午前10時」

問４＜内容一致＞「全ての来場者は(　　)」―㋐「閉館時間の１時間前には水族館に入館しなければならない」　Opening Hoursの※参照。

Ⅳ〔対話文完成―適文選択〕

⑯男性：メアリー，サラダをもう少しもらえるかな。／女性：もちろんよ，ジャック。自由に取って食べて。／／Help yourself.は，「ご自由にどうぞ」と食べ物や飲み物を自由に取って食べたり飲んだりしてもらうように伝える表現。

⑰娘：ケーキをつくるのに卵が必要だよね，お母さん。／母親：１つもないわ。スーパーに行って買ってきてくれる？／／直後でスーパーに買いに行くよう頼んでいることから，家に卵がなかったのである。直後の文のsomeと㋓のanyの後には，eggsが省略されている。

⑱女の子：ふだん放課後に図書館に行くの？／男の子：いや，でも今日はそうするよ。宿題に本が何

冊か必要なんだ。⫽空所の直前に‘逆接’を表すbutがあるので，ふだんは図書館に行かないが，今日は行くと考えられる。直後の文の内容もヒントになる。④のdo itはgo to the libraryを指す。

⑲男の子：サラ，このハンバーガー，おいしいね。どこで買ったの？／女の子：ああ，自分でつくったの。／男の子：そうなの？　君が上手に料理ができるとは知らなかったよ。／女の子：できるわよ！　お母さんとおばあちゃんから料理を習ったの。⫽直後の男の子の「君が上手に料理ができるとは…」という発言から，ハンバーガーは女の子が自分でつくったものだとわかる。

⑳男性：すみません。このレストランでクレジットカードは使えますか？／店員：残念ながらお使いになれません。／男性：わかりました。では，現金で払います。／店員：ありがとうございます。65ドルになります。⫽カードが使えないという店員の発言への対応として適切なものを選ぶ。　in cash「現金で」

㉑男性：こんにちは，どうされましたか。／女性：この荷物をドイツに送りたいのですが。どのくらいかかりますか。／男性：速達便で送れば，2，3日です。70ドルになります。／女性：ちょっと高いけれど，早く着いてほしいんです。それにします。⫽女性が直前で，How long ～？と宅配便が到着するまでの‘期間’を尋ねていることから考える。ここでのtakeは「(時間)がかかる」という意味。　a couple of ～「2，3の」

V〔適語選択・語形変化〕

㉒eat out「外食をする」　A：今日は何をしたい？／B：外で晩ご飯を食べたいな。

㉓I can’t wait.「待ちきれない」で，何かを心待ちにしている気持ちを表せる。　「夏休みがやってくる。待ちきれないな！」

㉔‘keep＋目的語＋過去分詞’で「～を…されたままにしておく」という意味。　A：お母さん，窓を開けてもいい？／B：だめよ。閉めたままにしておいて。

㉕間接疑問の文。疑問詞whoを入れて「誰が私たちの担任になるのか」とする。間接疑問は‘疑問詞＋主語＋(助)動詞…’の語順だが，本問では‘疑問詞’のwhoが間接疑問の‘主語’のはたらきも兼ねた‘疑問詞＋(助)動詞…’の形になっている。　A：来年の私たちの担任は誰だか知ってる？／B：いいえ，でもタナカ先生が選ばれたらうれしいな。

㉖ItはOur schoolを指す。学校は建てられるものなので，‘be動詞＋過去分詞’の受け身形にする。build－built－built　「私たちの学校はとても古い。約100年前に建てられた」

㉗空所以下はthe CDを修飾する部分と考え，‘物’を修飾する関係代名詞whichを入れる。　「これは，彼がコンサートで買ったCDだ」

㉘switch off ～「～の電源を切る」　「このコンサート会場にいるときは，携帯電話の電源をお切りください」

㉙The view is so beautiful「その景色はとても美しい」が文の骨組み。(　) from the hotel roomは主語The viewを修飾して「ホテルの部屋から見られる景色」という意味になると考えられるので，「～される」の意味を表す過去分詞を選ぶ。過去分詞seenで始まる語句が前の名詞The viewを修飾する‘名詞＋過去分詞＋語句’の形。　see－saw－seen　「ホテルの部屋から見える景色はとてもきれいだ」

2023年度／埼玉栄高等学校（単願・併願Ⅰ）

数学解答

1 ㋐	**2** ㋔	**3** ㋒	**4** ㋔	**14** ㋔	**15** ㋒
5 ㋔	**6** ㋓	**7** ㋑	**8** ㋑	**16**・**17**	16 ㋐　17 ㋒
9 ㋐	**10** ㋒	**11** ㋐		**18**・**19**	18 ㋑　19 ㋔
12・**13**	12 ㋔	13 ㋒		**20** ㋐	

1〔数と式—数の計算〕

与式$=(-1)^{10}\times\left(-\frac{15}{12}+\frac{8}{12}\right)\div\frac{1}{2}=1\times\left(-\frac{7}{12}\right)\times2=-\frac{7}{6}$

2〔平面図形—角度の和〕

全ての多角形の外角の和は360°である。

3〔関数—比例・反比例—yの値〕

yはxに反比例するとき，比例定数をaとすると，反比例の式は$y=\frac{a}{x}$と表される。よって，$x=2$のとき，$y=-1$だから，$-1=\frac{a}{2}$より，$a=-2$となるから，反比例の式は$y=-\frac{2}{x}$である。したがって，$x=-1$のとき，$y=-\frac{2}{-1}=2$となる。

4〔数と式—一次方程式〕

両辺を6倍して，$2(x+4)=3(x+2)-(2x+1)$，$2x+8=3x+6-2x-1$，$2x-3x+2x=6-1-8$　$\therefore x=-3$

5〔数と式—二次方程式—解の利用〕

二次方程式$x^2+bx+c=0$の2つの解が$x=3$，5だから，二次方程式に$x=3$を代入して，$3^2+b\times3+c=0$より，$3b+c=-9$……①，$x=5$を代入して，$5^2+b\times5+c=0$より，$5b+c=-25$……②となる。①，②を連立方程式として解くと，②−①より，$5b-3b=-25-(-9)$，$2b=-16$　$\therefore b=-8$　これを①に代入して，$-24+c=-9$　$\therefore c=15$

≪別解≫$x=3$，5を解とする二次方程式は，$(x-3)(x-5)=0$である。この左辺を展開すると，$x^2-8x+15=0$となる。よって，$b=-8$，$c=15$である。

6〔データの活用—中央値〕

6店舗の価格を安い順に並べると，420，470，490，510，510，550となる。中央値は価格が安い順に並べたときの3番目の490と4番目の510の平均値だから，$\frac{490+510}{2}=500$である。

7〔数と式—式の計算〕

与式$=2A-3B+2B-2A=-B$となる。この式に$B=x-2$を代入して，与式$=-(x-2)=-x+2$である。

8〔数と式—一次方程式の応用〕

原価x円の品物に30％の利益を見込んでつけた定価は$x\times\left(1+\frac{30}{100}\right)=\frac{13}{10}x$(円)である。よって，定価から50円値引きすると1250円になることから，$\frac{13}{10}x-50=1250$が成り立つ。両辺を10倍して，$13x-500=12500$，$13x=13000$　$\therefore x=1000$

9 〔数と式—連立方程式の応用〕

もとの2けたの自然数の十の位の数をx，一の位の数をyとすると，$y=2x$……①である。また，もとの自然数は$10x+y$，十の位の数と一の位の数を入れかえてできる数は$10y+x$と表せる。よって，$10y+x$は$10x+y$より18だけ大きいことより，$10y+x=10x+y+18$……②が成り立つ。②より，$-9x+9y=18$，$-x+y=2$……②′　①を②′に代入して，$-x+2x=2$　$\therefore x=2$　これを①に代入して，$y=2\times2$　$\therefore y=4$　よって，もとの2けたの自然数は24である。

10 〔数と式—二次方程式—解の利用〕

二次方程式の2つの解をa，$b(0<a<b)$とすると，$x^2-nx+36=(x-a)(x-b)$と因数分解できる。よって，$x^2-nx+36=x^2-(a+b)x+ab$より，$a+b=n$……①，$ab=36$……②である。a，bは異なる正の整数で，$a<b$だから，②を満たすa，bの組は，$(a,\ b)=(1,\ 36)$，$(2,\ 18)$，$(3,\ 12)$，$(4,\ 9)$の4組ある。したがって，①より，nの値は，$n=1+36=37$，$n=2+18=20$，$n=3+12=15$，$n=4+9=13$の4個ある。

11 〔関数—関数$\boldsymbol{y=ax^2}$と一次関数のグラフ—$\boldsymbol{x}$座標〕

右図で，点Aは関数$y=-\frac{1}{2}x+3$のグラフ上にありx座標が2だから，$y=-\frac{1}{2}\times2+3=2$より，A(2, 2)である。点Aは関数$y=ax^2$のグラフ上の点でもあるから，$2=a\times2^2$より，$a=\frac{1}{2}$となる。よって，この関数の式は$y=\frac{1}{2}x^2$である。2つの関数の交点の$x$座標は，2式から$y$を消去して，$\frac{1}{2}x^2=-\frac{1}{2}x+3$より，$x^2+x-6=0$，$(x+3)(x-2)=0$　$\therefore x=-3,\ 2$　よって，点Bのx座標は-3である。

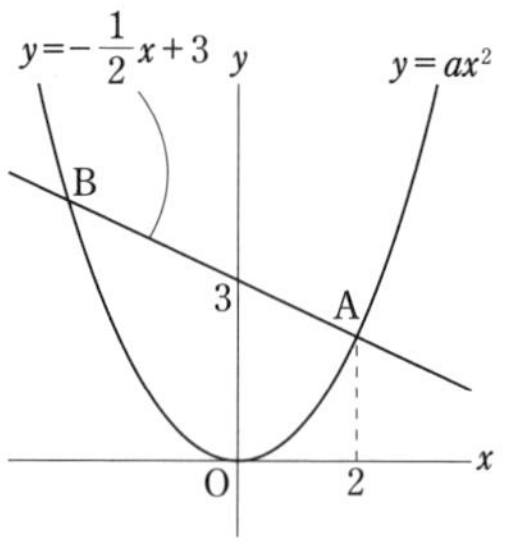

12・**13** 〔関数—関数$\boldsymbol{y=ax^2}$と一次関数のグラフ〕

⑿＜面積＞右図で，点Aのy座標が8のとき，2点B，Cのy座標も8である。点Bは関数$y=2x^2$のグラフ上の点だから，$8=2x^2$より，$x^2=4$　$\therefore x=\pm2$　よって，点Bのx座標は-2，点Cのx座標は2であり，B(−2, 8)，C(2, 8)である。直線BCがx軸に平行だから，2点B，Cのx座標より，BC$=2-(-2)=4$であり，点Aのy座標より，OA$=8$だから，$\triangle$OBC$=\frac{1}{2}\times$BC$\times$OA$=\frac{1}{2}\times4\times8=16$となる。

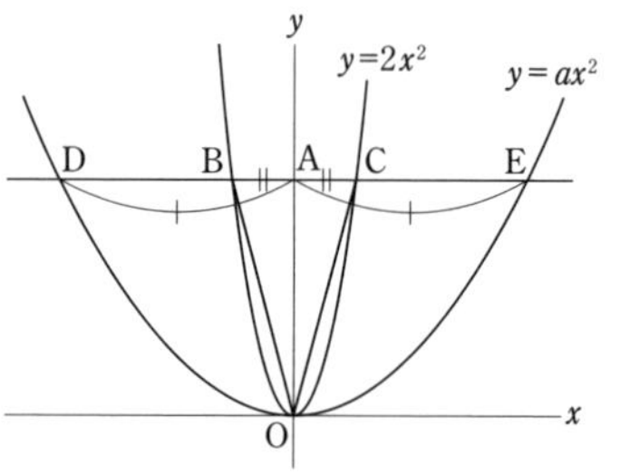

⒀＜比例定数＞右上図で，2点B，Cは放物線$y=2x^2$のグラフ上にあり，直線BCはx軸に平行だから，2点B，Cはy軸について対称で，BC$=2$ACである。2点D，Eもy軸について対称だから，DE$=2$AEである。よって　DE$=4$BCのとき，2AE$=4\times2$ACより，AE$=4$ACだから，点Cのx座標をtとすると，AC$=t$，AE$=4t$となり，点Eのx座標は$4t$と表せる。点Cは関数$y=2x^2$のグラフ上にあるから，C$(t,\ 2t^2)$となる。また，点Eは関数$y=ax^2$のグラフ上にあるから，$y=a\times(4t)^2=16at^2$より，E$(4t,\ 16at^2)$となる。2点C，Eのy座標は等しいから，$2t^2=16at^2$が成り立つ。$t>0$だから，両辺をt^2でわって，$2=16a$より，$a=\frac{1}{8}$である。

14 〔平面図形—平行線—長さ〕

右図のように，6点A～Fを定め，点Fを通り，直線ACと平行な直線と直線l，mの交点をそれぞれG，Hとする。HE∥GDより，△FEH∽△FDGとなるから，FE：FD＝HE：GDである。l∥m，AB∥GHより，四角形ABHGは平行四辺形であり，m∥n，BC∥HFより，四角形BCFHも平行四辺形だから，AG＝BH＝CF＝3である。よって，GD＝AD－AG＝7－3＝4，HE＝BE－BH＝5－3＝2となるから，FD＝FE＋ED＝5＋xより，5：(5＋x)＝2：4が成り立つ。これを解くと，(5＋x)×2＝5×4より，5＋x＝10，x＝5(cm)である。

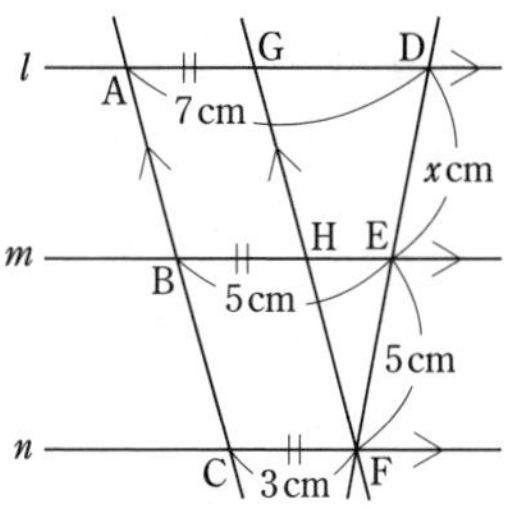

15〔平面図形―おうぎ形―面積〕

右図で，線分ACは円Oの直径だから，∠ABC＝90°である。これより，△ABCで，∠ACB＝180°－35°－90°＝55°であり，BC∥ODより，錯角は等しいから，∠COD＝∠ACB＝55°である。よって，∠AOD＝180°－∠COD＝180°－55°＝125°だから，求めるおうぎ形の面積は$\pi \times 3^2 \times \frac{125^\circ}{360^\circ}=\frac{25\pi}{8}$(cm^2)となる。

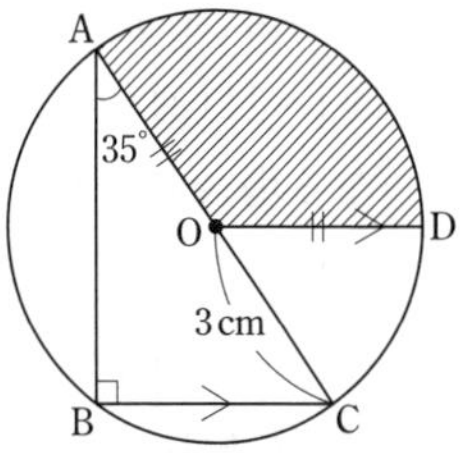

16・**17**〔データの活用―場合の数・確率―さいころ〕

16＜場合の数＞大小2つのさいころを同時に1回投げるとき，出た目の数の組とその積は右表のようになる。コマが頂点Aに止まるのは，出た目の数の積が5，10，15，20，25，30のときだから，表より11通りある。同様に考えると，コマが頂点Bに止まるのは積が1，6，16，36のときだから，7通りあり，コマが頂点Cに止まるのは，積が2，12のときだから，6通りあり，コマが頂点Dに止まるのは，積が3，8，18のときだから，6通りあり，コマが頂点Eに止まるのは，積が4，9，24のときだから，6通りある。よって，最も多く止まるのは頂点Aである。

大\小	1	2	3	4	5	6
1	1	2	3	4	5	6
2	2	4	6	8	10	12
3	3	6	9	12	15	18
4	4	8	12	16	20	24
5	5	10	15	20	25	30
6	6	12	18	24	30	36

17＜確率＞大小2つのさいころを同時に投げるとき，それぞれ6通りの目の出方があるから，目の出方は全部で6×6＝36(通り)ある。16より，2番目に多く止まるのは頂点Bで，7通りだから，求める確率は$\frac{7}{36}$である。

18・**19**〔データの活用―確率―コイン〕

18＜確率＞1枚のコインを投げたときの表裏の出方は，表が出るか，裏が出るかの2通りだから，7枚のコインを同時に投げるときのコインの裏表の出方は全部で2^7＝128(通り)ある。ここで，表に1と書かれたコイン2枚をA，B，2と書かれたコイン4枚をC，D，E，F，4と書かれたコイン1枚をGとすると，書かれた数の和が6になるのは，(i)AとBが表になり，C～Fのうち2枚が表になる場合，(ii)AとBとGが表になる場合，(iii)C～Fのうち1枚が表になり，Gが表になる場合，(iv)C～Fのうち3枚が表になる場合がある。(i)の場合，A，Bが表になるのはそれぞれ1通り，C～Fのうち2枚が表になるのは，(C，D)，(C，E)，(C，F)，(D，E)，(D，F)，(E，F)の6通りあるから，1×1×6＝6(通り)ある。(ii)の場合，AとBとGが表になるのはそれぞれ1通りなので，1×1×1＝1(通り)あり，(iii)の場合，C～Fのうち1枚が表になるのは，C，D，E，Fの4通りあり，Gが表になるのは1通りなので，4×1＝4(通り)，(iv)の場合，C～Fのうち3枚が表になるのは1枚が裏になる場合と同じで4通りある。(i)～(iv)の場合より，和が6になるのは，6＋1＋4＋4＝15(通り)ある。よって，求める確率は$\frac{15}{128}$となる。

19 ＜確率＞ 18より，7枚のコインの表裏の出方は全部で128通りある。ここで，表が出たコインに書かれた数の和が5以下になる場合の数を求める。和が0となるのは，全てのコインが裏になる場合で1通りあり，和が1となるのは，AとBのどちらかが表になる場合で，$2\times1=2$(通り)あり，和が2となるのは，AとBが表になる場合と，C～Fのうち1枚が表になる場合で，$1+4=5$(通り)ある。和が3になるのは，AかBのどちらかが表になり，C～Fのうち1枚が表になる場合で，$2\times4=8$(通り)あり，和が4になるのは，AとBが表になり，C～Fのうち1枚が表になる場合の，$1\times4=4$(通り)と，C～Fのうち2枚が表になる場合の6通り，Gが表になる場合の1通りで，$4+6+1=11$(通り)ある。和が5になるのは，AとBのどちらかが表になり，C～Fのうち2枚が表になる場合の，$2\times6=12$(通り)と，AとBのどちらかが表になり，Gが表になる場合の$2\times1=2$(通り)で，$12+2=14$(通り)ある。以上より，和が5以下になる場合の数は，$1+2+5+8+11+14=41$(通り)あるから，和が6以上になる場合の数は，$128-41=87$(通り)ある。よって，求める確率は$\frac{87}{128}$である。

20 〔平面図形―おうぎ形―対称移動，長さ〕

右図のように，線分OAを対称の軸としておうぎ形OABを対称移動させた図形をおうぎ形OAB′とすると，半円Oができる。点Pを対称移動させた点をP′とすると，P′Q＝PQである。よって，PQ＋QBが最小となるのは，P′Q＋QBが最小になるとき，つまり，3点P′，Q，Bが一直線上に並んだときである。このとき，$\angle P'OB'=\angle POB=60^\circ$であり，$\overset{\frown}{P'B'}$に対する円周角と中心角の関係より，$\angle P'BB'=\frac{1}{2}\angle P'OB'=\frac{1}{2}\times60^\circ=30^\circ$である。よって，△OBQは3辺の比が$1:2:\sqrt{3}$の直角三角形だから，OB＝1より$OQ=\frac{1}{\sqrt{3}}OB=\frac{1}{\sqrt{3}}\times1=\frac{1}{\sqrt{3}}$である。

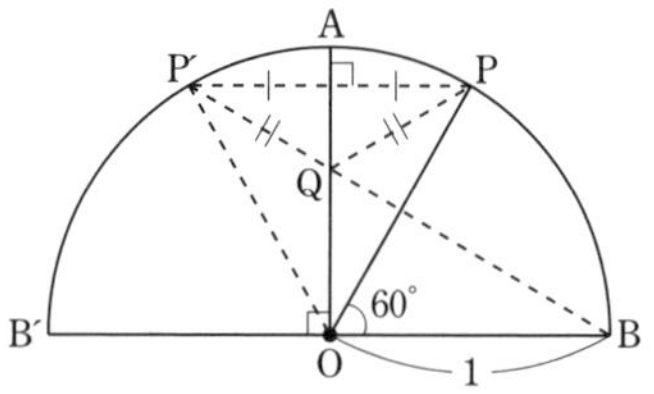

2023年度／埼玉栄高等学校（単願・併願Ⅰ）

国語解答

一　問一　①…㋔　②…㋓　③…㋑　④…㋐
　　　　⑤…㋒
　　問二　㋔　　問三　㋓　　問四　㋒
　　問五　㋐　　問六　㋐　　問七　㋓
　　問八　㋑　　問九　Ⅰ…㋒　Ⅱ…㋓
　　問十　㋑

二　問一　a…イ　b…ア　c…ア
　　問二　A…㋐　B…㋒　　問三　㋓
　　問四　㋐　　問五　(1)…㋑　(2)…㋔
　　問六　㋒　　問七　㋐　　問八　㋑
　　問九　㋑　　問十　㋓，㋕

三　㉛　㋑　　㉜　㋒　　㉝　㋐　　㉞　㋓
　　㉟　㋔

四　㊱　㋒　　㊲　㋔　　㊳　㋑　　㊴　㋐
　　㊵　㋓

五　㊶　㋕　　㊷　㋐　　㊸　㋒　　㊹　㋑
　　㊺　㋗

一〔論説文の読解―哲学的分野―人生〕出典；上柿崇英「『鬼滅の刃』に見る，〈救い〉と〈信頼〉の物語」（「ニューサポート高校『国語』」2022年春号）。

≪本文の概要≫『鬼滅の刃』は，大正時代の日本を舞台に，鬼と呼ばれる異形の敵を，鬼殺隊という剣士たちが成敗していく物語である。鬼たちもかつては人間であり，さまざまな過去を背負っている。鬼たちは，己の姿を受け入れられず，いつでも何かを否定し，力を得たにもかかわらず，結局は誰一人として救われていない。剣士たちも，さまざまな過去を背負って苦しんではいるが，ありのままの現実を肯定し，前に進もうとしている。鬼たちは，何一つ信頼していないが，剣士たちは，自らを信頼してくれる誰かの想い，願いを信頼し，生き方を信頼する。作品には，救いと信頼を巡るメッセージが散りばめられている。私たちは，思いどおりにいかない世界を生きていても，得るべきものを得，出会うべき者たちと出会っているのであり，それに気がつき，感謝し，それを大切に育てていけるかどうかは自分自身の問題なのだということを，物語は教えてくれるのである。

問一＜漢字＞①「視聴」と書く。㋐は「挑戦」，㋑は「嘲笑」，㋒は「超人的」，㋓は「彫刻」。　②「貧困」と書く。㋐は「来賓」，㋑は「海浜」，㋒は「品質」，㋔は「頻繁」。　③「評価」と書く。㋐は「風光絶佳」，㋒は「休暇」，㋓は「結果」，㋔は「日課」。　④「憤怒」と書く。㋑は「雰囲気」，㋒は「紛争」，㋓は「奮起」，㋔は「噴水」。　⑤「盲目」と書く。㋐は「消耗」，㋑は「本望」，㋓は「妄想」，㋔は「毛頭」。

問二＜接続語＞A．鬼たちが鬼になった理由は，「抗えない不幸な身の上だったりする」が，「不幸な素性だけで言えば，それは多くの剣士たちも同じ」である。　B．剣士の不幸な素性の例を挙げると，「ある人は，悲運な生い立ち」であった。　C．ある人は「天賦の才覚を持つ弟の存在が許せないばかりに」鬼となった。もっと鬼となった人の例を挙げると，ある人は「戦うこと以外に意味を見いだせなくなって」鬼となった。　D．鬼たちは「誰一人として〈救われて〉いない」，というよりも「〈救われて〉いないからこそ，彼らは鬼」なのである。

問三＜四字熟語＞「勧善懲悪」は，善を勧め，悪を懲らすこと。『鬼滅の刃』は，善である剣士が勝ち，悪である鬼が滅びるという単純な物語ではないと感じられた。「先手必勝」は，先に攻撃をしかけると必ず勝てること。「起死回生」は，絶望的な状況を立て直して勢いを盛り返すこと。「試行錯誤」は，試しに行い，失敗を繰り返しながら見通しを立てて，解決策を見出すこと。「弱肉強食」は，強い者が弱い者を滅ぼして繁栄すること。

問四＜語句＞「等身大」は，誇張も虚飾もないありのままの姿のこと。鬼たちは，ありのままの自分の姿を受け入れることができず，何かを否定し続けているのである。

問五＜文脈＞鬼たちが鬼になった理由は，不幸な身の上などだが，不幸な素性という点では，多くの剣士たちも同じである。つまり，作品にとって重要なことは，「それぞれの生の不運や悲しみにあって，なぜある人々は鬼となり，またなぜある人々は鬼にならなかったのか」なのである。

問六＜文学史＞『トロッコ』は，大正時代の芥川龍之介による，伊豆半島近辺を舞台にした小説。『舞姫』は，明治時代の森鷗外による，ドイツを舞台にした小説。『銀河鉄道の夜』は，昭和時代の宮沢賢治による，幻想的な世界を舞台にした童話。『走れメロス』は，昭和時代の太宰治による，古代地中海を舞台にした小説。『三四郎』は，明治時代の夏目漱石による，東京を舞台にした小説。

問七＜文章内容＞ある人は，「代えがたい人々の命を隣人に奪われ，おのれの運命と無力さを憎み，戦うこと以外に意味を見いだせなくなって」鬼となった。

問八＜品詞＞「筆者／は／ここ／に／作品／の／重要な／メッセージ／が／ある／ように／思う」と分かれる。「筆者」「ここ」「作品」「メッセージ」は，名詞。「は」「に」「の」「が」は，助詞。「重要な」は，形容動詞「重要だ」の連体形。「ある」「思う」は，動詞「ある」「思う」の終止形。「ように」は，助動詞「ようだ」の連用形。

問九＜文章内容＞Ⅰ．「〈救い〉とは，すべてが満たされて幸福であることを意味」するのではなく，「苦しみや悲しみが消えなくとも，ありのままの現実を肯定」して「前に進んでいくことができる心の状態のこと」である。　Ⅱ．剣士たちは，「自身の生き方が，より良き生のためのものだったと〈信頼〉」し，「その生を引き継いでくれる誰かが現れるだろうことを〈信頼〉」する。「何かを託し，託されていく，そこにある『繋がり』と『永遠』というもの」を，剣士たちは信頼しているのである。

問十＜要旨＞『鬼滅の刃』に大人も引き込まれるのは，作品に込められた「〈救い〉と〈信頼〉をめぐるメッセージ」にある(㋐…×)。「ある人は，悲運な生い立ちにあっても，自分を見限ることなく，一人の人間として接してくれる」人との出会いに気がついて，剣士となった(㋑…○)。剣士たちが鬼たちと違うのは，「さまざまな矛盾や葛藤」を抱えながら，それでも「前に進もうとしているところ」である(㋒…×)。剣士たちの「何かを背負い，打ちのめされようとも，『今の自分にできる精一杯』で生きようとする」力強さに，見る者は勇気づけられるのである(㋓…×)。「得るべきものを得，出会うべきものたちと出会っている」ことに気がつき感謝し，それを大切に育てていけるかどうかはその人自身の問題であり，幸せかどうかを決めるのは自分自身である(㋔…×)。

二〔古文の読解―随筆〕出典；根岸守信『耳嚢』。

≪現代語訳≫ある人が正月の支度として，礼服を新しくつくり置いていたのを，ねずみがついて肩のところを食い破ったので，妻子たちは心配して，その(人の)家臣たちは怒り罵倒して，「憎きねずみの行いだなあ。ねずみ狩りをしよう」と，ある者はます落とし・わななど(をしかけよう)と集まって騒ぎ立てていたのを，主人は厳重に制止して，「ねずみは糊のある物を食べがちである。食事を分け与えないので，このようなこともしたのだろう。全く気にかけるべきことではない。今から(ねずみに)食事を与えよ」と心を込めて申しつけて，「決してねずみ狩りなどしてはいけない」と厳重に申しつけて／(嫁が君と呼ばれるねずみなのに，着物を破るとは)継ぎあてるという名のこおろぎに恥じるがよい，ねずみよ／と一句つくったとかいうことだ。このような仁義の人だからか，間もなく事の成り行きもよく，またねずみもこのような悪事を後々はしなかったということだ。

問一＜古文の内容理解＞ａ．ねずみ取りのわなをしかけようと集まって騒ぎ立てていたのは，家臣たちである。　ｂ．ねずみに食事を与えよ，と命じたのは，「ある人」である。　ｃ．一句つくったのは，「ある人」である。

問二＜古語＞Ａ．「ののしる」は，ここでは，声を荒くして悪く言う，という意味。　Ｂ．「仕業」

は，行為，所業，という意味。「かな」は，〜だなあ，という詠嘆を表す。

問三＜古語＞「狩りせむ」の「せ」は，動詞「す」の未然形で，する，という意味。「思し」の「し」は，動詞「思す」の連用形の一部。「おはし」の「し」は，動詞「おはす」の連用形の一部。「申し」の「し」は，動詞「申す」の連用形の一部。「しける」の「し」は，動詞「す」の連用形(㋓…○)。「なし」の「し」は，形容詞「なし」の一部。

問四＜歴史的仮名遣い＞歴史的仮名遣いの「ゑ」は，現代仮名遣いでは「え」となる。また，歴史的仮名遣いの語頭以外のハ行は，原則として現代仮名遣いでは「わいうえお」となる。

問五＜古文の内容理解＞(1)「かかること」は，このようなこと，という意味。正月用に新しくつくった主人の礼服を，ねずみが食い破ったこと。　(2)主人は，ねずみは糊のある物を食べがちなもので，食べ物を与えていないから，空腹で糊のついた新しい服を食べたのだ，と考えた。

問六＜現代語訳＞「さらに」は副詞で，下に打ち消しの言葉を伴って，全く(〜ない)，という意味。「かく」は，かける，という意味の動詞で，「心にかく」で，気にかける，という意味。「べき」は，助動詞「べし」の連体形で，ここでは，当然を表す。「に」は，断定の助動詞「なり」の連用形。「あら」は，動詞「あり」の未然形。「ず」は，打ち消しの助動詞。全体で，全く気にかけるべきことではない，という意味である。

問七＜古文の内容理解＞主人が家臣たちに命じたのは「食事与へよ」と「ゆめゆめねずみ狩りなどすまじ」であり，ねずみに食事を与えることと，ねずみ狩りをしてはいけない，ということである。

問八＜古文の内容理解＞礼服をねずみに食い破られた主人は，腹を立てた家臣たちがねずみ狩りをしようと言ったのに対して，ねずみがそんなことをしたのは空腹だったからであって，ねずみには食事を与えて，ねずみ狩りをしてはいけない，と家臣たちに命じた。このように，ねずみに対しても思いやりがあり，道理にかなった行動をとることができる主人のことを，作者は「かかる仁義の男」と表現しているのである。

問九＜古文の内容理解＞主人は，ねずみに対しても思いやりがあり，道理にかなった行動をとることのできる人だから，何事もうまくいき，ねずみも服を食べることはなくなったのである。

問十＜文学史＞『太平記』は，室町時代に成立した軍記物語。『宇治拾遺物語』は，鎌倉時代に成立した説話集。『方丈記』は，鎌倉時代に成立した鴨長明による随筆。『徒然草』は，鎌倉時代に成立した兼好法師による随筆。『玉勝間』は，江戸時代に成立した本居宣長による随筆。『枕草子』は，平安時代に成立した清少納言による随筆。

三〔漢字の知識〕

㉛「国」の部首は「囗(くにがまえ)」。　㉜「行」の部首は「彳(ぎょうにんべん)」。　㉝「京」の部首は「亠(なべぶた)」。　㉞「別」の部首は「刂(かたな・りっとう)」。　㉟「店」の部首は「广(まだれ)」。

四〔ことわざ〕

㊱「転ばぬ先の杖」は，前もって用心していれば失敗することがない，という意味。　㊲「うりのつるになすびはならぬ」は，子は親に似る，という意味。　㊳「月とすっぽん」は，比較にならない，という意味。　㊴「弘法にも筆の誤り」は，名人や達人でも失敗することがある，という意味。㊵「猫に小判」は，価値のわからない人には貴重なものも意味がない，という意味。

五〔敬語〕

㊶「着る」の尊敬語は，お召しになる。　㊷「行く」の謙譲語は，うかがう，参る。　㊸「見る」の謙譲語は，拝見する。　㊹「ある」の丁寧語は，ございます。　㊺「食べる」の尊敬語は，召し上がる。

2023年度 埼玉栄高等学校（併願Ⅱ）

【英　語】（50分）〈満点：100点〉

（注意）解答は，問題のあとにある選択肢の中から，最も適しているものを一つだけ選び，その記号を解答用紙にマークしてください。

Ⅰ　ニューヨークで一人暮らしを始めた大学生リサ(Lisa)の物語です。質問に対する答えとして最も適切なもの，または文を完成させるのに最も適切なものを答えなさい。　（解答番号は①～⑥）

I found a *notice next to the mailboxes in the apartment building I moved into last week. "A Mitzvah for Mrs. Green," it said. "Sign up to drive Mrs. Green home from her *cancer treatments twice a month."

As I wasn't a driver, I couldn't write my name. But the word "Mitzvah" stayed in my mind. It was a *Hebrew word that means "to do a good thing." My grandma taught me it also had another meaning. She said, "Lisa, it's a *blessing to do a mitzvah for someone else, but sometimes it's a blessing to let another person do something for you." She was always saying this to me because she knew it was difficult for me to ask people for help.

Three weeks later, on the day of my exam, the snow was falling heavily. I walked to the bus stop, and the bus just went by. For an hour, I waited for the bus to come. "What should I do?" A cold wind pushed me toward home. At that moment, I seemed to hear the voice: "Ask someone for a *lift! It could be a mitzvah." But there wasn't anyone on the street.

At my apartment building, I found a woman at the mailbox. She was wearing a brown coat and had a set of keys in her hand. As soon as I saw it, I said in a hurry "Could you give me a lift?" An *odd look crossed the woman's face, so I said "Oh, I live in 203. I moved in last month." "I know, I've seen you through the window," she said. "Of course, I'll give you a lift. Let me get my car key."

"Your car key?" I repeated. "Isn't that your key in your hand?" "No, no, I was just going to get my mail. I'll be right back." And she went upstairs. I was so *embarrassed. But when she came back, she spoke so warmly as we walked to her car across the street that I felt comfortable.

"You know the way better than I," she said. "Why don't you drive?" "I can't," I said. Now I felt sorry again. She just laughed and *patted me on the hand and said, "It's not so important," and then I laughed, too. "You look just like my grandma." A smile crossed her lips. "Just call me Grandma Alice. My grandchildren do. And you are...?" As she drove down the snowy street, I introduced myself.

When she dropped me off, I thanked her and waved my hand. My exam went well, and asking Grandma Alice for help made me *feel at ease so that after class I was able to ask easily, "Is anyone going my way?" It turned out that three classmates lived near my apartment.

Back home as I walked up the stairs, I saw Grandma Alice leaving her *neighbor's room. "Good night, Mrs. Green. See you tomorrow," the neighbor was saying. I said "Hi" to them, and suddenly the name came into my mind. Mrs. Green! The woman with cancer. "Grandma Alice" was Mrs. Green. I covered my mouth with my hand. I asked a person with cancer to give me a lift to school! "Oh, Mrs. Green. I didn't know who you were. Please *forgive me," I said to her.

I stood still for a while. Then "May I tell you something?" Mrs. Green said. "Before I got sick, I was so strong that I was able to help people. Now everybody keeps helping me, giving me things, cooking my meals, and taking me places. But today before I got my mail, I *prayed to let me feel like part of the *human race again. Then you came along . . ." Tears streamed down her face.

（注） notice 掲示物　cancer treatments がん治療　Hebrew ヘブライ語の
blessing ありがたいもの　lift 車に乗ること　odd 奇妙な
embarrassed 恥ずかしい　patted 軽くたたいた　feel at ease 気持ちが和らぐ
neighbor 隣人　forgive 許す　prayed 祈った　human race 人類

問1 About the word Mitzvah, which is NOT mentioned?　（解答番号は①）
㋐ It is a Hebrew word.
㋑ It means to do good things.
㋒ To ask someone for help is a blessing.
㋓ To ask people for help is difficult.

問2 試験の日のリサの行動として正しいものを一つ選び答えなさい。　（解答番号は②）
㋐ Lisa told her grandma what Lisa should do.
㋑ Lisa asked a woman to do something for Lisa.
㋒ Lisa asked someone for a lift on the street.
㋓ Lisa waited for the bus with her grandma.

問3 When Grandma Alice was driving her car, she　（解答番号は③）
㋐ called her grandchildren to help Lisa.
㋑ wanted to know who Lisa was.
㋒ was sorry to hear that Lisa couldn't drive a car.
㋓ thought Lisa looked like her grandma.

問4 Lisa covered her mouth with her hand, because　（解答番号は④）
㋐ she found Mrs. Green was crying.
㋑ she found Grandma Alice leaving her neighbor's room.
㋒ she found her neighbor helped Grandma Alice.
㋓ she found Grandma Alice was Mrs. Green.

問5 In the end, Mrs. Green might feel that　（解答番号は⑤）
㋐ she was glad that she was able to help Lisa.
㋑ she was sad that she couldn't help anyone at all.
㋒ she was excited that she got her mail in the morning.
㋓ she was unhappy that she was sick for a while.

問6 本文の内容に合うものを一つ選び，記号で答えなさい。　（解答番号は⑥）
㋐ Lisa started a new life with her grandma.
㋑ Mrs. Green went to the hospital every week for cancer treatments.
㋒ Grandma Alice said to Lisa that it was good for Lisa to ask a Mitzvah.
㋓ When Lisa first saw Mrs. Green, she thought Mrs. Green would go out in a car.

Ⅱ　次のEメールを読み，質問に対する答えとして最も適切なもの，または文を完成させるのに最も適切なものを答えなさい。

（解答番号は⑦～⑪）

From：Hazel Watson
To：City Rose Gardens
Date：June 14, 2022, 16：30
Subject：Help with my rose

Dear City Rose Gardens,
I really like your website about gardening. I live in an apartment with my parents, so we don't have a garden. I love roses. My mother bought me a rose in a *pot two weeks ago. I give it water every day, but now it isn't healthy. Some leaves are turning brown. I don't know what's wrong. Can you please tell me how to grow my rose? I'm worried about it.
Sincerely,
Hazel

From：City Rose Gardens
To：Hazel Watson
Date：June 15, 2022, 13：24
Subject：Your rose

Dear Hazel,
Thank you for your e-mail. I'm glad you like my website. I think maybe you're giving your rose too much water. Roses don't need water every day. Touch the *soil with your fingers first. The soil should be almost dry when you give it water. You asked about growing roses in pots. First, your rose needs lots of sunlight, so you should keep it in a sunny place. Second, plastic pots keep too much water inside, so they aren't good for roses. If your rose is in a plastic pot, use a different pot. The new one has to be big enough for your rose. Third, roses in pots need special *fertilizer. You can buy it at any plant store. I hope this helps. I'm sure your rose will be fine.
Good luck,
Issac Walker

From : Hazel Watson
To : City Rose Gardens
Date : June 21, 2022, 18 : 07
Subject : Thanks you

Dear Mr. Walker,
Thank you very much for the information. It helped me a lot! I moved my rose to a sunny place. I also put it in a new pot, and I don't give it water every day. My rose looks much better now.
Thanks again,
Hazel

（注） pot 植木鉢 soil 土 fertilizer 肥料

問 1 How did Hazel get her rose? （解答番号は⑦）
㋐ She found it on a website.
㋑ She got it at a supermarket.
㋒ Her mother gave it to her.
㋓ Mr. Walker bought it for her.

問 2 Why is Hazel worried? （解答番号は⑧）
㋐ Her rose is growing too much.
㋑ There is something wrong with her rose.
㋒ She has no idea about which rose to buy.
㋓ She doesn't know a good place to put her rose.

問 3 Why is Issac glad? （解答番号は⑨）
㋐ Hazel sent him an e-mail.
㋑ Hazel likes his website.
㋒ Hazel came to his shop.
㋓ Hazel's rose got better.

問 4 Issac Walker says that Hazel's rose is probably （解答番号は⑩）
㋐ getting too much fertilizer.
㋑ in a place that is too sunny.
㋒ getting too much water.
㋓ in a pot that is too big.

問 5 Why did Hazel put her rose in a new pot? （解答番号は⑪）
㋐ She found that the pot she used wasn't good for roses.
㋑ She doesn't water her rose every day.
㋒ Her rose needs lots of sunlight.
㋓ Her rose needs special fertilizer.

Ⅲ　次の広告を見て，質問に対する答えとして最も適切なもの，または文を完成させるのに最も適切なものを答えなさい。　（解答番号は⑫〜⑮）

Can you sing and dance like Thomas Beadle ?

Join Our Contest!

Thomas Beadle is performing at the East Grove Stadium on Friday, August 23.

Special Prizes for Winners

- One lucky person will receive two concert tickets and will dance with Thomas on stage at the show.
- Three winners will receive two concert tickets each and take a picture with Thomas.
- Four winners will receive two concert tickets each.

To enter the contest, send us a DVD by July 26. On the DVD, you should sing and dance to the music of Thomas Beadle !

T.B. Productions
4 County River Road
East Grove, MD 12345
Good luck !

問１　Thomas Beadle　（解答番号は⑫）
㋐ sings and dances.　㋑ takes pictures.
㋒ receives tickets.　㋓ enters the contest.

問２　How many concert tickets will each winner receive ?　（解答番号は⑬）
㋐ Two.　㋑ Four.　㋒ Eight.　㋓ Sixteen.

問３　To join the contest, people must　（解答番号は⑭）
㋐ sing at the East Grove Stadium.　㋑ buy a Thomas Beadle DVD.
㋒ take pictures of Thomas Beadle.　㋓ send a DVD to T.B. Productions.

問４　What should you do on the DVD ?　（解答番号は⑮）
㋐ You should talk about Thomas Beadle.
㋑ You should introduce yourself.
㋒ You should dance to Thomas Beadle's music.
㋓ You should sing a song you made.

Ⅳ　次の各会話文が成立するように(　)に入るものを選びなさい。　(解答番号は⑯〜㉑)

⑯ A：(　　　　)
B：I'm not feeling good.
㋐ What's the matter?
㋑ How long does it take?
㋒ How is the weather today?
㋓ Where were you last night?

⑰ A：Hello. This is Keita. May I speak to Ryan?
B：I'm sorry, but he's not at home. (　　　　)
A：Yes, please.
㋐ May I take a message?
㋑ Where is your home?
㋒ What's your phone number?
㋓ Are you free tomorrow?

⑱ A：I'm going to see a baseball game after school today. Do you want to go with me?
B：Yes, that sounds great! Where shall we meet?
A：(　　　　)
㋐ I didn't see you there.
㋑ I'll wait for you in front of the station.
㋒ We can play baseball together.
㋓ I'll watch the game on TV.

⑲ Boy：How was your weekend?
Girl：It was great! My mother and I went shopping in town.
Boy：What did you buy?
Girl：(　　　　)
㋐ We went to Sendai.　㋑ It was Sunday.
㋒ I bought a new cap.　㋓ We went there by car.

⑳ Woman：Have you ever seen this movie before?
Man：No. So I want to see it.
Woman：How about going to see it together next Sunday?
Man：(　　　　)
㋐ You're welcome.　㋑ I really enjoyed it.
㋒ That's a wonderful idea.　㋓ I think you're right.

㉑ Woman：Welcome to our house. We are happy to have dinner with you.
Man：Thank you for inviting me. Wow! Did you cook them?
Woman：Yes. I hope you like them. Why don't you sit down and drink something?
Man：(　　　　)
㋐ All right. Let's go out and eat some hamburgers.
㋑ Thank you. May I have something cold?
㋒ Sure. Would you like to have some pizza?
㋓ OK. I can cook some Japanese food.

V　次の各文の(　)内に入る適切なものを選びなさい。　(解答番号は㉒～㉙)

㉒ An American asked me (　　) to buy a ticket at the station.

㋐ which　㋑ what　㋒ where　㋓ that

㉓ Our school is near the station. It (　　) only four minutes to walk to school.

㋐ brings　㋑ takes　㋒ costs　㋓ has

㉔ My mother often says, "You (　　) take care of yourself when you go out."

㋐ can　㋑ cannot　㋒ must　㋓ must not

㉕ A： Excuse me. Could you (　　) me the way to the station?

B： Sure.

㋐ tell　㋑ talk　㋒ say　㋓ speak

㉖ A： How was your trip to Okinawa?

B： I enjoyed (　　) so much.

㋐ myself　㋑ yourself　㋒ himself　㋓ herself

㉗ Smiling faces (　　) us happy.

㋐ take　㋑ bring　㋒ make　㋓ have

㉘ A： (　　) brought you to Japan?

B： I wanted to study Japanese culture.

㋐ Which　㋑ Why　㋒ What　㋓ How

㉙ Satoko (　　) to school every day as she lives near her school.

㋐ walks　㋑ walked　㋒ was walking　㋓ has walked

【数　学】（50分）〈満点：100点〉

（注意）解答は，問題のあとにある選択肢の中から，最も適しているものを一つだけ選び，その記号を解答用紙にマークしてください。

※円周率はπとして計算しなさい。

1　次の計算をしなさい。

$4(a-1)-2(3a-4)$

㋐ $-2a+4$　㋑ $10a-12$　㋒ $2a-4$　㋓ $-2a-4$　㋔ $-10a-4$

2　次の計算をしなさい。

$\frac{6}{\sqrt{18}}-\sqrt{2}(5-\sqrt{8})$

㋐ $-4-4\sqrt{2}$　㋑ -4　㋒ $4-4\sqrt{2}$　㋓ 4　㋔ $4+4\sqrt{2}$

3　和が差の3倍である2つの数x，y（$x>y$）があります。このとき，$\frac{x^2+6y^2}{xy}$の値を求めなさい。

㋐ 2　㋑ $\frac{7}{3}$　㋒ 5　㋓ $\frac{16}{3}$　㋔ $\frac{20}{3}$

4　次の方程式を解きなさい。

$(x-2)^2-(x-2)-56=0$

㋐ $x=-9,6$　㋑ $x=-6,9$　㋒ $x=-10,5$　㋓ $x=-5,10$　㋔ $x=-14,4$

5　次の連立方程式を解きなさい。

$$\begin{cases} \frac{1}{3}x+\frac{1}{2}y=-\frac{1}{6} \\ 0.5x+0.2y=0.3 \end{cases}$$

㋐ $x=1,\ y=1$　㋑ $x=-1,\ y=1$　㋒ $x=1,\ y=-1$

㋓ $x=2,\ y=1$　㋔ $x=1,\ y=2$

6　$\sqrt{96x}$が自然数となるような整数xの中で最も小さい数を求めなさい。

㋐ 2　㋑ 3　㋒ 6　㋓ 8　㋔ 9

右の度数分布表について，次の問い 7，8 に答えなさい。

階級	度数
以上　未満	
5～10	3
10～15	6
15～20	7
20～25	8
25～30	5
30～35	5
35～40	6

7　階級の幅を求めなさい。

㋐ 3　㋑ 5　㋒ 6　㋓ 7　㋔ 8

8　最頻値を求めなさい。

㋐ 8　㋑ 15　㋒ 20　㋓ 22.5　㋔ 40

9　箱の中に白い玉だけがたくさん入っています。この箱に青い玉を70個入れてよくかき混ぜ，箱から50個の玉を無作為に取り出すと，青い玉が8個含まれていました。最初に箱の中に入っていた白い玉はおよそ何個であると推測されますか。もっとも適当なものを次の㋐～㋔の中から1つ選びなさい。

㋐ およそ200個　㋑ およそ240個　㋒ およそ280個
㋓ およそ320個　㋔ およそ360個

10　ある自然数 x に5を加えて3倍すると70より小さくなります。また，20から x をひき，それを2倍すると10より小さくなります。あてはまる自然数の個数を求めなさい。

㋐ 2個　㋑ 3個　㋒ 4個　㋓ 5個　㋔ 6個

右の図のような，関数 $y=3x^2$，関数 $y=\frac{1}{3}x^2$ のグラフ上に4点A，B，C，Dをとります。四角形ACDBが正方形となるとき，次の問い 11，12 に答えなさい。

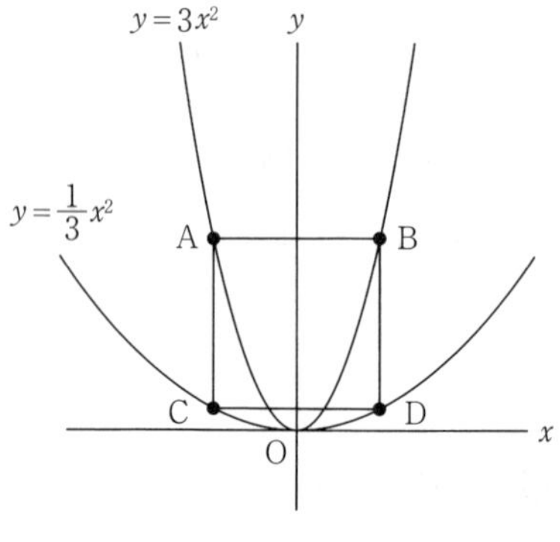

11　四角形ACDBの面積を求めなさい。

㋐ $\frac{3}{2}$　㋑ $\frac{9}{2}$　㋒ $\frac{9}{4}$　㋓ $\frac{3}{8}$　㋔ $\frac{9}{8}$

12　CDと $y=3x^2$ の2つの交点を x 座標の小さい方からE，Fとします。AB：EFを求めなさい。

㋐ 2：1　㋑ 3：1　㋒ 3：2　㋓ 4：3　㋔ 1：1

右の図のような，関数$y=\frac{1}{2}x^2$のグラフ上に点P(2, 2)をとります。点Aがy軸上にあり，△OPAが二等辺三角形となるとき，次の問い 13，14 に答えなさい。

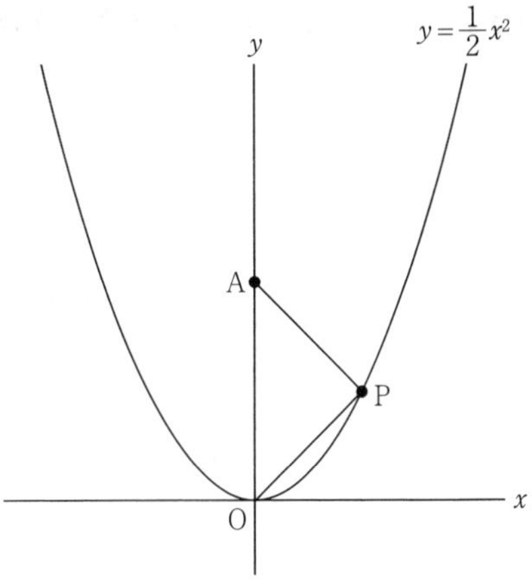

13　PA＝POとなるとき，点Aのy座標を求めなさい。

㋐　2　　㋑　4　　㋒　6　　㋓　8　　㋔　10

14　13のとき，原点を通り△OPAの面積を2等分する直線を求めなさい。

㋐　$y=x$　　㋑　$y=2x$　　㋒　$y=3x$
㋓　$y=\frac{1}{2}x$　　㋔　$y=\frac{1}{3}x$

右の図は，1辺が4 cmの正方形が2つ重なっています。図のように点AからHまで点をとります。辺FGと辺BCとの交点をHとし，∠DAG＝30°であるとき，次の問い 15，16 に答えなさい。

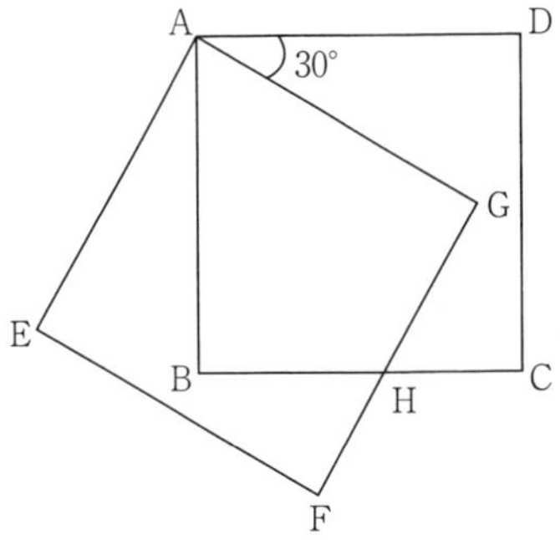

15　∠CHGの大きさを求めなさい。

㋐　30°　　㋑　45°　　㋒　60°　　㋓　75°　　㋔　80°

16　線分AHの長さを求めなさい。

㋐　$\frac{4}{\sqrt{3}}$　　㋑　$\frac{1}{\sqrt{2}}$　　㋒　$\frac{2}{\sqrt{3}}$　　㋓　$\frac{8}{\sqrt{3}}$　　㋔　$\frac{3}{\sqrt{2}}$

17　[1]，[2]，[3]，[4]，[5]の5枚のカードをよくきって，1列に並べて5けたの整数をつくるとき，その数が6の倍数になる確率を求めなさい。

㋐　$\frac{1}{5}$　　㋑　$\frac{4}{15}$　　㋒　$\frac{2}{5}$　　㋓　$\frac{8}{15}$　　㋔　$\frac{4}{5}$

右の図のように，座標平面上に点A(1，2)，点B(5，4)があります。大小2つのさいころを同時に1回投げて，大きいさいころの出た目をa，小さいさいころの出た目をbとし，点P(a, b)を右の座標平面上にとります。このとき，次の問い 18，19 に答えなさい。ただし，さいころの1から6までの目の出方は同様に確からしいものとします。

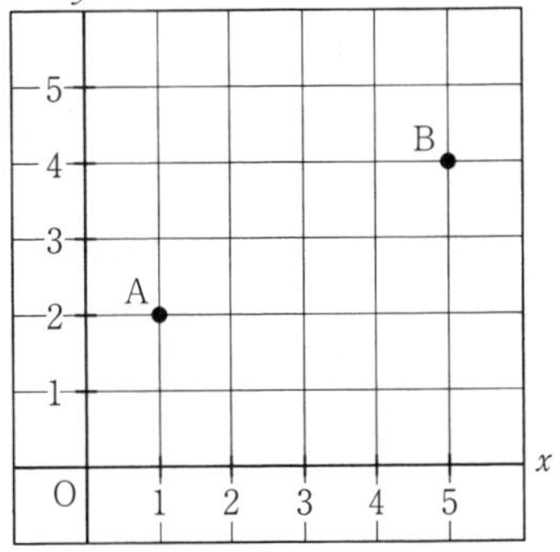

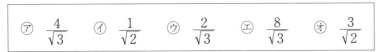

18　∠APBが90°になる確率を求めなさい。

㋐ $\frac{1}{9}$	㋑ $\frac{1}{6}$	㋒ $\frac{2}{9}$	㋓ $\frac{1}{4}$	㋔ $\frac{1}{3}$

19　△APBで，∠APBが鈍角になる確率を求めなさい。

㋐ $\frac{1}{9}$	㋑ $\frac{1}{6}$	㋒ $\frac{2}{9}$	㋓ $\frac{1}{4}$	㋔ $\frac{1}{3}$

20

先　生「今日の問題はこちらです。解けるかな？」

問題

1辺の長さが2cmである正五角形ABCDEの対角線の長さを求めなさい。

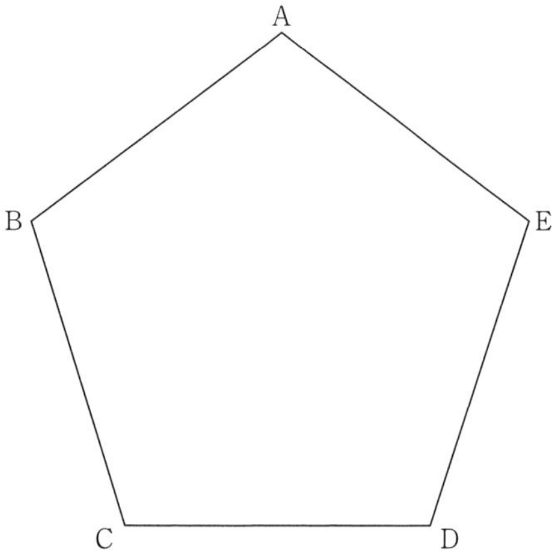

ビバ男「正五角形ということは1つの角の大きさがわかるね。」
ビバ子「△ABCについて考えてみると，この三角形はAB＝BCだから二等辺三角形だね。」
ビバ子「二等辺三角形の底角は等しいから，∠BACと∠BCAを求めることができるよ。」
ビバ男「同じように△ABEについても考えると，∠ABEと∠AEBもわかるね。」
先　生「いいですね。ここで，対角線ACと対角線BEの交点をFとして考えてみよう。」
ビバ子「△FBAと△ABEは2つとも二等辺三角形だし，底角も等しいね。この2つの三角形は相似だとわかるよ！」
ビバ男「△FBAと△ABEの角を利用すれば，∠AFEと∠FAEが求められるね！　あれ？　この三角形は……！　FEの長さがわかったよ！」
先　生「2人ともよく気が付きましたね！　2つの三角形の相似を利用して計算すると……」
ビバ男とビバ子「対角線の長さは［　　　］だね！」

㋐ $\sqrt{5}$ cm	㋑ $-1+2\sqrt{5}$ cm	㋒ $1+2\sqrt{5}$ cm	㋓ $-1+\sqrt{5}$ cm	㋔ $1+\sqrt{5}$ cm

㋓ 学習　㋔ 技術

㊴ 過失

㋐ 正義　㋑ 能力　㋒ 故意

㋓ 正大　㋔ 注意

㊵ 形式

㋐ 順序　㋑ 本質　㋒ 事柄

㋓ 構成　㋔ 内容

五 次の傍線部の文節はどのような働きをしていますか。最もふさわしいものをそれぞれ選びなさい。（解答番号 ㊶～㊺）

㊶ ええ、その公園なら行ったことがあります。

㊷ 日曜日は、図書館で朝からしっかり勉強する。

㊸ 一昨年の夏、十三歳の金メダリストが誕生した。

㊹ 走っても、追いつける距離ではなかった。

㊺ 私だって、ゲームを続けたいと思っている。

㋐ 主語　㋑ 述語　㋒ 修飾語

㋓ 接続語　㋔ 独立語

㋓ 十二月三十日　㋔ 十二月三十一日

問七、 傍線部⑤「無興なかながら」は「興がさめたものの」という意味ですが、なぜ興がさめてしまったのですか。その理由として最もふさわしいものを選びなさい。（解答番号㉕）

㋐ 与三郎が自分が福の神であると嘘をついたから。
㋑ 与三郎が約束した時間通りに来なかったから。
㋒ 与三郎が教えられた通りの返事をしなかったから。
㋓ 亭主が福の神を迎える準備をすることになったから。
㋔ 亭主の用意した雑煮を与三郎が食べなかったから。

問八、 傍線部⑥「亭主顔のさまあしくて」とは亭主のどのような様子を表していますか。最もふさわしいものを選びなさい。（解答番号㉖）

㋐ 喜んでいる様子。
㋑ とまどっている様子。
㋒ 落ち着いている様子。
㋓ 不機嫌な様子。
㋔ 体調が悪い様子。

問九、 傍線部⑦「思ひ出だし」とありますが、何を思い出したのですか。最もふさわしいものを選びなさい。（解答番号㉗）

㋐ 福の神を名乗ること。
㋑ 朝早く門をたたくこと。
㋒ 朝、亭主を起こすこと。
㋓ 若水を汲んでおくこと。
㋔ 来る人を確認すること。

問十、 □に入る語として最もふさわしいものを選びなさい。（解答番号㉘）

㋐ あいさつ　㋑ お礼　㋒ おわび
㋓ お返事　㋔ おいとま

問十一、 この文章の内容に合致しているものを選びなさい。（解答番号㉙）

㋐ 与三郎は大晦日の晩、中間から宿へ帰るよう言われた。
㋑ 亭主は朝早く、与三郎の訪問を門で待っていた。
㋒ 亭主は与三郎に福の神を連れてくるよう命じた。
㋓ 亭主は自分の家に招いた福の神を雑煮でもてなした。
㋔ 与三郎の機転によって福の神を迎えることができた。

問十二、 この文章の出典『醒睡笑』が成立したのは江戸時代である。次の中から江戸時代に成立したものを選びなさい。（解答番号㉚）

㋐ 万葉集　㋑ 古今和歌集
㋒ 平家物語　㋓ 南総里見八犬伝　㋔ 風姿花伝

三 次の空欄にあてはまるものをそれぞれ選びなさい。（解答番号㉛〜㉟）

㉛ （　）を据える　落ち着いて一つの物事をする
㉜ （　）が据わる　覚悟を決める
㉝ （　）を突っ込む　物事に関与する
㉞ （　）を染める　新しい物事にかかわる
㉟ （　）を立てる　名誉などが保たれるようにする

㋐ 手　㋑ 顔　㋒ 首　㋓ 腰　㋔ 腹

四 次の語句の対義語をそれぞれ選びなさい。（解答番号㊱〜㊵）

㊱ 保守
㋐ 自由　㋑ 軽率　㋒ 寛大
㋓ 革新　㋔ 進歩

㊲ 絶対
㋐ 厳守　㋑ 相対　㋒ 適当
㋓ 緩和　㋔ 全体

㊳ 創造
㋐ 模倣　㋑ 想像　㋒ 破壊

くことによって、手順の記憶が定着する。

㋓ 数学や、文章を読み取る際などには、共通して使用されるルールがあり、これを手順の記憶という。

㋔ 答えを出すために次に何をすればよいのか、人によって異なるため、手順の記憶は暗黙的である。

二

次の文章を読んで、後の問いに答えなさい。

①※けしからずものごとに祝ふ者ありて、与三郎といふ※中間《ちゅうげん》に②大晦日の晩言ひ教へけるは、「今宵《こよひ》は常よりaとく宿に帰り休み、明日は早々起きて来たり門をたたけ。内より『たそや』と問ふ時、『福の神にて候《さうら》ふ』と答へよ。bすなはち戸を開けて呼び入れん」と、ねんごろに言ひ含めて後、亭主は心にかけ、鶏③の鳴くと同じやうに起きて門に待ち居けり。案のごとく④戸をたたく。「たそ、たそ」とX問ふ。「いや、与三郎」と答ふる。⑤無興《ぶきょう》なかなかながら門を開けてより、※そこもと火をともし※若水を汲《く》み、※羹《かん》を据《す》うれども、⑥亭主顔のさまあしくて、さらに物言はず、中間不《ふ》審《しん》に思ひ、つくづく思案しゐて、宵に教へし福の神をうち忘れ、cやうやう酒を飲むころに⑦思ひ出だし、仰天し、※膳をあげ、座敷を立ちざまに、「さらば福の神でござる。□申し参らする」とY言うた。

（『醒睡笑』による）

※けしからず…並みはずれて。異常に。
※中間…使用人。
※そこもと…そこら。そのへん。
※若水…その年初めて汲む水。無病息災をもたらすとされる。
※羹を据う…雑煮を置く。
※膳をあげ…食膳を片付ける。

問一、二重傍線部a～cの言葉の意味として、最もふさわしいものをそれぞれ選びなさい。（解答番号 a—⑯ b—⑰ c—⑱）

a とく
㋐ 特別な　㋑ はやく　㋒ ゆっくり
㋓ 近くの　㋔ 遠くの

b すなはち
㋐ すぐに　㋑ すべて　㋒ したがって
㋓ 誰かが　㋔ 全く

c やうやう
㋐ なんとか　㋑ せかされて　㋒ ついに
㋓ そのまま　㋔ だんだんと

問二、波線部X、Yの主語として最もふさわしいものをそれぞれ選びなさい。（解答番号 X—⑲ Y—⑳）

㋐ 与三郎　㋑ 鶏　㋒ 亭主
㋓ 福の神　㋔ 作者

問三、傍線部①「けしからずものごとに祝ふ者」と同じものは何ですか、ふさわしいものを選びなさい。（解答番号 ㉑）

㋐ 与三郎　㋑ 鶏　㋒ 亭主
㋓ 福の神　㋔ 作者

問四、傍線部②「大晦日」は旧暦で何月になりますか、ふさわしいものを選びなさい。（解答番号 ㉒）

㋐ 睦月　㋑ 弥生　㋒ 卯月
㋓ 神無月　㋔ 師走

問五、傍線部③「の」と同じ意味・用法のものを選びなさい。（解答番号 ㉓）

㋐ 神無月のころ、
㋑ 月のもれ来て、
㋒ この獅子の立ちやう
㋓ 富士の山ぞ見ゆる
㋔ しかももとの水にあらず。

問六、傍線部④「戸をたたく」とありますが、この日の日付を選びなさい。（解答番号 ㉔）

㋐ 一月一日　㋑ 一月七日　㋒ 二月三日

a ㋐ なぜなら　㋑ また　㋒ たとえば
㋓ 一方　㋔ さて

b ㋐ なんとか　㋑ もし　㋒ どうして
㋓ ぜひ　㋔ さっぱり

問三、二重傍線部A「いたずらに」の意味として最もふさわしいものを選びなさい。（解答番号 ⑧）

㋐ ふざけて　㋑ よく考えて　㋒ むやみやたらに
㋓ 上手に　㋔ 簡単に

問四、二重傍線部B「芭蕉」の作品として正しいものを選びなさい。（解答番号 ⑨）

㋐ おらが春　㋑ 歌よみに与ふる書　㋒ みだれ髪
㋓ 奥の細道　㋔ 一握の砂

問五、次の文は本文のどこに入れたらよいですか。文章中の㋐～㋔から選びなさい。（解答番号 ⑩）

このような言葉のつなげ方の手順は文法と呼ばれています。

問六、傍線部1「ある手続き」とありますが、三カケル六の場合、どのような手続きになりますか。最もふさわしいものを選びなさい。（解答番号 ⑪）

㋐ 三を六回かけるという手続き。
㋑ 三を六回足すという手続き。
㋒ 六を三回かけるという手続き。
㋓ 六を三回足すという手続き。
㋔ 三と六を足すという手続き。

問七、傍線部2「文にはなりません。ただ単語を連ねても」とありますが、この部分に使用されている表現技法として最もふさわしいものを選びなさい。（解答番号 ⑫）

㋐ 比喩法　㋑ 体言止め　㋒ 反復法
㋓ 省略法　㋔ 倒置法

問八、傍線部3「その手順にしたがって言葉を並べないと、相手にはわからないのです」とありますが、なぜですか。最もふさわしいものを選びなさい。（解答番号 ⑬）

㋐ 自分の持っている言葉を並べるときの手順と合わないものは、頭が受け入れないから。
㋑ ひとつひとつの単語は、手順が変わると意味も変わってしまうから。
㋒ 文を読む手順は、数学のように世界共通の明白さはなく、かなり暗黙的なものだから。
㋓ 正しい手順でないと、意味が取れない人も出てくるかもしれないから。
㋔ 文章の流れ方が悪いと、意味を理解するまでに時間がかかってしまうから。

問九、傍線部4「筆者には最初なんのことかさっぱりわかりませんでした」とありますが、なぜですか。最もふさわしいものを選びなさい。（解答番号 ⑭）

㋐ 話し言葉で使われる言葉のつなげ方の読み解きが得意ではなかったから。
㋑ 話し言葉でのつなげ方の手順が俳句にも当てはまると思っていたから。
㋒ 俳句における言葉のつなげ方についての約束事を知らなかったから。
㋓ 物心つく前から育ててきた言葉を並べるときの手順が間違っていたから。
㋔ 俳句と話し言葉では使われる単語の意味が異なっているから。

問十、この文章の内容に合致しているものを選びなさい。（解答番号 ⑮）

㋐ 計算の手間を省くために作り上げた暗記表を九九（クク）と呼び、この暗記表を頭に入れることを手順の記憶という。
㋑ 何度も経験することで、次に何をすれば答えが出るのかがわかるようになるものを手順の記憶という。
㋒ 事物の意味や運動の意味のように、イメージを膨らませていないものは、頭が受け入れません。単語のひとつひとつは意味を運んでいますが、そのひとつひとつの意味がつながらなくなります。「ただ」という単語は「ただ単語を」という順序で入ってくれば、理解出来ますが、「ただなりません」とつながれても、自分の頭にはそんなつなげ方の記憶(手順の記憶)はありません。だから思考の流れが停止してしまいます。

㋓ 文を作るときの、あるいは文を理解するときの法則です。かなり③ユウ通の利く経験的法則ですが、やっぱり法則です。この法則を破ると意味がとれなくなります。

「田一枚植えて立ち去る柳かな」

というB芭蕉の句は名句として知られていますが、お恥ずかしいことに4筆者には最初なんのことかさっぱりわかりませんでした。

この句には、話し言葉に使われる単語のつなげ方についての手順の記憶は通用しません。

俳句愛好者の人たちが作り上げてきた言葉のつなげ方についての約束事、あるいは俳句の読み解き方がわからないと理解出来ないのです。㋔

この句は「田一枚植えて」で一回切って、水田ひとつ分のイメージを④カン起し、そこにしゃがみ込んで稲の苗を植えている人たちをイメージします。ついで「立ち去る」を切り取って、その人たちが田植えを終了して帰ってゆく姿をイメージします。最後にそこまでのイメージを消し去って、「植えられ終わった人気のない水田と、その横に立つ柳の木」をイメージします。

このような俳句独⑤トクの読み解き方がないと、さっぱりわからないのです。

(山鳥　重『「わかる」とはどういうことか—認識の脳科学』による)

問一、傍線部①~⑤のカタカナの部分と同じ漢字を使うものをそれぞれ選びなさい。(解答番号　①~⑤)

① ソ先
㋐ 基ソを固める。
㋑ ソ国に帰る。
㋒ 大きなソ織に所属する。
㋓ 適切なソ置をとる。
㋔ ソ質がある。

② トウ着
㋐ デパートに人が殺トウする。
㋑ 体育でトウ立前転をした。
㋒ トウ分を摂取する。
㋓ トウ台下暗し。
㋔ くじで三トウ賞が当たる。

③ ユウ通
㋐ 会員だけがユウ遇を受けられる。
㋑ ユウ便はがきが届いた。
㋒ 金ユウ機関に行く。
㋓ 英ユウの逸話を聞く。
㋔ ユウ気を出して話しかける。

④ カン起
㋐ カンで解答する。
㋑ 裁判所に召カンされる。
㋒ 意見を交カンする。
㋓ 寒さで指先のカン覚が鈍る。
㋔ 体内を血液が循カンする。

⑤ 独トク
㋐ 技術を獲トクする。
㋑ トク名性の高いインターネット。
㋒ 道トクの授業で本を読む。
㋓ 本の返却をトク促する。
㋔ 地域のトク産品を買う。

問二、空欄a、bにあてはまる言葉として最もふさわしいものをそれぞれ選びなさい。(解答番号　a—⑥　b—⑦)

二〇二三年度　埼玉栄高等学校（併願Ⅱ）

【国語】（五〇分）〈満点：一〇〇点〉

（注意）　解答は、問題の後にある選択肢の中から、最も適しているものを一つだけ選び、その記号を解答用紙にマークしてください。

一　次の文章を読んで、後の問いに答えなさい。

記憶にはもうひとつ大事なものがあります。何かをやる時の手順の記憶です。

たとえば九九を考えてみてください。誰もが子供の時に暗記させられる、ニニンガシ、ニサンガロクのあのククです。

九九八十一（クク・ハチジュウイチ）は9カケル9のカケル（×）を省略して覚えているわけですが、さらには9＋9＋9＋9＋9＋9＋9＋9＋9という手順を省略してその答えを覚えてしまっているわけです。四八三十二（シハ・サンジュウニ）は4×8、つまり4＋4＋4＋4＋4＋4＋4＋4の省略です。これをいちいち9×9すなわち9＋9＋9＋9＋9＋9＋9＋9＋9と計算していたのでは身が持ちません。暗記しておいた方が後々ずいぶん助かります。

「カケル」に戻って考えてみますと、これは1ある手続きを意味しています。【ａ】「四に二をカケル」、あるいは「四カケル二」という時のカケルは、「神様に願をかける」「壁に絵をかける」などというカケルとは違って、「四を二回たす」という手続きを意味します。ほかの意味はありません。われわれの①ソ先は四カケル二の計算の手間を省くために、四二八（シニガハチ）あるいは二四八（ニシガハチ）という暗記表を作り上げたわけです。

ワルも同じです。四ワル二のワルは4という数、あるいは四個のモノをふたつに割る、あるいはふたつに分けるという手順を意味しています。四ワル三は四を三つに分けることを意味しています。三なら三つに割れますが、四は三つに割れません。この時は四ワル三の答えは一ずつに分けるとどうしてもひとつ余るので、答えは一余り一ということになります。

このような、カケルとかワルという手順は一回聞いても覚えられるものではありません。何度も何度も教わって、何度も何度もやってみて、そのうちにその意味が定着してゆくのです。事物の意味や、運動の意味のように視覚的にイメージが浮かぶわけではなく、このやり方で進んで行けば、この問題は正しく処理出来、今浮かんでない答えに②トウ着出来る、という手順の記憶です。

（中略）

文を読んで、理解出来るのも手順の記憶を積み上げてきたからです。

今、こうして筆者が書き、一年か二年後にはなんとか本の形となって、読者のあなたが読んでくださるであろう、この文です。文は単語とは別の意味を運びます。Aいたずらにただ単語を連ねても文にはなりません。㋐

筆者がもし、「単語をただなりません文には連ねても」と書いたとしたら、読者のあなたは意味がわからず、なんだこれ、と放り出すでしょう。

「ただ単語を連ねても文にはなりません」と並べるか、「2文にはなりません。ただ単語を連ねても」と並べるか、「ただ単語を連ねても、なりません。文には」と並べるかでないと、意味はとれません。最後の文はやや苦しいですが、【ｂ】意味が取れるでしょう。取れない人も出てくるかもしれません。㋑

数学のようには世界共通の明白さはなく、かなり暗黙的なものですが、日本語ならば日本人仲間の間にちゃんと単語の並べ方についての約束事が成立していて、3その手順にしたがって言葉を並べないと、相手にはわからないのです。

㋒　読む側は単語を順番に頭へ流し込んでゆきますが、流れ方が悪いと、受け取れなくなります。

自分が物心つく前から育ててきた言葉を並べるときの手順と合わ

英語解答

Ⅰ 問1 ㋓　問2 ㋑　問3 ㋑
　問4 ㋓　問5 ㋐　問6 ㋓
Ⅱ 問1 ㋒　問2 ㋑　問3 ㋑
　問4 ㋒　問5 ㋐
Ⅲ 問1 ㋐　問2 ㋐　問3 ㋓
　問4 ㋒
Ⅳ ⑯ ㋐　⑰ ㋐　⑱ ㋑　⑲ ㋒
　⑳ ㋒　㉑ ㋑
Ⅴ ㉒ ㋒　㉓ ㋑　㉔ ㋒　㉕ ㋐
　㉖ ㋐　㉗ ㋒　㉘ ㋒　㉙ ㋐

Ⅰ〔長文読解総合─物語〕

≪全訳≫❶先週引っ越してきたアパートの郵便受けの横に，掲示物があった。「グリーン夫人のためのMitzvah」と書いてあった。「月2回，グリーン夫人をがん治療から家まで車で送る人は名前を書いてください」❷私は車の運転はしないので，自分の名前を書くことはできなかった。しかし，Mitzvahという言葉は，私の心に残った。それは「良いことをする」という意味のヘブライ語の言葉だ。おばあちゃんは，この言葉にはもう1つの意味があると教えてくれた。「リサ，他の誰かのためにmitzvahをするのはありがたいものだけど，ときには他人に，自分のために何かしてもらうのもありがたいものなんだよ」　彼女はいつも私にこう言っていた，というのも，人に助けを求めるのは私にとっては難しいことだというのを彼女は知っていたからだ。❸3週間後の試験の日，雪が激しく降っていた。私はバス停まで歩いたが，バスはそのまま通り過ぎてしまった。1時間，私はバスが来るのを待った。「どうしたらいいの」　冷たい風が私を家へと押した。その瞬間，声が聞こえたように思った。「誰かに車に乗せてもらうよう頼みなさい。mitzvahかもしれないよ」　しかし，通りには誰もいなかった。❹私はアパートで，郵便受けの所に女性がいるのを見つけた。茶色のコートを着て，手には1組の鍵を持っていた。私はそれを見るとすぐ，急いで「車に乗せていただけませんか」と言った。女性の顔に奇妙な表情が浮かんだので，「ああ，私，203号室に住んでいるんです。先月引っ越してきたんです」と私は言った。「知ってる，窓からあなたを見たことがあるわ」と彼女は言った。「もちろん，乗せてあげる。車の鍵を取ってくるわ」❺「車の鍵？」私は繰り返した。「手に持っているのは鍵じゃないんですか？」　「いいえ，ただ郵便物を取りに行くところだったの。すぐ戻るわね」　そして彼女は2階に上がっていった。私はとても恥ずかしかった。しかし，彼女が戻ってきて，通りの向こうの車まで歩いていくとき，とても温かく話してくれたので，私は安心した。❻「あなたは私よりも道を知っているわ」と彼女は言った。「あなたが運転したら？」　「できないんです」と私は言った。私は再び申し訳ない気持ちになった。彼女はただ笑って，私の手を軽くたたき，「そんなに大事なことじゃないのよ」と言ったので，私も笑った。「あなたは私のおばあちゃんによく似ています」　彼女の唇に笑みが浮かんだ。「アリスおばあちゃんって呼んで。私の孫たちもそうしているわ。それで，あなたは…？」　彼女が雪道を運転しているとき，私は自己紹介をした。❼彼女が私を降ろしてくれたとき，私はお礼を言って手を振った。試験はうまくいき，アリスおばあちゃんに助けを求めたことで気持ちが和らぎ，授業の後，「誰か私と帰り道が同じ人はいる？」と気軽にきけた。3人のクラスメートが，私のアパートの近くに住んでいることがわかった。❽家に戻って階段を上がると，アリスおばあちゃんが彼女のお隣さんの部屋から出てくるのが見えた。「おやすみなさい，グリーンさん。また明日ね」と，お隣さんは言っていた。私は2人に「こんにちは」と声をかけたが，突然その名前が頭に浮かんだ。グリーン夫人！　がんの女性だ。「アリスおばあちゃん」はグリーン夫人だったのだ。私は手で口を覆った。私はがんの人に，学校まで送ってくれるように頼んでしまったのだ！　「ああ，グリーンさん。あなたが誰なのか知りませんでした。どうか許してください」と，私は彼女に言った。❾私はしばらく立ちすくんでいた。すると，「お話ししてもいいかしら」とグリーン夫人は言った。「病気になる前，私はとても丈夫だったから，人を助けることができたの。今はみんなが私を助けてくれたり，物をくれたりご飯をつくってくれたり，いろんな所に連れていってくれたりしているわ。でも今日，郵便物を取る前に，もう一度，人類の一員だと感じさせてもらえますようにと祈っていたの。そしたら，あなたが来てくれて…」　彼女の顔を涙がつたった。

問１＜英問英答＞「Mitzvah という言葉について，言及されていないものはどれか」―㊀「人に助けを求めることは難しい」　第２段落参照。㊀は Mitzvah ではなく，リサについての説明である。

問２＜要旨把握＞試験の日の出来事については第３段落以降に書かれている。㋑「リサはある女性に，リサのために何かをするように頼んだ」は第４段落第１～３文の内容に一致する。

問３＜内容一致＞「車を運転しているとき，アリスおばあちゃんは(　　)」―㋑「リサが誰なのか知りたがった」　第６段落最後の２文参照。　introduce ～self「自己紹介をする」

問４＜内容一致＞「リサが手で口を覆ったのは(　　)からだ」―㊀「アリスおばあちゃんがグリーン夫人であることに気づいた」　第８段落後半参照。

問５＜内容一致＞「最終的に，グリーン夫人は(　　)と感じただろう」―㋐「リサの役に立てたことがうれしかった」　最終段落参照。今まで人助けをしてきたグリーン夫人はがんになってから，いろいろな人に助けてもらう生活を送っていたが，もう一度助ける側になりたいと願ったところにリサが現れたのである。

問６＜内容真偽＞㋐「リサはおばあちゃんと新しい生活を始めた」…×　本文の前置きに「一人暮らしを始めた」とある。　㋑「グリーン夫人はがん治療のため，毎週病院に通っていた」…×　第１段落最終文参照。月２回である。　㋒「アリスおばあちゃんはリサに，リサにとって Mitzvah を頼むのはいいことだと言った」…×　第２段落最後の２文参照。このように言ったのは，アリスおばあちゃんではなくリサのおばあちゃん。　㊀「リサは初めてグリーン夫人を見たとき，グリーン夫人は車で出かけるのだろうと思った」…○　第４段落第１～３文，第５段落第１，２文から，リサはグリーン夫人の持っていた鍵を車の鍵と勘違いして，一緒に乗せてもらえないかと頼んだことが読み取れる。

Ⅱ〔長文読解総合―Ｅメール〕

≪全訳≫送信者：ヘイゼル・ワトソン／宛先：シティローズガーデン／日時：2022年６月14日16時30分／件名：私のバラを助けてください／シティローズガーデン様／ガーデニングに関するホームページがとても気に入っています。私は両親と一緒にアパートに住んでいるので，庭がありません。私はバラが大好きです。２週間前に，母が鉢に入ったバラを買ってくれました。毎日水をやっているのですが，今，元気がありません。茶色くなっている葉っぱもあります。何が悪いのかわかりません。このバラの育て方を教えていただけないでしょうか。心配なんです。／敬具／ヘイゼル

送信者：シティローズガーデン／宛先：ヘイゼル・ワトソン／日時：2022年６月15日13時24分／件名：あなたのバラ／ヘイゼル様／メールをありがとうございます。私のホームページを気に入っていただけてうれしいです。バラに水を与えすぎているかもしれません。バラは，毎日水をやる必要はないんです。まず土を指で触ってみてください。水を与える際は，土がほとんど乾いている状態でないといけません。鉢植えのバラの栽培についてお尋ねでしたね。まず，バラには多くの日光が必要なので，日当

たりのよい場所に置いてください。次に，プラスチック製の鉢は中に水をためすぎてしまうので，バラにはよくありません。あなたのバラがプラスチック製の鉢に入っているのであれば，別の鉢をお使いください。新しい鉢は，あなたのバラを入れるのに十分な大きさのものにしてください。3つ目に，鉢植えのバラには特別な肥料が必要です。どの植物店でも買えます。このことがお役に立つとよいのですが。あなたのバラはきっと元気になると思います。／幸運を／イサック・ウォーカー

送信者：ヘイゼル・ワトソン／宛先：シティローズガーデン／日時：2022年6月21日18時7分／件名：ありがとうございました／ウォーカーさん／情報をどうもありがとうございました。とても助かりました！　バラを日当たりのよい場所に移しました。また，新しい鉢に入れ，毎日水をやらないようにしました。私のバラは今，前よりずっと元気になったようです。／重ねてどうもありがとうございました。／ヘイゼル

問1＜英問英答＞「ヘイゼルはどうやってバラを手に入れたか」―㋒「母親がそれを彼女にくれた」　ヘイゼルの1つ目のメール本文第4文参照。

問2＜英問英答＞「ヘイゼルはなぜ心配しているのか」―㋑「彼女のバラはどこか悪いようだ」　ヘイゼルの1つ目のメール本文第5～9文参照。バラの状態がよくないことを伝え，助けを求めている。

問3＜英問英答＞「イサックはなぜ喜んでいるのか」―㋑「ヘイゼルが彼のウェブサイトを気に入っている」　イサックのメール本文第2文参照。

問4＜内容一致＞「イサック・ウォーカーは，ヘイゼルのバラはたぶん(　　)といっている」―㋒「水の量が多すぎる」　イサックのメール本文第3文参照。

問5＜英問英答＞「ヘイゼルはなぜバラを新しい鉢に移したのか」―㋐「使っていた鉢がバラによくないとわかった」　イサックのメール本文第9～11文に書かれたアドバイスに従ったと考えられる。

Ⅲ〔読解総合―広告〕

≪全訳≫トーマス・ビードルのように歌って踊れますか。／私たちのコンテストに参加しよう！／トーマス・ビードルは8月23日金曜日に，イーストグローブスタジアムでパフォーマンスを行います。／入賞者への特別な賞品／●幸運な1名の方には，コンサートチケットを2枚お受け取りいただき，ショーのステージでトーマスと踊っていただきます。／●3名の入賞者には，コンサートチケットを2枚ずつお受け取りいただき，トーマスと写真撮影をしていただきます。／●4名の入賞者には，コンサートチケットを2枚ずつお受け取りいただきます。／コンテストに出場するには，7月26日までにDVDを送ってください。DVDでは，トーマス・ビードルの音楽に合わせて，歌って踊っていただきます。／12345　MD，イーストグローブ，カウンティリバーロード4，T.B.プロダクションズ／幸運を！

問1＜内容一致＞「トーマス・ビードルは(　　)」―㋐「歌って踊る」　広告の1行目参照。

問2＜英問英答＞「入賞者はそれぞれ，何枚のコンサートチケットを受け取るか」―㋐「2枚」　Special Prizes for Winnersの3つの●を参照。

問3＜内容一致＞「コンテストに参加するためには，(　　)なければならない」―㋓「DVDをT.B.プロダクションズに送ら」　コンテストへの参加方法については，3つの●で示されたSpecial Prizes for Winnersの説明の後に書かれている。

問4＜英問英答＞「DVDでは何をするべきか」―㋒「トーマス・ビードルの音楽に合わせて踊る」

Ⅳ〔対話文完成―適文選択〕

⑯A：どうしたの。／B：気分がよくないの。∥What's the matter？は相手の様子を心配して体調

などを尋ねるときに使う表現。What's wrong？でも同様の意味を表せる。

⑰Ａ：こんにちは。ケイタです。ライアンはいますか。／Ｂ：ごめんなさいね，留守にしてるの。伝言を預かりましょうか。／Ａ：はい，お願いします。〃この後でＡがYes, please. と答えていることから何かを申し出たことがわかる。May I take a message？は伝言を預かることを申し出るときの表現。

⑱Ａ：今日，放課後に野球の試合を見に行くんだ。一緒に行かない？／Ｂ：うん，いいね！　どこで会おうか。／Ａ：駅前で待ってるね。〃待ち合わせ場所を尋ねたＢへの返答が入る。　in front of ～「～の前で」

⑲男の子：週末はどうだった？／女の子：とても楽しかったわ！　お母さんと一緒に町へ買い物に行ったの。／男の子：何を買ったの？／女の子：新しい帽子を買ったわ。〃直前で男の子は女の子に何を買ったのかを尋ねている。

⑳女性：前にこの映画を見たことがある？／男性：ううん。だから見てみたいんだ。／女性：今度の日曜日に一緒に見に行くのはどう？／男性：すばらしい考えだね。〃映画の誘いに対する返答として適切なものを選ぶ。

㉑女性：ようこそ，我が家へ。夕食をご一緒できてうれしいわ。／男性：招待してくれてありがとう。わあ！　君がつくったの？／女性：うん。気に入ってもらえるといいな。座って何か飲まない？／男性：ありがとう。何か冷たいものをもらえるかな。〃直前で女性が座って何か飲むよう勧めていることから，飲みたいものを伝えたとわかる。

Ⅴ〔適語(句)選択〕

㉒適切な疑問詞を選ぶ。切符を買える‘場所’を尋ねたと判断し，where to ～「どこで～すればよいか」とする。　「アメリカ人が駅で，どこで切符を買えばいいか私に尋ねた」

㉓‘It takes＋時間＋to ～’で「～するのに〈時間〉がかかる」という意味。　「私たちの学校は駅の近くにある。学校まで歩いてたったの４分だ」

㉔take care of ～で「～に気を配る」という意味。You must ～「あなたは～しなければならない」は，「～しなさい」という命令文と同じ意味を持つ。　「私の母はよく『出かけるときは気をつけなさい』と言う」

㉕‘tell＋人＋物’「〈人〉に〈物〉を伝える」の形にする。他の選択肢は，後に‘人＋物’を続けることができない。　Ａ：すみません。駅までの道を教えていただけませんか。／Ｂ：いいですよ。

㉖enjoy ～self で「楽しく過ごす」という意味。　Ａ：沖縄旅行はどうだった？／Ｂ：とても楽しかったよ。

㉗‘make＋目的語＋形容詞’で「～を…(の状態)にする」という意味。　「笑顔は私たちを幸せにしてくれる」

㉘What brought〔brings〕you to ～？で「何があなたを～に連れてきたのか」→「なぜ～へ来たのか」と，来た‘理由’を尋ねることができる。　Ａ：なぜ日本に来たの？／Ｂ：日本の文化を勉強したかったんだ。

㉙‘現在の習慣’を表すとき，動詞は現在形にする。　「サトコは学校の近くに住んでいるので，毎日歩いて通学している」

2023年度／埼玉栄高等学校（併願Ⅱ）

数学解答

1 ㋐　**2** ㋒　**3** ㋒　**4** ㋓	**13**・**14** 13 ㋑　14 ㋒
5 ㋒　**6** ㋒	**15**・**16** 15 ㋒　16 ㋓
7・**8** 7 ㋑　8 ㋓	**17** ㋒　**18**・**19** 18 ㋑　19 ㋔
9 ㋔　**10** ㋑	**20** ㋔
11・**12** 11 ㋒　12 ㋑	

1〔数と式─式の計算〕

与式$=4a-4-6a+8=-2a+4$

2〔数と式─数の計算〕

与式$=\dfrac{6}{3\sqrt{2}}-\sqrt{2}(5-2\sqrt{2})=\dfrac{2}{\sqrt{2}}-5\sqrt{2}+2\times(\sqrt{2})^2=\dfrac{2\times\sqrt{2}}{\sqrt{2}\times\sqrt{2}}-5\sqrt{2}+4=\dfrac{2\sqrt{2}}{2}-5\sqrt{2}+4$
$=\sqrt{2}-5\sqrt{2}+4=4-4\sqrt{2}$

3〔数と式─数の計算〕

x，yの和が差の3倍だから，$x>y$より，$x+y=3(x-y)$が成り立ち，$x+y=3x-3y$，$-2x=-4y$，$x=2y$である。よって，与式$=\dfrac{(2y)^2+6y^2}{2y\times y}=\dfrac{4y^2+6y^2}{2y^2}=\dfrac{10y^2}{2y^2}=5$となる。

4〔数と式─二次方程式〕

$x-2=X$とおくと，$X^2-X-56=0$，$(X+7)(X-8)=0$　Xをもとに戻して，$(x-2+7)(x-2-8)=0$，$(x+5)(x-10)=0$　$\therefore x=-5,\ 10$

5〔数と式─連立方程式〕

$\dfrac{1}{3}x+\dfrac{1}{2}y=-\dfrac{1}{6}$……①，$0.5x+0.2y=0.3$……②とする。①×6より，$2x+3y=-1$……①′　②×10より，$5x+2y=3$……②′　①′×5−②′×2より，$15y-4y=-5-6$，$11y=-11$　$\therefore y=-1$　これを①′に代入して，$2x-3=-1$，$2x=2$　$\therefore x=1$

6〔数と式─数の性質〕

$\sqrt{96x}=\sqrt{2^5\times3\times x}=\sqrt{4^2\times6\times x}=4\sqrt{6x}$である。$\sqrt{6x}$が自然数となるとき，$\sqrt{96x}$は自然数となるから，最小の整数$x$は$x=6$である。このとき，$\sqrt{96x}=4\sqrt{6x}=4\sqrt{6\times6}=4\times6=24$となる。

7・**8**〔データの活用─度数分布表〕

7＜階級の幅＞度数分布表より，階級は5以上10未満，10以上15未満，15以上20未満，……となっているので，階級の幅は$10-5=5$である。

8＜最頻値＞最頻値は，最も度数の多い階級の階級値である。最も度数が多い階級は，度数が8である20以上25未満の階級なので，最頻値は$\dfrac{20+25}{2}=22.5$である。

9〔データの活用─標本調査〕

最初に箱の中に入っていた白い玉の数をx個とすると，この中に青い玉を70個入れたので，母集団である白い玉と青い玉の合計は$x+70$個になる。母集団に含まれる青い玉の数の割合と無作為に取り出した50個の標本に含まれる青い玉の数の割合は等しいと考えられるから，$(x+70):70=50:8$が成り立つ。これを解くと，$(x+70)\times8=70\times50$より，$8x+560=3500$，$8x=2940$　$\therefore x=367.5$　よって，最初に箱の中に入っていた白い玉は，選択肢より，およそ360個であると推測される。

10〔数と式—数の性質〕

ある自然数xに5を加えて3倍すると70になる数を考えると，$3(x+5)=70$より，$3x+15=70$，$3x=55$　$\therefore x=\frac{55}{3}$　$\frac{55}{3}=18\frac{1}{3}$であり，$x$が$18\frac{1}{3}$より小さいとき，$3(x+5)$は70より小さくなる。また，20から$x$をひき，それを2倍すると10になる数を考えると，$2(20-x)=10$より，$40-2x=10$，$-2x=-30$　$\therefore x=15$　xが大きくなると$2(20-x)$の値は小さくなるので，xが15より大きくなると，$2(20-x)$は10より小さくなる。よって，xは15より大きく$18\frac{1}{3}$より小さい自然数なので，$x=16$，17，18の3個ある。

11・**12**〔関数—関数$\boldsymbol{y=ax^2}$のグラフ〕

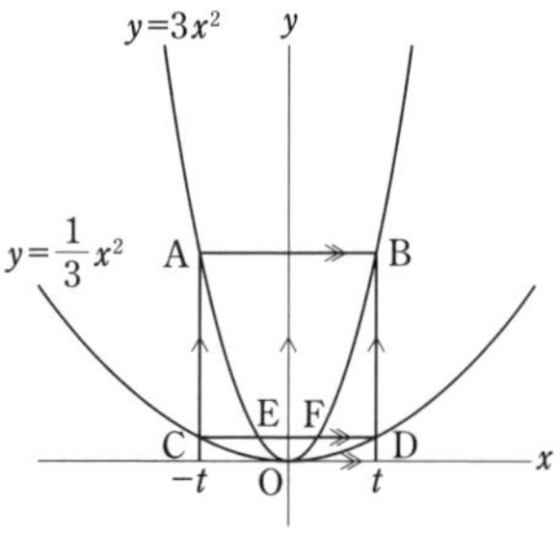

11<面積>右図で，四角形ACDBは正方形だから，BD=CDである。点Dのx座標をtとすると，点Dは関数$y=\frac{1}{3}x^2$のグラフ上の点なので，$D\left(t,\ \frac{1}{3}t^2\right)$となる。辺CDは$x$軸と平行だから，点Cは$y$軸について点Dと対称な点であり，$x$座標は$-t$で，$CD=t-(-t)=2t$である。また，辺BDは$y$軸と平行だから，点Bの$x$座標は点Dと等しく$t$で，関数$y=3x^2$のグラフ上の点なので，$B(t,\ 3t^2)$となる。よって，$BD=3t^2-\frac{1}{3}t^2=\frac{8}{3}t^2$だから，$\frac{8}{3}t^2=2t$が成り立ち，$8t^2=6t$，$4t^2=3t$，$4t^2-3t=0$，$t(4t-3)=0$　$\therefore t=0$，$\frac{3}{4}$　よって，点Dのx座標は$\frac{3}{4}$で，$CD=2\times\frac{3}{4}=\frac{3}{2}$だから，求める面積は$\frac{3}{2}\times\frac{3}{2}=\frac{9}{4}$である。

12<長さの比>右上図で，11より，$AB=CD=\frac{3}{2}$である。また，点Dのy座標は$\frac{1}{3}t^2=\frac{1}{3}\times\left(\frac{3}{4}\right)^2=\frac{3}{16}$だから，2点E，Fの$y$座標も$\frac{3}{16}$である。2点E，Fは関数$y=3x^2$のグラフ上の点なので，$\frac{3}{16}=3x^2$より，$x^2=\frac{1}{16}$，$x=\pm\frac{1}{4}$となり，点Eの$x$座標は$-\frac{1}{4}$，点Fの$x$座標は$\frac{1}{4}$である。これより，$EF=\frac{1}{4}-\left(-\frac{1}{4}\right)=\frac{1}{2}$となる。よって，$AB:EF=\frac{3}{2}:\frac{1}{2}=3:1$である。

13・**14**〔関数—関数$\boldsymbol{y=ax^2}$のグラフ〕

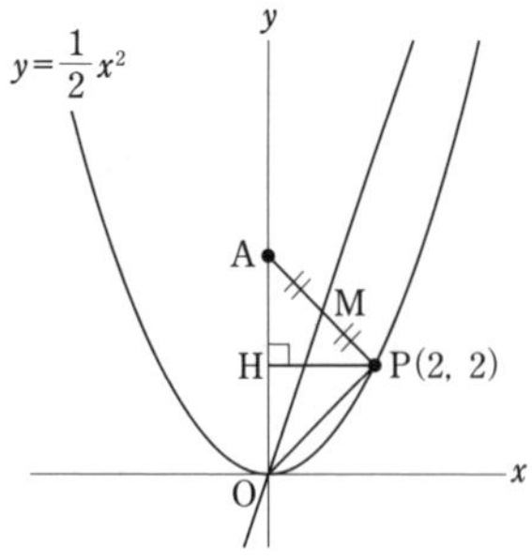

13<$\boldsymbol{y}$座標>右図で，点Pからy軸に垂線PHを引く。△OPAはPA=POの二等辺三角形だから，点Hは辺OAの中点であり，P(2, 2)だから，H(0, 2)である。よって，$OA=2OH=2\times2=4$となるから，点Aのy座標は4である。

14<直線の式>右図で，辺APの中点をMとし，△OAMと△OPMの底辺をそれぞれ辺AM，辺PMと見ると，高さは等しいから，△OAM=△OPMとなる。よって，求める直線は直線OMである。A(0, 4)，P(2, 2)より，辺APの中点Mのx座標は$\frac{0+2}{2}=1$，y座標は$\frac{4+2}{2}=3$となり，M(1, 3)である。よって，求める直線の傾きは$\frac{3}{1}=3$より，その式は$y=3x$となる。

15・**16**〔平面図形—正方形〕

15<角度>次ページの図で，∠BAG=90°−30°=60°だから，四角形ABHGで，∠BHG=360°−60°−90°−90°=120°となる。よって，∠CHG=180°−∠BHG=180°−120°=60°である。

⑯＜長さ＞右図で，点Aと点Hを結ぶ。△ABHと△AGHにおいて，$\angle ABH=\angle AGH=90^\circ$，AH＝AH，AB＝AGより，直角三角形の斜辺と他の1辺がそれぞれ等しいから，△ABH≡△AGHである。これより，$\angle BAH=\frac{1}{2}\angle BAG=\frac{1}{2}\times60^\circ=30^\circ$だから，△ABHは3辺の比が1：2：$\sqrt{3}$の直角三角形である。よって，$AH=\frac{2}{\sqrt{3}}AB=\frac{2}{\sqrt{3}}\times4=\frac{8}{\sqrt{3}}$となる。

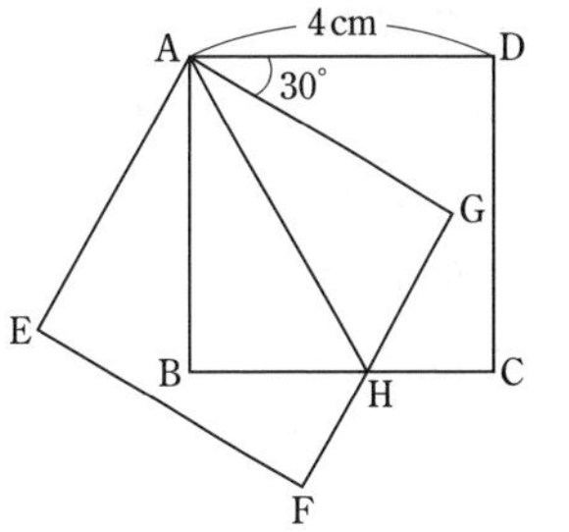

17〔データの活用―確率―カード〕

1，2，3，4，5の5枚のカードを1列に並べて5けたの整数をつくるとき，一万の位の数字は1～5の5通り，千の位の数字は残りの4通り，百の位の数字は3通り，十の位の数字は2通り，一の位の数字は1通りあるから，5けたの整数は全部で$5\times4\times3\times2\times1=120$(個)つくれる。6の倍数は3の倍数であり2の倍数でもある。できる5けたの整数の各位の和は$1+2+3+4+5=15$となり3の倍数なので，全て3の倍数である。よって，一の位の数が偶数であるとき，この5けたの整数は6の倍数になる。一の位が2の整数は，一万の位の数字は2以外の4通り，千の位の数字は2と一万の位の数字以外の3通り，百の位の数字は残りの2通り，十の位の数字は1通りの並べ方があるから，$4\times3\times2\times1=24$(個)できる。一の位が4の整数も同様に24個できるから，6の倍数になる5けたの整数は$24+24=48$(個)できる。したがって，求める確率は$\frac{48}{120}=\frac{2}{5}$となる。

18・**19**〔データの活用―確率―さいころ〕

⑱＜確率＞大小2つのさいころを同時に1回投げるとき，それぞれ6通りの目の出方があるから，目の出方は全部で$6\times6=36$(通り)あり，P$(a,\ b)$は36通りある。このうち，$\angle APB=90^\circ$となる点Pは，半円の弧に対する円周角は90°だから，右図のように，線分ABを直径とする円の周上にある。この円の中心をMとすると，A(1，2)，B(5，4)より，点Mのx座標は$\frac{1+5}{2}=3$，y座標は$\frac{2+4}{2}=3$であり，M(3，3)となる。図1で，座標軸の1目盛りを1とすると，円の半径は縦，横の長さが1と2である長方形の対角線の長さと等しい。よって，円Mの周上にあり，x座標，y座標がともに自然数である点Pは，点Mを1つの頂点とする縦，横の長さが1と2である長方形の頂点Mを通る対角線を引いたときのもう一方の頂点となる。したがって，これを満たす点Pは，点(1，4)，(2，1)，(2，5)，(4，1)，(4，5)，(5，2)の6個あるので，求める確率は$\frac{6}{36}=\frac{1}{6}$となる。

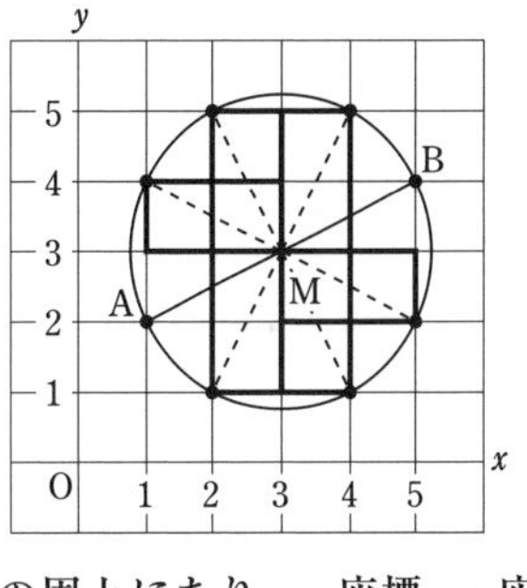

⑲＜確率＞右上図で，点Pが円Mの周上にあるとき，$\angle APB=90^\circ$であり，円Mの外にあるときは$\angle APB<90^\circ$，内部にあるときは$\angle APB>90^\circ$となる。よって，△APBの∠APBが鈍角になる点Pは，点(1，3)，(2，2)，(2，3)，(2，4)，(3，1)，(3，2)，(3，4)，(3，5)，(4，2)，(4，3)，(4，4)，(5，3)の12個あるから，求める確率は$\frac{12}{36}=\frac{1}{3}$である。

20〔平面図形―正五角形〕

五角形の内角の和は$180^\circ\times(5-2)=540^\circ$だから，次ページの図で，正五角形の1つの内角の大きさは$540^\circ\div5=108^\circ$である。△ABCはAB＝BCの二等辺三角形だから，$\angle BAC=\angle BCA=(180^\circ-108^\circ)\div2=36^\circ$となる。図形の対称性より，△EAB≡△ABCだから，$\angle AEB=\angle ABE=36^\circ$である。よって，

対角線ACと対角線BEの交点をFとすると，△FBAは∠FAB＝∠FBA＝36°の二等辺三角形だから，△ABE∽△FBAとなり，AB：FB＝BE：BAである。また，∠EAF＝108°－36°＝72°であり，△ABFで内角と外角の関係より，∠AFE＝36°＋36°＝72°だから，△AFEは∠EAF＝∠AFEの二等辺三角形である。これより，FE＝EA＝2となるから，BF＝x(cm)とすると，BE＝BF＋FE＝$x+2$となる。したがって，2：x＝($x+2$)：2が成り立ち，これを解くと，$x\times(x+2)=2\times2$より，$x^2+2x-4=0$，解の公式を利用して，$x=\frac{-2\pm\sqrt{2^2-4\times1\times(-4)}}{2\times1}=\frac{-2\pm\sqrt{20}}{2}=\frac{-2\pm2\sqrt{5}}{2}=-1\pm\sqrt{5}$となり，$x>0$だから，$x=-1+\sqrt{5}$である。以上より，対角線の長さは，BE＝$x+2=-1+\sqrt{5}+2=1+\sqrt{5}$(cm)である。

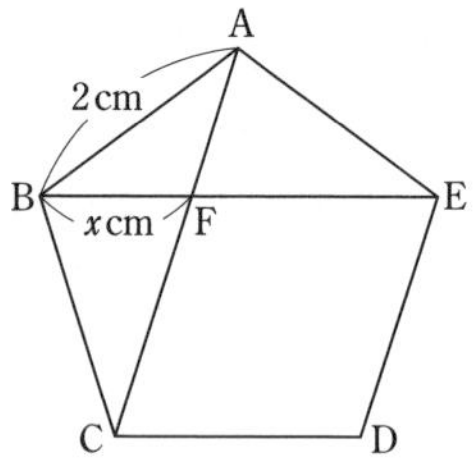

═読者へのメッセージ═

正五角形の全ての対角線を引いてみると，星の形ができます。三平方の定理で有名な古代ギリシャの数学者であるピタゴラスは，正五角形の作図を世界で初めて行い，このことを誇りにして，この星の形を自らがつくったピタゴラス学園のシンボルマークとしていたそうです。

2023年度／埼玉栄高等学校（併願Ⅱ）

国語解答

一　問一　①…㋑　②…㋐　③…㋒　④…㋑
　　⑤…㋔
　問二　a…㋒　b…㋐　問三　㋒
　問四　㋓　問五　㋓　問六　㋑
　問七　㋔　問八　㋐　問九　㋒
　問十　㋑

二　問一　a…㋑　b…㋐　c…㋔
　問二　X…㋒　Y…㋐　問三　㋒
　問四　㋔　問五　㋑　問六　㋐
　問七　㋒　問八　㋓　問九　㋐
　問十　㋔　問十一　㋑　問十二　㋓

三　㉛　㋓　㉜　㋔　㉝　㋒　㉞　㋐
　㉟　㋑

四　㊱　㋓　㊲　㋑　㊳　㋐　㊴　㋒
　㊵　㋔

五　㊶　㋔　㊷　㋒　㊸　㋑　㊹　㋓
　㊺　㋐

一〔論説文の読解―哲学的分野―哲学〕出典；山鳥重『「わかる」とはどういうことか―認識の脳科学』。

《本文の概要》記憶には，手順の記憶という大事なものがある。カケルとかワルという手順は，一回聞いて覚えられるものではない。意味のように視覚的にイメージが浮かぶわけではないので，繰り返し学ぶことによって，人は，問題を正しく処理する手順を記憶するのである。文を読んで理解できるのも，手順の記憶による。数学のように世界共通の明白さはなく，暗黙的なものではあるが，日本語には，日本語の単語の並べ方についての約束事が成立していて，その手順に従って言葉を並べないと，相手には文の意味が伝わらない。この並べ方の法則を破ると，思考の流れが停止して，単語の意味はわかっても，文の意味はわからないということが生じる。一方，俳句には，俳句の約束事があり，話し言葉における単語のつなげ方についての手順の記憶は通用しない。芭蕉の俳句を理解するためには，俳句の約束事や俳句独特の読み解き方を知る必要がある。

問一＜漢字＞①「祖先」と書く。㋐は「基礎」，㋒は「組織」，㋓は「措置」，㋔は「素質」。　②「到着」と書く。㋑は「倒立」，㋒は「糖分」，㋓は「灯台」，㋔は「三等」。　③「融通」と書く。㋐は「優遇」，㋑は「郵便」，㋓は「英雄」，㋔は「勇気」。　④「喚起」と書く。㋐は「勘」，㋒は「交換」，㋓は「感覚」，㋔は「循環」。　⑤「独特」と書く。㋐は「獲得」，㋑は「匿名」，㋒は「道徳」，㋓は「督促」。

問二．a＜接続語＞「カケル」が「ある手続きを意味して」いるという例を挙げると，「四に二をカケル」というときのカケルは，「『四を二回たす』という手続きを意味」している。　b＜表現＞「ただ単語を連ねても，なりません。文には」は，「やや苦しい」けれども，苦しいながらもどうにか「意味が取れる」文である。

問三＜語句＞「いたずらに」は，むやみやたらに，ただひたすら，という意味。

問四＜文学史＞『おくのほそ道』は，江戸時代に成立した松尾芭蕉による俳諧紀行文。『おらが春』は，江戸時代に成立した小林一茶による俳文集。『歌よみに与ふる書』は，明治31（1898）年に発表された正岡子規による歌論書。『みだれ髪』は，明治34（1901）年に発表された与謝野晶子による歌集。『一握の砂』は，明治43（1910）年に発表された石川啄木による歌集。

問五＜文脈＞単語の一つ一つは意味を運んでいるけれども，言葉を並べるときの手順と合わないものは，頭が受け入れず，文の意味を理解できなくなる。このような「言葉のつなげ方の手順は文法と呼ばれて」いて，文法とは，「文を作るときの，あるいは文を理解するときの法則」である。

問六＜文章内容＞「四カケル二」が「四を二回たす」という手続きを意味しているように，三カケル六は，三を六回たすという手続きを意味している。

問七＜表現技法＞「ただ単語を連ねても文にはなりません」を「文にはなりません。ただ単語を連ねても」というように，語や文節を普通の順序とは逆にする表現法を倒置法という。

問八＜文章内容＞「自分が物心つく前から育ててきた言葉を並べるときの手順と合わないものは，頭が受け入れ」ず，それぞれの単語の意味が「つながらなく」なる。そのため，手順に従って並んでいない言葉は，意味がわからなくなるのである。

問九＜文章内容＞芭蕉の句には，「話し言葉に使われる単語のつなげ方についての手順」は通用しない。「俳句愛好者の人たちが作り上げてきた言葉のつなげ方についての約束事」や「俳句の読み解き方」を知っていないと「理解出来ない」ものだったので，「筆者」にはわからなかったのである。

問十＜要旨＞カケルとかワルや，日本語の単語の並べ方である文法のように，「何度も何度も教わって，何度も何度もやってみて，そのうちにその意味が定着して」いき，「このやり方で進んで行けば，この問題は～答えに到着出来る」ようになるのが「手順の記憶」である(㋑…○，㋐・㋒・㋓…×)。かけ算，わり算ができるのも，文の意味がわかるのも「手順の記憶を積み上げてきたから」であり，日本語の単語を並べるときの手順は「世界共通の明白さ」がなく「暗黙的なもの」ではあるが，日本人の中では約束事として成立している(㋔…×)。

二〔古文の読解―笑話〕出典；安楽庵策伝『醒睡笑』巻之一「祝ひ過ぎるも異なもの」。

≪現代語訳≫並外れて縁起をかつぐ人がいて，(この人が)与三郎という使用人に大みそかの晩に言って教えたのは，「今晩はいつもより早く家に帰って寝て，明日は早く起きて来て門をたたきなさい。内から『誰ですか』と尋ねるときに，『福の神です』と答えなさい。すぐに戸を開けて呼び入れよう」と，ていねいに説明した後で，(翌朝)亭主は気にかけて，鶏が鳴くのと同じように(早く)起きて門で待っていた。思ったとおり(与三郎が)戸をたたく。(亭主が)「誰ですか，誰ですか」と尋ねる。「やあ，与三郎(です)」と答える。(亭主は)興がさめたものの門を開けてから，(与三郎は)そのへんに火をともして若水をくんで，雑煮を置くけれども，亭主の表情は悪く，全く口をきかないので，使用人(の与三郎)は変だと思い，よくよく考え続けて，(前の)晩に(亭主が)教えた福の神のことをすっかり忘れて(いたのを)，だんだんと酒を飲む頃に思い出して，とても驚いて，食器を片づけ，座敷を立つときに，「それでは，福の神であります。〈別れのご挨拶〉を申し上げます」と言った。

問一＜古語＞ａ．「とく」は，すぐに，急いで，という意味。　ｂ．「すなはち」は，すぐに，直ちに，という意味。　ｃ．「やうやう」は，だんだんと，という意味。

問二＜古文の内容理解＞Ｘ．早朝，門をたたいた人に，誰ですかと問いかけたのは，亭主である。

Ｙ．帰るときに，福の神でございます，お別れのご挨拶を申し上げますと言ったのは，与三郎である。

問三＜古文の内容理解＞並外れて縁起をかつぐ人とは，明日の元日の朝，誰ですかと尋ねたら福の神ですと答えるよう，与三郎に言った亭主である。

問四＜古典の知識＞「大晦《おおみそ》日《か》」は，一年の最後の日である十二月三十一日のこと。月の異名は，一月から順に，睦月，如月，弥生，卯月，皐月〔五月〕，水無月，文月，葉月，長月，神無月，霜月，師走。

問五＜古典文法＞「鶏の鳴く」と「月のもれ来て」の「の」は，～が，と訳し，主語を示す。「神無月のころ」と「獅子の立ちやう」と「富士の山」と「もとの水」の「の」は，～の，と訳し，後の名詞を修飾することを示す。

問六＜古文の内容理解＞亭主が，与三郎に翌朝早起きして門をたたくように言ったのが，十二月三十一日であり，門をたたく日は，一月一日である。縁起をかつぐ亭主は，福の神が一月一日の早朝に家に来たという状況をつくりたかったのである。

問七＜古文の内容理解＞与三郎は，一月一日の早朝に門をたたいて，誰ですかと尋ねられたら福の神と答えるように，亭主に言われていた。しかし，与三郎は，すっかり忘れて，福の神と答えずに与三郎と答えてしまった。亭主は，一月一日の早朝に，福の神が家にやってきたという状況をつくり出そうと思っていたのに，予定どおりにならず，がっかりしたのである。

問八＜古文の内容理解＞「さま」は，様子のこと。「あしく」は，形容詞「悪し」の連用形で，悪く，という意味。亭主は，顔の様子が悪い，つまり，不機嫌な表情をしていたのである。

問九＜古文の内容理解＞与三郎は，門をたたき，誰ですかと尋ねられたら福の神と答えるように，亭主に言われていたのをすっかり忘れて，与三郎ですと答えた。亭主が不機嫌な表情で全く口をきかないのを変だと思った与三郎は，食事も整い，酒を飲み始めてから，ようやく福の神と答えなければならなかったことを思い出したのである。

問十＜古文の内容理解＞「いとま」は，別れの挨拶のこと。また「いとま申す」は，別れ(の言葉)を申し上げる，という意味。与三郎は，門を入るときに福の神ですと言うよう，亭主に言われていたのをすっかり忘れていた。そして，帰るときになって思い出して，福の神は別れのご挨拶をしますと言ったのである。

問十一＜古文の内容理解＞亭主は，福の神に家に入ってきてもらおうと考え，大みそかの晩に与三郎に，翌朝門をたたいて福の神ですと言うように言った。そして，翌朝早く起きて，与三郎が門をたたくのを待っていた。

問十二＜文学史＞『南総里見八犬伝』は，江戸時代に成立した曲亭馬琴による読本。『万葉集』は，奈良時代に成立した現存する日本最古の歌集。『古今和歌集』は，平安時代に成立した勅撰和歌集で，紀貫之らが編さんした。『平家物語』は，鎌倉時代に成立した軍記物語。『風姿花伝』は，室町時代に成立した世阿弥による能楽書。

三〔慣用句〕

㉛「腰を据える」は，落ち着いて事にあたる，また，ある場所にすっかり落ち着く，という意味。

㉜「腹が据わる」は，物事に動じなくなる，覚悟する，という意味。　㉝「首を突っ込む」は，興味や関心を持って関係を持つ，深入りする，という意味。　㉞「手を染める」は，関係を持ち始める，という意味。　㉟「顔を立てる」は，名誉や面目が保たれるようにする，という意味。

四〔語句〕

㊱「保守」は，旧来の習慣，制度，組織，方法などを重んじ，保とうとすること。「革新」は，習慣，制度，組織，方法などの現状を変えて新しくすること。　㊲「絶対」は，制限や条件によらずに存在すること。「相対」は，他との関係のうえに存在，あるいは成立していること。　㊳「創造」は，これまでになかったものを，自分の考えや技術などによって新しくつくり出すこと。「模倣」は，他のものをまねること。　㊴「過失」は，不注意などによって生じる過ちのこと。「故意」は，結果がわかっていながら，わざとすること。　㊵「形式」は，表に現れている形，一定のやり方。「内容」は，ある形をとっているものの内部に含まれて存在しているもの。

五〔文の組み立て〕

㊶「ええ」は，感動詞。他の単語を修飾しておらず，独立している。　㊷「図書館で」は，「勉強する」場所を説明する修飾語である。　㊸「誕生した」は，「金メダリストが」という主語に対する述語である。　㊹「走っても」は，走ったとしても，という仮定の逆接を表す助詞「ても」を含んだ接続語である。　㊺「思っている」のは「私」であり，「私」が主語である。

2022年度 埼玉栄高等学校（単願・併願Ⅰ）

【英　語】（50分）〈満点：100点〉

（注意）解答は，問題のあとにある選択肢の中から，最も適しているものを一つだけ選び，その記号を解答用紙にマークしてください。

Ⅰ　エミリー(Emily)のある日の物語を読み，質問に対する答えとして最も適切なもの，または文を完成させるのに最も適切なものを答えなさい。（解答番号は①～⑥）

Emily sat under the apple tree and watched the rain clouds over the hills. "What a wet day! I don't like rain very much." She ate an apple and waited for the rain to stop. After a while it did. The sky turned blue, and the sun shone, warm and golden. Then she saw the rainbow in the sky. It began as an *explosion of light. It was high in the clouds. The sky filled with bright colors: blue, orange, green and purple. Then both ends of the rainbow began to fall to Earth.

"Wow! The rainbow landed in the garden!" Emily went closer and touched the rainbow. She felt nothing, just air. But the colors moved through her fingers. When she looked up, the rainbow seemed to continue into space. "What would happen if I stepped inside it?" she wondered. There was only one way to find out. She stepped inside. It was beautiful and very quiet. She couldn't hear anything.

*WHOOSH! Suddenly Emily was picked up by the rainbow. It was a tunnel of light. Wind passed her ears very fast. She *tumbled many times. She was carried on a soft cushion of air. She went up so fast. But rainbows go up and come down. Soon she was falling down the far side of the rainbow. She could see green below. Green grass was coming up to meet her, faster and faster. . . .

*BUMP! Emily landed hard, but nothing was broken. She stood up slowly. She was on the other side of the valley and was standing on a *steep green hill. She could see her house far away. It was like a small white box with a rainbow in the garden. Everything she saw was peaceful and very beautiful.

WHOOSH! Emily was taken back through the rainbow. It was faster than a firework. Red, blue, yellow . . . stripes of light are passing by very quickly. Up, up, up she went and down, down, down. . . .

BUMP! Emily landed back in her own garden. "Oww . . .! I am going to be so *bruised tomorrow." Then she remembered the thing her mother said. "GOLD! There is always gold at the end of a rainbow!" She dropped to her knees and started to dig. "Come on, come on! It must be here somewhere. . . ." She went deeper and deeper. Then she saw something shiny under her fingertips. She took it out and looked at it carefully. She didn't know what to say with *excitement. It was a golden coin and bigger than usual money and much heavier. She made it clean with her fingers. There were words written on it: *Make a wish before the rainbow *fades. "Oh wow!" she said. "This is surprising! A wish!"

But then she saw something. The rainbow was starting to fade out. It was going thin at the edges. "No! I haven't decided yet! Please wait!" But the rainbow didn't wait. It was fading. It was going away, and taking her wish with it. "No! I'll make my wish soon. Just a moment, please!" But still the rainbow was fading. The golden coin was getting hot in her hand. "Oh . . . ! Choose . . . choose. . . . Yes. YES! I have it!" She closed her eyes and made her wish.

*VOOMF! The rainbow disappeared, and the golden coin disappeared, too. Emily couldn't move for a while. She looked up into the sky, and it was clear blue. The sun was golden and warm on her face. Such a beautiful day. Such a beautiful world. "Even if the wish doesn't come true, I am a very lucky girl," she said. And she smiled.

(注) explosion 爆発　WHOOSH ヒュー(音)　tumbled つまずいて転んだ
BUMP バン(音)　steep 急な　bruised 青あざ　excitement 興奮
Make a wish 願いごとをする　fades 消える　VOOMF バフッ(音)

問1 When Emily was eating an apple, (解答番号は①)
㋐ she might feel lucky.
㋑ she might feel surprised.
㋒ she might feel excited.
㋓ she might feel bored.

問2 Why did Emily step inside the rainbow? (解答番号は②)
㋐ Because she felt only air from the rainbow.
㋑ Because she wanted to see what would happen.
㋒ Because she knew what would happen.
㋓ Because she wanted to fly into the rainbow.

問3 What is NOT mentioned about the rainbow? (解答番号は③)
㋐ It was warm and filled with bright colors.
㋑ It was very beautiful and quiet.
㋒ It was like a soft cushion of air.
㋓ It was a tunnel of light.

問4 Why did Emily dig the ground? (解答番号は④)
㋐ Because she remembered the story about gold.
㋑ Because she read a message on the coin.
㋒ Because she grew green grass.
㋓ Because she saw something in the garden.

問5 When Emily found a golden coin, (解答番号は⑤)
㋐ she said something with joy.
㋑ she was too excited to say anything.
㋒ she remembered her mother's saying.
㋓ she saw the coin was getting hot.

問6 At the end of the story, Emily smiled because (解答番号は⑥)
㋐ she found a golden coin shiny in her hand.
㋑ she understood how colorful the rainbow was.
㋒ she chose her wish and made it true.
㋓ she had a great experience.

II　次のEメールとちらしを読み，質問に対する答えとして最も適切なもの，または文を完成させるのに最も適切なものを答えなさい。　(解答番号は⑦～⑪)

From : Yuna Takei
To : Bianca Allen
Date and Time : April 28, 2021 17:25
Subject : Guess what !

Hi, Bianca. I have a great news !! The rock band, "The ORB," is coming to our city next month, and my sister, Nao, gave me tickets for the third day of their concert !! I was hoping we could go together. What do you think ? Check the *attachment - it's a *flyer for the concert.

You watched them on TV yesterday, didn't you ? I heard their song, "Bravely," got 200 million views on the Internet. I love "Faithful" from their second album, "Treasures," too. I think Tammy Williams is the best singer in the world now. I'm looking forward to going to the concert.
Yuna

From : Bianca Allen
To : Yuna Takei
Date and Time : April 28, 2021 20:12
Subject : Re : Guess what !

Hi, Yuna. Thanks for the e-mail. The concert sounds really great ! I'd love to. I'm a big fan of the band, you know. "Bravely" is good too, but I love "Dreaming" the best of all their songs.

I checked the flyer. I have so many things I need to do on the weekend, so the third day is best for me.

I have been to the ballpark to watch a baseball game once. We could take the bus, but it takes about an hour from here. So I think we should take a train to Ballpark Station. It's quicker than the bus, and we can walk to the ballpark from the station.

I don't know how to thank you. I can't wait for the day.

See you later,

Bianca

The popular rock band "The ORB" is coming!
Come and meet the members of the band!

- **At Smith's Ballpark**
- **Concert Schedule** ①Saturday, May 8th, from 7:00 p.m.
  ②Sunday, May 9th, from 3:00 p.m.
  ③Wednesday, May 12th, from 7:00 p.m.
- **Admission $70**

Please scan the QR code to receive more information about the concert.

（注） attachment 添付ファイル flyer ちらし

問１ What is Yuna's good news? （解答番号は⑦）

㋐ She was asked to make a new flyer for a concert.
㋑ She has tickets for a famous band.
㋒ Her sister will play with a popular rock band.
㋓ Her favorite musician will play at her school.

問２ Tammy Williams is （解答番号は⑧）

㋐ Nao's sister.
㋑ a member of "The ORB."
㋒ a professional baseball player.
㋓ a bus driver.

問3　What is Bianca's favorite song of The ORB's?　（解答番号は⑨）

㋐ "Bravely"　㋑ "Faithful"

㋒ "Treasures"　㋓ "Dreaming"

問4　When are Yuna and Bianca probably going to the concert?　（解答番号は⑩）

㋐ April 28th　㋑ May 8th

㋒ May 9th　㋓ May 12th

問5　To get to Smith's Ballpark, Bianca thinks they should　（解答番号は⑪）

㋐ take the bus from her house.

㋑ ask Yuna's sister to take them.

㋒ go by car with Yuna.

㋓ take the train and then walk.

Ⅲ　次のレシートに関して，質問に対する答えとして最も適切なものを選びなさい。

（解答番号は⑫⑬）

SS Supermarket

Wed. Nov. 18
5：25 p.m.

Avocado × 3	$1.90
Tomato × 4	$2.20
Orange juice	$1.75
Chocolate cake	$2.50
TOTAL	$8.35

問1　How many items were bought?　（解答番号は⑫）

㋐ One　㋑ Five　㋒ Nine　㋓ Ten

問2　How much is one tomato?　（解答番号は⑬）

㋐ $0.55　㋑ $2.20　㋒ $8.35　㋓ $8.80

IV　次のテレビ番組表に関して，質問に対する答えとして最も適切なものを選びなさい。

（解答番号は⑭⑮）

Television Listings

Wednesday, November 18

	3 S Network (channel 5)
6:00-8:00 a.m.	**Morning Cafe** *(News and traffic information)*
8:00-9:00 a.m.	**Life in the wild** *(Mountain gorillas in *Rwanda)*
9:00-9:30 a.m.	**Have a nice trip!** *(Today's *destination : Japan)*
9:30-10:00 a.m.	**WE ARE THE LIONS** *(Information on Lions players)*
10:00-12:30 a.m.	**Waiting For You** *(Morning movie, with Lucy Stevens)*
12:30-1:30 p.m.	**Midday News** *(News and weather)*

（注） Rwanda　ルワンダ共和国　　destination　目的地

問 1　How long is the movie?　（解答番号は⑭）

㋐ Thirty minutes　㋑ One hour

㋒ Two hours　㋓ Two hours and thirty minutes

問 2　What time can people watch a news program?　（解答番号は⑮）

㋐ 9:00 a.m.　㋑ 9:30 a.m.　㋒ 10:00 a.m.　㋓ 12:30 p.m.

V　次の各会話が成立するように（　）に入るものを選びなさい。　（解答番号は⑯～㉑）

⑯ A : Why don't we play tennis together on Sunday?

B : (　　　) I was thinking the same thing.

㋐ Have a nice time.　㋑ It'll be here soon.

㋒ I can't understand.　㋓ That sounds great.

⑰ A : Maria always does well in math class, doesn't she?

B : Yes, (　　　)

㋐ she's not here today.　㋑ she's late for math class.

㋒ she's really good at math.　㋓ she doesn't like numbers.

⑱ A : Happy birthday, Laura. These flowers are for you.
B : What beautiful roses! Thank you.
A : (　　　　)
㋐ You can try it again.
㋑ We should go back.
㋒ I hope we can buy them.
㋓ I'm glad you like them.

⑲ A : I bought a cake at that bakery yesterday.
B : (　　　　)
A : A lemon cake.
㋐ Was it expensive?
㋑ Where did you get it?
㋒ When did you see it?
㋓ What kind did you choose?

⑳ A : Dad, can we go to the history museum this weekend?
B : Sure, Alice. (　　　　)
A : I'm writing a report for history class, and I need to get some information.
B : All right. Let's go on Sunday.
㋐ Would you like to go after school?
㋑ Why do you want to go?
㋒ How will you get there?
㋓ Have you been there before?

㉑ A : Ben, have you finished reading the book I lent you last month?
B : Oh, *Captain Adventure*? Yes, I've finished reading it, but it's at home.
A : (　　　　) My brother wants to read it.
B : OK. I'll bring it to school tomorrow.
㋐ Can I have it back?
㋑ May I read the book?
㋒ Do you want to buy it?
㋓ Do you know the story?

Ⅵ　次の各文の(　)内に入る適切なものを選びなさい。　(解答番号は㉒～㉙)

㉒ The Nile River is the (　　) river in the world.
㋐ long　㋑ too long　㋒ longer　㋓ longest

㉓ Joe likes (　　) movies on weekends.
㋐ to watch　㋑ watched　㋒ watches　㋓ watch

㉔ A : Who is that girl (　　) on the bench over there?
B : That's my sister.
㋐ sat　㋑ sitting　㋒ sits　㋓ sit

㉕ A : What did you think of the new French restaurant?
B : It was great. The food looked beautiful, and it (　　) nice, too.
㋐ grew　㋑ tasted　㋒ held　㋓ joined

㉖ A : Itsuki, could you show me (　　) to use this smartphone?

B : Sure. I have the same one.

㋐ who　㋑ why　㋒ how　㋓ what

㉗ Jessie came to Tokyo from Los Angeles last year. She didn't know anyone at first, but she soon (　　) many new friends.

㋐ said　㋑ made　㋒ began　㋓ put

㉘ Susan is very (　　) in music. She takes piano lessons after school and wants to become a music teacher.

㋐ interested　㋑ surprised　㋒ worried　㋓ expected

㉙ Tom started going to the gym because he wanted big (　　) like his older brother.

㋐ engines　㋑ stamps　㋒ muscles　㋓ houses

【数　学】（50分）〈満点：100点〉

（注意）解答は，問題のあとにある選択肢の中から，最も適しているものを一つだけ選び，その記号を解答用紙にマークしてください。

※円周率は π として計算しなさい。

1　次の計算をしなさい。

$18-9\div(-3)\times\frac{2}{3}$

㋐ -6　㋑ 12　㋒ $\frac{45}{2}$　㋓ 20　㋔ 0

2　次の計算をしなさい。

$(\sqrt{2}+1)^2-\frac{\sqrt{6}}{\sqrt{3}}$

㋐ -3　㋑ $3-\sqrt{2}$　㋒ $\sqrt{2}$　㋓ 3　㋔ $3+\sqrt{2}$

3　$a=\frac{1}{9}$，$b=28$ のとき，ab^2-64a の値を求めなさい。

㋐ -368　㋑ $\frac{28}{9}$　㋒ 80　㋓ 112　㋔ 368

4　ボウリングのピンを10本並べ，球を１回投げてピンを倒すゲームを30人が行いました。次の表は，倒したピンの本数と人数を整理したものです。倒したピンの本数の平均値が4.9本であるとき，x，y の値を求めなさい。

倒したピンの本数(本)	0	1	2	3	4	5	6	7	8	9	10	計
人数(人)	4	3	0	6	1	1	2	x	3	y	1	30

㋐ $\begin{cases}x=2\\y=7\end{cases}$　㋑ $\begin{cases}x=3\\y=6\end{cases}$　㋒ $\begin{cases}x=4\\y=5\end{cases}$　㋓ $\begin{cases}x=5\\y=4\end{cases}$　㋔ $\begin{cases}x=6\\y=3\end{cases}$

5　次の式を因数分解しなさい。

$3x^2y-3xy^2-6y^3$

㋐ $(3x^2-y^3)(y+6)$　㋑ $3x(x-y)(x+2y)$　㋒ $y(3x+2y)(x-3y)$
㋓ $3y(x+y)(x-2y)$　㋔ $3xy(x-y)(x+2)$

6　3つの数$\sqrt{7}$，3，$\dfrac{6}{\sqrt{6}}$の大小を，不等号を使って表したものはどれか答えなさい。

㋐ $\sqrt{7}<3<\dfrac{6}{\sqrt{6}}$　㋑ $\sqrt{7}<\dfrac{6}{\sqrt{6}}<3$　㋒ $\dfrac{6}{\sqrt{6}}<\sqrt{7}<3$
㋓ $\dfrac{6}{\sqrt{6}}<3<\sqrt{7}$　㋔ $3<\sqrt{7}<\dfrac{6}{\sqrt{6}}$

7　連立方程式$\begin{cases} x-y=6 \\ 2x+y=3a \end{cases}$の解$x$，$y$が$x:y=3:1$であるとき，$a$の値を求めなさい。

㋐ 4　㋑ 5　㋒ 6　㋓ 7　㋔ 8

8　関数$y=ax^2$について，xの値が1から3まで増加するときの変化の割合が2となりました。このとき，aの値を求めなさい。

㋐ $\dfrac{1}{2}$　㋑ 1　㋒ 2　㋓ 9　㋔ 18

9　ノート1冊とペン3本を買いました。定価では410円のところ，ノートが2割引，ペンが3割引だったため代金は295円でした。このとき，ノートの定価を求めなさい。

㋐ 70円　㋑ 80円　㋒ 90円　㋓ 100円　㋔ 110円

10　縦の長さが横の長さの$\dfrac{2}{3}$倍の長方形があります。長方形の周の長さが30cmのとき，横の長さを求めなさい。

㋐ 6cm　㋑ 7cm　㋒ 8cm　㋓ 9cm　㋔ 10cm

関数$y=ax^2$のグラフと直線$y=x+b$との交点をA，Bとし，そのx座標をそれぞれ-1，3とします。このとき，次の問い**11**，**12**に答えなさい。

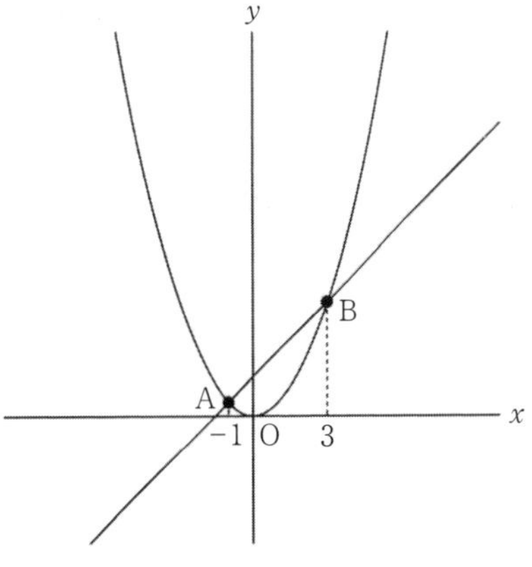

11　a，bの値を求めなさい。

㋐ $\begin{cases} a=\dfrac{1}{3} \\ b=0 \end{cases}$　㋑ $\begin{cases} a=\dfrac{1}{2} \\ b=\dfrac{3}{2} \end{cases}$　㋒ $\begin{cases} a=1 \\ b=2 \end{cases}$
㋓ $\begin{cases} a=1 \\ b=6 \end{cases}$　㋔ $\begin{cases} a=2 \\ b=3 \end{cases}$

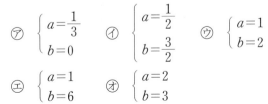

12　点Aを通り，x軸に平行な直線をひき，関数$y=ax^2$のグラフとA以外の交点をCとします。このとき，四角形OABCの面積を求めなさい。

㋐ $\frac{1}{2}$	㋑ 2	㋒ 4	㋓ $\frac{9}{2}$	㋔ 10

右の図のように，BC＝12 cm，CD＝9 cmの長方形ABCDがあります。点PはAを出発し毎秒3 cmの速さで移動し，点QはBを出発し毎秒4 cmの速さで移動し，点RはDを出発し毎秒4 cmの速さでそれぞれ長方形の辺上を反時計回りに移動します。点P，Q，Rが同時に出発してからt秒後の△PQRの面積をy cm^{2}として，次の問い**13**，**14**に答えなさい。

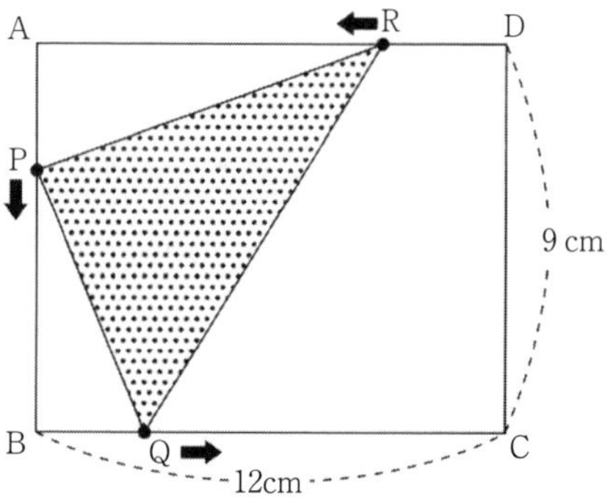

13　点Pが辺AB上にあるとき，△PQRの面積をtを使って表しなさい。

㋐ 54	㋑ $12t^2-36t+54$
㋒ $54-t^2$	㋓ $9t^2-27t+54$
㋔ $4t^2-12t+54$	

14　点PがAを出発してから4秒後の△PQRの面積を求めなさい。

㋐ 54	㋑ 36	㋒ $\frac{57}{2}$	㋓ 27	㋔ $\frac{23}{2}$

右の図は，半径が等しい3つの円P，Q，Rがそれぞれ他の2つの円の中心を通っています。3つの円の半径が8 cmのとき，次の問い**15**，**16**に答えなさい。

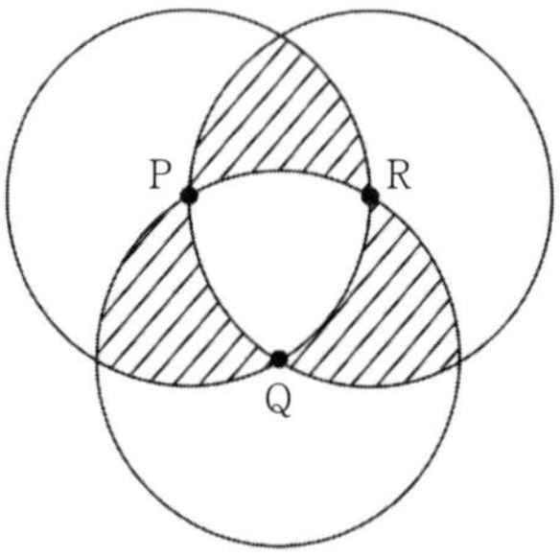

15　三角形PQRの面積を求めなさい。

㋐ 32cm^2	㋑ 64cm^2	㋒ $4\sqrt{3}$cm^2
㋓ $8\sqrt{3}$cm^2	㋔ $16\sqrt{3}$cm^2	

16　斜線部分の面積を求めなさい。

㋐ 32πcm^2	㋑ 34πcm^2	㋒ 36πcm^2	㋓ 38πcm^2	㋔ 40πcm^2

17　下の図の円Oにおいて，$\angle x$ の値を求めなさい。

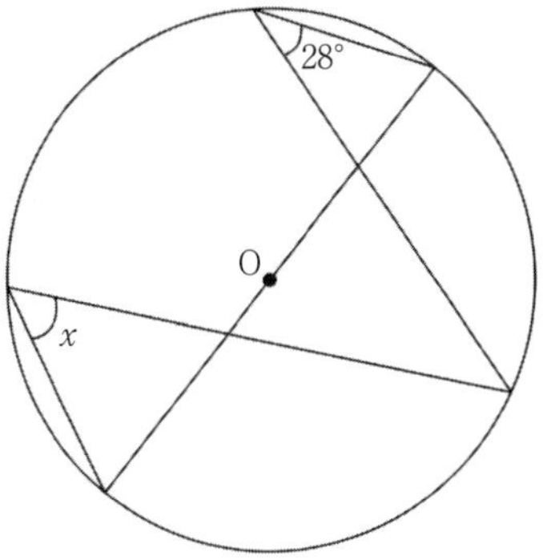

㋐ 60°　㋑ 61°　㋒ 62°　㋓ 63°　㋔ 64°

1，2，3，4，5のカードが各2枚ずつあります。この中から3枚取り出して並べ，3けたの整数を作ります。次の問い**18**，**19**に答えなさい。

18　全部で何通りの整数ができるか求めなさい。

㋐ 60　㋑ 90　㋒ 120　㋓ 240　㋔ 360

19　3けたの整数が偶数になるのは何通りできるか求めなさい。

㋐ 16　㋑ 24　㋒ 48　㋓ 64　㋔ 81

20

右の図のように，正方形を9つに分けて1から9までの番号をつけます。点Sが1の正方形からスタートして，そのままとどまることなく1辺を共有するとなりの正方形に同じ確率で移動します。

このとき，点Sが4回の移動で5の正方形にいる確率を求めなさい。

1	4	7
2	5	8
3	6	9

先　生：さぁ，この問題が解けるかな？

ビバ男：1の正方形に点Sがあり，移動できるのは1辺を共有するとなりの正方形だから，1回目の移動では2か4の正方形に移動できるのかな？

ビバ子：そうね。同じ確率で移動するということは，2に移動するのも4に移動するのも$\frac{1}{2}$の確率ということね。

先　生：2人とも，ちゃんと問題の意味を理解できてるね。

ビバ男：2の正方形に移動したとすると，次に移動できるのは5の正方形ということかな？

ビバ子：いえ，違うわ。1辺を共有するとなりの正方形だから，1と5と3の正方形に移動できるはずよ。

ビバ男：そうか！　ということは，それぞれ$\frac{1}{3}$の確率で移動することになるね！

ビバ子：移動した正方形によって，次に進める確率が変わるのね！　これは難しい問題だわ…

ビバ男：４回の移動で５の正方形にいる確率を求めるのか…しかも，正方形の場所によって確率が違うのかぁ…

ビバ子：４回目に５の正方形にいるということは，３回目に１，３，７，９の正方形に点Ｓがあることはダメね！

ビバ男：なるほど！　４回目に５の正方形にいるためには，３回目にいる場所は限定されてくるね！

ビバ子：そうだわ！　だから，３回目にいる場所で場合分けして考えてあげれば，解けそうね！

ビバ男：ということは，３回目には２，４，６，８の正方形にいなくてはいけなくて…あれ？　そもそも，３回の移動で１，３，７，９の正方形にいることはできないな…

先　生：二人とも，良い考えです！　答えはいくつですか？

ビバ男・ビバ子：答えは［　　　］です！

先　生：正解です！　考え方もすばらしいですね！

㋐ $\frac{1}{2}$	㋑ $\frac{1}{3}$	㋒ $\frac{1}{4}$	㋓ $\frac{1}{6}$	㋔ $\frac{1}{12}$

三

次の漢字と総画数が同じものをそれぞれ選びなさい。（解答番号 ㉛～㉟）

㉛ 第　㉜ 拠　㉝ 飛
㉞ 既　㉟ 路

㋐ 紙　㋑ 送　㋒ 曹　㋓ 置　㋔ 弦

四

次の空欄にあてはまるものをそれぞれ選びなさい。（解答番号 ㊱～㊵）

㊱ 虎の（　）を借る狐
㊲ 覆水（　）に返らず
㊳ 白羽の（　）が立つ
㊴ ひょうたんから（　）が出る
㊵ 手を替え（　）を替え

㋐ 矢　㋑ 盆　㋒ 品　㋓ 威　㋔ 駒

五

次の文の役割として最もふさわしい熟語をそれぞれ選びなさい。（解答番号 ㊶～㊺）

㊶ 将来は、留学をして世界的に活躍したい。
㊷ 先週は、家族そろって温泉旅行に行った。
㊸ 何年経っても、私たちの関係は変わっていないだろう。
㊹ 夏休み中は、図書館で勉強していたとのことだ。
㊺ 大会に出場した人々は、生き生きしていたと思う。

㋐ 伝聞　㋑ 希望　㋒ 感想
㋓ 推測　㋔ 事実

㋓ むつき　㋔ うづき

問五、傍線部3「申しける」とありますが、医師が中納言に言った言葉はどこまでですか。本文中の㋐～㋔から選びなさい。（解答番号㉓）

問六、傍線部4「そのゆゑ」が指している内容として最もふさわしいものを選びなさい。（解答番号㉔）

㋐ 人並みはずれた大食漢であったこと。
㋑ 夏になって非常に太ってしまったこと。
㋒ 水飯づけだけを大量に食べてしまったこと。
㋓ 医師の言うことを聞かなかったこと。
㋔ 夏になって病気になってしまったこと。

問七、傍線部5「いづれも」は何と何を指しますか。最もふさわしいものを選びなさい。（解答番号㉕）

㋐ 銀の鉢と鮎のすし　㋑ 青侍と中納言
㋒ 良薬と水飯　㋓ 鮎のすしと水飯
㋔ 銀の器と水飯

問八、傍線部6「水飯もかやうに参り候はんには」から読み取れる、医師の気持ちとして最もふさわしいものを選びなさい。（解答番号㉖）

㋐ 指示した処方に従わず、好き勝手に食事をする中納言に対する怒りの気持ち。
㋑ 自分が指示した食事療法を忠実に守っている中納言を見た喜びの気持ち。
㋒ 全く成果が現れず少しもやせない中納言に罰せられるという恐れの気持ち。
㋓ 水飯でも大量に食べてしまえば効果があるわけがないとあきれる気持ち。
㋔ 我慢して水飯しか食べていないのに全くやせない中納言を哀れむ気持ち。

問九、本文中から抜き出した次の二重傍線部「の」のうち、意味・用法が**異なるもの**を選びなさい。（解答番号㉗）

㋐ 六月のころ、医師を呼びて、
㋑ まづ朝夕の御飯を、日頃より少し
㋒ 銀の鉢の、口一尺五六寸ばかりなるに、
㋓ 鮎のすしといふものを五六十ばかり
㋔ 中納言の前に置く。

問十、本文中から抜き出した次の語句のうち、歴史的仮名遣いを**含んでいないもの**を選びなさい。（解答番号㉘）

㋐ 医師うちうなづきて
㋑ 良薬もあまた候へども
㋒ 水飯食ふやう見せん
㋓ 銀の器二つ据ゑて
㋔ すしをさながら前へ

問十一、この文章の内容に合致しているものを選びなさい。（解答番号㉙）

㋐ 三条の中納言は太り過ぎて病気になり、心配した家族が六月に医師を呼んだ。
㋑ 医師は中納言に、やせるために朝と夕の食事の後に薬を飲むよう指示した。
㋒ 中納言はある時、自分が水飯を食べる様子を見せようとして医師を呼んだ。
㋓ 中納言と医師は銀の鉢に盛られた鮎のすしを二人で分け合って食べた。
㋔ 医師は食事をする中納言のあまりの行儀の悪さに驚き、嫌気がさした。

問十二、この文章の出典『古今著聞集』が成立したのは鎌倉時代である。次の中から鎌倉時代に成立したものを選びなさい。（解答番号㉚）

㋐ 平家物語　㋑ 大鏡　㋒ 枕草子
㋓ 雨月物語　㋔ 太平記

二　次の文章を読んで、後の問いに答えなさい。

三条の中納言※某卿は、人にすぐれたる大食にてぞあり1ける。※さるにつけては、おびただしく肥え太りて、夏などになりぬれば、苦しくせられけり。2六月のころ、医師《くすし》を呼びて、「かく身の苦しきをばいかが療治《れうぢ》すべき。」など言ひて、物食ふやうをも詳しく語りければ、医師うちうなづきて3申しけるは、いかにもこの御肥満、4そのゆゑにてぞ※候《さうら》ふらん。㋐良薬もあまた候へども、まづ朝夕の御飯《おんいひ》を、日頃より少し縮《しじ》められ候ひて、今日明日は暑くも候へ㋑ば、水飯《すいはん》づけを時々※参り候ひて、御身のうちを空《す》かされ候へかし㋒とはからひけれ㋓ば、Iげにもさやうにこそせめ㋔とて、医師は帰りにけり。

さて、ある時、「水飯食ふやう見せん。」とて、かの医師をまた呼びたりければ、A来てけり。まづ銀《しろがね》の鉢《はち》の、※口一尺五六寸ばかりなるに、水飯をうづだかに盛りて、同じき※かひをさして、※青《あを》侍《さぶらひ》一人重げに持ちて前に置きたり。また一人、鮎《あゆ》のすしといふものを五六十ばかり※尾かしらB押して、それも銀の鉢の盛りて置きたり。5いづれも、「IIあなおびただしや。われにも※饗応《きやうおう》せむずる料《れう》にやあらん。」と医師は思ひけるほどに、また青侍一人、高坏《たかつき》に大きなる銀の器二つ据ゑて、中納言の前に置く。この二つの器に水飯を入れて、すしをさながら前へ押しやりたれば、この水飯を二かきばかりに口へCかき入れて、すしを一つ二つづつ一口に食ひてけり。かくすること、七八度《たび》になりぬれば、鉢なりつる水飯も、鮎のすしも※みなになりにけり。医師、これを見て、「6水飯もかやうに参り候はんには。」とばかり言ひて、やがて逃げ出でにけるとかや。

（『古今著聞集』による）

※某卿…具体的な名を挙げずにその人を指し示す語。とかいう人。
※さるにつけては…そのために。
※候ふ…「あり」の丁寧語。あります、ございます。
※参る…「食ふ」の尊敬語。召し上がる。
※口一尺五六寸…直径約五十センチメートル。
※かひ…さじ、しゃくし。
※青侍…若い使用人。
※尾かしら押して…尾と頭を平らに押しつぶして。
※饗応…もてなす、ごちそうする。
※みなになりにけり…全部なくなってしまった。

問一、傍線部I・IIの解釈として最もふさわしいものを選びなさい。（解答番号　I―⑯　II―⑰）

I　げにもさやうにこそせめ
㋐　きっとそのようにしなさい
㋑　なるほど、そのようにしよう
㋒　仕方がないから、そのようにしよう
㋓　そのようにしなければならない
㋔　確かにそのようにするべきだ

II　あなおびただしや
㋐　ああさわがしいなあ
㋑　ああすばらしいなあ
㋒　ああ太ってしまうなあ
㋓　ああおいしそうだなあ
㋔　ああたくさんあるなあ

問二、波線部A～Cの主語をそれぞれ選びなさい。（解答番号　A―⑱　B―⑲　C―⑳）
㋐　中納言　㋑　医師　㋒　青侍
㋓　料理人　㋔　作者

問三、傍線部1の助動詞「ける」の活用形を選びなさい。（解答番号　㉑）
㋐　未然形　㋑　連用形　㋒　終止形
㋓　連体形　㋔　已然形

問四、傍線部2「六月」の読み方を選びなさい。（解答番号　㉒）
㋐　ふみづき　㋑　ながつき　㋒　みなづき

㋓ A そして B ところで C しかし D さらに
㋔ A つまり B そして C ところが D だから

問三、【X】に入る語として最もふさわしいものを選びなさい。（解答番号 ⑦）

㋐ 趣味 ㋑ 理想 ㋒ 芸術
㋓ 文学 ㋔ 青春

問四、波線部Ⅰ「あぶない」と同じ意味で使われているものを選びなさい。（解答番号 ⑧）

㋐ 角がとがっていてあぶない。
㋑ あぶないところで助かった。
㋒ 不況続きで事業があぶない。
㋓ あぶない手つきで皮をむく。
㋔ あぶない橋を渡ろうとする。

問五、波線部Ⅱ「おそらく」が修飾する文節を選びなさい。（解答番号 ⑨）

おそらく　㋐死ぬまで　㋑そばに　㋒あるのが　㋓本なのだと　㋔思う。

問六、二重傍線部㋐～㋔のうち、品詞名の異なるものを選びなさい。（解答番号 ⑩）

問七、傍線部1「もう三十年以上、翻訳をしている」とありますが、その理由として最もふさわしいものを選びなさい。（解答番号 ⑪）

㋐ しんどくて好きではない作業だが、楽しさが感じられるから。
㋑ 面白いと思える作品を人に紹介して、ほめられるのが好きだから。
㋒ 本を読むこと自体が好きで、作業から離れるのがさびしいから。
㋓ マンガ少年だった自分を変えてくれたのが、海外の作品だったから。
㋔ 海外の作品を読まない人に、面白かったと言わせてみたいから。

問八、傍線部2「逆上がりばかりし続けて」とはどういうことですか。最もふさわしいものを選びなさい。（解答番号 ⑫）

㋐ 世界中の文学作品を多く読み、翻訳の要領を学ぶということ。
㋑ 読んだ本の登場人物を使って、新たな物語を作るということ。
㋒ 海外の作品を買いそろえるために、古本屋へ通うということ。
㋓ 自分が体得した方法で、さまざまな分野の本を読むということ。
㋔ 文学の魅力を知らない若者に、メッセージを発信するということ。

問九、傍線部3「坪内逍遙や二葉亭四迷」と同じ時代に活躍した作家を選びなさい。（解答番号 ⑬）

㋐ 樋口一葉 ㋑ 滝沢馬琴 ㋒ 太宰治
㋓ 上田秋成 ㋔ 宮澤賢治

問十、傍線部4「文学の魅力とかいわれてもよくわからない」とありますが、筆者が接した文学として**ふさわしくないもの**を選びなさい。（解答番号 ⑭）

㋐ 児童書 ㋑ 推理小説 ㋒ 幻想小説
㋓ 空想科学小説 ㋔ 時代小説

問十一、この文章の内容に合致しているものを選びなさい。（解答番号 ⑮）

㋐ 音楽やアートやスポーツにも、面白さと楽しさを求めてよい。
㋑ 幼い頃から本が楽に読めた人は、高い表現力を身に付けている。
㋒ 鉄棒が得意でないのに、いきなり逆上がりができた生徒もいる。
㋓ 日本やフランスの作家による不健康な文学は、人々を夢中にさせる。
㋔ 本の読み方がわからない人に、文学の魅力が伝わらないのは当然だ。

と面白く、㋔じつに不健康な文学に夢中になっていた。そして大学は英文科に入って、今度は、思いのほか④チ平の開けた、見通しのいい本を読むようになり、さらに大学院に入ると児童書や※ヤングアダルトの本を好んで読むようになって……思いがけず、翻訳をするようになる。

　という経験なので、4文学の魅力とかいわれてもよくわからない。とにかく面白くて、楽しくて、そばにないとさびしいというだけなのだ。

　ただ、文学の魅力がわからないという人の気持ちはよくわかる。かつての自分がそうだったから。[D]、そういう人は自分にしっくりくる音楽なりアートなりスポーツなりにそういうものを求めればいい。ただ、ぼくのように、本当は本が一番面白いはずの人が一生、その楽しさがわからないまま死んでいくのはもったいないと思うので、あちこちで⑤コウ演をしたり、若者むけのブックガイドを作ったりしています。

（金原瑞人「とにかく面白くて、楽しくて」による）

※辛気くさい…思うようにならなくて、いらいらするさま。
※筑摩書房…出版社の名前。「河出書房」も同じ。
※三島由紀夫の事件…三島由紀夫は小説『潮騒』『金閣寺』を著し、ノーベル文学賞候補にもなった作家。一九七〇年、東京都内にあった自衛隊駐屯地に立てこもり、屋上で演説を行った。
※幻想小説…現実には起こらない、架空の世界の出来事を題材にした小説。
※ヤングアダルト…子供と大人の間の世代（十三歳～十九歳）を指す。

問一、傍線部①～⑤のカタカナの部分と同じ漢字を使うものをそれぞれ選びなさい。（解答番号　①～⑤）

① 文コ本
㋐ 候補者の名を連コする。
㋑ 在コ管理を徹底する。
㋒ コ別相談会に予約を入れる。
㋓ コ面が鏡のように輝く。
㋔ コ定観念を振り払う。

② サイ現
㋐ 語学のサイ能がある。
㋑ 返答をサイ促する。
㋒ サイ度見直してください。
㋓ 白サイが順調に育つ。
㋔ 国サイ的な視野に立つ。

③ ショウ点
㋐ ショウ燥感に駆られる。
㋑ ショウ段審査に臨む。
㋒ ショウ却処分が決まる。
㋓ 実権をショウ握する。
㋔ 後日ショウ細が説明される。

④ チ平
㋐ チ水工事が開始される。
㋑ チ密な計画を立てる。
㋒ チ切った和紙を貼る。
㋓ チ命的エラーが発生する。
㋔ チ区大会で優勝する。

⑤ コウ演
㋐ コウ配の急な坂道を下る。
㋑ コウ天のため外出を控える。
㋒ チームの勝利にコウ献する。
㋓ 人気コウ談師が来校する。
㋔ 複数のコウ察を読み比べる。

問二、[A]～[D]に入る語の組み合わせとして最もふさわしいものを選びなさい。（解答番号　⑥）

㋐ A　そして　B　たとえば　C　しかし　D　さらに
㋑ A　さらに　B　そして　C　たとえば　D　ところで
㋒ A　つまり　B　たとえば　C　ところが　D　だから

二〇二二年度 埼玉栄高等学校（単願・併願Ⅰ）

【国語】（五〇分）〈満点：一〇〇点〉

（注意） 解答は、問題の後にある選択肢の中から、最も適しているものを一つだけ選び、その記号を解答用紙にマークしてください。

一 次の文章を読んで、後の問いに答えなさい。

1もう三十年以上、翻訳をしている。訳書は五百五十冊くらい。絵本も、共訳のものも、単行本が文①コ本になったものもふくめてだ。翻訳という作業そのものはしんどくて、それほど好きではない。なのに、何が楽しくて、こんな※辛気《しんき》くさい作業をしているのだろう。肩は凝るし、目は悪くなるし、腰もⅠあぶないし、などと㋐不思議に思ったりする。

ひとついえるのは、本を読むのが好きということ、それからもうひとつ、自分が面白いと思う海外の作品をさがしてきて、それを訳して、「面白かった！」といわれるのが好きだということ。［A］、本が好きで、好きなものを紹介してほめられるのが好き、そこにつきる。

「【X】」という言葉は気恥ずかしいので、ここでは「本」といっているのだが、つまるところ、いつもそばにあって、Ⅱおそらく死ぬまでそばにあるのが本なのだと思う。ぼくにとっては、本も、音楽やアートやスポーツと同じものなのだが、最も親和性の高いのが本なのだろう。

じつは小学生の頃は、根っからのマンガ少年で、ほとんど本を読まなかった。というか、本の読み方がわからなかったのだ。曲がりくねった針金か折れ釘《くぎ》のような文字を音に変換し、その意味しているものを想像し、さらにそこから人物やストーリーを②サイ現していくという作業が㋑異様に難しかった。小学校にはそれがすんなりできる生徒とできない生徒がいて、自分はまるっきりできない生徒だった。幼い頃から本が㋒楽に読めた人に、この気持ちはわからない。鉄棒の得意な生徒に、逆上がりのできない生徒の気持ちはわからないのと同じだ。

㋓意外に思う人が多いかもしれないが、読み方がわからないというのはよくあることなのだ。［B］、ぼくの母は本好きで、七十を過ぎても時代小説なら一日で一冊くらいは平気で読んでいたが、マンガが読めなかった。読み方がわからないというのだ。もうひとつ、母は3Dの本（ごちゃごちゃした模様が見開きのページに印刷されていて、うまいこと目の③ショウ点を合わせると、画像が浮き出て見える）の見方もわからなかった。読み方、見方、楽しみ方がわからないというのはそういうことだ。

［C］ぼくの場合、中学生のある時期、ふと本の読み方が分かった。これか！　と思ったときの驚きと喜びはいまでもよく覚えている。それからというもの、いきなり逆上がりができた男の子同様、まわりの人間があきれるほど2逆上がりばかりし続けて、現在に至る。

自分の読書体験をまとめるとこんな感じだ。

中学生の頃は、海外のSF、ミステリーにはまり、本棚には古本屋で買ってきた、ブラッドベリ、ハインライン、アシモフ、クラーク、ウィリアム・アイリッシュ、ディクスン・カー、エラリー・クイーンなどといっしょに、※筑摩書房の『世界文学大系』と河出書房のグリーン版が並んでいた。『現代日本文学大系』は第一巻を読んで、さっぱりわからなかったので、それきり開かなかった。3坪内逍遙や二葉亭四迷の作品が入っていたのだからしょうがないのだが、その頃は、そんなことはわからなかった。

高校ではちょうど一年生のときに※三島由紀夫の事件があって、「国語の授業なんか受けてるときじゃないだろう」とかいっていたらしい（本人は覚えていないのだが、同級生からそんな話を聞いた）。当時、三島、三島といいながらも、やはり澁《しぶ》澤龍彦《さわたつひこ》や、フランスのマンディアルグといった※幻想小説がむやみ

2022年度／埼玉栄高等学校（単願・併願Ⅰ）

英語解答

Ⅰ	問1 ㋓	問2 ㋑	問3 ㋐	Ⅳ	問1 ㋓	問2 ㋓	
	問4 ㋐	問5 ㋑	問6 ㋓	Ⅴ	⑯ ㋓	⑰ ㋒	⑱ ㋓
Ⅱ	問1 ㋑	問2 ㋑	問3 ㋓		⑲ ㋓	⑳ ㋑	㉑ ㋐
	問4 ㋓	問5 ㋓		Ⅵ	㉒ ㋓	㉓ ㋐	㉔ ㋑
Ⅲ	問1 ㋒	問2 ㋐			㉕ ㋑	㉖ ㋒	㉗ ㋑
					㉘ ㋐	㉙ ㋒	

Ⅰ〔長文読解総合─物語〕

≪全訳≫❶エミリーはリンゴの木の下に座り，丘の上の雨雲を見た。「なんてじめじめした日！　雨はあまり好きじゃないな」　彼女はリンゴを食べて，雨がやむのを待った。しばらくして，雨がやんだ。空が青くなり，太陽が暖かく，金色に輝いた。それから，彼女は空に虹を見た。それは光の爆発として始まった。それは雲の中の高いところにあった。空は，青，オレンジ，緑，紫の明るい色で満たされていた。それから，虹の両端が地面に落ち始めた。❷「わあ！　虹が庭に降りてきた！」　エミリーは近づいて虹に触れた。何の感触もなかった。ただの空気だった。しかし，色は彼女の指の間を通り抜けた。見上げると，虹は宇宙に続いているようだった。「中に入ったらどうなるのかしら？」と，彼女は思った。解明する方法は1つしかなかった。彼女は中に足を踏み入れた。美しくてとても静かだった。何も聞こえなかった。❸ヒュー！　突然，エミリーは虹につまみ上げられた。それは光のトンネルだった。風が彼女の耳を非常に速く通り過ぎた。彼女は何度も転んだ。彼女は柔らかい空気のクッションに乗って運ばれた。彼女はとても速く上に上がった。しかし，虹は上まで上がると下に下がるものだ。まもなく彼女は，虹の向こうの端に落ちていった。下には緑が見えた。緑の草がだんだん速く，彼女に近づいてきて…。❹バン！　エミリーは地面に体を強く打ちつけたが，どこも折れていなかった。ゆっくりと立ち上がった。彼女は谷の反対側にいて，急な斜面の緑の丘の上に立っていた。遠くに彼女の家が見えた。まるで，庭の中に虹がある小さな白い箱のようだった。彼女が見たものは全て，平和でとても美しいものだった。❺ヒュー！　エミリーは虹を通り抜けて連れ戻された。それは花火よりも速かった。赤，青，黄色…光のしま模様が，非常に速く通り過ぎていく。上へ上へと彼女は上がり，それから下へ下へ…。❻バン！　エミリーは自分の庭に戻ってきた。「わあ…！　明日は青あざができてしまうわ」　そのとき，母親が言ったことを思い出した。「黄金！　虹の端にはいつも黄金があるのよ！」　彼女はひざをついて地面を掘り始めた。「さあ，さあ！　ここのどこかにあるに違いないのよ…」　彼女は，どんどん深く掘っていった。すると，指先で何か光るものが見えた。彼女はそれを取り出して，注意深く見た。興奮して，何と言ったらいいのかわからなかった。それは金貨であり，通常のお金よりも大きく，はるかに重いものだった。彼女はそれを指できれいにした。そこには，「虹が消える前に願い事をしなさい」という言葉が書かれていた。「わあ」と彼女は言った。「これは驚きだわ！　願い事ですって！」❼しかしそのとき，彼女にはあるものが見えた。虹が消え始めていたのだ。端が薄くなっていった。「いや！　まだ決めてないの！　待って！」　しかし，虹は待ってはくれなかった。消えかかっていた。それは消えていき，彼女の願いを奪っていった。「いや！　すぐに願い事をするわ。ちょっと待って，お願い！」　しかしそれでも，虹は消えつつあった。金貨は，彼女の手の中で熱くなっていった。「ああ…！　選びなさい，選びなさい…。うん。うん！　決まったわ！」　彼女は目を閉じて，願い事をした。❽バフッ！　虹が消え，金貨も消えた。エミリーはしばらく動けなかった。空を見上げると，澄んだ青だった。太陽は金色で，彼女の顔に暖かく降り注いでいた。なんていい日。なんて美しい世界。「たとえ願いがかなわなくても，私はとても幸運な女の子だわ」と，彼女は言った。そして，ほほ笑んだ。

問1＜内容一致＞「エミリーはリンゴを食べていたとき，(　　)」―㋓「退屈だったかもしれない」　第1段落第2～4文参照。エミリーの言葉から，雨が降っていて退屈そうにしている様子が読み取れる。

問2＜英問英答＞「エミリーはなぜ，虹の中に足を踏み入れたのか」―㋑「何が起こるか見たかったから」　第2段落後半参照。

問3＜英問英答＞「虹について言及されていないことは何か」―㋐「暖かく，明るい色でいっぱいだった」　㋑は第2段落最後から2文目，㋒は第3段落第6文，㋓は第3段落第3文で言及している。

問4＜英問英答＞「エミリーはなぜ，地面を掘ったのか」―㋐「黄金についての話を思い出したから」　第6段落第5～8文参照。

問5＜内容一致＞「エミリーは金貨を見つけたとき，(　　)」―㋑「興奮して何も言えなかった」　第6段落中ほど参照。She didn't know what to say with excitement. とある。

問6＜内容一致＞「物語の終わりにエミリーがほほ笑んだのは，(　　)からだ」―㋓「すばらしい経験をした」　最終段落参照。最後のエミリーのセリフから，虹の中を旅した経験を経て，この美しい世界にいる自分は幸運だと感じている様子が読み取れる。

Ⅱ〔長文読解総合―Eメール・広告〕

≪全訳≫送信者：タケイ・ユナ／宛先：ビアンカ・アレン／日時：2021年4月28日17時25分／件名：ねえ，聞いて！❶こんにちは，ビアンカ。すばらしいニュースがあるの！　ロックバンドの「The ORB」が来月，私たちの街にやってくるんだけど，姉〔妹〕のナオが，コンサート3日目のチケットをくれたの！　一緒に行けるといいなと思っていたんだけど，どう思う？　添付ファイルを見てね。コンサートのちらしよ。❷昨日テレビで見たよね？　彼らの曲「Bravely」は，インターネットで2億回視聴されたって聞いたわ。セカンドアルバム「Treasures」の「Faithful」も大好きよ。タミー・ウィリアムズは今，世界一の歌手だと思うわ。コンサートに行くのが楽しみだわ。／ユナ

送信者：ビアンカ・アレン／宛先：タケイ・ユナ／日時：2021年4月28日20時12分／件名：Re：ねえ，聞いて！❶こんにちは，ユナ。メールをありがとう。コンサートは本当にすごいわね！　ぜひ行きたいわ。私もそのバンドの大ファンだからね。「Bravely」もいいけど，私は彼らの全ての曲の中で，「Dreaming」が一番好きよ。❷ちらしをチェックしたよ。週末はやらなければいけないことがたくさんあるから，3日目は最適よ。❸一度野球の試合を見に，その球場へ行ったことがあるわ。バスに乗ることもできるけど，ここから約1時間かかるの。だから，私たちは電車で球場駅まで行くべきだと思う。バスよりも速いし，駅から球場まで歩いていけるから。❹なんてお礼を言えばいいかわからないよ。その日が待ちきれないな。／じゃあまた／ビアンカ

人気ロックバンド「The ORB」がやってくる！　バンドのメンバーに会いに来て！／The ORB コンサート2021／●スミス球場にて／●コンサートスケジュール　①5月8日土曜日，午後7時より　②5月9日日曜日，午後3時より　③5月12日水曜日，午後7時より／●入場料70ドル／コンサートの

詳細については，QR コードをスキャンしてください。

問１＜英問英答＞「ユナのよいニュースとは何か」―㋑「彼女は有名なバンドのチケットを持っている」　ユナのメール，第１段落第２，３文参照。

問２＜内容一致＞「タミー・ウィリアムズは(　　)だ」―㋑「『The ORB』のメンバー」　ユナのメール第２段落最後から２文目参照。この段落では，「The ORB」の好きな曲やバンドメンバーについて話している。

問３＜英問英答＞「ビアンカの一番好きな『The ORB』の曲は何か」―㋓「『Dreaming』」　ビアンカのメール第１段落最終文参照。

問４＜英問英答＞「ユナとビアンカはおそらくいつコンサートに行くことになるか」―㋓「５月12日」　ユナのメールの第１段落第３文およびビアンカのメールの第２段落最終文より，２人は３日目に行くとわかる。ちらしより３日目は５月12日である。

問５＜内容一致＞「スミス球場に行くのに，彼女らは(　　)べきだとビアンカは思っている」―㋓「電車に乗り，それから歩く」　ビアンカのメールの第３段落最後の２文参照。

Ⅲ〔英問英答―レシート〕

≪全訳≫SS スーパーマーケット／11月18日水曜日，午後５時25分／アボカド３つ　1.9ドル／トマト４つ　2.2ドル／オレンジジュース　1.75ドル／チョコレートケーキ　2.5ドル／合計　8.35ドル

問１.「いくつの品物を購入したか」―㋒「９個」

問２.「トマトは１ついくらか」―㋐「0.55ドル」　４つで2.2ドルなので，2.2÷４＝0.55ドル。

Ⅳ〔英問英答―番組表〕

≪全訳≫テレビの番組表／11月18日水曜日／3S ネットワーク(チャンネル５)／午前６時～８時　モーニングカフェ(ニュースと交通情報)／午前８時～９時　野生の生活(ルワンダのマウンテンゴリラ)／午前９時～９時30分　よい旅を！(本日の行き先：日本)／午前９時30分～10時　ウィーアーザライオンズ(ライオンズの選手に関する情報)／午前10時～12時30分　ウェイティングフォーユー(ルーシー・スティーブンズと朝の映画)／午後12時30分～１時30分　お昼のニュース(ニュースと天気)

問１.「映画の長さはどれくらいか」―㋓「２時間30分」

問２.「ニュース番組は何時に見られるか」―㋓「午後12時30分」

Ⅴ〔対話文完成―適文選択〕

⑯Ａ：日曜日に一緒にテニスをしない？／Ｂ：いいね。僕も同じことを考えていたんだ。∥この後，同じことを考えていたと言っているのだから，賛同したのだとわかる。

⑰Ａ：マリアはいつも，数学の授業の成績がいいよね？／Ｂ：うん，彼女は本当に数学が得意だよね。∥be good at ～「～が得意である」

⑱Ａ：お誕生日おめでとう，ローラ。この花は，君にだよ。／Ｂ：なんてきれいなバラ！　ありがとう。／Ａ：気に入ってくれてうれしいよ。∥プレゼントした花を喜んでもらった後の発言である。I'm glad (that) ～で「～してうれしい」。

⑲Ａ：昨日そのパン屋でケーキを買ったよ。／Ｂ：何の種類を選んだの？／Ａ：レモンケーキだよ。∥「レモンケーキ」はケーキの種類。　What kind「何の種類」

⑳Ａ：お父さん，今週末，歴史博物館に行けるかな？／Ｂ：いいよ，アリス。どうして行きたいの？

／A：歴史の授業のレポートを書いているから，情報を入手する必要があるの。／B：わかった。日曜日に行こう。／／レポートのための情報収集は，博物館に行きたい理由と考えられる。

㉑A：ベン，先月貸してあげた本は，読み終わった？／B：ああ，『キャプテン・アドベンチャー』のこと？　うん，読み終わったけど，家にあるんだ。／A：返してもらえる？　兄〔弟〕が読みたがってるんだ。／B：わかった。明日学校に持ってくるよ。／／貸した本を兄〔弟〕が読みたがっていると言っていることから判断できる。

Ⅵ〔適語選択・語形変化〕

㉒‘the＋最上級＋名詞＋in ～’「～で最も…な―」の形。　「ナイル川は世界で一番長い川だ」

㉓like to ～「～することが好き」の形(to不定詞の名詞的用法)。　「ジョーは週末に映画を見るのが好きだ」

㉔「ベンチに座っているあの女の子」となればよい。「～している」を表すのは現在分詞(～ing)。that girl sitting on the bench over thereは，現在分詞sittingで始まる語句が前の名詞that girlを修飾する‘名詞＋現在分詞＋語句’の形。　A：向こうのベンチに座っているあの女の子は誰？／B：僕の姉〔妹〕だよ。

㉕‘taste＋形容詞’で「～の味がする」という意味を表す。　A：新しいフランス料理店についてどう思った？／B：すばらしかったよ。食べ物は美しかったし，味もよかった。

㉖how to ～で「～の仕方」。‘疑問詞＋to不定詞’の形は，疑問詞に応じて「何を〔いつ，どこで，どのように〕～すべきか」という意味を表す。　A：イツキ，このスマートフォンの使い方を教えてもらえない？／B：いいよ。僕も同じのを持っているから。

㉗make friends「友達ができる」　「ジェシーは去年ロサンゼルスから東京に来た。彼女は，最初は誰も知り合いがいなかったが，すぐに新しい友達がたくさんできた」

㉘be interested in ～「～に興味がある」　「スーザンは音楽にとても興味がある。放課後はピアノのレッスンを受けており，音楽の先生になりたいと思っている」

㉙ジムに行き始めた理由となるものを選ぶ。　「トムは兄のように筋肉をたくさんつけたかったので，ジムに行き始めた」

2022年度／埼玉栄高等学校（単願・併願Ⅰ）

数学解答

1 ㋓　**2** ㋔　**3** ㋒　**4** ㋓
5 ㋓　**6** ㋒　**7** ㋓　**8** ㋐
9 ㋑　**10** ㋓
11・**12**　11 ㋑　12 ㋓
13・**14**　13 ㋑　14 ㋒
15・**16**　15 ㋔　16 ㋐
17 ㋒
18・**19**　18 ㋒　19 ㋒
20 ㋑

1〔数と式―数の計算〕

与式$=18-9\times\left(-\frac{1}{3}\right)\times\frac{2}{3}=18-(-2)=18+2=20$

2〔数と式―数の計算〕

与式$=(\sqrt{2})^2+2\times\sqrt{2}\times1+1^2-\sqrt{\frac{6}{3}}=2+2\sqrt{2}+1-\sqrt{2}=3+\sqrt{2}$

3〔数と式―数の計算〕

与式$=a(b^2-64)=a(b+8)(b-8)=\frac{1}{9}\times(28+8)\times(28-8)=\frac{1}{9}\times36\times20=80$

4〔数と式―連立方程式の応用〕

人数の合計は30人だから，$4+3+0+6+1+1+2+x+3+y+1=30$より，$x+y=9$……①である。また，倒したピンの本数の平均値が4.9本だから，30人が倒したピンの合計について，$0\times4+1\times3+2\times0+3\times6+4\times1+5\times1+6\times2+7\times x+8\times3+9\times y+10\times1=4.9\times30$が成り立ち，$7x+9y+76=147$，$7x+9y=71$……②が成り立つ。①，②を連立方程式として解く。①×7－②より，$7y-9y=63-71$，$-2y=-8$，$y=4$(人)となり，これを①に代入して，$x+4=9$，$x=5$(人)となる。

5〔数と式―式の計算―因数分解〕

与式$=3y(x^2-xy-2y^2)=3y(x+y)(x-2y)$

6〔数と式―数の性質〕

$3=\sqrt{9}$，$\frac{6}{\sqrt{6}}=\frac{6\times\sqrt{6}}{\sqrt{6}\times\sqrt{6}}=\frac{6\sqrt{6}}{6}=\sqrt{6}$だから，$\sqrt{6}<\sqrt{7}<\sqrt{9}$より，$\frac{6}{\sqrt{6}}<\sqrt{7}<3$となる。

7〔数と式―連立方程式―解の利用〕

$x-y=6$……①，$2x+y=3a$……②とする。①，②の連立方程式の解x，yが$x:y=3:1$だから，$x=3y$……③が成り立つ。③を①に代入すると，$3y-y=6$，$2y=6$，$y=3$となり，これを③に代入すると，$x=3\times3$，$x=9$となるから，連立方程式の解は$x=9$，$y=3$である。解を②に代入して，$2\times9+3=3a$より，$a=7$となる。

8〔関数―関数$y=ax^2$―比例定数〕

関数$y=ax^2$で，$x=1$のとき$y=a\times1^2=a$，$x=3$のとき$y=a\times3^2=9a$である。よって，xの値が1から3まで増加するときの変化の割合は，$\frac{9a-a}{3-1}=4a$と表せる。これが2となるから，$4a=2$が成り立ち，$a=\frac{1}{2}$である。

9〔数と式―連立方程式の応用〕

ノート1冊の定価をx円，ペン1本の定価をy円とする。ノート1冊とペン3本を定価で買うと410円なので，$x+3y=410$……①が成り立つ。ノートが2割引，ペンが3割引だったので，ノート1冊の値段は$x\times\left(1-\frac{2}{10}\right)=\frac{4}{5}x$(円)，ペン1本の値段は$y\times\left(1-\frac{3}{10}\right)=\frac{7}{10}y$(円)であり，このときの代金が

295円だったから，$\frac{4}{5}x+\frac{7}{10}y\times3=295$ が成り立つ。これより，$8x+21y=2950$……②となる。①×7－②で y を消去すると，$7x-8x=2870-2950$，$-x=-80$，$x=80$ となるので，ノートの定価は80円である。

10〔数と式―一次方程式の応用〕

横の長さを $x$cm とおくと，縦の長さは横の長さの $\frac{2}{3}$ 倍だから，$\frac{2}{3}x$cm と表せる。長方形の周の長さが30cmなので，$\left(x+\frac{2}{3}x\right)\times2=30$ が成り立つ。これを解くと，$\frac{5}{3}x=15$，$x=9$(cm)となる。

11・**12**〔関数―関数 $y=ax^2$ と一次関数のグラフ〕

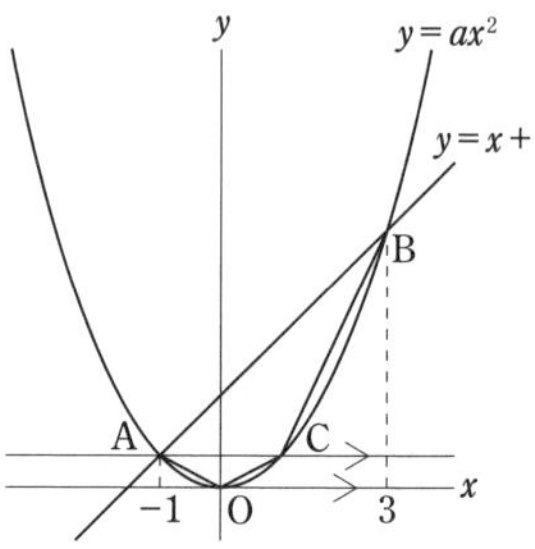

11＜比例定数，切片＞右図で，2点A，Bは関数 $y=ax^2$ のグラフ上の点で x 座標がそれぞれ－1，3だから，$y=a\times(-1)^2=a$，$y=a\times3^2=9a$ となり，A$(-1,\ a)$，B$(3,\ 9a)$である。これより，直線ABの傾きは $\frac{9a-a}{3-(-1)}=2a$ と表せる。直線ABの式が $y=x+b$ より，傾きは1なので，$2a=1$ が成り立ち，$a=\frac{1}{2}$ となる。A$\left(-1,\ \frac{1}{2}\right)$となり，直線 $y=x+b$ が点Aを通ることより，$\frac{1}{2}=-1+b$，$b=\frac{3}{2}$ である。

12＜面積＞右上図で，2点A，Cは関数 $y=ax^2$ のグラフ上にあり，ACは x 軸に平行だから，2点A，Cは y 軸について対称である。**11**より，A$\left(-1,\ \frac{1}{2}\right)$なので，C$\left(1,\ \frac{1}{2}\right)$となり，$\mathrm{AC}=1-(-1)=2$ である。また，$a=\frac{1}{2}$ なので，$9a=9\times\frac{1}{2}=\frac{9}{2}$ より，B$\left(3,\ \frac{9}{2}\right)$である。ACを底辺と見ると，2点A，Bの y 座標より，△OACの高さは $\frac{1}{2}$，△ABCの高さは $\frac{9}{2}-\frac{1}{2}=4$ となる。よって，〔四角形OABC〕＝△OAC＋△ABC＝$\frac{1}{2}\times2\times\frac{1}{2}+\frac{1}{2}\times2\times4=\frac{9}{2}$ となる。

13・**14**〔関数―図形の移動と関数〕

図1

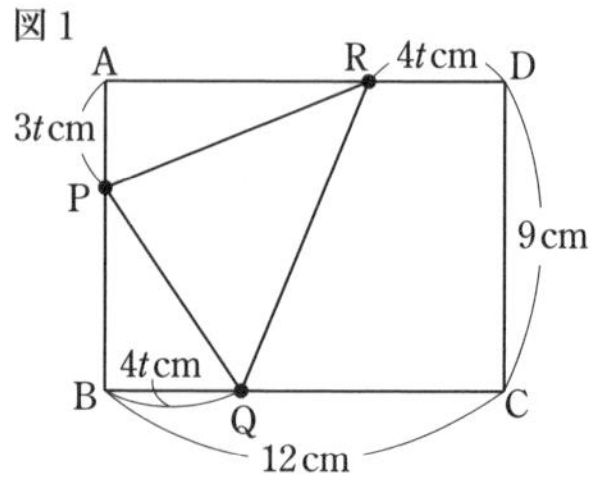

13＜面積＞点Pの速さが毎秒3cm，点Q，点Rの速さが毎秒4cmだから，$9\div3=3$，$12\div4=3$ より，点PがB，点QがC，点RがAに着くのは，いずれも出発してから3秒後である。よって，点Pが辺AB上にあるとき，点Qは辺BC上，点Rは辺DA上にある。右図1で，$\mathrm{AP}=3t$，$\mathrm{BQ}=\mathrm{DR}=4t$ と表せるから，$\mathrm{PB}=\mathrm{AB}-\mathrm{AP}=9-3t$，$\mathrm{AR}=\mathrm{AD}-\mathrm{DR}=12-4t$ となる。したがって，△PQRの面積は，y＝△PQR＝〔台形ABQR〕－△APR－△BPQ＝$\frac{1}{2}\times\{(12-4t)+4t\}\times9-\frac{1}{2}\times3t\times(12-4t)-\frac{1}{2}\times4t\times(9-3t)=54-18t+6t^2-18t+6t^2=12t^2-36t+54$(cm^2)となる。

図2

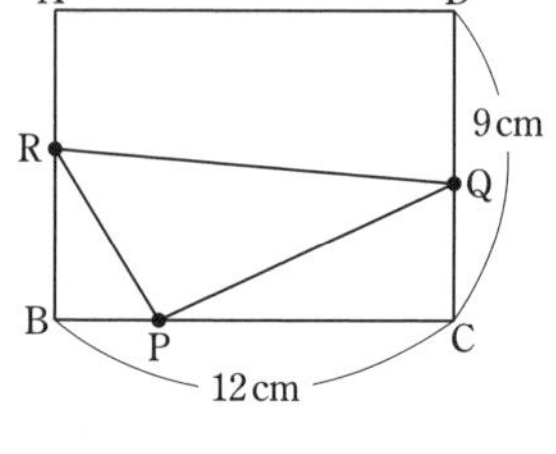

14＜面積＞$3\times4=12$，$4\times4=16$ だから，4秒後，点Pは12cm，点Q，点Rは16cm移動している。よって，$12-9=3$，$16-12=4$ より，右図2で，点Pは辺BC上にあり $\mathrm{BP}=3$，点Qは辺CD上にあり $\mathrm{CQ}=4$，点Rは辺AB上にあり $\mathrm{AR}=4$ である。$\mathrm{RB}=\mathrm{AB}-\mathrm{AR}=9-4=5$，$\mathrm{PC}=\mathrm{BC}-\mathrm{BP}=12-3=9$ だから，△PQRの面積は，y＝△PQR＝〔台形RBCQ〕－△BPR－△CPQ＝$\frac{1}{2}\times(5+4)\times12-\frac{1}{2}\times3\times5-\frac{1}{2}\times9\times4=\frac{57}{2}$(cm^2)である。

15・16〔平面図形―円〕

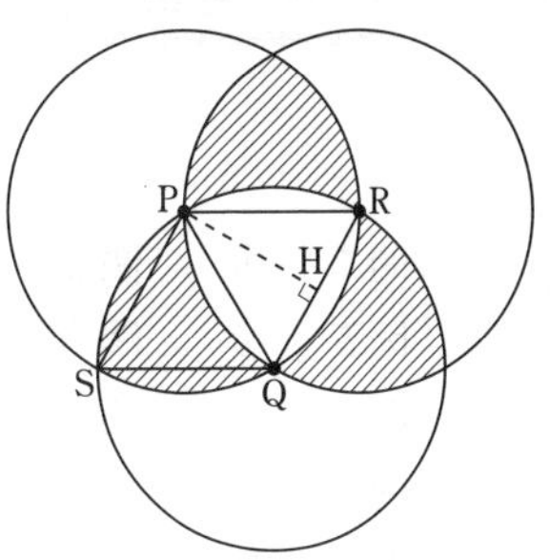

15＜面積―特別な直角三角形＞右図で，３つの円P，Q，Rの半径が8cmだから，PQ＝QR＝RP＝8となり，△PQRは正三角形である。点Pから辺QRに垂線PHを引くと，△PQHは３辺の比が$1:2:\sqrt{3}$の直角三角形となるから，$PH=\frac{\sqrt{3}}{2}PQ=\frac{\sqrt{3}}{2}\times8=4\sqrt{3}$となる。よって，$\triangle PQR=\frac{1}{2}\times QR\times PH=\frac{1}{2}\times8\times4\sqrt{3}=16\sqrt{3}$(cm^2)である。

16＜面積＞右図のように，点Sを定める。PQ＝PS＝SQ＝8より，△PSQは正三角形となる。△PSQ≡△PQRなので，線分SQと$\overset{\frown}{SQ}$で囲まれた部分と，線分PQと$\overset{\frown}{PQ}$で囲まれた部分は合同となる。よって，$\overset{\frown}{PQ}$，$\overset{\frown}{PS}$，$\overset{\frown}{SQ}$で囲まれた斜線部分の図形の面積は，おうぎ形QPSの面積と等しい。∠PQS＝60°だから，おうぎ形QPSの面積が$\pi\times8^2\times\frac{60^\circ}{360^\circ}=\frac{32}{3}\pi$より，$\overset{\frown}{PQ}$，$\overset{\frown}{PS}$，$\overset{\frown}{SQ}$で囲まれた斜線部分の図形の面積は$\frac{32}{3}\pi$cm^{2}であり，求める面積は，$\frac{32}{3}\pi\times3=32\pi$(cm^2)となる。

17〔平面図形―円―角度〕

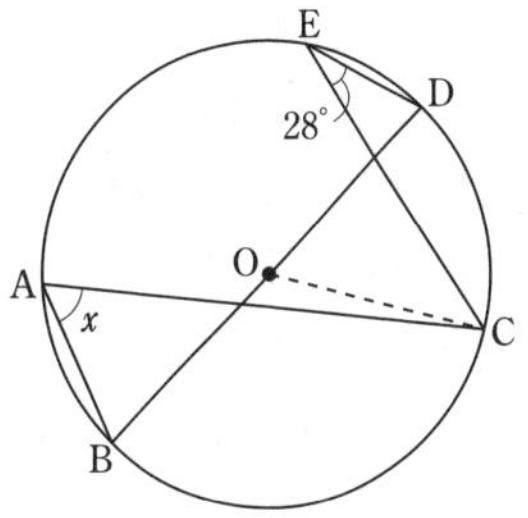

右図のように，5点A～Eを定め，2点O，Cを結ぶ。$\overset{\frown}{CD}$に対する円周角と中心角の関係より，∠COD＝2∠CED＝2×28°＝56°だから，∠BOC＝180°－∠COD＝180°－56°＝124°となる。$\overset{\frown}{BC}$に対する円周角と中心角の関係より，$\angle x=\frac{1}{2}\angle BOC=\frac{1}{2}\times124^\circ=62^\circ$である。

18・19〔データの活用―場合の数―数字のカード〕

18＜場合の数＞1，2，3，4，5のカードは2枚ずつなので，つくることのできる3けたの整数は，各位の数が全て異なる整数か，2つの位の数が同じになる整数である。各位の数が全て異なる整数は，百の位の数が1，2，3，4，5の5通り，十の位の数が4通り，一の位の数が3通りより，5×4×3＝60(通り)できる。2つの位の数が同じになる整数は，同じ数字が1のとき，112，113，114，115，121，131，141，151，211，311，411，511の12通りできる。同じ数字が2，3，4，5のときもそれぞれ12通りできるので，2つの位の数が同じになる整数は12×5＝60(通り)できる。よって，3けたの整数は全部で60＋60＝120(通り)できる。

≪別解≫1，2，3，4，5の数字でつくることができる3けたの整数は，5×5×5＝125(通り)ある。1，2，3，4，5のカードは2枚ずつなので，125通りのうち，3つの位の数が同じである111，222，333，444，555の5通りはできない。よって，つくることのできる3けたの整数は125－5＝120(通り)となる。

19＜場合の数＞3けたの整数が偶数になるとき，一の位の数は2，4である。1，2，3，4，5のカードが2枚ずつあるので，120通りの3けたの整数は，一の位の数が1，2，3，4，5である整数が同じ数ずつあり，それぞれ，120÷5＝24(通り)である。よって，偶数は24×2＝48(通り)となる。

20〔データの活用―確率〕

1辺を共有するどの2つの正方形も偶数と奇数になっているから，偶数の正方形の次は奇数の正方形，奇数の正方形の次は偶数の正方形に移動する。点Sは1の正方形からスタートするから，1回目で偶数，2回目で奇数，3回目で偶数の正方形に移動することになり，3回目の移動で，点Sは，2，4，6，8のいずれかの正方形にある。2，4，6，8のどの正方形からも3つの正方形に移動することができ，その1つが5の正方形であるから，4回目の移動で5の正方形にいる確率は$\frac{1}{3}$となる。

国語解答

一　問一　①…㋑　②…㋒　③…㋐　④…㋔
　⑤…㋓
問二　㋒　問三　㋓　問四　㋒
問五　㋒　問六　㋔　問七　㋑
問八　㋓　問九　㋐　問十　㋔
問十一　㋐

二　問一　Ⅰ…㋑　Ⅱ…㋔
問二　A…㋑　B…㋒　C…㋐
問三　㋓　問四　㋒　問五　㋒
問六　㋐　問七　㋓　問八　㋓
問九　㋒　問十　㋔　問十一　㋒
問十二　㋐

三　㉛　㋒　㉜　㋔　㉝　㋑　㉞　㋐
㉟　㋓

四　㊱　㋓　㊲　㋑　㊳　㋐　㊴　㋔
㊵　㋒

五　㊶　㋑　㊷　㋔　㊸　㋓　㊹　㋐
㊺　㋒

一〔随筆の読解—自伝的分野—回想〕出典；金原瑞人「とにかく面白くて，楽しくて」（「国語教室」第112号掲載）。

≪本文の概要≫「ぼく」はもう三十年以上，翻訳をしている。翻訳作業そのものはしんどくて，それほど好きではない。何が楽しくてしているのかというと，本が好きで，好きなものを紹介して褒められるのが好きということにつきる。小学生の頃は本の読み方がわからなくて，「ぼく」はほとんど本を読まなかったが，中学生のある時期にふと本の読み方がわかって以来，幅広く本を読んで，翻訳をする今に至る。「ぼく」にとって文学は，とにかくおもしろくて，楽しくて，そばにないと寂しいというものである。文学の魅力がわからない人は，音楽やアートやスポーツにそういうものを求めればいい。ただ，本が一番おもしろいはずの人が，本の楽しさをわからないままでいるのはもったいないので，「ぼく」は，本の楽しさを伝えるために，講演やブックガイド作成をしている。

問一＜漢字＞①「文庫本」と書く。㋐は「連呼」，㋒は「個別」，㋓は「湖面」，㋔は「固定」。　②「再現」と書く。㋐は「才能」，㋑は「催促」，㋓は「白菜」，㋔は「国際的」。　③「焦点」と書く。㋑は「昇段」，㋒は「焼却」，㋓は「掌握」，㋔は「詳細」。　④「地平」と書く。㋐は「治水」，㋑は「緻密」，㋒は「千切った」，㋓は「致命的」。　⑤「講演」と書く。㋐は「勾配」，㋑は「荒天」，㋒は「貢献」，㋔は「考察」。

問二＜接続語＞A．本を読むのが好きで，自分がおもしろいと思う海外の作品を訳して「『面白かった！』といわれるのが好き」ということは，要するに，「本が好きで，好きなものを紹介してほめられるのが好き」なのである。　B．「読み方がわからないというのはよくあること」の例として，「ぼくの母」は「本好き」だったけれども「マンガが読めなかった」ことを挙げる。　C．「ぼく」は，小学生の頃は「本の読み方がわからなかった」けれども，「中学生のある時期，ふと本の読み方が」わかった。　D．「ぼく」は，「文学の魅力がわからないという人の気持ちはよくわかる」ので，「そういう人は自分にしっくりくる」音楽やアート，スポーツを楽しめばいいと思う。

問三＜文章内容＞「本を読むのが好き」というのは，つまり，文学が好きということなのだが，そういうのは気恥ずかしいので，「ぼく」は「本が好き」と表現している。

問四＜語句＞「腰があぶない」と「事業があぶない」の「あぶない」は，すぐにだめになりそうである，という意味。「とがっていてあぶない」と「あぶないところ」と「あぶない橋」の「あぶない」は，危険だ，という意味。「あぶない手つき」の「あぶない」は，不安定だ，という意味。

問五＜文の組み立て＞死ぬまでそばに「おそらく」「あるのが」本なのだと思う，となる。

問六＜品詞＞「じつに」は，副詞。「不思議に」と「異様に」と「楽に」と「意外に」は，それぞれ形容動詞「不思議だ」「異様だ」「楽だ」「意外だ」の連用形。

問七＜文章内容＞「ぼく」が，何が楽しくてこんな辛気くさい翻訳という作業をしているのかというと，「自分が面白いと思う海外の作品」を訳して「紹介してほめられるのが好き」だからである。

問八＜表現＞いきなり逆上がりができた子が，逆上がりばかりし続けるように，本の読み方がわかった「ぼく」は，海外の SF やミステリーをはじめ，さまざまな本を読み続けたのである。

問九＜文学史＞坪内逍遥は，明治から昭和時代初期の小説家，評論家で，代表作には『小説神髄』などがある。二葉亭四迷は，明治時代の小説家，翻訳家で，代表作には『浮雲』などがある。樋口一葉は，明治時代の小説家，歌人で，代表作には『たけくらべ』などがある。

問十＜文章内容＞「ぼく」は，中学生の頃は「海外の SF，ミステリー」にはまり(㋑・㋓…○)，高校では「幻想小説」がむやみとおもしろく(㋒…○)，大学院に入ると「児童書やヤングアダルト」の本を好んで読むようになった(㋐…○，㋔…×)。

問十一＜文章内容＞「ぼく」にとっては，文学が「とにかく面白くて，楽しくて，そばにないとさびしい」ものなのである。文学の魅力がわからない人は，音楽やアートやスポーツなど，「自分にしっくりくる」ものに，そのようなおもしろさや楽しさを求めればいいのである。

二〔古文の読解―説話〕出典；『古今著聞集』巻十八，六四四。

≪現代語訳≫三条の中納言の何とかという人は，他の人を超えた大食いであった。そのために，甚だしく肥え太って，夏なんかになると，苦しくしておられた。六月頃，医師を呼んで，「このように体が苦しいのをどのように治療したらよいだろうか」などと言って，物を食べる様子も詳しく語ったので，医師がうなずいて言ったのは，「全くこのように肥満なのは，その(大食いの)ためでございましょう。よい薬もたくさんございますけれども，まずは朝夕のお食事を，日頃より少し減らしなさって，今日明日は暑くもございますので，水漬けの飯をときどき召し上がりまして，お体の内部を空け(てやせ)なさることですよ」と方針を立てて言うと，「なるほど，そのようにしよう」と(中納言が)言うので，医師は帰ってしまったそうだ。／さて，あるとき，(中納言が)「水飯を食べる様子を見せよう」と言って，その医師をまた呼んだので，(医師が)来た。まず銀の鉢であって，直径約五十センチメートルほどある鉢に，水飯を高く盛り，同じ(くらいの)さじを差して，(その鉢を)若い使用人一人が重そうに持って(中納言の)前に置いた。また一人(の若い使用人)が，鮎のすしというものを五六十ほど尾と頭を平らに押しつぶして，それも銀の鉢に盛って置いた。どちらも「ああたくさんあるなあ。私にもごちそうするつもりで用意したものであろうか」と医師は思っていたところ，また若い使用人が一人，高坏に大きな銀の器を二つ置いて，中納言の前に置く。この二つの器に水飯を入れて，すしをそのまま前へ押して(中納言の方へ)やれば，(中納言は)この水飯を二かきくらいで口へかき入れて，すしを一つ二つずつ一口で食べてしまった。このようにすること，七，八度になったところ，鉢いっぱいあった水飯も，鮎のすしも全部なくなってしまった。医師は，これを見て，「水飯もこのようにお食べになりますのでは」とだけ言って，すぐに逃げ出してしまったとかいうことだ。

問一＜現代語訳＞Ⅰ.「げにも」は，もっともだ，確かに，という意味。「め」は，助動詞「む」の已然形で，ここでは，意志を表す。全体で，もっともだ，そのようにしよう，という意味。　Ⅱ.「おびただし」は，数が甚だ多い，という意味。「や」は，ここでは詠嘆を表す。全体で，ああものすごく多いなあ，という意味。

問二＜古文の内容理解＞A．水飯を食べるところを見せようということで中納言に呼ばれたので，医師が，見にやってきた。　B．「また一人」の青侍が，鮎のすしを平らに押して，銀の鉢に盛って置いた。　C．中納言が，水飯を口にかき入れた。

問三＜古典文法＞「ける」は，助動詞「けり」の連体形。係り結びの法則により，係助詞「ぞ」を受けて，文末が連体形になっている。

問四＜古典の知識＞「六月」は，みなづき，と読む。「水無月」とも書き，六月の異名。「ふみづき(文月)」は七月，「ながつき(長月)」は九月，「むつき(睦月)」は一月，「うづき(卯月)」は四月の異名。

問五＜古文の内容理解＞体が苦しいという中納言の訴えを聞いた医師は，大食いのために太っているからで，薬もあるけれども，まずは水飯をときどき食べてやせることですよと，提案した。

問六＜古文の内容理解＞中納言は，食べる様子も医師に詳しく語って聞かせたので，医師は，このように太っているのは，そのようにたくさん食べるからでしょうと言った。

問七＜古文の内容理解＞銀の鉢に高く盛られた水飯も，銀の鉢に盛られた鮎のすしも，どちらもものすごく量が多かったのである。

問八＜古文の内容理解＞医師は，中納言がやせるために，ときどき水飯を食べるようにと提案したのである。中納言は医師に言われたとおり，確かに水飯を食べていたが，量があまりにも多く，医師は，水飯でもこのようにたくさんお食べになっては，やせるわけがないとあきれたのである。

問九＜古典文法＞「銀の鉢の」の「鉢の」の「の」は，～であって，という意味で，同格を表す。「六月のころ」と「朝夕の御飯」と「鮎のすし」と「中納言の前」の「の」は，連体修飾語をつくる。

問十＜歴史的仮名遣い＞歴史的仮名遣いの「づ」は，現代仮名遣いでは「ず」となるので，「うちうなづきて」は，「うちうなずきて」となる(㋐…○)。歴史的仮名遣いの語頭と助詞以外のハ行は，現代仮名遣いでは「わいうえお」となるので，「候へども」は，「候えども」となり(㋑…○)，「前へ」は，そのまま同じになる(㋔…×)。また歴史的仮名遣いの「au」は，現代仮名遣いでは「ou」となるので，「食ふやう」は，「食うよう」となる(㋒…○)。歴史的仮名遣いのワ行は，現代仮名遣いでは「わいうえお」となるので，「据ゑて」は，「据えて」となる(㋓…○)。

問十一＜古文の内容理解＞中納言は，言われたとおりに水飯を食べるところを，医師に見せようと思って，医師を呼んだ(㋒…○)。

問十二＜文学史＞『平家物語』は，鎌倉時代に成立した軍記物語。『大鏡』は，平安時代に成立した歴史物語。『枕草子』は，平安時代に成立した清少納言による随筆。『雨月物語』は，江戸時代に成立した上田秋成による読本。『太平記』は，室町時代に成立した軍記物語。

三〔漢字の知識〕

㉛「第」と「曹」は，十一画。　㉜「拠」と「弦」は，八画。　㉝「飛」と「送」は，九画。
㉞「既」と「紙」は，十画。　㉟「路」と「置」は，十三画。

四〔国語の知識〕

㊱＜故事成語＞「虎の威を借る狐」は，力のない者が，強い者の権威を頼みにしていばること。
㊲＜故事成語＞「覆水盆に返らず」は，一度してしまったことは取り返しがつかない，という意味。
㊳＜慣用句＞「白羽の矢が立つ」は，多くの中から選び出される，という意味。　㊴＜ことわざ＞「ひょうたんから駒が出る」は，意外なところから意外なものが出る，という意味。また，冗談で言ったことが実現することのたとえ。　㊵＜慣用句＞「手を替え品を替え」は，さまざまに方法や手段を変えること。

五〔国語の知識〕

㊶＜品詞＞助動詞「たい」は，望んでいるという気持ちを表す。　㊷＜品詞＞助動詞「た」は，ここでは過去の事実を表す。　㊸＜語句＞「だろう」は，不確かな断定を表す。　㊹＜語句＞「とのこと」は，人から聞いた話であることを表す。　㊺＜語句＞ここでの「思う」は，「生き生きしていた」と感じた，という意味で，感情や意識を表す。

2022年度 埼玉栄高等学校（併願Ⅱ）

【英　語】（50分）〈満点：100点〉

（注意）解答は，問題のあとにある選択肢の中から，最も適しているものを一つだけ選び，その記号を解答用紙にマークしてください。

Ⅰ　次の文は，しょうご(Shogo)が英語のエッセーコンテストのために書いた英文です。これを読み，質問に対する答えとして最も適切なものを答えなさい。（解答番号は①～⑥）

I worked with my father for three days during the summer vacation. His job is to build houses. He was working with six people to build a house, and he was the leader of the team. He always watched the six people. He told them a lot of things to do and they followed him. He looked so great!

After work, I asked him, "What do you like the best about your job?" He answered, "I like to see the new house we have just built. When I see it, I always think that it is good to work as a team." I thought that I wanted to make something with other people, just like my father.

In November, we had our school festival and had to do a drama. Our teacher asked, "Is there anyone who wants to be a leader?" "I do," I said. It was my first time to lead other people. The first thing I had to do was to decide the kind of drama. I asked my classmates, "What do you want to do?" Someone said, "Let's do a comedy." Some other classmates agreed and said, "That's good. It will be fun!" They started to get (①). So I said to them, "All right. We'll do a comedy." Then one of my classmates, Satoru, stood up and said, "Wait, Shogo! Some of us have different ideas. We don't agree." I didn't know what to do.

When I came home, I said to my father, "It is difficult to be a leader. How do you control people?" He said, "I never control people. Of course I have to decide things as a leader, but I also try to understand them. What can you do to understand your classmates? Think about it." There was only one thing that I could do. I decided [②].

The next day, I had a meeting with the people who didn't agree. I said to them, "I'm sorry I didn't listen to your ideas." Satoru said, "I know doing a comedy was a popular idea in our class. But as a leader, you should try to understand everyone's idea and then decide something. There are some classmates who don't say their ideas in front of the class." I thought [③]. I said, "I decided to become a leader because I wanted to support this class to make something together. I want to make the drama with all of you. Please tell me if you don't agree. I really need your help. I will listen to you and try to find something we can do together." Satoru said nothing for a while. Then he said, "I understand. I don't know what we can do to help you, but let's try to find a way to work together." ④We all talked about it for a long time. We started to understand each other.

Since then, my class worked together as a team. Sometimes we had problems, but I wasn't afraid because I knew ⑤what I should do. Satoru always helped me.

In our school festival, we didn't get the first prize. After the festival, I said to my classmates, "You helped me a lot and did your best. I tried hard, but I was not a good leader." Then Satoru said, "You did well. It was fun to do a drama together. We learned that working as a

team is more important than getting the prize. Thank you, Shogo." I almost cried.
"Working together as a team." Those are our favorite words now.

問１ Fill in the blank ① by choosing the best word for the sentence. (解答番号は①)

㋐ excited ㋑ surprised ㋒ disappointed ㋓ shocked

問２ Fill in the blank ② by choosing the right option for the sentence. (解答番号は②)

㋐ to study how to do a comedy
㋑ to give up being a leader
㋒ to ask my teacher to help me
㋓ to talk with my classmates

問３ Fill in the blank ③ by choosing the right option for the sentence. (解答番号は③)

㋐ my father was wrong
㋑ Satoru was right
㋒ my classmates were helpful
㋓ it was impossible to do a comedy

問４ For the line ④, what does "it" mean? (解答番号は④)

㋐ It means how to be a better leader.
㋑ It means how to have a next meeting.
㋒ It means how to make our drama together.
㋓ It means how to control the classmates.

問５ For the line ⑤, what should Shogo do? (解答番号は⑤)

㋐ He should control his classmates to do their best and make the drama.
㋑ He should think about how to get the first prize at the school festival.
㋒ He should decide what to do as a leader by listening to his classmates.
㋓ He should ask his teacher and classmates for help when he has some trouble.

問６ 本文の内容に合うものを１つ選びなさい。 (解答番号は⑥)

㋐ Shogo's father didn't look like a leader when Shogo was working with him.
㋑ Shogo listened to Satoru's advice and decided to change the kind of drama.
㋒ Shogo was moved because his classmates also learned it was important to work together.
㋓ Shogo's class got the first prize at the school festival because his classmates did their best.

II 次のＥメールを読み，質問に対する答えとして最も適切なものを答えなさい。

(解答番号は⑦～⑪)

From : Eric Janssen
To : all the members of Romeo Basketball Team
Date : December 11, 2021 12:01
Subject : Information for the next meeting

Dear members,

Hello. As I told you last week, we are going to have a meeting next week. This will be the most important of all the meetings this year. So I want all of you to join. Because we have to select the official members who will *take part in the next game, February 11, 2022. It's a hard job for me to decide the members, but I have to do it *smoothly. I hope you will help me do that.

Regards,
Eric

P.S. Do not forget to take your shoes and uniforms with you.

From : Riki Miyamoto
To : David Baker
Date : December 11, 2021 15:20
Subject : About the information for the next meeting

Hi, David. I think you have already got an e-mail from Mr. Janssen, too. I was so excited to read it. I'm sure you feel the same. I hope both of us can be the members together. Then we will be able to enjoy the game and try to *win the cup. So I want to practice with you this weekend. Please tell me about your schedule.

Thanks,
Riki

From : David Baker
To : Riki Miyamoto
Date : December 12, 2021 11:41
Subject : Re : About the information for the next meeting

Hi, Riki. Thank you so much for your e-mail. Of course I know it will be a very exciting meeting. Though I am worried that Mr. Janssen may not add my name to the member list, I also want to be a member and enjoy the game with you. So I suggest that we practice more. How about tomorrow? Because we have no classes on Thursday afternoon, it's possible for us to practice a lot after school. And I want John to come to practice with us because he wants to join the member, too. What do you think about it? I'm waiting for your reply.

Best,
David

(注) take part in 参加する　smoothly 速やかに　win the cup 優勝する

問1 When did David and Riki get the e-mail from Mr. Janssen?　(解答番号は⑦)

㋐ On Monday　㋑ On Tuesday　㋒ On Wednesday　㋓ On Thursday

問 2　What does Mr. Janssen say in his e-mail?　(解答番号は⑧)

㋐ Mr. Janssen is very busy this year.

㋑ He can't take part in the next game.

㋒ No members should be absent from the next meeting.

㋓ He wants to help all the members with their homework.

問 3　How long can they practice for the next game?　(解答番号は⑨)

㋐ For about 1 month　㋑ For about 2 months

㋒ For half a year　㋓ For 1 year

問 4　How does David feel about selecting the members?　(解答番号は⑩)

㋐ He is worried but wants to be a member with Riki.

㋑ He is afraid no one will be the members for the next game.

㋒ He feels so happy because Riki won't be the member.

㋓ He is sorry John can't join them.

問 5　次の英文のうち，メールの内容に合っているものを選びなさい。　(解答番号は⑪)

㋐ Mr. Janssen isn't going to make a member list this year.

㋑ For David and Riki, Thursday is the best for studying together after school.

㋒ David doesn't think that he will be the member of the official team easily.

㋓ Mr. Janssen doesn't tell the members to take their own shoes and uniforms.

III　次の広告はロングボード島という観光地でのアクティビティの案内である。質問に対する答えとして最も適切なものを答えなさい。　(解答番号は⑫～⑮)

Enjoy Your Vacation in Long Board Island

We have various kinds of activities here!

It's easy to *apply!

1. Just select your favorite attractions or activities
2. Then put the ☑ marks
3. You can enjoy 2 of the list

□	**①Scuba diving tour with instructor** Info: 90 minutes' activity　$ 75.50 (All included)　15 years or over ONLY
□	**②Wildlife watching tour** Info: 75 minutes' activity　$ 90.00 (With lunch)
□	**③Bicycle riding for going through the island** Info: 60 minutes' activity　$ 50.50 (All included)
□	**④Try great fruits in Long Board Island** Info: 60 minutes' activity　$ 35.00 (All included)　Under 5 years are free
□	**⑤Enjoy jet ski with professional staff** Info: 40 minutes' activity　$ 80.50 (All included)　12 years or over ONLY

(注)　apply　申し込む

問1　If you choose bicycle riding and jet ski, how much do you have to pay?　(解答番号は⑫)

㋐　$ 85.5　㋑　$ 126　㋒　$ 131　㋓　$ 165.5

問2　If you have brothers who are 4 and 14, which pair can you enjoy?　(解答番号は⑬)

㋐　①+③　㋑　②+④　㋒　①+⑤　㋓　④+⑤

問3　If you join ② activity at 2:00 p.m., what time will you come back?　(解答番号は⑭)

㋐　3:15 p.m.　㋑　3:30 p.m.　㋒　4:15 p.m.　㋓　4:30 p.m.

問4　次のやり取りは何番についての対話だと考えられるか，選びなさい。　(解答番号は⑮)

"Do I have to drive it myself? I don't know how to start the engine."

"Please don't worry about it. And you don't have to drive it. You can sit on the back."

㋐　①　㋑　③　㋒　④　㋓　⑤

IV　次の各会話が成立するように(　)に入るものを選びなさい。　(解答番号は⑯～㉑)

⑯ Father : Why is Sara crying?
Son : Well, when she was running outside, (　　　　)
㋐ she walked away.　㋑ she saw her toy.
㋒ she fell down.　㋓ she went back home.

⑰ Woman : How long is the flight to Chicago?
Staff : (　　　　)
㋐ I think it's about 400 miles.
㋑ We leave at 5:30 and arrive there an hour later.
㋒ We fly to Boston first, then arrive there.
㋓ No, I've never flown to Chicago.

⑱ Staff : May I see your ticket?
Man : Here it is. Where is my seat?
Staff : (　　　　)
㋐ I'll be in the front seat, sir.
㋑ I'll show you the way, sir.
㋒ Tickets are $30, sir.
㋓ You can buy them here, sir.

⑲ A : It was delicious!
B : Would you like some more?
A : No, thanks. (　　　　)
㋐ I've had a lot.
㋑ I don't know what you mean.
㋒ You're welcome.
㋓ You'll be all right.

⑳ Father : Good morning, Liz. How many tests do you have today?
Daughter : Four. So I studied all night.
Father : Really? Are you all right?
Daughter : (　　　　)
㋐ Don't worry. You're all right.
㋑ That's too bad. You look very tired.
㋒ No, thank you. I can do it.
㋓ No problem. I'll do my best.

㉑ Boy 1 : Hi, Josh. What are you reading?
Boy 2 : Oh, it's a book about the history of Brazil.
Boy 1 : Really? That's an unusual subject. (　　　　)
Boy 2 : I'm planning to study there next year.
㋐ Is it a long book?
㋑ Is Brazil an old country?
㋒ Why are you reading it?
㋓ Why do you think so?

V　次の各文の(　)内に入る適切なものを選びなさい。　(解答番号は㉒～㉙)

㉒ My father is a great cook. He makes (　　) curry.
㋐ possible　㋑ necessary　㋒ excellent　㋓ silent

㉓ Haruto takes many subjects at school, but he likes English (　　) of all.
㋐ good　㋑ better　㋒ well　㋓ best

㉔ We haven't (　　) our homework yet. We should start soon.
㋐ begin　㋑ begun　㋒ beginning　㋓ began

㉕ My brother and I love visiting our grandmother's house. It always makes (　　) happy.
㋐ we　㋑ our　㋒ us　㋓ ours

㉖ Natalie went to the store to (　　) a notebook.
㋐ get　㋑ got　㋒ getting　㋓ gets

㉗ A : Dad, my math homework is too (　　). Can you help me?
B : Sure, Sam.
㋐ difficult　㋑ ready　㋒ perfect　㋓ useful

㉘ In my (　　), Matthew's idea is better than David's.
㋐ height　㋑ opinion　㋒ problem　㋓ contact

㉙ Andrew moved to an apartment downtown last month. Now, the (　　) between his home and his office is much shorter.
㋐ temperature　㋑ shape　㋒ road　㋓ distance

【数　学】（50分）〈満点：100点〉

（注意）解答は，問題のあとにある選択肢の中から，最も適しているものを一つだけ選び，その記号を解答用紙にマークしてください。

※円周率は π として計算しなさい。

1　次の計算をしなさい。

$\{(-3)^3-8\times(-4)\}\div\left(\dfrac{1}{5}-1\right)$

㋐ -4　㋑ 175　㋒ -175　㋓ $-\dfrac{25}{4}$　㋔ $-\dfrac{295}{4}$

2　次の方程式を解きなさい。

$\dfrac{2x-4}{3}=\dfrac{3x-7}{4}$

㋐ $x=3$　㋑ $x=\dfrac{9}{5}$　㋒ $x=\dfrac{17}{7}$　㋓ $x=5$　㋔ $x=7$

3　$a=-2$，$b=3$ のとき，a^2-ab+b^2 の値を求めなさい。

㋐ 17　㋑ 18　㋒ 19　㋓ 20　㋔ 21

4　連立方程式 $\begin{cases}3x+y=10\\x+2y=5\end{cases}$ を満たす x，y について，$337x+1011y$ の値を求めなさい。

㋐ 337　㋑ 674　㋒ 1011　㋓ 1348　㋔ 2022

5　右の表はあるクラスの数学のテストの結果を度数分布表に表したものです。このとき，平均点を求めなさい。

階級（点）	度数
30以上　40未満	2
40　～　50	4
50　～　60	7
60　～　70	5
70　～　80	6
80　～　90	3
90　～　100	3
計	30

㋐ 50
㋑ 55
㋒ 60
㋓ 65
㋔ 70

6　1から15までの積の一の位の数は0です。一の位，十の位，百の位，…と順にみていくとき，一の位から連続して0は何個並ぶか答えなさい。

㋐ 1　㋑ 2　㋒ 3　㋓ 4　㋔ 5

7　右の図において，3点A，B，Cは円Oの円周上にあり，△ABCは正三角形です。AC上に点Dをとり，BDの延長と円Oの交点をEとします。点Aを通りBCに平行な直線とCEの延長との交点をFとします。このとき，AD＝AF であることを証明するために使う三角形の合同条件を答えなさい。

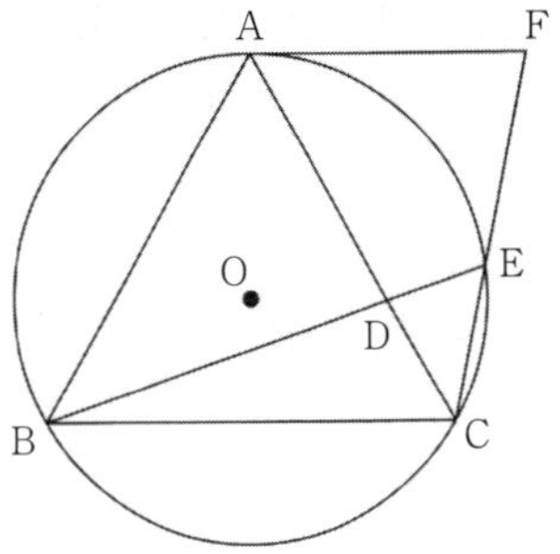

㋐　3組の辺が全て等しい
㋑　2組の辺とその間の角がそれぞれ等しい
㋒　1組の辺とその両端の角がそれぞれ等しい
㋓　斜辺と他の1辺がそれぞれ等しい
㋔　斜辺と1つの鋭角がそれぞれ等しい

8　大人1000円，子供700円の入場料がかかる遊園地があります。2割引き券を使って大人と子供あわせて5人の料金が3520円かかるとき，大人の人数を求めなさい。

㋐　1人　　㋑　2人　　㋒　3人　　㋓　4人　　㋔　5人

9　6％の食塩水と10％の食塩水をまぜて9％の食塩水を200g作るとき，10％の食塩水は何g必要か求めなさい。

㋐　150g　　㋑　155g　　㋒　160g　　㋓　170g　　㋔　175g

右の図のように，関数 $y=2x^2$ のグラフ上に2点A，Bをとり，直線ABと y 軸との交点をCとします。2点A，Bの x 座標がそれぞれ -1，2であるとき，次の問い**10**，**11**に答えなさい。

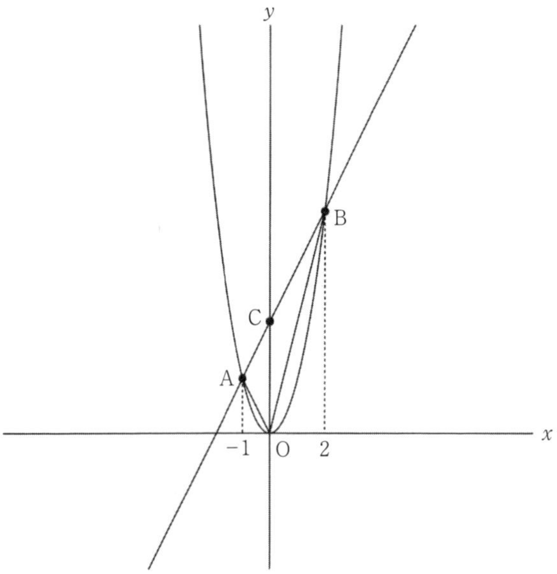

10　△OABの面積を求めなさい。

㋐　$\frac{3}{2}$　　㋑　2　　㋒　4
㋓　$\frac{9}{2}$　　㋔　6

11　関数 $y=2x^2$ のグラフ上に点Pをとり，△AOB＝△APB となるようにします。このような点Pの座標を求めなさい。ただし，点Pの x 座標は $0<x\leqq 2$ とします。

㋐　$\left(\frac{1}{4},\ \frac{1}{8}\right)$　　㋑　$\left(\frac{1}{2},\ \frac{1}{2}\right)$　　㋒　$\left(\frac{3}{4},\ \frac{9}{8}\right)$
㋓　$(1,\ 2)$　　㋔　$\left(\frac{3}{2},\ \frac{9}{2}\right)$

右の図のように，関数 $y=ax^2$ のグラフ上に点A(2，8)があります。いま，点Aを通り x 軸に平行な直線と関数 $y=ax^2$ のグラフとの交点のうち，点Aと異なる点をBとします。また，点Aを通り y 軸に平行な直線と関数 $y=bx^2$ のグラフとの交点をDとします。さらに，点Bを通り y 軸に平行な直線と関数 $y=bx^2$ のグラフとの交点をCとします。四角形ABCDは AB：BC＝2：3 の長方形となりました。このとき，次の問い**12**，**13**に答えなさい。ただし，$a>b$ とします。

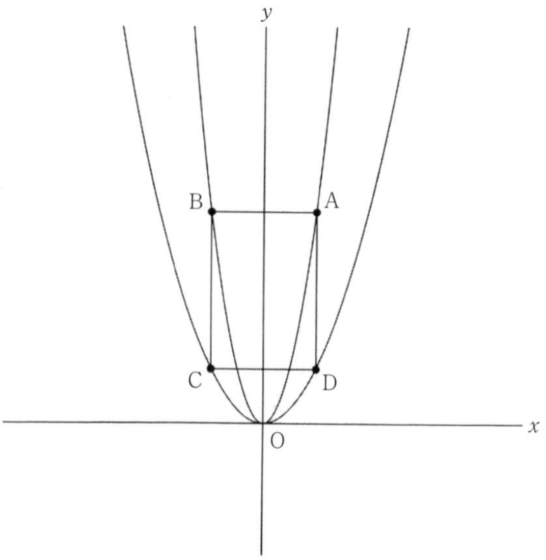

12　a，b の値を求めなさい。

㋐ $\begin{cases} a=1 \\ b=\frac{1}{3} \end{cases}$　㋑ $\begin{cases} a=1 \\ b=\frac{1}{2} \end{cases}$　㋒ $\begin{cases} a=2 \\ b=\frac{1}{3} \end{cases}$

㋓ $\begin{cases} a=2 \\ b=\frac{1}{2} \end{cases}$　㋔ $\begin{cases} a=2 \\ b=1 \end{cases}$

13　点(3，8)を通り，四角形ABCDの面積を2等分する直線の式を求めなさい。

㋐ $y=x+2$　㋑ $y=x+5$　㋒ $y=2x+1$　㋓ $y=2x+3$　㋔ $y=3x+1$

14　下の図中の∠x の大きさを求めなさい。ただし，点OはODを半径とする円の中心とします。また，AC＝CD とします。

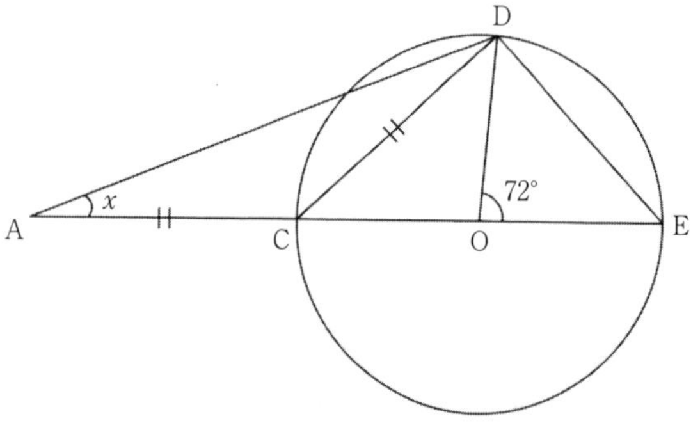

㋐ 17°　㋑ 18°　㋒ 19°　㋓ 20°　㋔ 25°

右の図のような平行四辺形ABCDがあります。点EはBD上，点FはCD上にあり，BC∥EF，AG：GD＝3：8，DF：FC＝3：2とします。また，CGとEFの交点をHとし，BDとCGの交点をIとします。次の問い**15**，**16**に答えなさい。

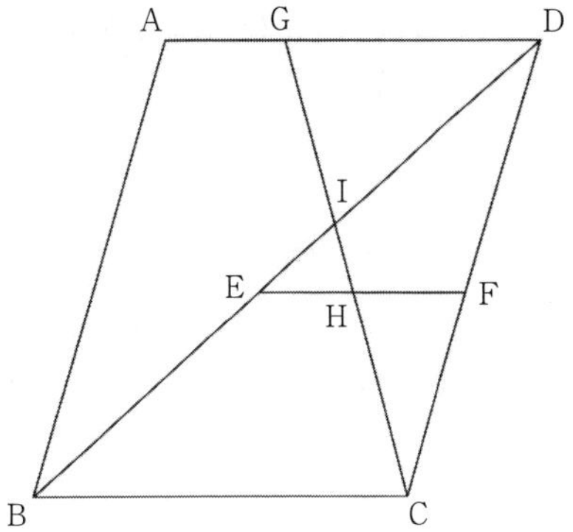

15　GD：HFをもっとも簡単な整数の比で表しなさい。

㋐　5：2	㋑　8：3	㋒　11：4
㋓　14：5	㋔　15：4	

16　EH：HFをもっとも簡単な整数の比で表しなさい。

㋐　15：11　　㋑　17：16　　㋒　20：19　　㋓　22：19　　㋔　25：22

17　大小2個のさいころを同時に投げて，出た目の数をx，yとします。このとき，$\sqrt{(x+1)(y+2)}$が整数となる確率を求めなさい。

㋐　$\frac{1}{4}$　　㋑　$\frac{1}{6}$　　㋒　$\frac{1}{12}$　　㋓　$\frac{1}{18}$　　㋔　$\frac{1}{36}$

Aさん，Bさん，Cさんの3人でじゃんけんを1回しました。次の問い**18**，**19**に答えなさい。

18　誰か2人が勝つ確率を求めなさい。

㋐　$\frac{1}{3}$　　㋑　$\frac{1}{6}$　　㋒　$\frac{1}{9}$　　㋓　$\frac{1}{12}$　　㋔　$\frac{1}{15}$

19　BさんとCさんが同時に負ける確率を求めなさい。

㋐　$\frac{1}{3}$　　㋑　$\frac{1}{6}$　　㋒　$\frac{1}{9}$　　㋓　$\frac{1}{12}$　　㋔　$\frac{1}{15}$

20　ビバ男，ビバ子，まなぶ，きょうこの4人の生徒が，先生から出された問題について考えています。生徒の会話を読み取り，下の問いに答えなさい。

> 問題
>
> 24を素因数分解すると，$24=2^3\times3$となる。このとき，素因数2の指数は3であり，素因数3の指数は1である。1から100までの全ての自然数の積をNとするとき，Nを素因数分解したときの素因数3の指数を求めなさい。

先　　生：さぁ，この問題を解けるかな？
ビ バ 男：素因数3が何個あるのかを考えるから，3の倍数の個数を数えて…33個だ！
ビ バ 子：3の倍数の個数が，そのまま指数になるのかしら？
ま な ぶ：ダメだ。よくわかんないから，一つずつ書いて，素因数分解しよう。地道に努力するね。
きょうこ：素因数分解して3が出てくるということは，3で因数分解するのと同じことかしら？　それだと9からは3が2つとれることになるのかな…

ビバ子：ということは，9の倍数は3が2つ出てくるってことね！　たしかに，$18=2\times3^2$ だから，3が2つ出てくることになるね！

きょうこ：ということは，9の倍数は100までの自然数の中に11個あるから，9の倍数として3は22個出てくる！

ビバ男：じゃあ，3の倍数が33個で，9の倍数が22個だから，55個！　これが正解だ！

ビバ子：ちょっと待って！　100までの自然数の中には素因数3が出てくるものは他にもあるのかしら…27の倍数もそうじゃないかしら？　だから…

ビバ男：よくわからなくなってきたぞ…結局いくつなのかな…

先生：さぁ，答えは出せたかな？　そろそろ発表してもらおうかな…

まなぶ：ちょっとまって！　もう少しで計算ができるから！

きょうこ：27の倍数は1から100の中に3個あって，$27=3^3$ で，$54=2\times3^3$ で…

ビバ子：あれ？　81の倍数も同じように3が出てくるのかな？　だとしたら…

ビバ男：3の倍数の中に9の倍数や27の倍数も入っているから，同じ数を何回も数えているのかな？　だとしたら3の倍数の個数でいいと思うから…

先生：はい！　それではみなさん，答えを発表してください！

ビバ男：33です。

ビバ子：68です。

まなぶ：58です。

きょうこ：64です。

先生：［　　　　］

先生のセリフとして正しいものを答えなさい。

㋐　ビバ男くんが正解です！　よく気付きましたね！
㋑　ビバ子さんが正解です！　最後の81によく気付きました！
㋒　まなぶくんが正解です！　やはり努力に勝るものはないですね！
㋓　きょうこさんが正解です！　81は考える必要なかったね！
㋔　残念ながら正解者はいませんでしたね。

五　次の文章の作者としてふさわしいものをそれぞれ選びなさい。

（解答番号 ㊶～㊺）

㊶ つれづれなるままに、日暮らし、硯《すずり》に向かひて、心にうつりゆくよしなしごとを、そこはかとなく書きつくれば…

㋐ 鴨長明　㋑ 兼好法師　㋒ 大伴家持
㋓ 正岡子規　㋔ 世阿弥

㊷ 春はあけぼの。やうやう白くなりゆく山ぎは、すこしあかりて、紫だちたる雲の…

㋐ 小林一茶　㋑ 藤原定家　㋒ 松尾芭蕉
㋓ 清少納言　㋔ 紫式部

㊸ メロスは激怒した。必ず、かの邪《じゃ》知《ち》暴《ぼう》虐《ぎゃく》の王を除かなければならぬと決意した。

㋐ 太宰治　㋑ 芥川龍之介　㋒ 与謝野晶子
㋓ 石川啄木　㋔ 菊池寛

㊹ 親譲りの無鉄砲で、子供の時から損ばかりしている。

㋐ 森鷗外　㋑ 三島由紀夫　㋒ 夏目漱石
㋓ 山崎豊子　㋔ 泉鏡花

㊺ 国境の長いトンネルを抜けると雪国であった。

㋐ 樋口一葉　㋑ 島崎藤村　㋒ 志賀直哉
㋓ 宮沢賢治　㋔ 川端康成

㋔ 穏やかなのに

問二、波線部a～dの主語として最もふさわしいものをそれぞれ選びなさい。ただし、同じ記号を繰り返し選んでもかまいません。（解答番号 a―⑲ b―⑳ c―㉑ d―㉒）

㋐ 虬と猿　㋑ 虬と妻　㋒ 虬の妻
㋓ 猿　㋔ 虬

問三、傍線部1「云はく」とありますが、虬は何のために言ったのですか。最もふさわしいものを選びなさい。（解答番号 ㉓）

㋐ 猿にたくさん木の実を食べさせるため。
㋑ 猿を自分の妻に会わせるため。
㋒ 猿を海の中へ連れて行くため。
㋓ 猿に海の中の山を見せるため。
㋔ 猿をだまして生き肝を奪うため。

問四、傍線部2「猿、色を失ひて」とありますが、このときの猿の心情として最もふさわしいものを選びなさい。（解答番号 ㉔）

㋐ 感嘆　㋑ 歓喜　㋒ 慈悲
㋓ 恐怖　㋔ 激怒

問五、本文中の㋐～㋒から虬の発言として最もふさわしいものを選びなさい。（解答番号 ㉕）

問六、本文中の空欄A・Bに入る漢字一字として最もふさわしいものをそれぞれ選びなさい。ただし、同じ記号を繰り返し選んではいけません。（解答番号 A―㉖ B―㉗）

㋐ 命　㋑ 肝　㋒ 菓　㋓ 海　㋔ 山　㋕ 木

問七、本文中から抜き出した次の語句のうち、歴史的仮名遣いを**含んでいないもの**を選びなさい。（解答番号 ㉘）

㋐ 虬と云ふ物あり　㋑ 角なき物と云へり
㋒ 志の色も見えむ　㋓ おはしませかし
㋔ 具してこそ行かめ

問八、この文章の内容に合致しているものを選びなさい。（解答番号 ㉙）

㋐ 猿は虬の誘いを断って、山の中へ隠れてしまった。
㋑ 虬は猿を出し抜き、生き肝を手に入れて海中へ帰った。
㋒ 猿は虬から逃れるために、忘れ物をしたと嘘をついた。
㋓ 猿は山に帰って、海中の様子を仲間達に話した。
㋔ 虬は妻の怒りを恐れて、こっそりと帰った。

問九、この文章が収められている『沙石集』は説話ですが、同じジャンルの作品として最もふさわしいものを選びなさい。（解答番号 ㉚）

㋐ 竹取物語　㋑ 万葉集
㋒ 南総里見八犬伝　㋓ 風姿花伝
㋔ 今昔物語集

三

次の熟語に最もふさわしい慣用句をそれぞれ選びなさい。（解答番号 ㉛～㉟）

㉛ 対等　㉜ 至近　㉝ 依存
㉞ 安心　㉟ 無策

㋐ 胸をなで下ろす　㋑ すねをかじる
㋒ 肩を並べる　㋓ 打つ手がない
㋔ 目と鼻の先

四

次の傍線部の文節どうしはどのような関係にありますか。最もふさわしいものをそれぞれ選びなさい。（解答番号 ㊱～㊵）

㊱ 机の　上には　筆記用具だけを　置いて　ください。
㊲ 開店待ちの　行列が　とても　長かったが　並んだ。
㊳ 自分で　料理を　すると　好きな　味付けで　作れる。
㊴ 試験当日は　受験票と　運動靴も　忘れないように。
㊵ ぼくだって　あと一時間も　あれば　できたのに。

㋐ 主語・述語の関係　㋑ 修飾・被修飾の関係
㋒ 接続・被接続の関係　㋓ 並立の関係
㋔ 補助の関係

拒絶してしまうが、次第に慣れるので問題ないということ。

㋒ 新しいものに対するネガティブな印象も、人々が昔のことを懐《なつ》かしんでいるうちは特に影響なく生活できるということ。

㋓ 未知のものに対して抱いてしまう悪いイメージも、受け入れる人が増えてくるとたいした問題ではなくなるということ。

㋔ 保守的な人々にとって未知のものは恐怖の対象であるため、実際に受け入れるまでには解決すべき問題があるということ。

問九、この文章の内容に合致しているものを選びなさい。（解答番号 ⑮）

㋐ 人間と動物は本質的に異なる存在なので、区別して考えるべきだ。

㋑ 普及する前の携帯電話について、人々は様々な危険性を心配していた。

㋒ ロボットが利便性をもたらしてくれても、人々はいつまでも受け入れない。

㋓ 科学技術に対する偏見は、いつの時代になっても改善されない。

㋔ ロボットを操るのは人間であるため、スイッチを切っても反乱は起こる。

二 次の文章を読んで、後の問いに答えなさい。

また、海中に※虬《きう》と云《い》ふ物あり。蛇に似て、角なき物と云へり。妻の※孕《はら》みて、猿の生け肝をa願ひければ、得難《えがた》き物なれども、※志の色も見えむとて、山の中へ行きて、海辺の山に猿多き処《ところ》へ尋ね行きて、1云はく、「海中に菓《このみ》多き山あり。あはれ、おはしませかし。我が背に乗せて、※具《ぐ》してこそ行かめ」と云ふ。「さらば具して行け」とて、背にb乗りぬ。

海中遥《はる》かにc行けども、山も見えず。㋐「何《い》かに、山は何《いづ》くぞ」といへば、「げには海中にI争《いか》でか山あるべき。我が妻、猿の生け肝を願へば、そのためぞ」と云ふ。2猿、色を失ひて、IIせむ方なくていふやう、「さらば、山にて仰《おほ》せられたらば、III安き事なりけるを、我が生け肝は、ありつる山の木の上に置きたりつるを、俄《にはか》に来つるほどに忘れたり」と云ふ。「さては、肝の※料にてこそ具して来つれ」と思ひて、㋑「さらば返りて、取りて給《た》べ」と云ふ。㋒「左右なし。安き事」と云ひけり。さて、返りて山へ行きぬ。猿の木に登りて、「海の中に[A]無し。身を離れて[B]無し」とて、山深くd隠れぬ。虬、ぬけぬけとして帰りぬ。

（『沙石集』による）

※虬…実在しない動物で、角のない竜。
※孕みて…妊娠して。
※志の色も見えむ…どれだけ妻を愛しているか、その誠意を見てもらおう。
※具して…引き連れて。
※料…ため。

問一、傍線部I～IIIの解釈として最もふさわしいものをそれぞれ選びなさい。（解答番号 I—⑯ II—⑰ III—⑱）

I 争《いか》でか山あるべき

㋐ 山などあるはずがない
㋑ 山はどこにあるのか
㋒ なぜ山があるのか
㋓ どんな山があるのか
㋔ 山があるにちがいない

II せむ方なくて

㋐ 責められなくて
㋑ どうしようもなくて
㋒ 背中に乗れなくて
㋓ 逃げようもなくて
㋔ 勝ち目がなくて

III 安き事なりけるを

㋐ 満足であるが
㋑ 容易であるが
㋒ 安価であるが
㋓ 安心なのに

㋑ 彼はゾウ書家だ。
㋒ テレビの映ゾウが乱れる。
㋓ 大仏殿をゾウ営する。
㋔ 記念品をゾウ呈する。

⑤ リン人
㋐ リン理学について学ぶ。
㋑ リン間学校に参加する。
㋒ 彼は美術界に君リンしている。
㋓ 東京五リンのメダリスト。
㋔ 市街地にリン接する地域。

問二、空欄a～cに入る語として最もふさわしいものをそれぞれ選びなさい。　（解答番号　a―⑥　b―⑦　c―⑧）

㋐ まるで　㋑ いまや　㋒ きっと
㋓ もし　㋔ つまり

問三、傍線部1「あとからやってきたロボットよりも自分の能力が劣っていると言われると、拒絶したくなる」とありますが、それはなぜですか。その理由として最もふさわしいものを選びなさい。　（解答番号　⑨）

㋐ 人間の方が優れていると認められることで初めて、人間らしくいられるから。
㋑ ロボットは人間が開発した存在であり、人間よりも優れているはずがないから。
㋒ ロボットも人間も立場は平等であり、両者の間に優劣はないと考えているから。
㋓ 人間が最も価値のある存在だという立場を失うことを、人々が恐れているから。
㋔ 人間こそが特別な存在だと信じていないと、人間は生きることができないから。

問四、次の文は本文のどこに入れたらよいですか。本文中の㋐～㋔から選びなさい。　（解答番号　⑩）

だから基本理念としては「世の中に存在するすべての生き物は平等に生きる権利を持つ」というのがもっともわかりやすいはずだ。

問五、傍線部2「今後も『プライバシーはどこにあるのか』という危惧が消えないだろう」とありますが、それはなぜですか。その理由として最もふさわしいものを選びなさい。　（解答番号　⑪）

㋐ 人々は昔ほどプライバシーの問題について敏感ではなくなってしまったから。
㋑ 人々が新しい環境に慣れるまでにはどうしても時間を必要としてしまうから。
㋒ 人々がプライバシーを守ることよりも便利であることを優先してしまうから。
㋓ 人々がプライバシーの侵害に関して不安を抱いてしまうことは、当然だから。
㋔ 人々は自分たちが利便性を優先していることにまったく気づいていないから。

問六、空欄Aに入る語として最もふさわしいものを選びなさい。　（解答番号　⑫）

㋐ 御目《おめ》　㋑ 気　㋒ 手塩
㋓ 鼻　㋔ 天秤《てんびん》

問七、傍線部3「システム」の意味として最もふさわしいものを選びなさい。　（解答番号　⑬）

㋐ 体系　㋑ 個人　㋒ 要約
㋓ 比較　㋔ 権利

問八、傍線部4「そんな『印象論』は、実際に受け入れるための大きな障害にはならない」とはどういうことですか。その説明として最もふさわしいものを選びなさい。　（解答番号　⑭）

㋐ 新しいものがあらわれると警戒してしまうが、時間が経《た》ってしまえば必ず何事もなかったかのように受け入れるということ。
㋑ 奇妙な印象を与えるものに対してはじめのうちはどうしても

のであれば、ひとびとから大きな反対は起こらないだろう。

新しいものがあらわれると、はじめはみなネガティブなことを言う。だが4そんな「印象論」は、実際に受け入れるための大きな障害にはならない。いつの時代も「昔の方がよかった」と大半のひとは思う。人類は、全員が想④ゾウ力豊かなわけではない。たいていの人は※コンサバティブだ。しかし一方で、今の生活を捨てはしない。ひとは、便利さには抗《あらが》えないのだ。そして「まわりがみんな使い出した」ことを見ると、雪崩《なだれ》を打ったように一気に広がってしまう。インターネットも、スマートフォンもそうだった。太古の時代の人類にとっての炎からして、そのようなものだったにちがいない。

いまはまだロボットもネガティブに、恐怖の対象として、あるいは奇妙なものとして思われている。しかし携帯電話やクレジットカードと同様に、ある一定の状態を超えてしまえば、「当たり前」の存在になる。

「ルンバ」の製作者であり、アメリカのリシンク・ロボティクス社長のロドニー・ブルックスは「技術への偏見は、時間とともに解消する」と言っていた。僕も同じ意見である。

いつの日か※アンドロイドは、僕たちの⑤リン人になっていることだろう。

「人類に対して反乱を起こしたロボットに人間は支配される」などという恐怖を抱いている人に対しては、僕はいつもこう言っている。

「人間はロボットのスイッチを切ることができます」

ロボットが勝手に意図を持って人間を殺すことなど、ありえない。（c）ロボットが止められないとしたら、「止めたくない」という人間側の意思が働いているときだけだ。ロボットが反乱を起こすときには、裏に反乱を起こさせている人間がいる。SFでは古典的な題材である「ロボットの反乱」などというものは、バックに人間がいないかぎり起こりえない。

ロボットはただの機械である。イヤならスイッチを切ればいいのだ。

（石黒　浩『アンドロイドは人間になれるか』による）

※ロイヤリティ…特許権・著作権の使用料。
※退路を断った…どうやっても後に退けない状況にするさま。
※クレジットカード…銀行・信販会社などが会員に発行する信用販売制度のカード。カードを加盟店に提示すれば、現金を支払うことなく買い物などができる。
※コンサバティブ…保守的なさま。また、保守的な人、保守主義者。
※アンドロイド…SFなどに登場する、人間そっくりのロボット。

問一、傍線部①～⑤のカタカナの部分と同じ漢字を使うものをそれぞれ選びなさい。（解答番号　①～⑤）

①　電ジ波
㋐　政ジに興味をもつ。
㋑　ジ石で鉄を引きつける。
㋒　ジ院を見学する。
㋓　彼は映画界の風雲ジだ。
㋔　受賞をジ退する。

②　タれ流し
㋐　スイ直な線を引く。
㋑　モーツァルトに心スイする。
㋒　スイ眠不足で調子が出ない。
㋓　スイ奏楽部の演奏を聴く。
㋔　要点を抜スイする。

③　メグらされた
㋐　血液が体内をジュン環する。
㋑　法令をジュン守する。
㋒　地域をジュン回する。
㋓　君の主張は矛ジュンしている。
㋔　来月の下ジュンがしめ切りだ。

④　想ゾウ
㋐　ゾウ悪の念を抱く。

二〇二二年度　埼玉栄高等学校（併願Ⅱ）

【国語】（五〇分）〈満点：一〇〇点〉

（注意）解答は、問題の後にある選択肢の中から、最も適しているものを一つだけ選び、その記号を解答用紙にマークしてください。

【一】 次の文章を読んで、後の問いに答えなさい。

「なぜ人間はロボットより優れていなければいけないのか？」

僕にはこの答えがわからない。

人間は、技術によって進化してきた。（ａ）本来、人間とは、自らがつくってきた機械やロボットも含めて人間なのだ。それでも、1あとからやってきたロボットよりも自分の能力が劣っていると言われると、拒絶したくなる。人間の方が優れているのだと言ってほしいと思う。われわれは「人を差別するな」と言われるし、「動物を大事にしよう」とも言われる。㋐しかし人間は、人間だけが特別であってほしい、ロボットより優秀だとどこかで思っている。実際には人間は、今や大半の仕事で、ロボットよりも能力的に劣った存在である。㋑だが、人間が動物に対して必ずしも能力でその価値を判断していないように、人間もペットの犬や猫と同じように生きてもかまわないはずなのだ。能力がロボットに及ばずとも、生きられるにきまっている。しかし、「人間こそが最高の存在である」という※ロイヤリティを失ってしまうことに、多くの人は恐怖を感じる。

僕は人間とロボット、人間と動物の区別はなくなっていっていいと思っている。㋒区別がなくなればなくなるほどに、人間はロボットと本質的に何が違うのか、人間とは何か？　これらについて、※退路を断った深い考察が進められるからだ。そうして人間は進化していくものなのだと、僕は考えている。

ロボットが人間よりも価値をもつようになること、動物のようにロボットが愛玩されること、そして人間とロボットが共に生きていくことに、いったいどんな問題があるのだろう。何が悪いのか、具体的に理由を言えるだろうか。㋓

僕はこう思っている。ひとは未知のもの、未知の価値をこわがる――ロボットはまだ、その段階にあるだけなのだ。㋔大半の人間は、新しいものを受け付けない。保守的なのである。

たとえば※クレジットカードは、当初「日本では流行《はや》らない」と言われていた。「サインだけでお金をやり取りするなんて信用できない」とまことしやかに語られていた。にもかかわらず、実際には一気に広がった。

携帯電話も、普及する前には「盗聴されるのでは」だとか「電①ジ波は有害だ」といった危惧が、さまざまに語られていた。その前には電話交換機の時代があり、その頃は人間の手を介して回線の切り替えをしていたから、交換手（オペレータ）が介在し、その人たちは利用者の会話を聴けたわけだが、普及のさまたげにはならなかった。（ｂ）多くのひとびとがスマートフォンを使っているが、初期の携帯電話以上に、スマホではプライバシーが②タれ流し状態である。それでも使うことをやめるひとはいない。情報化ネットワークはいまも進化しつづけ、誰がどこで何をしているかといった情報は、社会に張り③メグらされたセンサネットワークと連動しながら取得されている。2今後も「プライバシーはどこにあるのか」という危惧が消えないだろう。

だが、プライバシーと技術の利便性を［　Ａ　］にかけ、利便性が勝れば、プライバシーの問題には目をつぶってきたのが現実なのである。ロボット化社会とは、至るところで情報が取得される高度センサネットワーク化社会でもある。未来社会においてセンサネットワークは、人間とロボットがぶつかったり、ロボットが暴走したりしないようにモニタする役割を持つ。安心で安全な社会を実現するには、つねに3システムが我々の活動をモニタし、ロボットがサポートしてくれた方がよい。こうしてロボットが利便性をもたらす

2022年度／埼玉栄高等学校（併願Ⅱ）

英語解答

Ⅰ	問1 ㋐	問2 ㋓	問3 ㋑				
	問4 ㋒	問5 ㋒	問6 ㋒				
Ⅱ	問1 ㋑	問2 ㋒	問3 ㋑				
	問4 ㋐	問5 ㋒					
Ⅲ	問1 ㋒	問2 ㋑	問3 ㋐				
	問4 ㋓						
Ⅳ	⑯ ㋒	⑰ ㋑	⑱ ㋑	⑲ ㋐			
	⑳ ㋓	㉑ ㋒					
Ⅴ	㉒ ㋒	㉓ ㋓	㉔ ㋑	㉕ ㋒			
	㉖ ㋐	㉗ ㋐	㉘ ㋑	㉙ ㋓			

Ⅰ〔長文読解総合―エッセー〕

≪全訳≫❶僕は夏休みの間に，父と３日間働いた。父の仕事は，家を建てることだ。父は家を建てるために６人と働いており，父はチームのリーダーだった。父はいつも６人を見ていた。父は彼らに，やらなければならないたくさんのことを指示し，彼らは父に従った。父はとてもすばらしかった！❷仕事の後，僕は父に，「お父さんは仕事のどこが一番好き？」と尋ねた。父は「建てたばかりの新しい家を見るのが好きだな。それを見ると，チームとして働くのはいいなって，いつも思うんだ」と答えた。僕も父と同じように，他の人と一緒に何かをつくりたいと思った。❸11月に文化祭があり，僕たちは劇をやらなければならなかった。先生が「誰かリーダーになりたい人はいる？」と尋ねた。「はい」と僕は言った。他の人を率いるのは，これが初めてだった。僕が最初にやらなければならなかったのは，劇の種類を決めることだった。僕はクラスメートに尋ねた。「みんなは何がやりたい？」　誰かが「喜劇をやろう」と言った。他のクラスメートが何人か同意して，「いいね。楽しそう！」と言った。彼らは興奮し始めた。それで，僕は彼らに「わかった。喜劇をやろう」と言った。すると，クラスメートの１人，さとるが立ち上がって，言った。「待って，しょうご！　僕たちの中には考えが違う人もいる。僕たちは賛成しないよ」　僕はどうしたらいいのかわからなかった。❹家に帰ると，僕は父に「リーダーになるのは難しいね。どうやって人をコントロールするの？」と言った。「人をコントロールしたりはしないな。もちろん，リーダーとして物事を決める必要はあるけど，人を理解しようともしているよ。クラスメートを理解するために何ができる？　そのことについて考えてごらん」と，父は言った。僕にできることは１つだけだった。僕はクラスメートと話すことにした。❺翌日，賛成しなかった人たちと話し合いをした。僕は彼らに，「君たちの考えを聞かなくてごめん」と言った。さとるが言った。「喜劇をやるのがクラスの大半の考えだったというのはわかっているよ。でも，リーダーとして，みんなの考えを理解しようとしてから，何かを決めるべきだね。みんなの前で自分の考えを言わないクラスメートもいるんだよ」　僕は，さとるが正しいと思った。僕は言った。「一緒に何かをつくるためにこのクラスをサポートしたかったから，僕はリーダーになることにしたんだ。みんなと一緒に劇をつくりたい。賛成でないなら教えて。君たちの助けが本当に必要なんだ。僕は君たちの言うことに耳を傾け，僕たちが一緒にできることを見つけるようにするよ」　さとるはしばらく何も言わなかった。それから彼は，「わかったよ。僕たちが君を助けるために何ができるかわからないけど，一緒にがんばる方法を見つけるようにしよう」と言った。僕たちはみんな，それについて長い間話し合った。僕たちはお互いを理解し始めた。❻それ以来，僕のクラスはチームとして一緒にがんばった。ときには問題を抱えることもあったが，どうするべきかわかっていたので，怖くはなかった。さとるはいつも僕を助けてくれた。❼文化祭では，一等賞は取れなかった。文化祭の後，僕はクラスメートたちに言った。「みんな，僕をいっぱい助けてくれて，最善を尽くしてくれた。僕は一生懸命がんばったけど，よいリーダーではなかった」　すると，さとるが言った。「君はよくやってくれたよ。一緒に劇をやるのは楽しかった。僕たちは賞を取ることよりチームとしてがんばることの方が大事だってわかったよ。ありがとう，しょうご」　僕はもう少しで泣くところだった。8「チームとして一緒にがんばる」　これは今では，僕たちの一番好きな言葉だ。

問1＜適語選択＞直前の2文から，「喜劇」という案に沸き立っている様子がうかがえる。get excited は‘get＋形容詞’「～(の状態)になる」の形。

問2＜適語句選択＞次の第5段落で，しょうごはクラスメートと話し合っている。

問3＜適文選択＞しょうごはこの後で反対派の意見も聞こうとしていることから，さとるの「全員の意見を聞いて決めるべきだ」という主張は正しいと思ったのだとわかる。

問4＜指示語＞「下線部④について，『それ』は何を意味するか」―㋒「一緒に劇をつくる方法を意味する」　このitが受けているのは前の文にあるa way to work togetherであり，このwork together「協力する」とは，クラスみんなで劇をつくることである。

問5＜語句解釈＞「下線部⑤について，しょうごは何をするべきか」―㋒「彼はクラスメートの話を聞いて，リーダーとして何をすべきかを決めるべきだ」　第5段落第4文のさとるの発言「リーダーとして，みんなの考えを理解しようとしてから，何かを決めるべきだ」や，第5段落最後から6文目のしょうごの発言「僕は君たちの言うことに耳を傾け，僕たちが一緒にできることを見つけるようにする」から判断できる。

問6＜内容真偽＞㋐「しょうごが一緒に働いていたとき，しょうごの父はリーダーのようには見えなかった」…×　第1段落後半参照。　㋑「しょうごはさとるの忠告に耳を傾け，劇の種類を変更することにした」…×　そのような記述はない。　㋒「クラスメートたちも一緒にがんばることが大事だとわかってくれたので，しょうごは感動した」…○　第7段落後半に一致する。　㋓「クラスメートたちが最善を尽くしたので，しょうごのクラスは文化祭で一等賞を取った」…×　第7段落第1文参照。

Ⅱ〔長文読解総合―Eメール〕

≪全訳≫送信者：エリック・ジャンセン／宛先：ロミオバスケットボールチームの全メンバー／日時：2021年12月11日12時1分／件名：次のミーティングの情報／親愛なるメンバーの皆さん／こんにちは。先週お話ししたように，来週はミーティングがあります。これは，今年の全てのミーティングの中で，最も重要になります。だから全員に参加してもらいたいです。2022年2月11日に行われる次の試合に参加する公式メンバーを選出する必要があるからです。メンバーを決めるのは大変な仕事ですが，速やかに行わなければなりません。私がそうするのを皆さんが手伝ってくれることを願っています。／よろしくお願いします／エリック／追伸：靴とユニフォームを持ってくるのをお忘れなく。

送信者：ミヤモト・リキ／宛先：デイビッド・ベイカー／日時：2021年12月11日15時20分／件名：次のミーティングの情報について／やあ，デイビッド。君もジャンセンさんから，もうメールをもらったと思う。僕はそれを読んでわくわくしたよ。君もきっと同じように感じているだろうね。僕たち2人とも，一緒にメンバーになれるといいね。そうすれば，試合を楽しんで，優勝しようとすることができる。だから今週末，君と一緒に練習したいな。君のスケジュールを教えて。／ありがとう／リキ

送信者：デイビッド・ベイカー／宛先：ミヤモト・リキ／日時：2021年12月12日11時41分／件名：Re：次のミーティングの情報について／やあ，リキ。メールをどうもありがとう。もちろん，とても

わくわくするようなミーティングになるだろうね。ジャンセンさんは僕の名前をメンバーのリストに入れてくれないんじゃないかと心配だけど，僕もメンバーになって，君と一緒に試合を楽しみたいな。だから，僕たちはもっと練習した方がいいね。明日はどう？　木曜日の午後は授業がないから，放課後たくさん練習できるよ。ジョンもメンバーになりたがっているから，彼にも一緒に練習しに来てもらいたいな。どう思う？　返事を待ってるね。／よろしく／デイビッド

問１＜英問英答＞「デイビッドとリキは，ジャンセンさんからいつメールを受け取ったか」―㋑「火曜日」　デイビッドのメール本文第６，７文から，デイビッドがリキにメールを送った日(12月12日)の翌日が木曜日だとわかる。よって，ジャンセンさんがメールを送った12月11日は，火曜日。

問２＜英問英答＞「ジャンセンさんはメールで何と言っているか」―㋒「メンバーは次のミーティングに欠席すべきではない」　ジャンセンさんのメール本文第３，４文参照。　‘want ～ to …’「～に…してほしい」　be absent front ～「～を欠席する」

問３＜英問英答＞「彼らは次の試合に向けてどれくらい練習できるか」―㋑「約２か月」　ジャンセンさんのメール本文第５文より，試合は2022年２月11日に行われることがわかる。３人のメールの送信日が2021年12月11日と12日なので，試合までは約２か月。

問４＜英問英答＞「デイビッドはメンバーを選ぶことについてどう思っているか」―㋐「心配しているが，リキと一緒にメンバーになりたいと思っている」　デイビッドのメール本文第４文参照。

問５＜内容真偽＞㋐「ジャンセンさんは，今年はメンバーのリストをつくる予定ではない」…×　ジャンセンさんのメール本文第２～６文参照。12月11日のメールで，来週のミーティングで発表すると書いている。　㋑「デイビッドとリキにとって，木曜日は放課後一緒に勉強するのに最適だ」…×　デイビッドのメール本文第７文参照。　㋒「デイビッドは，自分が公式チームのメンバーになるのは簡単ではないと思っている」…○　デイビッドのメール本文第４文に一致する。　㋓「ジャンセンさんはメンバーに，靴やユニフォームを持ってくるように言っていない」…×　ジャンセンさんのメール最終文参照。

Ⅲ〔読解総合―広告〕

≪全訳≫ロングボード島での休暇をお楽しみください／ここではいろいろなアクティビティがあります！　申し込みも簡単！／１．お気に入りのアトラクションまたはアクティビティをお選びください。２．☑マークを入れてください。　３．リストから２つをお楽しみいただけます。／①インストラクターとのスキューバダイビングツアー　情報：90分間のアクティビティ　75.5ドル(全て含まれています)　15歳以上限定／②野生生物ウォッチングツアー　情報：75分間のアクティビティ　90ドル(昼食つき)／③島巡りの自転車ライド　情報：60分間のアクティビティ　50.5ドル(全て含まれています)／④ロングボード島のすばらしいフルーツを召し上がれ　情報：60分間のアクティビティ　35ドル(全て含まれています)　５歳未満は無料／⑤プロのスタッフとジェットスキーを楽しもう　情報：40分間のアクティビティ　80.5ドル(全て含まれています)　12歳以上限定

問１＜英問英答＞「自転車ライドとジェットスキーを選択した場合，いくら支払わないといけないか」―㋒「131ドル」　50.5＋80.5＝131ドル。

問２＜英問英答＞「４歳と14歳の兄弟がいる場合，どの組み合わせを楽しむことができるか」―㋑「②と④」　①は15歳以上，⑤は12歳以上に限定されている。

問３＜英問英答＞「午後２時に②のアクティビティに参加した場合，何時に戻ってくることになるか」

—㋐「３時15分」　②のアクティビティは75分間である。

問４＜要旨把握＞「自分で運転しなきゃならないの？　エンジンのかけ方がわからないわ」「ご心配なく。自分で運転する必要はありません。後ろにお座りいただけます」　５つのアクティビティのうち，エンジンのついた乗り物に乗ると考えられるのは②と⑤だが，②は選択肢にない。

Ⅳ〔対話文完成─適文選択〕

⑯父親：サラはなぜ泣いているんだい？／息子：ああ，外で走っていたときに，転んだんだ。／泣いている理由が入る。　fall down「転ぶ，倒れる」

⑰女性：シカゴへのフライトはどのくらいですか？／スタッフ：５時半に出発し，１時間後に到着します。／How long ～？でフライトの‘所要時間’を尋ねている。

⑱スタッフ：チケットをお見せいただけますか？／男：はい，どうぞ。私の席はどこですか？／スタッフ：ご案内いたします。／I'll show you the way. は，道案内などで使われる表現。

⑲Ａ：おいしかったです！／Ｂ：もう少しいかがですか？／Ａ：いいえ，けっこうです。たくさんいただきました。／おかわりを断っているので，「もう十分に食べた」のだと考えられる。

⑳父親：おはよう，リズ。今日はテストがいくつあるんだ？／娘：４つよ。だから，一晩中勉強したわ。／父親：本当？　大丈夫かい？／娘：大丈夫よ。ベストを尽くすわ。／大丈夫かときかれているので，Don't worry.「ご心配なく」や No problem.「問題ありません」などの返答が考えられるが，㋐は２文目が文の流れに合わない。　do ～'s best「最善を尽くす」

㉑少年１：やあ，ジョシュ。何を読んでるの？／少年２：ああ，ブラジルの歴史についての本だよ。／少年１：本当？　珍しいテーマだね。なぜそれを読んでいるの？／少年２：来年そこへ留学する予定なんだ。／「来年そこへ留学する予定」は，今その本を読んでいる理由だと考えられる。

Ⅴ〔適語選択・語形変化〕

㉒父は料理が上手だと言っているので，おいしいカレーをつくると判断できる。　excellent「すばらしい，絶品の」　「私の父は料理が上手だ。彼のつくるカレーは絶品だ」

㉓of all「全ての中で」と続くことから，「一番～」という意味を表す最上級を選ぶ。　「ハルトは学校で多くの教科をとっているが，彼は全ての中で英語が一番好きだ」

㉔‘haven't＋過去分詞...＋yet’で，「まだ～していない」という‘完了’を表す現在完了の否定文になる。　begin－began－begun　「私たちはまだ宿題を始めていない。すぐに始めるべきだ」

㉕‘make＋目的語＋形容詞’で「～を…(の状態)にする」。動詞 make の目的語なので目的格(「～を」の形)になる。　we－our－us－ours　「兄〔弟〕と私は祖母の家を訪ねるのが大好きだ。それはいつも私たちを幸せな気持ちにする」

㉖to 以下は「～するために」という‘目的’を表す副詞的用法の to不定詞である。　「ナタリーはノートを買いに店に行った」

㉗宿題を手伝ってもらうように頼んでいることから判断できる。　Ａ：お父さん，数学の宿題が難しすぎるんだ。手伝ってくれない？／Ｂ：いいよ，サム。

㉘in my opinion「私の意見では」　「私の意見では，マシューの考えはデイビッドの考えより優れている」

㉙引っ越しによって短くなったと考えられるものは，「家と会社の距離」。　「アンドリューは先月，繁華街のアパートに引っ越した。今では，彼の家と会社の距離はずっと短くなった」

2022年度／埼玉栄高等学校（併願Ⅱ）

数学解答

1 ㊁　2 ㊁　3 ㊂　4 ㊄
5 ㊁　6 ㊂　7 ㊂　8 ㊂
9 ㊀
10・11　10 ㊄　11 ㊁
12・13　12 ㊁　13 ㊁
14 ㊀
15・16　15 ㊀　16 ㊀
17 ㊀
18・19　18 ㊀　19 ㊂
20 ㊄

1〔数と式―数の計算〕

与式 $=\{-27-(-32)\}\div\left(\frac{1}{5}-\frac{5}{5}\right)=(-27+32)\div\left(-\frac{4}{5}\right)=5\times\left(-\frac{5}{4}\right)=-\frac{25}{4}$

2〔数と式―一次方程式〕

両辺に12をかけて，$4(2x-4)=3(3x-7)$，$8x-16=9x-21$，$8x-9x=-21+16$，$-x=-5$　$\therefore x=5$

3〔数と式―数の計算〕

与式 $=(-2)^2-(-2)\times3+3^2=4-(-6)+9=4+6+9=19$

4〔数と式―連立方程式―解の利用〕

$3x+y=10$……①，$x+2y=5$……②とする。①×2より，$6x+2y=20$……①′　①′－②より，$6x-x=20-5$，$5x=15$　$\therefore x=3$　これを①に代入して，$9+y=10$　$\therefore y=1$　よって，$337x+1011y=337\times3+1011\times1=1011+1011=2022$である。

5〔データの活用―度数分布表―平均値〕

各階級の階級値は，小さい階級から，35点，45点，55点，65点，75点，85点，95点である。平均点は，〔階級値〕×〔度数〕の合計を，度数の合計でわって求められるから，$(35\times2+45\times4+55\times7+65\times5+75\times6+85\times3+95\times3)\div30=1950\div30=65$(点)である。

6〔数と式―数の性質〕

$10=2\times5$だから，1から15までの積で一の位から並ぶ0の個数は，素因数分解したときに2×5の組が何組できるかで決まる。素因数5は，5，$10=2\times5$，$15=3\times5$より，3個ある。素因数2は3個より多いから，2×5の組は3組できる。よって，一の位から連続して0は3個並ぶ。

7〔平面図形―円―合同条件〕

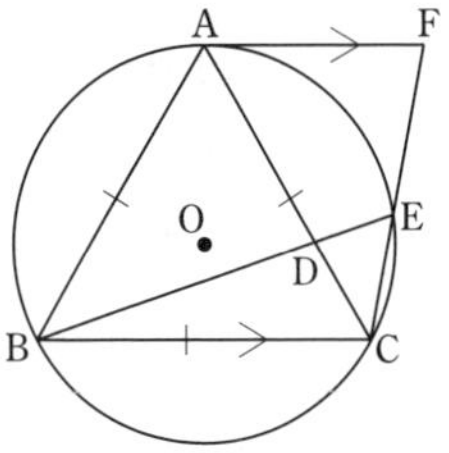

右図で，AD＝AFであることを示すために合同であることをいう2つの三角形は△ABDと△ACFである。△ABCが正三角形より，AB＝ACである。また，∠BAD＝∠BCA＝60°であり，AF∥BCより，∠BCA＝∠CAFだから，∠BAD＝∠CAFである。さらに，$\overset{\frown}{AE}$に対する円周角より，∠ABD＝∠ACFとなる。以上より，1組の辺とその両端の角がそれぞれ等しいことがいえる。

8〔数と式―一次方程式の応用〕

大人の人数をx人とすると，大人と子供合わせて5人だから，子供の人数は$5-x$人と表される。入場料は，大人1人1000円，子供1人700円で，2割引き券を使うので，大人は$1000\times\left(1-\frac{2}{10}\right)=800$(円)，子供は$700\times\left(1-\frac{2}{10}\right)=560$(円)となる。5人の料金は3520円かかるので，$800x+560(5-x)=3520$が成り立つ。これを解くと，$800x+2800-560x=3520$，$240x=720$，$x=3$(人)となる。

9〔数と式―一次方程式の応用〕

10％の食塩水の量をxgとすると，この食塩水に含まれる食塩の量は$x\times\frac{10}{100}=\frac{1}{10}x$(g)と表される。

6%の食塩水と10%の食塩水xgを混ぜて9%の食塩水を200gつくるから，6%の食塩水の量は$200-x$gであり，含まれる食塩の量は$(200-x)\times\frac{6}{100}=12-\frac{3}{50}x$(g)である。9%の食塩水200gに含まれる食塩の量は$200\times\frac{9}{100}=18$(g)だから，$\left(12-\frac{3}{50}x\right)+\frac{1}{10}x=18$が成り立つ。両辺を50倍して解くと，$600-3x+5x=900$，$2x=300$，$x=150$(g)となる。

10・11〔関数―関数 $y=ax^2$ と一次関数のグラフ〕

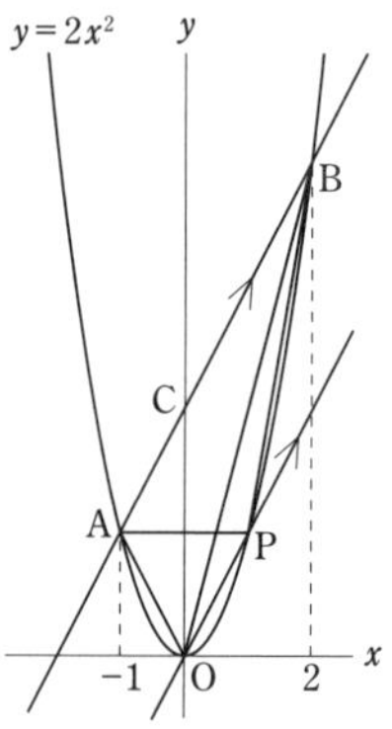

10＜面積＞右図で，△OAB＝△OAC＋△OBCである。点A，点Bは関数$y=2x^2$のグラフ上の点で，x座標がそれぞれ-1，2だから，$y=2\times(-1)^2=2$，$y=2\times2^2=8$より，A$(-1,\ 2)$，B$(2,\ 8)$である。直線ABの傾きは$\frac{8-2}{2-(-1)}=2$となるから，その式は$y=2x+b$とおけ，点Aを通ることより，$2=2\times(-1)+b$，$b=4$となる。切片が4なので，C(0，4)であり，OC＝4である。OCを底辺とすると，2点A，Bのx座標より，△OACの高さは1，△OBCの高さは2だから，△OAB＝$\frac{1}{2}\times4\times1+\frac{1}{2}\times4\times2=6$となる。

11＜座標―等積変形＞右図で，△AOB，△APBの底辺をABと見ると，△AOB＝△APBより，高さが等しくなるから，OP∥ABとなる。10より直線ABの傾きは2だから，直線OPの傾きも2であり，直線OPの式は$y=2x$である。よって，点Pは関数$y=2x^2$のグラフと直線$y=2x$の交点だから，$2x^2=2x$より，$x^2-x=0$，$x(x-1)=0$　$\therefore x=0,\ 1$　$0<x\leqq2$より，$x=1$だから，点Pのx座標は1であり，$y=2\times1^2=2$より，P(1，2)である。

12・13〔関数―関数 $y=ax^2$ と一次関数のグラフ〕

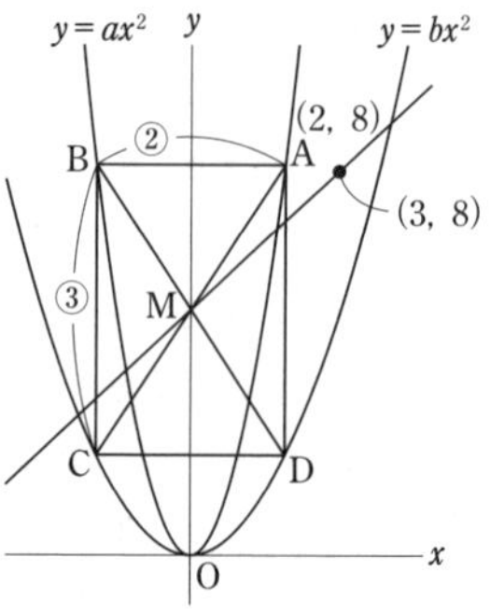

12＜比例定数＞右図で，A(2，8)が関数$y=ax^2$のグラフ上の点だから，$8=a\times2^2$より，$a=2$となる。また，ABがx軸に平行であることより，2点A，Bはy軸について対称だから，B$(-2,\ 8)$であり，AB＝$2-(-2)=4$となる。AB：BC＝2：3なので，BC＝$\frac{3}{2}$AB＝$\frac{3}{2}\times4=6$である。BCはy軸に平行だから，点Cのy座標は$8-6=2$となり，C$(-2,\ 2)$である。点Cは関数$y=bx^2$のグラフ上の点だから，$2=b\times(-2)^2$より，$b=\frac{1}{2}$となる。

13＜直線の式＞右図で，四角形ABCDは長方形だから，対角線AC，BDの交点をMとすると，点Mを通る直線によって面積は2等分される。点Mは線分ACの中点だから，A(2，8)，C$(-2,\ 2)$より，x座標は$\frac{2+(-2)}{2}=0$，y座標は$\frac{8+2}{2}=5$となり，M(0，5)である。よって，点(3，8)を通り四角形ABCDの面積を2等分する直線は，点Mを通ることより，傾きが$\frac{8-5}{3-0}=1$，切片が5であり，求める式は$y=x+5$となる。

14〔平面図形―円―角度〕

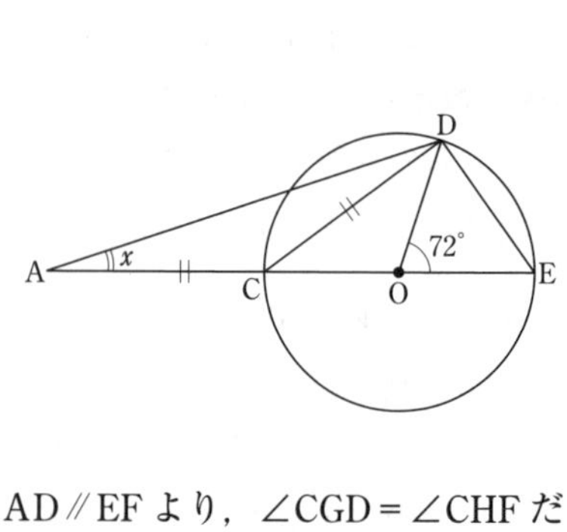

右図で，$\overset{\frown}{\mathrm{DE}}$に対する円周角と中心角の関係より，∠DCE＝$\frac{1}{2}$∠DOE＝$\frac{1}{2}\times72^\circ=36^\circ$となり，∠ACD＝$180^\circ-$∠DCE＝$180^\circ-36^\circ=144^\circ$である。△ACDはAC＝CDの二等辺三角形だから，$\angle x=(180^\circ-\angle\mathrm{ACD})\div2=(180^\circ-144^\circ)\div2=18^\circ$となる。

15・16〔平面図形―平行四辺形〕

15＜長さの比―相似＞次ページの図で，∠GCD＝∠HCFであり，AD∥EFより，∠CGD＝∠CHFだから，△GCD∽△HCF である。よって，GD：HF＝DC：FC＝(3＋2)：2＝5：2となる。

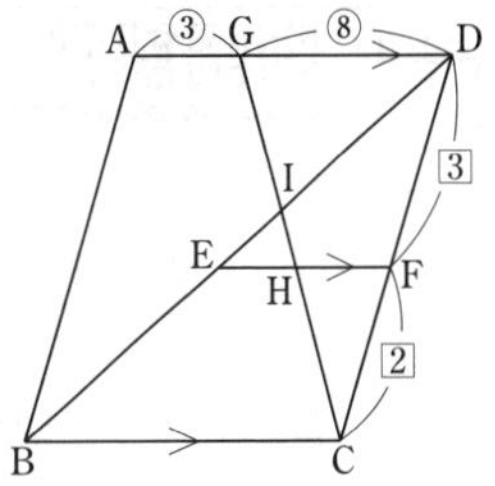

16＜長さの比＞右図で，AG：GD＝3：8より，GD＝$\frac{8}{3+8}$AD＝$\frac{8}{11}$AD である。15より，GD：HF＝5：2だから，HF＝$\frac{2}{5}$GD＝$\frac{2}{5}\times\frac{8}{11}$AD＝$\frac{16}{55}$AD と表される。また，∠EDF＝∠BDC であり，EF∥BC より，∠DEF＝∠DBC だから，△DEF∽△DBC である。これより，EF：BC＝DF：DC＝3：(3＋2)＝3：5となり，EF＝$\frac{3}{5}$BC である。AD＝BC だから，EF＝$\frac{3}{5}$BC＝$\frac{3}{5}$AD となり，EH＝EF－HF＝$\frac{3}{5}$AD－$\frac{16}{55}$AD＝$\frac{17}{55}$AD と表される。よって，EH：HF＝$\frac{17}{55}$AD：$\frac{16}{55}$AD＝17：16である。

17〔データの活用―確率―さいころ〕

大小2個のさいころを同時に投げるとき，それぞれ6通りの目の出方があるから，目の出方は全部で6×6＝36(通り)あり，x，y の組は36通りある。$x+1$ は最小で1＋1＝2，最大で6＋1＝7，$y+2$ は最小で1＋2＝3，最大で6＋2＝8だから，$(x+1)(y+2)$は，最小で2×3＝6，最大で7×8＝56である。これより，$\sqrt{(x+1)(y+2)}$ が整数となるとき，$(x+1)(y+2)$＝9，16，25，36，49である。$(x+1)(y+2)$＝9のとき，$x+1$＝3，$y+2$＝3だから，(x, y)＝(2，1)の1通りある。$(x+1)(y+2)$＝16のとき，$x+1$＝2，$y+2$＝8か，$x+1$＝4，$y+2$＝4だから，(x, y)＝(1，6)，(3，2)の2通りある。$(x+1)(y+2)$＝25のとき，$x+1$＝5，$y+2$＝5だから，(x, y)＝(4，3)の1通りある。$(x+1)(y+2)$＝36のとき，$x+1$＝6，$y+2$＝6だから，(x, y)＝(5，4)の1通りある。$(x+1)(y+2)$＝49のとき，$x+1$＝7，$y+2$＝7だから，(x, y)＝(6，5)の1通りある。よって，$\sqrt{(x+1)(y+2)}$ が整数となる x，y の組は1＋2＋1＋1＋1＝6(通り)あるから，求める確率は$\frac{6}{36}=\frac{1}{6}$となる。

18・**19**〔データの活用―確率―じゃんけん〕

18＜確率＞Aさん，Bさん，Cさんの3人がじゃんけんを1回するとき，それぞれグー，チョキ，パーの3通りの出し方があるから，出し方は全部で3×3×3＝27(通り)ある。2人が勝つとき，勝つ2人は，(A，B)，(A，C)，(B，C)の3通りあり，それぞれグーで勝つか，チョキで勝つか，パーで勝つかの3通りあるので，2人が勝つのは3×3＝9(通り)ある。よって，求める確率は$\frac{9}{27}=\frac{1}{3}$となる。

19＜確率＞BさんとCさんが同時に負けるとき，2人ともグーで負ける，チョキで負ける，パーで負けるの3通りだから，求める確率は$\frac{3}{27}=\frac{1}{9}$である。

20〔数と式―数の性質〕

1から100までの全ての自然数の積 N を素因数分解したときの素因数3の指数を求めるので，1から100までの全ての自然数において，含まれる素因数3の個数を合計すればよい。3の倍数は33個あり，そのうち9(＝3^2)の倍数は11個だから，素因数3を2個以上含む数は11個，素因数3を1個しか含まない数は33－11＝22(個)である。27(＝3^3)の倍数は，100÷27＝3あまり19より，3個だから，11個の9の倍数のうち，素因数3を3個以上含む数は3個，素因数3を2個含む数は11－3＝8(個)である。81(＝3^4)の倍数は，100÷81＝1あまり19より，1個だから，3個の27の倍数のうち，素因数3を4個以上含む数は1個，素因数3を3個含む数は3－1＝2(個)となる。243(＝3^5)の倍数はないので，素因数3を5個以上含む数はなく，素因数3を4個含む数が1個となる。よって，素因数3の個数は1×22＋2×8＋3×2＋4×1＝48(個)となるので，N を素因数分解したときの素因数3の指数は48である。したがって，4人の中に正解者はいない。

2022年度／埼玉栄高等学校（併願Ⅱ）

国語解答

[一] 問一 ①…㋑ ②…㋐ ③…㋒ ④…㋒
⑤…㋔
問二 a…㋔ b…㋑ c…㋓
問三 ㋓ 問四 ㋐ 問五 ㋒
問六 ㋔ 問七 ㋐ 問八 ㋓
問九 ㋑

[二] 問一 Ⅰ…㋐ Ⅱ…㋑ Ⅲ…㋑
問二 a…㋒ b…㋓ c…㋐ d…㋓
問三 ㋔ 問四 ㋓ 問五 ㋑
問六 A…㋔ B…㋑ 問七 ㋔
問八 ㋒ 問九 ㋔

[三] ㉛ ㋒ ㉜ ㋔ ㉝ ㋑ ㉞ ㋐
㉟ ㋓

[四] ㊱ ㋔ ㊲ ㋒ ㊳ ㋑ ㊴ ㋓
㊵ ㋐

[五] ㊶ ㋑ ㊷ ㋓ ㊸ ㋐ ㊹ ㋒
㊺ ㋔

[一]〔論説文の読解―自然科学的分野―技術〕出典；石黒浩『アンドロイドは人間になれるか』。

≪本文の概要≫人間は，技術によって進化してきたのであり，人間がつくってきた機械やロボットも含めて，人間なのである。しかし，人間は，人間だけが特別であってほしいと思っており，ロボットより優秀だと思っている。実際には人間は，今や大半の仕事で，能力的にロボットよりも劣る。ロボットが人間よりも価値を持つようになること，動物のようにロボットが愛玩されること，人間とロボットがともに生きていくことに，どんな問題があるのだろうか。人間は，未知のもの，未知の価値を怖がり，大半の人間は，新しいものを受けつけない。けれども，クレジットカードも，インターネットも，スマートフォンも普及した。ロボット化社会は，至るところで情報が取得される高度センサネットワーク化社会である。それでも，ロボットが人間をサポートし，利便性をもたらすのであれば，人々は受け入れるはずである。いずれロボットが身近な存在になる社会がくるであろう。

問一＜漢字＞①「電磁波」と書く。㋐は「政治」，㋒は「寺院」，㋓は「風雲児」，㋔は「辞退」。 ②「垂れ流し」と書く。㋑は「心酔」，㋒は「睡眠」，㋓は「吹奏楽」，㋔は「抜粋」。 ③「巡らされた」と書く。㋐は「循環」，㋑は「順守」または「遵守」，㋓は「矛盾」，㋔は「下旬」。 ④「想像」と書く。㋐は「憎悪」，㋑は「蔵書」，㋓は「造営」，㋔は「贈呈」。 ⑤「隣人」と書く。㋐は「倫理」，㋑は「林間」，㋒は「君臨」，㋓は「五輪」。

問二＜表現＞a．「人間は，技術によって進化してきた」のであり，要するに，「自らがつくってきた機械やロボットも含めて人間」なのである。 b．電話交換機の時代には，交換手は「利用者の会話を聴けたわけだ」が，それが「普及のさまたげにはならなかった」のであり，今では，「多くのひとびとがスマートフォンを使って」いて，「プライバシーが垂れ流し状態」である。 c．「ロボットが勝手に意図を持って人間を殺すことなど，ありえない」し，仮に「ロボットが止められない」としたら，それは「人間側の意思が働いているときだけ」である。

問三＜文章内容＞人間は，「人間だけが特別であってほしい，ロボットより優秀だ」と思っており，「人間こそが最高の存在である」という立場を失うことに恐怖を感じるので，人間がロボットよりも能力で劣っていると言われることを，拒絶するのである。

問四＜文脈＞人間は，ロボットより優れていると言ってほしいと思っている。けれども，人間は，優劣で人を差別してはいけない，動物を大事にしようとも言われてきている。だから，「世の中に存在するすべての生き物は平等に生きる権利を持つ」という考えを基本理念とすれば，人間がロボットより能力で劣っていても，気にならないはずである。しかし人間は，やはり「人間だけが特別であってほしい」と思ってしまうのである。

問五＜文章内容＞スマートフォンのように，人々は，利便性が勝ればプライバシーの問題にも目をつぶる。情報化ネットワークはさらに進化し続け，「誰がどこで何をしているかといった情報」が取得されていくが，今後も利便性が優先されていくと，プライバシーは守られていないのではないかという不安や恐れは続くと考えられる。

問六＜慣用句＞「天秤にかける」は，二つのものの優劣や軽重，損得などを比較する，という意味。ここでは，プライバシーと技術の利便性とを比較して，という意味である。

問七＜語句＞「システム」は，目的の仕事を果たす機能や組織，体系のこと。さまざまな機能によって構成された「システム」が，人々の動きを見守り，ロボットが人間の活動をサポートするというロボット社会ならば，人々から大きな反対は起こらないのではないかと考えられる。

問八＜文章内容＞「ひとは未知のもの，未知の価値をこわがる」ので，新しいものに対してネガティブなことを言うものだが，一方で便利さにはあらがえないので，インターネットやスマートフォンのように，便利ならば利用者が増え，みんなが使いだすと一気に広がるものなのである。

問九＜要旨＞「僕」は，「人間とロボット，人間と動物の区別はなくなっていっていい」と思っている(㋐…×)。携帯電話も，普及する前には盗聴や電磁波などについて心配されていたが(㋑…○)，普及し，今では多くの人々がスマートフォンを使っている。「僕」は，ロボットもいずれ「当たり前」の存在になると考えている(㋒…×)。「ルンバ」の製作者も「僕」も，「技術への偏見は，時間とともに解消する」と考えている(㋓…×)。人間はロボットのスイッチを切ることができるのだから，反乱を起こしたロボットに人間が支配されるというようなことは起こらない(㋔…×)。

二〔古文の読解―説話〕出典；無住法師『沙石集』巻第五本ノ九。

≪現代語訳≫また，海中に虯という物がいる。蛇に似て，角のない物という。(虯の)妻が妊娠して，猿の生き肝を欲しがったので，(虯は，猿の生き肝は)手に入れることが難しい物だけれど，(自分がどれだけ妻を愛しているか，その)誠意を(妻に)見てもらおうと思って，山の中へ行って，海辺の山で猿の多い所へ探し求めていって，(猿に)言うには，「海中に木の実の多い山がある。ああ，いらっしゃいよ。私の背に乗せて，引き連れていきましょう」と言う。(猿は)「それならば連れていけ」と言って，(虯の)背に乗った。／海中をずっと遠くまで行っても，山も見えない。(猿が)「おい，山はどこだ」と言うと，(虯は)「本当には海中にどうして山があるだろうか(，山などあるはずがない)。私の妻が，猿の生き肝を欲しがったので，そのためだ」と言う。猿は，顔色をなくして，どうしようもなくて言うには，「それならば，山で(そう)おっしゃったなら，容易なことであったが，私の生き肝は，先ほどの山の木の上に置いていたのを，急に来たので忘れてしまった」と言う。(虯は)「それでは，肝のためにこそ連れてきたのに(意味がない)」と思って，「それならば引き返して，(肝を)取ってください」と言う。(猿は)「考えるまでもない，簡単なこと」と言った。そして，(虯と猿は)引き返して山へ行った。猿は木に登って，「海の中に〈山〉はない，身体を離れて〈肝〉はない」と言って，山深くに隠れた。虯は，まぬけな様子で(猿の生き肝を手に入れることなく海に)帰った。

問一＜現代語訳＞Ⅰ．「いかで」は副詞で，どうして，という意味。「か」は，係助詞で，ここでは反語を表す。「ある」は，動詞「あり」の連体形。「べき」は，助動詞「べし」の連体形で，当然を表し，係助詞「か」を受けて係り結びの法則によって連体形になっている。　Ⅱ．「せむ方なく」は，形容詞「せむ方なし」の連用形で，どうしようもなく，という意味。「て」は，助詞で，～て，という意味。　Ⅲ．「安き」は，形容詞「安し」の連体形で，ここでは，容易だ，という意味。「なり」は，助動詞「なり」の連用形で断定を表す。「ける」は，助動詞「けり」の連体形で，過去を表す。「を」は逆接を表す助詞。

問二＜古文の内容理解＞ａ．猿の生き肝を欲しがったのは，虯の妻である。　ｂ．虯の背に乗ったのは，猿である。　c．海の中を進んでいったのは，虬と，虬の背に乗った猿である。　d．虬と海から戻った後，山深くに隠れたのは，猿である。

問三＜古文の内容理解＞海に住む虬の妻が，猿の生き肝を欲しいと言ったので，虬は，猿の生き肝を奪うために，山にいた猿に，海中に木の実の多い山があるからいらっしゃいと言ってだまして，海に連れていき，猿の生き肝を奪おうとしたのである。

問四＜古文の内容理解＞自分の生き肝を奪うために海に連れてこられたと知った猿は，虬に殺されるという恐怖を感じて，顔色が悪くなったのである。

問五＜古文の内容理解＞生き肝は山の木の上に置いてきたという猿に対して，虬は，引き返して肝を取ってくださいと言った。

問六＜古文の内容理解＞木の実の多い山が海中にあると猿をだまして，猿を海に連れていった虬は，山はどこだときいた猿に，海中に山などあるはずがないと答えた。すると猿は，生き肝を山に置いてきたと虬をだまして山に戻り，海中に山がないように，体の外にも肝はないのだと虬に言ったのである。

問七＜歴史的仮名遣い＞歴史的仮名遣いの語頭以外のハ行は，原則として現代仮名遣いでは「わいうえお」となるので，「云ふ」，「云へり」，「おはし」は，現代仮名遣いではそれぞれ「云う」，「云えり」，「おわし」となる。推量や意思を表す助動詞の「む」は，現代仮名遣いでは「ん」となるので，「見えむ」は，現代仮名遣いでは「見えん」となる。

問八＜古文の内容理解＞虬にだまされて海に連れてこられた猿は，虬が欲しがっている生き肝を山に置いてきたとうそをついて山に戻り，虬から逃げたのである。

問九＜文学史＞『沙石集』は，鎌倉時代に成立した無住法師による説話集。『今昔物語集』は，平安時代に成立した説話集。『竹取物語』は，平安時代に成立した現存する最古の物語。『万葉集』は，奈良時代に成立した現存する最古の歌集。『南総里見八犬伝』は，江戸時代に成立した滝沢馬琴による歴史小説。『風姿花伝』は，室町時代に成立した世阿弥による能楽について書かれた書物。

三〔慣用句〕

㉛「肩を並べる」は，対等の位置に立つ，という意味。　㉜「目と鼻の先」は，距離が非常に近いこと。　㉝「すねをかじる」は，自立できずに親や他人に養ってもらう，という意味。　㉞「胸をなで下ろす」は，安心する，という意味。　㉟「打つ手がない」は，とるべき策がない，という意味。

四〔文の組み立て〕

㊱「ください」は補助動詞で，「置いて」に，要望の意味を補っている。　㊲「長かったが」の「が」は，助詞で，けれども，という逆接を表し，行列が長かった，という文と，並んだ，という文をつないでいる。　㊳「料理を」は，「する」の内容を説明した修飾語である。　㊴「受験票と」も「運動靴も」も，「忘れないように」の内容を並べて示している並立の関係である。　㊵「ぼくだって」が主語，「できたのに」が述語である。

五〔文学史〕

㊶「つれづれなるままに」は，鎌倉時代に成立した兼好法師による随筆『徒然草』の冒頭。　㊷「春はあけぼの」は，平安時代に成立した清少納言による随筆『枕草子』の冒頭。　㊸「メロスは激怒した」は，太宰治の小説『走れメロス』の冒頭。　㊹「親譲りの無鉄砲で」は，夏目漱石の小説『坊っちゃん』の冒頭。　㊺「国境の長いトンネルを」は，川端康成の小説『雪国』の冒頭。

2021年度 埼玉栄高等学校(単願・併願Ⅰ)

【英　語】 (50分) 〈満点：100点〉

(注意) 解答は，問題のあとにある選択肢の中から，最も適しているものを一つだけ選び，その記号を解答用紙にマークしてください。

Ⅰ 新米天使クリッシーの物語を読み，質問に対する答えとして最も適切なもの，または文を完成させるのに最も適切なものを答えなさい。 (解答番号は①～⑤)

Chrissy was a new angel. It was her first week in *Heaven. Everything was so beautiful there, and everyone was so nice. She was the newest angel, but she was given a very important job.

Chrissy *was in charge of the rain. Every week, on Monday and Thursday, she had to be sure that the clouds came out in the sky and brought their rain all over the world. Because sometimes, every *living thing on the earth needed rain.

The tree needed the rain to grow tall and strong. The *grass needed the rain to be green and soft. All the animals had to have water to drink and have water for taking baths. And of course the many flowers needed the rain to look pretty and smell wonderful.

Making the rain is a very important job! But no one told Chrissy how to make rain, and she didn't know what to do.

"Could you help me?" said Chrissy to one of the older angels.

"Well," said one angel, "The angel that had the job before you *used to tell sad stories to the clouds, and then they cried."

But Chrissy was a very happy little angel and she didn't know any sad stories. So she didn't think that would be a good idea.

One night Chrissy flew up to see the moon.

"Do you know how to make rain?" said Chrissy.

"Hmm," said the moon, "What about *pinching the clouds? That will work on them."

But Chrissy didn't want to *hurt the clouds and so she decided that was not a good idea.

"What shall I do? It has not rained for more than a week. I have to think of something soon!" Chrissy said to herself.

The next morning, as Chrissy was walking around Heaven and jumping from cloud to cloud, someone laughed. It was a little cloud. She was walking on the cloud!

Chrissy looked down and asked the soft white cloud what was so funny.

"It's your *toes," answered the soft one, "They *tickle us when you walk!"

"Oh, I'm so sorry," said Chrissy, "I will try to be more careful."

"No, please don't." said the cloud, "We love it. We laugh so hard that we almost cry!"

Well, that gave Chrissy an idea! She said goodbye to the cloud and went away to think.

The next day was Monday, and it was raining all over the world! And there was something strange happening in Heaven. Little Chrissy was running and jumping across all the clouds in the sky. The clouds were laughing so hard that tears were coming to their eyes! And the tears were falling to the ground and making a wonderful rain. The grass was getting greener, the trees were growing taller, the flowers were looking prettier than ever and all the animals had water again. Everything looked bright and fresh and happy. The little angel Chrissy did a wonderful job and she still does it to this very day.

So when it rains in your part of the world next time, just think of Chrissy in Heaven. She is tickling all the clouds with her toes. And if you hear some loud sound in the sky, don't *be frightened. Sometimes the clouds laugh so hard that it sounds like a *roar, but they're really just having a lot of fun.

（*The Rain Angel* by D. A. Tony Ciango　一部改訂）

（注）Heaven　天国　　was in charge of　～を担当していた　　living thing　生き物
grass　草　　used to　よく～したものだ　　pinching　つねること　　hurt　傷つける
toes　つまさき　　tickle　くすぐる　　be frightened　怖がる　　roar　吠え声（野獣）

問１　No one told Chrissy how to make rain, and she didn't know what to do, so （解答番号は①）

㋐　the cloud appeared in the sky.
㋑　she helped the older angel.
㋒　she cried on Monday and Thursday.
㋓　they had no rainy days for more than a week.

問２　Chrissy didn't like the idea that the moon gave her because （解答番号は②）

㋐　she didn't know any sad stories.
㋑　she didn't work on Heaven.
㋒　she didn't want to hurt the clouds.
㋓　she didn't walk around Heaven.

問３　One morning, a little cloud laughed because （解答番号は③）

㋐　Chrissy told the clouds a funny story.
㋑　Chrissy hurt the clouds.
㋒　Chrissy flew up to the clouds.
㋓　Chrissy walked on the clouds.

問４　How was Chrissy finally able to make rain ? （解答番号は④）

㋐　By making the clouds sad
㋑　By crying so hard for the clouds
㋒　By running and jumping across the clouds
㋓　By laughing so hard for the clouds

問５　以下の英文から物語の内容に合うものを１つ選びなさい。 （解答番号は⑤）

㋐　Chrissy had an idea when she talked with the moon.
㋑　Chrissy had a very important job.
㋒　Chrissy was laughed at by the clouds.
㋓　Chrissy cried because of the pain.

II　次のEメールと広告を読み，質問に対する答えとして最も適切なものを答えなさい。

（解答番号は⑥～⑩）

From　　　　　:　Tomohiro Okada
To　　　　　　:　West Jordan Library
Date and Time :　July 14, 2020 18:25
Subject　　　　:　Library information

Hello. I'm writing because I'd like to get information about West Jordan Library. My name is Tomohiro Okada, and I'm a Japanese high school student. I'm staying in West Jordan during my summer vacation to study English. This is my first trip to the United States. I'll be here for four weeks, and I'd like to use the library during my stay. Do you have any books for students who are studying English? Also, my host father, Timothy Smith, said that your library has a lot of interesting DVDs. Can I *borrow them and watch them at my host family's house? Moreover, I'd like to use a computer and a printer. I'll first visit you on the date of the event. Thanks.
Tomohiro Okada

From　　　　　:　West Jordan Library
To　　　　　　:　Tomohiro Okada
Date and Time :　July 15, 2020 10:12
Subject :　　Re :　Library information

Hi, Tomohiro. Welcome to West Jordan! My name is Teresa Milton, and I'm the *librarian at West Jordan Library. We have some books for students studying English. There are *grammar books and dictionaries, and there are also special novels for learners. We have lots of DVDs, too, but only library members can take them home. People who aren't members have to watch them at the library. If you want to become a member, come to the library and bring your passport as *ID. Library members can borrow books for two weeks and DVDs for one week. You can use our PCs, but we don't have a printer. We're open from 9 a.m. to 7 p.m., from Monday to Saturday.

I'm glad you will join the event. One of the guests, Raymond Takada, can speak Japanese. I think he can give you advice on the best way to learn a foreign language.
Teresa Milton

Come and Meet Writers of Your Favorite Books!

Free Event for Everyone!

Where: West Jordan Library
Date: July 17

Two writers will be introducing their new books.

After their talks, they will answer your questions.

- Raymond Takada　　10:00 a.m. ～ 11:00 a.m.
- Peter Nelson　　11:10 a.m. ～ 12:10 p.m.

You can buy books at that time, and the writers will sign them.

（注） borrow　借りる　　librarian　図書館員　　grammar　文法　　ID　身分証明書

問１　What is Tomohiro doing during his summer vacation?　（解答番号は⑥）
㋐　Writing a novel
㋑　Studying English in the United States
㋒　Working at a library
㋓　Learning how to use a computer

問２　Why did Tomohiro send the email?　（解答番号は⑦）
㋐　He wanted to become a writer like Peter Nelson.
㋑　He wanted to thank Teresa Milton.
㋒　He wanted to study abroad.
㋓　He wanted to know information about the library.

問３　What does the library NOT have?　（解答番号は⑧）
㋐　Many kinds of DVD　㋑　Books for students　㋒　PCs　㋓　A printer

問４　What does Raymond Takada do?　（解答番号は⑨）
㋐　He teaches English in Japan.
㋑　He works at West Jordan Library.
㋒　He is a student in Tomohiro's high school.
㋓　He writes books.

問５　When is Tomohiro probably going to the Library for the first time?　（解答番号は⑩）
㋐　July 14　㋑　July 15　㋒　July 16　㋓　July 17

III　次のグラフはオンライン授業に関するアンケート結果である。質問に対する答えとして最も適切なものを答えなさい。（解答番号は⑪～⑯）

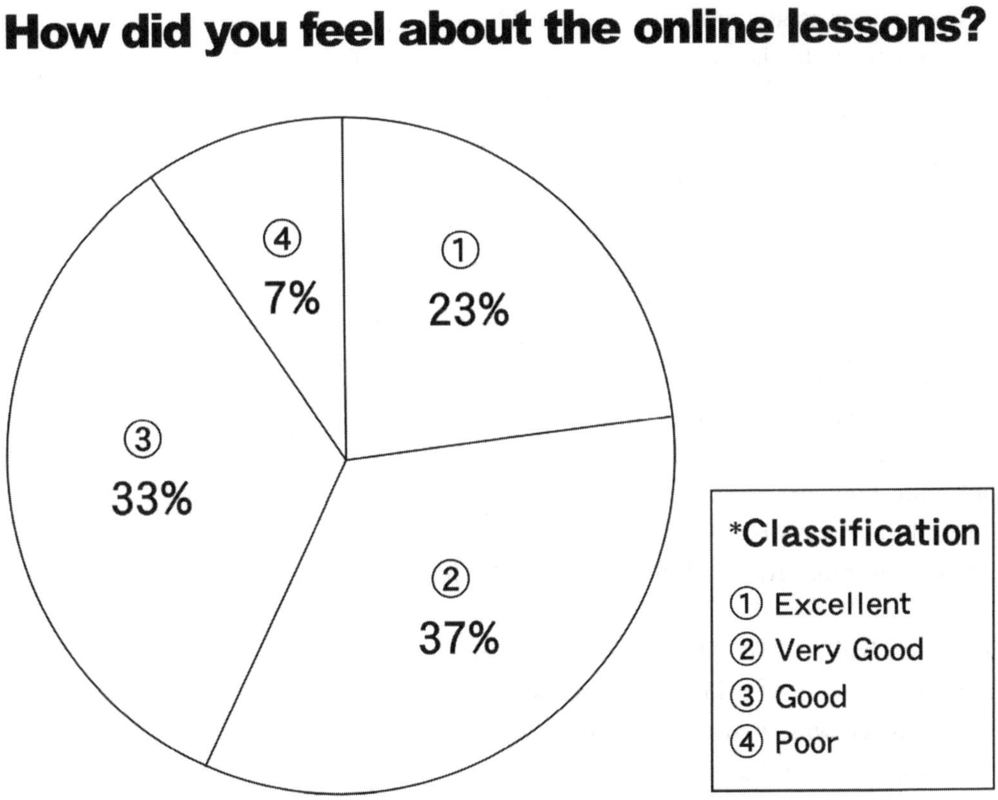

1) This is the *questionnaire for all the students of our high school.
2) The total number of students is 735.
3) 35 students weren't at school on the day.
4) We had online lessons from April 22 to June 20.
5) The data is *rounded off.

（注） classification　分類　　questionnaire　アンケート　　rounded off　四捨五入されている

問1　How many students answered the questionnaire on that day?　（解答番号は⑪）

㋐ 700 students did.　㋑ 720 students did.

㋒ 735 students did.　㋓ 750 students did.

問2　What classification is the second largest of the four?　（解答番号は⑫）

㋐ 'Excellent' is.　㋑ 'Very Good' is.　㋒ 'Good' is.　㋓ 'Poor' is.

問3　以下の各英文で，その内容が正しければ㋐を，間違っていれば㋑をそれぞれ選びなさい。

（解答番号は⑬～⑯）

⑬ About 1/3 students felt that the online lessons were 'Good'.

⑭ The students had the online lessons for about two months.

⑮ 7% students weren't at school on the day.

⑯ About 50 students felt the online lessons were 'Excellent'.

Ⅳ 次の各会話文が成立するように( )に入るものを選びなさい。 (解答番号は⑰～㉒)

⑰ A： The concert is starting. Let's go inside.
B： I want to go to the bathroom first, so go ahead. ( )
㋐ I'll be there soon. ㋑ It started before.
㋒ You're doing it now. ㋓ We went to the theater.

⑱ A： I have some math questions. Are you good at math?
B： ( ) Why don't you ask Tom?
㋐ Yes, I want to go. ㋑ Yes, thanks a lot.
㋒ No, I'm afraid not. ㋓ No, thank you.

⑲ A： Are you excited about moving to England?
B： Yes, I am. But ( )
A： You can write to them.
㋐ I'll take one. ㋑ I'll miss my friends.
㋒ you'll like London. ㋓ you'll have to go now.

⑳ A： Good morning, Ms. Green.
B： Good morning, Ken. How's everything with you?
A： ( )
㋐ That's too bad. ㋑ That's a good idea.
㋒ I'm all right. ㋓ I'm very interested.

㉑ A： How much will it cost to send this letter to Italy?
B： Do you want to send it by airmail?
A： Yes, please.
B： ( )
㋐ It'll be one dollar and twenty-five cents.
㋑ It'll take about six days.
㋒ We sell postcards, too.
㋓ We're going to Italy, too.

㉒ A： Would you like to see our dessert menu, sir?
B： No, thanks. I'm full. Everything was great.
A： How about something to drink, then?
B： ( )
㋐ By credit card, please.
㋑ Just some cake, please.
㋒ I'll have a cup of tea, please.
㋓ For here, please.

V　次の各文の(　)内に適切なものを入れなさい。　(解答番号は㉓～㉜)

㉓ A : Jack, do you know (　　) Mary went home early today?
B : Yes. She was sick.
㋐ whose　㋑ which　㋒ where　㋓ why

㉔ The station near my house is very old. It was (　　) more than 80 years ago.
㋐ build　㋑ built　㋒ building　㋓ to build

㉕ A : Jane, have you (　　) your homework yet?
B : Yes, Mom, so I'm going to the park.
㋐ did　㋑ do　㋒ done　㋓ does

㉖ My science teacher is the woman (　　) the blue suit.
㋐ wear　㋑ wears　㋒ wore　㋓ wearing

㉗ I can't ride a bike, but my brother can. I asked him (　　) it to me.
㋐ teaches　㋑ to teach　㋒ teach　㋓ taught

㉘ Helen (　　) a headache, so she didn't go to school yesterday.
㋐ had　㋑ saw　㋒ made　㋓ gave

㉙ A : I'm talking on the phone. (　　) the TV down.
B : OK.
㋐ Try　㋑ Make　㋒ Miss　㋓ Turn

㉚ A : Mom, can I go to the park and play baseball with Steve?
B : OK, but come home before it gets (　　).
㋐ true　㋑ poor　㋒ dark　㋓ main

㉛ A : Mom, will you (　　) me the salt, please?
B : Sure. Here you are.
㋐ feel　㋑ try　㋒ pass　㋓ ask

㉜ I got this T-shirt for me. At (　　), I didn't like the color very much, but now it's my favorite. I wear it all the time.
㋐ first　㋑ front　㋒ once　㋓ then

【数　学】（50分）〈満点：100点〉

（注意）　解答は，問題のあとにある選択肢の中から，最も適しているものを一つだけ選び，その記号を解答用紙にマークしてください。

※円周率は π として計算しなさい。

1　次の計算をしなさい。

$-8^2+64\div(-4)^2$

㋐ 68　㋑ -68　㋒ -60　㋓ 60　㋔ 0

2　次の計算をしなさい。

$\dfrac{81}{\sqrt{18}}-6\left(\dfrac{5}{\sqrt{3}}+\dfrac{4}{\sqrt{2}}\right)+\sqrt{300}$

㋐ $\dfrac{3\sqrt{2}}{2}$　㋑ $\dfrac{51\sqrt{2}}{2}$　㋒ $20\sqrt{3}$　㋓ $\dfrac{51\sqrt{2}}{2}+20\sqrt{3}$　㋔ $\dfrac{51\sqrt{2}}{2}-20\sqrt{3}$

3　次の計算をしなさい。

$\dfrac{5x-2y}{6}-\dfrac{3x+y}{4}$

㋐ $\dfrac{2x-7y}{24}$　㋑ $\dfrac{x-7y}{12}$　㋒ $\dfrac{2x-3y}{12}$　㋓ $\dfrac{x-y}{12}$　㋔ $\dfrac{2x-3y}{24}$

4　$a=\sqrt{3}+1$，$b=\sqrt{3}-1$ のとき，$ab-a+b+1$ の値を求めなさい。

㋐ 0　㋑ 1　㋒ 2　㋓ $\sqrt{3}$　㋔ $-\sqrt{3}$

5　次の2組の x，y の連立方程式の解が同じになる a，b の値を求めなさい。

$\begin{cases}3x+2y=11\\ax-by=3\end{cases}$　$\begin{cases}bx-ay=7\\2x-y=5\end{cases}$

㋐ $\begin{cases}a=2\\b=3\end{cases}$　㋑ $\begin{cases}a=3\\b=2\end{cases}$　㋒ $\begin{cases}a=-2\\b=3\end{cases}$　㋓ $\begin{cases}a=2\\b=-3\end{cases}$　㋔ $\begin{cases}a=-2\\b=-3\end{cases}$

6　$\dfrac{160}{n+3}$，$\dfrac{25}{n}$ がともに整数となる素数 n のうち最小のものを求めなさい。

㋐ 1　㋑ 2　㋒ 3　㋓ 5　㋔ 7

7　関数 $y=3x+a\ (-2\leqq x\leqq 1)$ において，y の最小値が -1 であるとき，定数 a の値を求めなさい。

㋐ 1　㋑ 3　㋒ 5　㋓ 7　㋔ 9

8　容器Aには濃度16％の食塩水が500 g，容器Bには濃度８％の食塩水が450 g 入っています。Aから x g くみ上げてBに加え，よく混ぜたとき，Bの食塩水の濃度は10％になりました。x の値を求めなさい。

㋐　135	㋑　140	㋒　145	㋓　150	㋔　155

9　ある正方形に対して，１組の向かい合う辺の長さを３cm長く，もう１組の向かい合う辺の長さを４cm短くして長方形を作ると，もとの正方形の面積の $\frac{1}{2}$ になりました。このとき，もとの正方形の１辺の長さを求めなさい。

㋐　4 cm	㋑　5 cm	㋒　6 cm	㋓　7 cm	㋔　8 cm

10　原価が3000円の商品に定価をつけ売ったところ売れなかったので定価の２割引きで売ったら原価より200円損をしました。このとき定価はいくらになるか求めなさい。

㋐　2900円	㋑　3200円	㋒　3500円	㋓　3800円	㋔　4100円

右の図において，曲線アは関数 $y=\frac{1}{4}x^2$ のグラフであり，曲線イは関数 $y=\frac{a}{x}\ (a>0)$ のグラフです。曲線ア上の点で x 座標が -2 である点をA，x 座標が -6 である点をBとします。また，曲線アと曲線イの交点をCとし，点Cの y 座標は点Aの y 座標と等しいものとします。さらに，y 軸上の点をPとします。このとき，次の問い **11**，**12** に答えなさい。

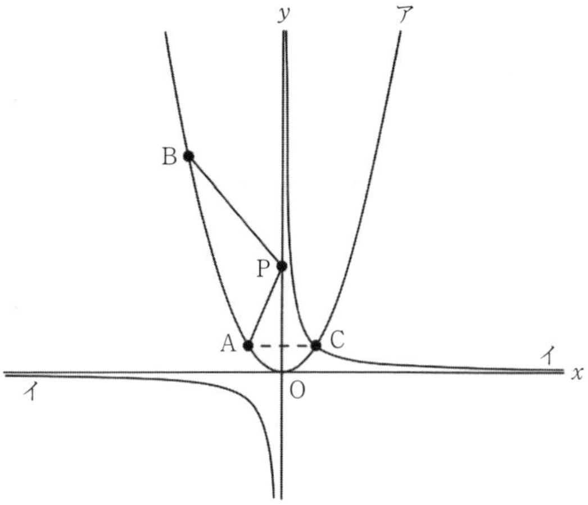

11　a の値を求めなさい。

㋐　1	㋑　2	㋒　3	㋓　4
㋔　5			

12　AP＋PB が最小となるとき，点Pの座標を求めなさい。

㋐　(0，1)	㋑　(0，2)	㋒　$\left(0,\ \frac{5}{2}\right)$	㋓　(0，3)	㋔　$\left(0,\ \frac{7}{2}\right)$

下の図のように，関数 $y=-x^2$ のグラフ上に x 座標がそれぞれ -3，1となる点A，Bをとるとき，次の問い **13**，**14** に答えなさい。

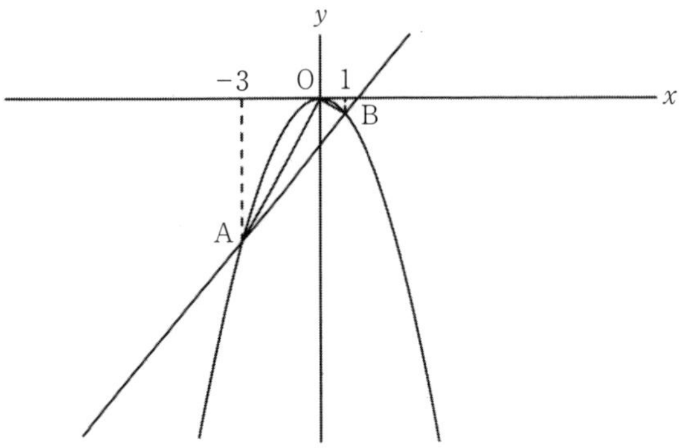

13　2点A，Bを通る直線の式を答えなさい。

㋐ $y=\dfrac{1}{2}x-3$　㋑ $y=\dfrac{1}{3}x-2$　㋒ $y=3x-2$
㋓ $y=2x-2$　㋔ $y=2x-3$

14　△OABの面積を答えなさい。

㋐ 3　㋑ 4　㋒ 6　㋓ 8　㋔ 12

15　△ABC∽△DACのとき，DCの長さを求めなさい。

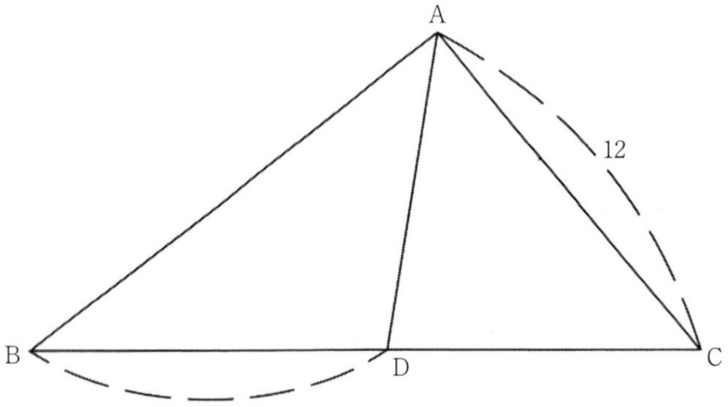

㋐ 5　㋑ 6　㋒ 7　㋓ 8　㋔ 9

16　△ABCにおいて，AD：DB＝3：5，BE：EC＝2：1となるような点D，Eを，それぞれ辺AB，BC上にとります。△ABCと△DBEの面積比を求めなさい。

㋐　5：3　　㋑　7：3　　㋒　9：5　　㋓　10：3　　㋔　12：5

17　下の図のようなBC＝CDの四角形ABCDが円に内接するとき，∠DBCの大きさを求めなさい。

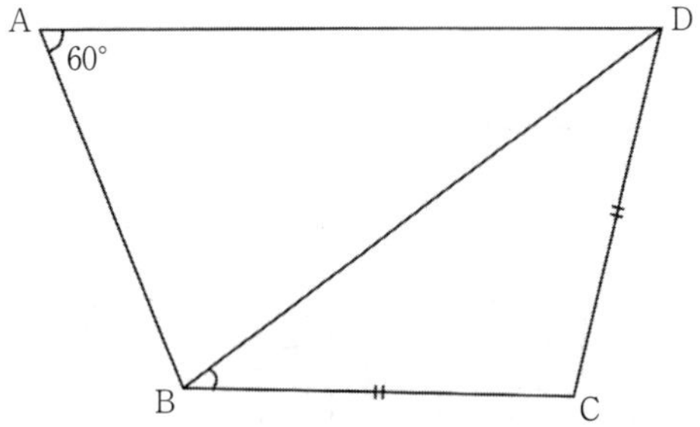

㋐　26°　　㋑　28°　　㋒　30°　　㋓　32°　　㋔　35°

18　正六角形の6個の頂点から異なる3点を選び，選んだ3頂点を結んでできる直角三角形の個数を求めなさい。ただし，合同な三角形でも頂点が異なれば別の三角形と考えるものとします。

㋐　3　　㋑　6　　㋒　8　　㋓　12　　㋔　20

19　大小2つのさいころを同時に投げるとき，出る目の数の和が8の約数となる確率を求めなさい。

㋐　$\frac{1}{4}$　　㋑　$\frac{1}{9}$　　㋒　$\frac{2}{9}$　　㋓　$\frac{1}{12}$　　㋔　$\frac{5}{18}$

20　ビバ男とビバ子と先生の3人でハンドボール投げの記録を見て会話をしています。3人の会話を読んでハンドボール投げの正しいヒストグラムを㋐～㋔から選びなさい。

ビバ男：記録を見ると全員で40人の記録のようだね。
ビバ男：平均値は13.2ｍだね。
先　生：え～!!　もう計算したの？　早いですね。じゃあ，最頻値はいくつかわかるかな？
ビバ子：最頻値は13ｍかな。
先　生：中央値はいくつだろう。
ビバ男：ずばり，13ｍですね。
ビバ子：すごい!!　先生他にはありませんか？
先　生：素晴らしい。では相対度数が0.125になるのは何ｍ投げた時かな？
ビバ子：全員で40人だから相対度数が0.125になるのは10ｍの時ね。
先　生：よくできました。これで2人とも資料の活用は完璧ですね。

㋐

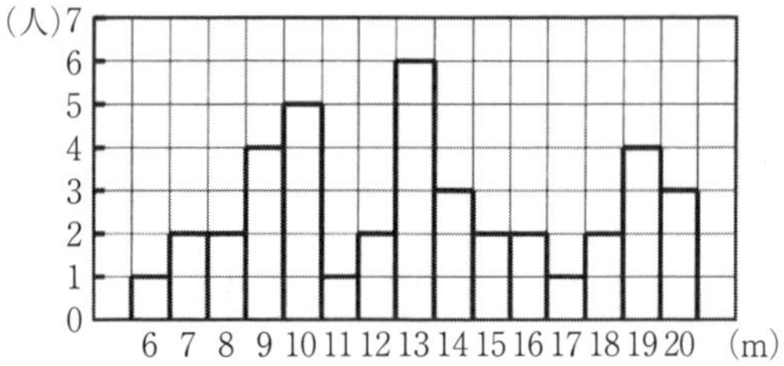
(人)
0 1 2 3 4 5 6 7
6 7 8 9 10 11 12 13 14 15 16 17 18 19 20 (m)

㋑

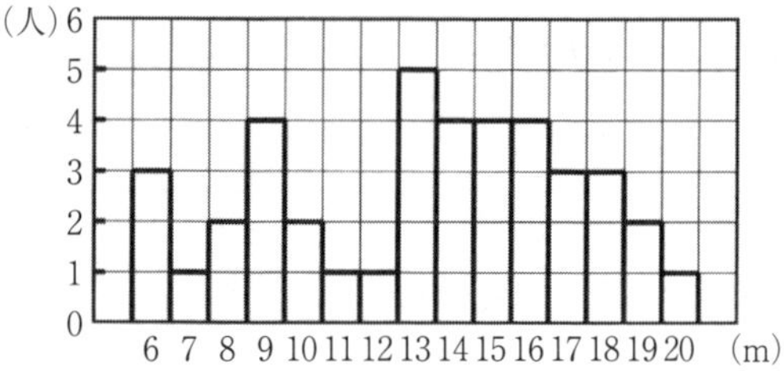
(人)
0 1 2 3 4 5 6
6 7 8 9 10 11 12 13 14 15 16 17 18 19 20 (m)

㋒

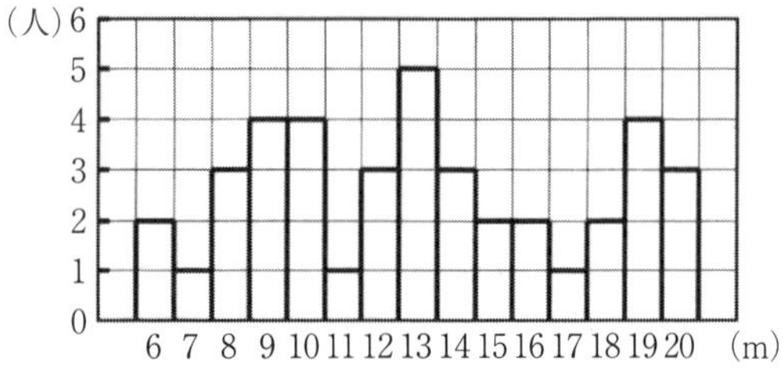
(人)
0 1 2 3 4 5 6
6 7 8 9 10 11 12 13 14 15 16 17 18 19 20 (m)

㋓

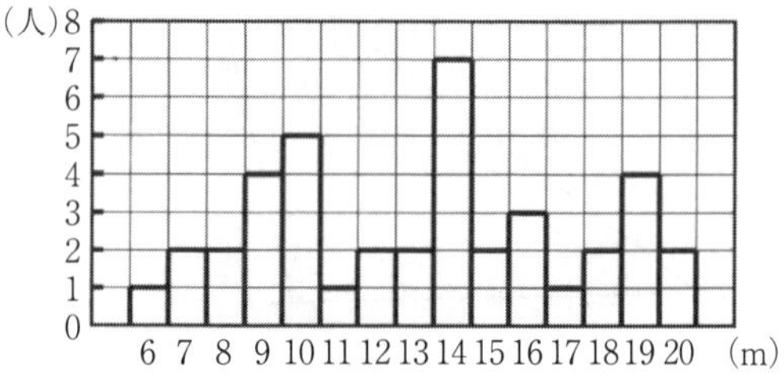
(人)
0 1 2 3 4 5 6 7 8
6 7 8 9 10 11 12 13 14 15 16 17 18 19 20 (m)

㋔

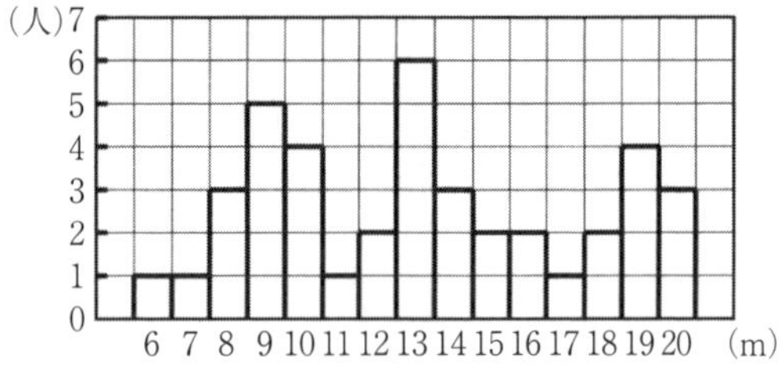
(人)
0 1 2 3 4 5 6 7
6 7 8 9 10 11 12 13 14 15 16 17 18 19 20 (m)

三　次の傍線部の動詞の活用の種類をそれぞれ選びなさい。（解答番号 ㉛～㉟）

㉛ 練習したら速球も打ち返せるようになった。
㉜ 「三人寄れば文殊《もんじゅ》の知恵」という言葉もある。
㉝ その荷物を一階まで運んでもらえませんか。
㉞ 朝食も主菜・副菜をバランスよく食べよう。
㉟ 「行って来ます」と元気よくドアを開けた。

㋐ 五段活用　㋑ 上一段活用　㋒ 下一段活用
㋓ カ行変格活用　㋔ サ行変格活用

四　次の（　）にあてはまるものをそれぞれ選びなさい。（解答番号 ㊱～㊵）

㊱ （　　）はち取らず
㊲ （　　）に真珠
㊳ （　　）心あれば水心
㊴ （　　）で鯛《たい》を釣《つ》る
㊵ 立つ（　　）あとを濁さず

㋐ えび　㋑ あぶ　㋒ 虫　㋓ かに　㋔ 鳥
㋕ 魚　㋖ 豚　㋗ 馬　㋘ 牛　㋙ 犬

五　次の傍線部の敬語の種類をそれぞれ選びなさい。（解答番号 ㊶～㊺）

㊶ その資料はすでに拝見しています。
㊷ 先生に、買ってきたお土産を差し上げる。
㊸ 部長がおっしゃるには、A案で良いそうです。
㊹ みなさん、おはようございます。
㊺ どうぞ召し上がってください。

㋐ 尊敬語　㋑ 謙譲語　㋒ 丁寧語

問四、傍線部X・Yの意味として最もふさわしいものをそれぞれ選びなさい。
（解答番号　X―㉒　Y―㉓）

X　召させ給へ

㋐　お取りください
㋑　お召しになりなさい
㋒　分けてあげましょう
㋓　食べてほしいです
㋔　持って行きませんか

Y　何とか言はん

㋐　何と言えばよいのですか
㋑　何とか言うでしょう
㋒　何て言いましたかな
㋓　何とも言えません
㋔　何と言いましょうか

問五、傍線部Ⅰ「さればよ」は「思ったとおりだ」という意味ですが、どのようなことが「思ったとおり」なのですか。最もふさわしいものを選びなさい。
（解答番号　㉔）

㋐　ある人が貝殻を押しつけて、市からいなくなってしまったこと。
㋑　ある人が昼までに貝殻を売り切ってくれと言ったこと。
㋒　貝殻を置く場所がないほど、市には出店が多かったこと。
㋓　貝殻を売ろうとしても、誰も見向きもしなかったこと。
㋔　貝殻は今までも午前中に売り切れていたということ。

問六、傍線部Ⅱ「かく」に続く言葉として**ふさわしくないもの**を選びなさい。
（解答番号　㉕）

㋐　余りぬ　　㋑　減らしたり　　㋒　売れざりけり
㋓　残れり　　㋔　買はれず

問七、傍線部Ⅲ「この市は人多く出づれば」とありますが、そのような場所で品物を売るにはどうすればよいのですか。最もふさわしいものを選びなさい。
（解答番号　㉖）

㋐　道行く人が立ち止まってくれるまで、じっくり説明する。
㋑　市がより一層活気づくように、早口で品物を紹介する。
㋒　ほほえみながら品物を差し出し、言葉遣いを丁寧にする。
㋓　通り過ぎる人の袖を引っ張って、強引に足を留めさせる。
㋔　大声を出し、速い調子で品物の名前を繰り返して言う。

問八、【　】をつけた一文（彼ほほゑみて……とめて買ひぬ。）から読み取れる「彼」の様子を表す四字熟語として最もふさわしいものを選びなさい。
（解答番号　㉗）

㋐　優柔不断　　㋑　自信満々　　㋒　一触即発
㋓　先手必勝　　㋔　品行方正

問九、［＊］にあてはまる語として最もふさわしいものを選びなさい。
（解答番号　㉘）

㋐　勢ひ　　㋑　暇　　㋒　助け　　㋓　例　　㋔　値

問十、この文章の内容に合致しているものを選びなさい。
（解答番号　㉙）

㋐　貝殻売りを頼んだ人は、午後になっても市に現れなかった。
㋑　人出の多い市は騒がしくなるので、注意深く話を聴く人がいない。
㋒　市で売られたことがない品物は、誰が売っても見向きもされない。
㋓　「早鍋」から料理を連想した人々が、市にどんどん集まって来た。
㋔　手桶を売る人が素材しか言わないのは、せっかちだからである。

問十一、この文章が収められている『花月草紙』と同じく、江戸時代に成立した作品を選びなさい。
（解答番号　㉚）

㋐　保元《ほうげん》物語　　㋑　蜻蛉《かげろう》日記　　㋒　野ざらし紀行
㋓　今昔《こんじゃく》物語集　　㋔　千載《せんざい》和歌集

㋑　異なるものを拒否反応なく受け入れさせる効果。
㋒　遠まわしな表現をわかりやすく丁寧に伝える効果。
㋓　日本人に興味を持つ外国人を増やす効果。
㋔　日本語を世界の共通言語に変えていく効果。

問八、この文章の内容に合致しているものを選びなさい。（解答番号 ⑮）

㋐　外国人にとって音を立てながらそばをすする日本の文化はまったく理解できない。
㋑　英語落語は表現が遠まわしなので、日本文化の普及にはつながらない。
㋒　落語を海外で演じると、日本とは異なる反応が返ってくることがある。
㋓　日本人のコミュニケーションは、ユーモアのセンスがないため誤解を招きやすい。
㋔　英語落語会での講演を見て、自分も演じてみたいと思う外国人が多くいる。

二

次の文章を読んで、後の問いに答えなさい。

ある人（本文中の「かの人」）があわびの貝殻を鍋の代わりに使えるように加工して、浅草の市で売ることを別の人に頼んだ。

「昼つ方《かた》には来たるべし、それまでに※売りてたべ。」と言ふにぞ、もて出《い》でて売るに、顧《かへり》みる人もなし。Iされば よ、※かうやうのもの、この市にて売りし例《ためし》なきを、要《えう》なき事に時費やすものかなとA思ひつつ、いかに売れども買ふ者なければ、往来《ゆきき》の人の※袖《そで》ひかへて、「これX召させ給《たま》へ。」などと言ふに、B引き放ちて行くめり。昼過ぐる頃、かの人来《きた》りて、「いかに。」と問へば、「IIかく。」と言ふ。「何と言ひて売りし。」とC言へば、「別にY何とか言はん。※貝焼きの貝召させ給へとて、売りし。」と答ふ。【彼ほほゑみて、「わが売るを見給へや。」とて、いと声高《こゑだか》に「※早鍋《はやなべ》早鍋。」と言へば、過ぎ行く者は立ちかへりて買ひ求め、そこら行く人も声をとめて買ひぬ。】D見るがうちに多くの貝を皆売りてけり。IIIこの市は人多く出づれば、ことに※かまびすしくて、静かに心留《とど》むる者もなければ、手桶《てをけ》を売る者は、「※椹椹《さはら》。」と言ふ。「椹の木もて作りし手桶よ。」とは言ふ暇《いとま》もなく、聞くひまもなしとかや。物の［＊］といふものもまたことわりの外《ほか》なるものなりけり。

（『花月草紙』による）

※売りてたべ…売ってください。
※かうやうのもの。…このようなもの。
※袖ひかへて…袖を引っ張って。
※貝焼き…貝殻を鍋の代わりにして食物を焼く料理。
※早鍋…物を早く煮るための鍋。
※かまびすしくて…騒がしくて。
※椹…ヒノキ科の常緑高木。湿気に強く、風呂桶などの桶用具に利用される。

問一、二重傍線部「往来」は「おうらい」と読むこともできます。このように二通りの読み方を持つ熟語を選びなさい。（解答番号 ⑯）

㋐　初夢　㋑　夜寒　㋒　海路　㋓　青空　㋔　昼寝

問二、文章中に読み仮名がつけられた次の語から、歴史的仮名遣いが**使われていないもの**を選びなさい。（解答番号 ⑰）

㋐　要《えう》　㋑　声高《こゑだか》　㋒　早鍋《はやなべ》　㋓　手桶《てをけ》　㋔　椹《さはら》

問三、波線部A〜Dの主語として最もふさわしいものをそれぞれ選びなさい。（解答番号 A—⑱　B—⑲　C—⑳　D—㉑）

㋐　貝売りを頼んだ人　㋑　貝売りを頼まれた人
㋒　市にやって来た人　㋓　特定できない

問一、傍線部①～⑤のカタカナの部分と同じ漢字を使うものをそれぞれ選びなさい。 （解答番号 ①～⑤）

① 失レイ
㋐ レイ節を重んじる。
㋑ 樹レイ百年の大木。
㋒ 彼はレイ感が強い。
㋓ 選手を激レイする。
㋔ レイ蔵庫に入れる。

② ハク手
㋐ 旅館に宿ハクする。
㋑ ハク真の演技。
㋒ ハク衣を着た医者。
㋓ 彼はハク情な人だ。
㋔ 脈ハクを測定する。

③ コウ共
㋐ 過ごしやすい気コウ。
㋑ コウ園で遊ぶ。
㋒ 原コウを書く。
㋓ 健コウ診断を受ける。
㋔ 親コウ行をする。

④ キュウ収
㋐ キュウ食の時間。
㋑ キュウ道の試合に出る。
㋒ 深呼キュウをする。
㋓ 不キュウの名作を読む。
㋔ 学キュウ委員になる。

⑤ シ勢
㋐ シ科医院に通う。
㋑ 動物をシ育する。
㋒ 弁護シを目指す。
㋓ シ雄を見分ける。
㋔ 容シを気にする。

問二、空欄a～cに入る語として最もふさわしいものをそれぞれ選びなさい。 （解答番号 a—⑥ b—⑦ c—⑧）

㋐ むしろ ㋑ たとえば ㋒ だから
㋓ ところが ㋔ つまり ㋕ また

問三、空欄Ⅰに入る表現として最もふさわしいものを選びなさい。 （解答番号 ⑨）

㋐ 理解しにくいしゃべり方をするのね。
㋑ 相手の気持ちになって話すのね。
㋒ ゆっくりとしたしゃべり方なのね。
㋓ 難しい言葉を使ってしゃべるのね。
㋔ 丁寧でわかりやすい話し方をするのね。

問四、傍線部1「このようなとき」とは、どのような「とき」ですか。最もふさわしいものを選びなさい。 （解答番号 ⑩）

㋐ 海外での落語会のとき。
㋑ 欧米人がそばを食べるとき。
㋒ 日本文化を説明するとき。
㋓ 文化の違いがあるとき。
㋔ 観客の反応を見るとき。

問五、空欄Ⅱ・Ⅲに入る語として最もふさわしいものをそれぞれ選びなさい。 （解答番号 Ⅱ—⑪ Ⅲ—⑫）

㋐ 賞賛 ㋑ 創造 ㋒ 受信 ㋓ 真似
㋔ 発信 ㋕ 批判 ㋖ 返信

問六、傍線部2「ツール」の意味として最もふさわしいものを選びなさい。 （解答番号 ⑬）

㋐ 表現 ㋑ 場面 ㋒ 伝統 ㋓ 道具 ㋔ 機会

問七、この文章で述べられている「笑いの効果」として最もふさわしいものを選びなさい。 （解答番号 ⑭）

㋐ 人々をおだやかで優しい気持ちにさせる効果。

二〇二一年度
埼玉栄高等学校（単願・併願Ⅰ）

【国　語】（五〇分）〈満点：一〇〇点〉

（注意）解答は、問題の後にある選択肢の中から、最も適しているものを一つだけ選び、その記号を解答用紙にマークしてください。

一　次の文章を読んで、後の問いに答えなさい。

もともとは、日本人にもユーモアのセンスがあるということを世界に知らしめたい、という思いで始めた英語落語ですが、何年か続けていると、この活動がもっと意義深いものであるということに気がつきました。まずは、日本文化の普及につながり、より日本人を理解してもらえるということです。この点において、笑いの効果は絶大です。笑いは敵対心を取り除き、異なる物を好意的に受け入れさせる力があるのです。落語を通して日本文化を伝えると、海外の人々にとって異文化である日本文化を、より好意的に理解してもらうことができるのです。

日本人のコミュニケーション方法は遠まわしでわかりにくい、とよく言われますがこれも落語の会話で表現することができます。基本的には、丁寧に丁寧に相手の気を悪くしないように話すと、表現が遠まわしで言いたいことが見えなくなることが多いのですが、それが落語の会話にはよく表れていますし、ユーモラスで笑える会話になっています。それを聞いて、世界の人々は笑いながら、「ああなるほど、日本人はこういうわけで【　Ｉ　】」とわかってくれます。

また、麺類《めんるい》を音を立ててすすりこむ、という習慣があります。これも、文化の一つなのです。お蕎麦屋《そばや》さんがいうには、そばは空気と一緒にすすりこむから、香りが鼻に抜けておいしいんだ、ということだそうです。音を立てて食べるのが正しい食べ方なのです。落語の中では、このように音を立ててそばをすすりこむ場面がよく出てきます。（ａ）、特に欧米《おうべい》の習慣では音を立てて食べるのはひどく失①レイなテーブルマナーとして知られています。このような文化の違いは、いつも海外で落語を演じるときにどうするか考えてしまいます。

しかし実際には、1このようなときこそ日本文化を伝えるよい機会だと思います。※「時そば」の噺《はなし》などでも、そばをすすりこむ文化について面白おかしく簡単に説明してから演じると、逆に観客からよい反応がかえってきます。そばをすすりこむ音を立てるたびに②ハク手が起こるなど、日本の落語会では見られない光景です。

（ｂ）、海外の英語落語会では最後にアンケートを時々とるのですが、本当に多くの方が「日本の文化は面白い。あのように音を立てて③コウ共の場でものを食べてよいのなら、是非日本に行ってやってみたい！」というような感想を書いてくれます。日本文化という異なる文化を好意的に受け入れてくれた瞬間を見た気がします。自分の国ではできないから、是非日本で……、そう考えて本当に日本に興味を持って来る人が一人でもいたらうれしく思います。生真面《きまじ》目《め》な講演の中で日本文化とは、を難しく語られると拒否反応を起こすかもしれませんが、落語という笑い話の中で日本文化を伝えられると、すっと受け入れてしまう、笑いにはそんな効果があります。

日本人は【Ⅱ】は得意ですが【Ⅲ】するということをこれまであまりしてこなかったと思います。日本人の習慣や文化について主張したり説明したりせずに、（ｃ）相手の文化をうまく④キュウ収することを得意としてきました。しかし、これからはもっと図々《ずうずう》しく、他の文化圏《けん》に合わせるのではなく、日本をわかってもらうという⑤シ勢でもいいのではないかと思います。笑い話は遠まわしに、しかし強烈なインパクトをもって自己主張できる素晴らしい2ツールです。そういう意味でも、英語落語を海外で演じることには大きな意味があると思っています。

（大島希巳江『海外で落語は受け入れられるのか』による）

※時そば…落語の演目の一つ。そばの代金十六文を、時刻を聞いてごまかし一文得をしたのを、ある男が真似て逆に損をする話。

2021年度／埼玉栄高等学校（単願・併願Ⅰ）

英語解答

Ⅰ 問1 ㋓　問2 ㋒　問3 ㋓
問4 ㋒　問5 ㋑

Ⅱ 問1 ㋑　問2 ㋓　問3 ㋓
問4 ㋓　問5 ㋓

Ⅲ 問1 ㋐　問2 ㋒
問3 ⑬…㋐　⑭…㋐　⑮…㋑　⑯…㋑

Ⅳ ⑰ ㋐　⑱ ㋒　⑲ ㋑　⑳ ㋒
㉑ ㋐　㉒ ㋒

Ⅴ ㉓ ㋓　㉔ ㋑　㉕ ㋒　㉖ ㋓
㉗ ㋑　㉘ ㋐　㉙ ㋓　㉚ ㋒
㉛ ㋒　㉜ ㋐

Ⅰ〔長文読解総合―物語〕

≪全訳≫❶クリッシーは新米の天使だった。彼女の天国での最初の週だった。そこでは全てがとても美しく，誰もがとても親切だった。彼女は最も新米の天使だったが，とても重要な仕事を与えられた。❷クリッシーは雨を担当していた。毎週月曜日と木曜日に，彼女は確実に雲が空に出てきて雨を世界中にもたらすようにしなくてはならなかった。地上の全ての生き物がときには雨を必要としたからだ。❸木は高く強く伸びるのに雨を必要とした。草は青々と柔らかくなるために雨を必要とした。全ての動物は，飲むための水や浴びるための水がなくてはならなかった。そしてもちろん，多くの花が，きれいに見えたりすばらしい香りをさせたりするために雨を必要とした。❹雨を降らせるのはとても重要な仕事だ。しかし誰もクリッシーに雨の降らせ方を教えてはくれず，彼女はどうしたらよいかわからなかった。❺「助けていただけませんか？」と，クリッシーは年長の天使の１人に言った。❻「そうだな」と１人の天使が言った。「君の前にその仕事をしていた天使は，よく雲に悲しい話を聞かせたものだよ。そうすれば雲は泣いた」❼しかしクリッシーはとても幸せな幼い天使で，悲しい話を全然知らなかった。だから，彼女はそれがいい考えだと思わなかった。❽ある晩，クリッシーは飛び上がって月に会いに行った。❾「雨の降らせ方を知っていますか？」とクリッシーは言った。❿「うーむ」と月は言った。「雲をつねるのはどうだい？　効き目があるだろうよ」⓫しかしクリッシーは雲を傷つけたくなかったので，それはいい考えではないと思った。⓬「どうしよう。１週間以上雨が降っていない。すぐに何か考えつかないと！」とクリッシーは心の中で思った。⓭翌朝，クリッシーが天国を歩き回って雲から雲へ飛び移っていると，誰かが笑った。それは小さな雲だった。彼女はその雲の上を歩いていた。⓮クリッシーは下を見て，柔らかな白い雲に何がそんなにおかしいのか尋ねた。⓯「君のつま先だよ」と柔らかい雲が答えた。「君が歩くとつま先が僕たちをくすぐるんだ！」⓰「あっ，本当にごめんなさい」とクリッシーは言った。「もっと気をつけるようにするわ」⓱「ううん，やめないで」と雲は言った。「僕たちはそれが大好きなんだ。笑いすぎて泣きそうになるんだよ！」⓲さて，これがクリッシーに１つの考えをもたらした。彼女は雲にさようならを言い，考えるために離れていった。⓳翌日は月曜日で，世界中で雨が降っていた。そして天国では奇妙なことが起きていた。小さなクリッシーが，空の雲全ての上で走ったり飛び跳ねたりしていたのだ。雲はあまりにも大笑いしていたので，目に涙が浮かんできた。そしてその涙が地面に落ち，すばらしい雨になっていた。かつてないほどに草は青々とし，木々は高く伸び，花はきれいに見え，全ての動物がまた水を得た。何もかもが輝いて生き生きと幸せに見えた。小さな天使クリッシーはすばらしい仕事をし，まさに今日に至るまで今もそれをしている。⓴だから，あなたが世界でいる場所で次に雨が降ったら，天国のクリッシーのことをちょっと考えてみてほしい。彼女が全ての雲をつま先でくすぐっているのだ。そしてもし空で何か大きな音が聞こえても，怖がらないで。雲はあまりにも大笑いするために吠《ほ》え声のように聞こえるときがあるが，彼らは本当にただ楽しんでいるだけなのだ。

問1＜内容一致＞「誰もクリッシーに雨の降らせ方を教えてくれず，彼女はどうすればいいのかわからなかったので，(　　)」―㋓「一週間以上雨の降らない日が続いた」　第4段落および第12段落第2文参照。

問2＜内容一致＞「クリッシーが，月が提案した考えをいいと思わなかったのは，(　　)からだ」―㋒「雲を傷つけたくなかった」　第8～11段落参照。

問3＜内容一致＞「ある朝，小さな雲が笑ったのは，(　　)からだ」―㋓「クリッシーが雲の上を歩いた」　第13～15段落参照。雲が笑ったのは，クリッシーが雲の上を歩くと，そのつま先が雲をくすぐることになるため。

問4＜英問英答＞「クリッシーは最終的にどのようにして雨を降らせることができたか」―㋒「雲の上で走ったり飛び跳ねたりすることによって」　第19段落第3～5文参照。雲の上で走ったり飛び跳ねたりすることで雲がくすぐられ，雲は笑いすぎて涙を流し，それが雨になった。

問5＜内容真偽＞㋐「クリッシーは月と話しているときにある考えを思いついた」…×　第10，11段落参照。「雲をつねる」という月の考えを，クリッシーはいい考えとは思わなかった。　㋑「クリッシーにはとても重要な仕事があった」…○　第1段落最終文に，she(＝Chrissy) was given a very important job とある。　㋒「クリッシーは雲たちに笑われた」…×　第13～15段落参照。雲が笑ったのは，クリッシーのつま先がくすぐったかったから。　㋓「クリッシーは痛くて泣いた」…×　このような記述はない。

Ⅱ〔長文読解―英問英答―Eメール・広告〕

≪全訳≫送信者：オカダ・トモヒロ／宛先：ウェスト・ジョーダン図書館／日時：2020年7月14日，18時25分／件名：図書館の情報／こんにちは。ウェスト・ジョーダン図書館の情報を得たくて書いています。僕の名前はオカダ・トモヒロで，日本人の高校生です。夏休みの間，英語を勉強するためにウェスト・ジョーダンに滞在しています。これが僕の初めてのアメリカへの旅です。ここには4週間いる予定で，滞在中は図書館を利用したいです。英語を勉強している生徒向けの本はありますか。また，僕のホストファーザーのティモシー・スミスさんは，そちらの図書館にはおもしろいDVDがたくさんあると言っていました。それを借りて，ホストファミリーの家で見ることはできるでしょうか。さらに，パソコンとプリンターも使いたいです。イベント当日にそちらに初めて伺います。よろしくお願いします。／オカダ・トモヒロ

送信者：ウェスト・ジョーダン図書館／宛先：オカダ・トモヒロ／日時：2020年7月15日，10時12分／件名：Re: 図書館の情報❶こんにちは，トモヒロさん。ウェスト・ジョーダンへようこそ。私の名前はテレサ・ミルトンで，ウェスト・ジョーダン図書館の図書館員です。当館には，英語を勉強している生徒向けの本がございます。文法書や辞書，それに学習者向けの特別な小説もあります。DVDもたくさんありますが，これらは図書館の会員しか持ち帰ることはできません。会員でない人は，それらを図書館で見なくてはなりません。会員になりたい場合は，図書館へお越しになり，身分証明書としてパスポートをお持ちください。図書館の会員は，本を2週間，DVDを1週間借りることができます。当館のパソコンはお使いいただけますが，プリンターはありません。図書館は月曜日から土曜日の午前9時

から午後7時まで開いています。❷イベントにご参加くださることをうれしく思います。ゲストの1人であるレイモンド・タカダさんは，日本語が話せます。彼ならあなたに外国語を学ぶ最良の方法について助言ができると思います。／テレサ・ミルトン

大好きな本の作家に会いにお越しください！／どなたでも無料のイベントです！／場所：ウェスト・ジョーダン図書館，日付：7月17日／2人の作家が新刊を紹介します。トークの後，皆様の質問に答えます。／●レイモンド・タカダ氏　午前10時～午前11時●ピーター・ネルソン氏　午前11時10分～午後12時10分／当日，本をご購入いただくと，作家がサインをいたします。

＜解説＞問1．「トモヒロは夏休みの間何をしているか」―㋑「アメリカで英語を勉強している」　トモヒロのメール本文第4文にto study Englishとあり，第5文からアメリカにいることがわかる。

問2．「トモヒロはなぜEメールを送ったか」―㋓「図書館についての情報を知りたかった」　トモヒロのメール本文第2文に，I'd like to get information about ... Libraryとある。I'dはI wouldの短縮形。　would like to ～「～したい」　問3．「図書館には何がないか」―㋓「プリンター」　テレサのメール本文第1段落第10文参照。　問4．「レイモンド・タカダ氏は何をしているか」―㋓「本を書いている」　広告には「2人の作家が新刊を紹介」するとあり，そのうちの1人としてレイモンド・タカダ氏の名前がある。　問5．「トモヒロはおそらくいつ初めてその図書館に行くか」―㋓「7月17日」　トモヒロのメール本文最後から2文目に「イベント当日に初めて」図書館へ行くとある。イベントの日付は，広告のDate欄参照。

Ⅲ〔読解総合―グラフを見て答える問題〕

≪全訳≫オンライン授業についてどう思ったか。／分類：①すばらしかった，②とても良かった，③良かった，④悪かった／1)これは私たちの高校の全生徒へのアンケートである。／2)生徒の総数は735人。／3)35人の生徒がその日学校にいなかった。／4)私たちは4月22日から6月20日までオンライン授業を受けた。／5)データは四捨五入されている。

問1＜英問英答＞「当日何人の生徒がアンケートに答えたか」―㋐「700人が答えた」　生徒の総数は735人で，アンケート実施日に35人がいなかった。

問2＜英問英答＞「どの分類が4つのうちで2番目に大きいか」―㋒「『良かった』」　グラフ参照。2番目に大きいのは33パーセントの③Good。

問3＜内容真偽＞⑬「約3分の1の生徒が，オンライン授業は『良かった』と感じた」…○　グラフより，『良かった』と感じたのは33パーセント，つまり約3分の1。　⑭「生徒たちは約2か月間オンライン授業を受けた」…○　オンライン授業が行われたのはfrom April 22 to June 20である。　⑮「当日7パーセントの生徒が学校にいなかった」…×　2)より生徒の総数は735人，3)より欠席者は35人なので，欠席率は35÷735で5パーセント未満。　⑯「約50人の生徒が，オンライン授業は『すばらしかった』と感じた」…×　アンケートに答えたのは700人。グラフより，そのうち23パーセントが『すばらしかった』と答えている。700×0.23＝161で，50人よりはるかに多い。

Ⅳ〔対話文完成―適文選択〕

⑰A：コンサートが始まるよ。中に入ろう。／B：まずトイレに行きたいから，先に行ってて。すぐに行くわ。／／Bは先にAを会場内に行かせ，自分はトイレに行く。この文脈で自然につながるのは㋐「私もすぐにそこへ行く」。

⑱A：数学の質問があるんだけど。君は数学は得意？／B：ううん，悪いけど得意ではないよ。トムにきいたらどう？〃数学が得意かどうか尋ねられ，空所の後で他の人にきくようにと答えているので，Bは数学が得意ではないとわかる。㋒の I'm afraid not. は「残念だが～ではないと思う」という意味。

⑲A：イングランドに引っ越すのを楽しみにしている？／B：うん。でも，友達と離れて寂しくなるな。／A：手紙を書けばいいわよ。〃Aの最後の発言にある them が何を指しているかを考える。

⑳A：おはようございます，グリーン先生。／B：おはよう，ケン。調子はどう？／A：大丈夫です。〃Bの How's everything with you? は「調子はどう？」という意味。選択肢の中でこれに対する返答となるのは㋒ I'm all right. だけ。

㉑A：この手紙をイタリアへ送るのにいくらかかりますか？／B：航空便で送りたいですか？／A：はい，お願いします。／B：1ドル25セントです。〃How much ～? は‘値段’を尋ねる表現。

㉒A：デザートのメニューをご覧になりますか，お客様？／B：いや，けっこうです。満腹です。どれもおいしかったですよ。／A：それでは何かお飲み物はいかがですか？／B：紅茶をいただきます。〃レストランでの会話。飲み物を勧められた後の返答である。 How about ～?「～はどうですか」

V〔適語選択・語形変化〕

㉓A：ジャック，メアリーがなぜ今日は早く帰ったか知ってる？／B：うん。具合が悪かったんだよ。〃「具合が悪かった」は，メアリーが早く帰ったことの‘理由’になるので，why が適切。

㉔主語の It は The station を指すので，‘be動詞＋過去分詞’の受け身で「建てられた」とする。build－built－built 「私の家の近くの駅はとても古い。それは80年以上前に建てられた」

㉕A：ジェーン，宿題はもうしたの？／B：うん，ママ，だから公園に行くの。〃現在完了の疑問文‘Have/Has＋主語＋過去分詞... yet?’「もう～したか」の形。 do－did－done

㉖「～している」の意味を表す現在分詞が適切。このように分詞で始まる2語以上の語句が名詞を修飾する場合は名詞の後ろに置かれる。 「私の理科の先生は，青いスーツを着ている女性だ」

㉗‘ask＋人＋to ～’「〈人〉に～するように頼む」 「私は自転車に乗れないが，兄〔弟〕は乗れる。私は彼に，それを私に教えてくれるように頼んだ」

㉘have a headache「頭痛がする」 「ヘレンは頭痛がしたので，昨日は学校へ行かなかった」

㉙A：電話で話しているのよ。テレビの音を小さくして。／B：わかった。〃turn ～ down〔turn down ～〕「～の音量を小さくする」

㉚A：ママ，公園に行ってスティーブと野球をしてもいい？／B：いいわよ，でも暗くなる前に家に帰ってきなさい。〃文脈から「暗くなる前に」とする。 ‘get＋形容詞’「～(の状態)になる」

㉛A：ママ，塩を取ってくれる？／B：いいわよ。どうぞ。〃‘pass＋人＋物’「〈人〉に〈物〉を手渡す」

㉜at first「最初は」 「私はこのTシャツを自分のために買った。最初は色があまり気に入らなかったが，今では一番のお気に入りだ。いつでもそれを着ている」

2021年度／埼玉栄高等学校（単願・併願Ⅰ）

数学解答

[1] ㋒　[2] ㋐　[3] ㋑　[4] ㋑
[5] ㋐　[6] ㋓　[7] ㋒　[8] ㋓
[9] ㋒　[10] ㋒
[11]・[12]　[11] ㋑　[12] ㋓
[13]・[14]　[13] ㋔　[14] ㋒
[15] ㋓　[16] ㋔　[17] ㋒　[18] ㋓
[19] ㋐　[20] ㋐

[1]〔数と式―数の計算〕

与式 $=-64+64\div16=-64+4=-60$

[2]〔数と式―平方根の計算〕

与式 $=\dfrac{81}{3\sqrt{2}}-\dfrac{30}{\sqrt{3}}-\dfrac{24}{\sqrt{2}}+10\sqrt{3}=\dfrac{27}{\sqrt{2}}-\dfrac{30\times\sqrt{3}}{\sqrt{3}\times\sqrt{3}}-\dfrac{24\times\sqrt{2}}{\sqrt{2}\times\sqrt{2}}+10\sqrt{3}=\dfrac{27\times\sqrt{2}}{\sqrt{2}\times\sqrt{2}}-\dfrac{30\sqrt{3}}{3}-\dfrac{24\sqrt{2}}{2}+10\sqrt{3}=\dfrac{27\sqrt{2}}{2}-10\sqrt{3}-\dfrac{24\sqrt{2}}{2}+10\sqrt{3}=\dfrac{3\sqrt{2}}{2}$

[3]〔数と式―式の計算〕

与式 $=\dfrac{2(5x-2y)-3(3x+y)}{12}=\dfrac{10x-4y-9x-3y}{12}=\dfrac{x-7y}{12}$

[4]〔数と式―式の値〕

与式 $=(\sqrt{3}+1)(\sqrt{3}-1)-(\sqrt{3}+1)+(\sqrt{3}-1)+1=3-1-\sqrt{3}-1+\sqrt{3}-1+1=1$

[5]〔方程式―連立方程式の応用〕

$3x+2y=11$……①，$ax-by=3$……②，$bx-ay=7$……③，$2x-y=5$……④とする。①，②の連立方程式の解と，③，④の連立方程式の解が同じになることから，その解は，①，④の連立方程式の解でもある。①＋④×2より，$3x+4x=11+10$，$7x=21$　$\therefore x=3$　これを④に代入して，$2\times3-y=5$，$6-y=5$，$-y=-1$　$\therefore y=1$　よって，2組の連立方程式の解は $x=3$，$y=1$ だから，解を②に代入して，$3a-b=3$……⑤となり，③に代入して，$3b-a=7$，$-a+3b=7$……⑥となる。⑤，⑥を連立方程式として解くと，⑤×3＋⑥より，$9a+(-a)=9+7$，$8a=16$，$a=2$ となり，これを⑤に代入して，$3\times2-b=3$，$6-b=3$，$-b=-3$，$b=3$ となる。

[6]〔数と式―数の性質〕

n を正の整数とすると，$\dfrac{25}{n}$ が整数となるとき，n は25の約数だから，$n=1$，5，25である。n は素数であるから，$n=5$ である。このとき，$\dfrac{160}{n+3}=\dfrac{160}{5+3}=\dfrac{160}{8}=20$ となり，$\dfrac{160}{n+3}$ も整数となるので，求める素数 n は $n=5$ である。

[7]〔関数―一次関数―切片〕

関数 $y=3x+a$ は，x の係数が正だから，x の値が増加すると y の値も増加する。よって，x の変域 $-2\leqq x\leqq1$ において，y の値が最小となるのは，x の値が最小の $x=-2$ のときである。このとき $y=-1$ だから，$y=3x+a$ に $x=-2$，$y=-1$ を代入して，$-1=3\times(-2)+a$ より，$a=5$ である。

[8]〔方程式―一次方程式の応用〕

容器Aから，16％の食塩水 xg をくみ上げ，8％の食塩水450g が入っている容器Bに加えるので，容器Bにできた10％の食塩水は $x+450$g となる。このとき，16％の食塩水 xg に含まれる食塩の量と8％の食塩水450g に含まれる食塩の量の和が，10％の食塩水 $x+450$g に含まれる食塩の量となるから，$x\times\dfrac{16}{100}+450\times\dfrac{8}{100}=(x+450)\times\dfrac{10}{100}$ が成り立つ。両辺を100倍して解くと，$16x+3600=10(x+450)$，$16x+3600=10x+4500$，$6x=900$ より，$x=150$(g)となる。

9 〔方程式―二次方程式の応用〕

もとの正方形の1辺の長さを$x$cmとする。1組の向かい合う辺の長さを3cm長くし，もう1組の向かい合う辺の長さを4cm短くしたので，長方形の縦，横の長さは，$x+3$cm，$x-4$cmとなる。この長方形の面積がもとの正方形の面積の$\frac{1}{2}$になったので，$(x+3)(x-4)=x^2\times\frac{1}{2}$が成り立つ。これを解くと，$x^2-x-12=\frac{1}{2}x^2$，$2x^2-2x-24=x^2$，$x^2-2x-24=0$，$(x+4)(x-6)=0$より，$x=-4$，6となる。$x>4$だから，$x=6$であり，もとの正方形の1辺の長さは6cmである。

10 〔方程式―一次方程式の応用〕

定価をx円とする。定価の2割引きで売ったので，売り値は，$x\times\left(1-\frac{2}{10}\right)=\frac{4}{5}x$(円)と表せる。また，原価の3000円より200円損をするので，売り値は，$3000-200=2800$(円)である。よって，$\frac{4}{5}x=2800$が成り立ち，$x=3500$(円)となる。

11・**12** 〔関数―関数$\boldsymbol{y=ax^2}$と直線，反比例〕

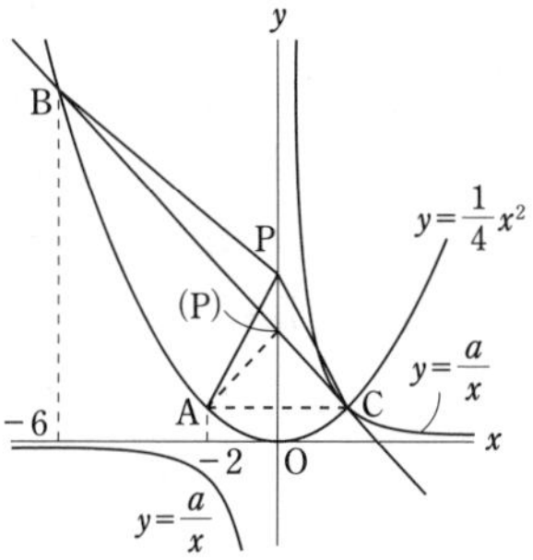

11＜比例定数＞右図で，点Aは関数$y=\frac{1}{4}x^2$のグラフ上にあり，x座標が−2だから，$y=\frac{1}{4}\times(-2)^2=1$より，A(−2，1)である。点Cも関数$y=\frac{1}{4}x^2$のグラフ上にあり，点Cは点Aと$y$座標が等しいので，2点A，Cは$y$軸について対称な点となる。よって，C(2，1)である。点Cは関数$y=\frac{a}{x}$のグラフ上の点でもあるから，$1=\frac{a}{2}$より，$a=2$となる。

12＜点の座標＞右図で，11より，2点A，Cはy軸について対称な点だから，点Cと点Pを結ぶと，AP＝CPとなる。これより，AP＋PB＝CP＋PBだから，AP＋PBが最小となるとき，CP＋PBが最小となる。このとき，3点C，P，Bは一直線上に並ぶので，点Pは，直線BCとy軸との交点となる。点Bは関数$y=\frac{1}{4}x^2$のグラフ上にあり，x座標が−6だから，$y=\frac{1}{4}\times(-6)^2=9$より，B(−6，9)である。C(2，1)だから，直線BCの傾きは$\frac{1-9}{2-(-6)}=-1$となり，その式は$y=-x+b$とおける。点Cを通るので，$1=-2+b$より，$b=3$となる。切片が3であるから，P(0，3)である。

13・**14** 〔関数―関数$\boldsymbol{y=ax^2}$と直線〕

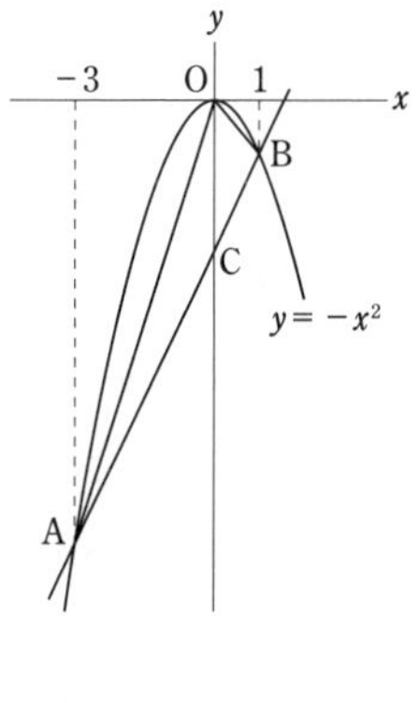

13＜直線の式＞右図で，2点A，Bは関数$y=-x^2$のグラフ上にあり，x座標がそれぞれ−3，1だから，$y=-(-3)^2=-9$，$y=-1^2=-1$より，A(−3，−9)，B(1，−1)となる。これより，直線ABの傾きは$\frac{-1-(-9)}{1-(-3)}=2$であるから，その式は$y=2x+b$とおける。点Bを通るから，$-1=2\times1+b$より，$b=-3$となり，直線ABの式は$y=2x-3$である。

14＜面積＞右図のように，直線ABとy軸との交点をCとすると，△OAB＝△OAC＋△OBCである。直線ABの切片が−3より，C(0，−3)だから，OC＝3である。辺OCを底辺と見ると，点Aのx座標が−3，点Bのx座標が1だから，△OACの高さは3，△OBCの高さは1となる。よって，△OAB＝△OAC＋△OBC＝$\frac{1}{2}\times3\times3+\frac{1}{2}\times3\times1=\frac{9}{2}+\frac{3}{2}=6$である。

15 〔平面図形―三角形―長さ〕

右図で，DC＝xとおく。△ABC∽△DACより，対応する辺の比が等しいから，AC：DC＝BC：ACである。AC＝12，DC＝x，BC＝$10+x$だから，$12:x=(10+x):12$が成り立つ。これを解くと，$x(10+x)=12\times12$，$x^2+10x-144=0$，$(x+18)(x-8)=0$より，$x=-18$，8となる。$x>0$より，$x=8$となり，DC＝8である。

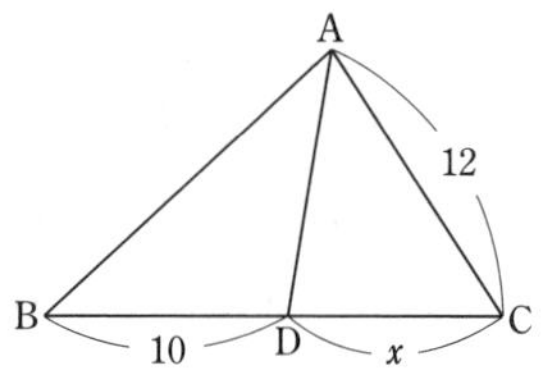

16〔平面図形―三角形―面積の比〕

右図で，点Aと点Eを結ぶ。AD：DB＝3：5より，△ADE：△DBE＝3：5だから，△DBE＝$\frac{5}{3+5}$△ABE＝$\frac{5}{8}$△ABEである。また，BE：EC＝2：1より，△ABE：△AEC＝2：1だから，△ABE＝$\frac{2}{2+1}$△ABC＝$\frac{2}{3}$△ABCである。よって，△DBE＝$\frac{5}{8}\times\frac{2}{3}$△ABC＝$\frac{5}{12}$△ABCとなるから，△ABC：△DBE＝△ABC：$\frac{5}{12}$△ABC＝12：5となる。

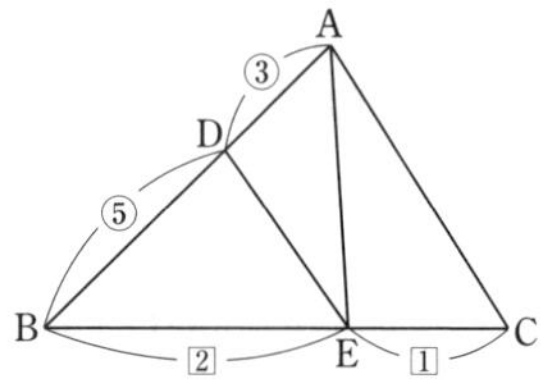

17〔平面図形―円，四角形―角度〕

右図で，四角形ABCDが円に内接するので，4点A，B，C，Dは，同一の円の周上の点となる。BC＝CDより，△BCDは二等辺三角形だから，∠BDC＝∠DBCである。点Aと点Cを結ぶと，$\overset{\frown}{BC}$，$\overset{\frown}{DC}$に対する円周角より，∠BAC＝∠BDC，∠DAC＝∠DBCとなるから，∠BAC＝∠DACである。よって，∠DAC＝$\frac{1}{2}$∠BAD＝$\frac{1}{2}\times60^\circ=30^\circ$となるので，∠DBC＝∠DAC＝30°である。

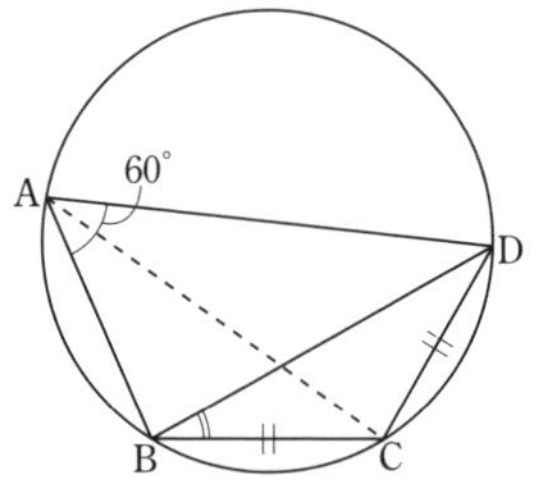

18〔場合の数〕

右図のように，正六角形の6個の頂点をA～Fとする。この6個の頂点は1つの円の周上にあるので，6個の頂点A～Fから異なる3個の頂点を選んで結んだ三角形が直角三角形になるとき，斜辺は円の直径となる。円の直径となる線分は，AD，BE，CFだから，直角三角形の斜辺は，線分AD，BE，CFのいずれかである。線分ADを斜辺とする直角三角形は，△ABD，△ACD，△ADE，△ADFの4個ある。線分BE，CFを斜辺とする直角三角形も同様にそれぞれ4個ある。よって，直角三角形は，$4\times3=12$(個)ある。

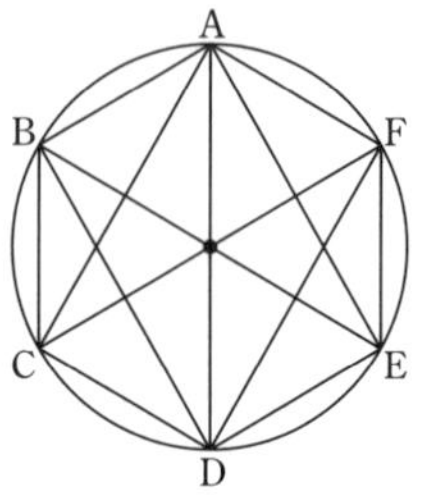

19〔確率―さいころ〕

大小2つのさいころを同時に投げるとき，目の出方は全部で$6\times6=36$(通り)ある。出る目の数の和が1になることはないので，出る目の数の和が8の約数となるのは，和が2，4，8になるときである。和が2になるとき(大，小)＝(1，1)の1通り，和が4になるとき(1，3)，(2，2)，(3，1)の3通り，和が8になるとき(2，6)，(3，5)，(4，4)，(5，3)，(6，2)の5通りあるから，出る目の数の和が8の約数になる場合は$1+3+5=9$(通り)ある。よって，求める確率は$\frac{9}{36}=\frac{1}{4}$である。

20〔資料の活用―ヒストグラム〕

最頻値が13mだから，13mの度数が一番大きい。また，10mの相対度数が0.125だから，全員で40人より，10mの度数は$40\times0.125=5$(人)となる。13mの度数が一番大きく，10mの度数が5人であるヒストグラムは，㋐である。

2021年度／埼玉栄高等学校（単願・併願Ⅰ）

国語解答

一 問一 ①…㋐　②…㋔　③…㋑　④…㋒　⑤…㋔
問二 a…㋓　b…㋕　c…㋐
問三 ㋐　問四 ㋓
問五 Ⅱ…㋒　Ⅲ…㋔　問六 ㋓
問七 ㋑　問八 ㋒

二 問一 ㋒　問二 ㋒
問三 A…㋑　B…㋒　C…㋐　D…㋓
問四 X…㋐　Y…㋔　問五 ㋓
問六 ㋑　問七 ㋔　問八 ㋑
問九 ㋐　問十 ㋑　問十一 ㋒

三 ㉛ ㋔　㉜ ㋐　㉝ ㋐　㉞ ㋒　㉟ ㋓

四 ㊱ ㋑　㊲ ㋖　㊳ ㋕　㊴ ㋐　㊵ ㋔

五 ㊶ ㋑　㊷ ㋑　㊸ ㋐　㊹ ㋒　㊺ ㋐

一〔論説文の読解―文化人類学的分野―文化〕出典；大島希巳江「海外で落語は受け入れられるのか」（「國文學　解釈と教材の研究」平成20年６月号掲載）。

≪本文の概要≫もともとは，日本人にもユーモアのセンスがあるということを，世界に知らしめたいという思いで始めた英語落語だが，何年か続けているうちに，笑いには異なるものを好意的に受け入れさせる力があり，英語落語は日本文化の普及にもつながるという意義があることにも，気づくようになった。音を立てて麺類をすすりこむといったことは，欧米ではマナーに反することだが，落語を通じて伝えると，日本文化という異なる文化を好意的に受け入れてもらえるようになる。これまで日本人は，自国の習慣や文化について主張したり説明したりすることなく，他国の文化をうまく取り入れることを得意としてきたが，これからは他の文化圏に合わせるのではなく，日本をわかってもらうように努めてもよいのではないかと思われる。笑い話は，遠回しではあるが，強烈なインパクトをもって自己主張できる手段なので，英語落語を海外で演じることには，大きな意味がある。

問一＜漢字＞①「失礼」と書く。㋑は「樹齢」，㋒は「霊感」，㋓は「激励」，㋔は「冷蔵庫」。　②「拍手」と書く。㋐は「宿泊」，㋑は「迫真」，㋒は「白衣」，㋓は「薄情」。　③「公共」と書く。㋐は「気候」，㋒は「原稿」，㋓は「健康診断」，㋔は「親孝行」。　④「吸収」と書く。㋐は「給食」，㋑は「弓道」，㋓は「不朽」，㋔は「学級委員」。　⑤「姿勢」と書く。㋐は「歯科医院」，㋑は「飼育」，㋒は「弁護士」，㋓は「雌雄」。

問二＜接続語＞a．日本では，音を立ててそばを食べるのが「正しい食べ方」なので，落語でも「音を立ててそばをすすりこむ場面がよく出て」くるが，「欧米の習慣では音を立てて食べるのはひどく失礼なテーブルマナーとして知られて」いる。　b．海外では，日本の落語会と異なり，「そばをすすりこむ音を立てるたび」に拍手が起こるし，それと同じような反応として，「海外の英語落語会」でのアンケートでは，音を立ててそばを食べることに好意的な意見が書かれることがある。　c．日本人は，自国の「習慣や文化」について，自ら「主張したり説明したり」することよりも，どちらかといえば，「相手の文化をうまく吸収することを得意として」きたのである。

問三＜文章内容＞日本語では「丁寧に丁寧に相手の気を悪くしないように話す」ので，「表現が遠まわしで言いたいことが見えなくなることが多い」が，落語の「ユーモラスで笑える会話」で伝えると，世界の人々も笑いながら，日本人がどうして遠回しでわかりにくい話し方をするのかを理解してくれる。

問四＜指示語＞日本では，そばを「音を立てて食べるのが正しい食べ方」とされているが，欧米の習慣では「音を立てて食べる」のはテーブルマナーに反した食べ方だとされている。しかし，文化を伝えるには，文化の違いがあるときこそ，「よい機会」となるのである。

問五＜文章内容＞日本人は，これまで外国の文化をうまく受け取って自分のものとすることを得意としてきており(…Ⅱ)，「日本人の習慣や文化」について，自ら進んで主張したり説明したりは，あまりしてこなかった(…Ⅲ)。

問六＜語句＞「ツール」は，道具，という意味。

問七＜文章内容＞「笑い」は，「敵対心を取り除き，異なる物を好意的に受け入れさせる」という効果がある。だから，「生真面目な講演の中で日本文化」を説明しても外国人は「拒否反応を起こす」かもしれないが，「落語という笑い話の中で日本文化」を伝えると，「すっと受け入れ」てもらえるのである。

問八＜要旨＞日本には「麺類を音を立ててすすりこむ」という習慣があるので，日本の落語会で「そばをすすりこむ音」に観客からの反応はないが，海外では「そばをすすりこむ音を立てるたび」に拍手が起こるといった光景が見られる。

二〔古文の読解―随筆〕出典；松平定信『花月草紙』一の巻，二四。

≪現代語訳≫「昼ごろには(戻って)くるつもりなので，それまでに売ってください」と言うので，(頼まれた人は市へ貝を)持って出て売るが，振り向く人もいない。思ったとおりだ，このようなものを，この市で(今までに)売ったことなどないのに，つまらないことに時間を費やすものだと思いながら，どんなに売ろうとしても買う人がいないので，往来の人の袖を引っ張って，「これをお取りください」などと言うが，(みんな袖を)引き放していくようだ。昼が過ぎる頃，例の(貝売りを頼んだ)人が来て，「どうだった」と尋ねるので，「(売れなかった経緯を)このように」と言う。「何と言って売ったのか」と言うので，「別に何と言いましょうか(特別なことは何も言いません)。貝焼きの貝をお取りくださいと言って，売りました」と答える。その(貝売りを頼んだ)人はほほ笑んで，「私が売るのを見てください」と言い，とても大きな声で「早鍋早鍋」と言うと，通り過ぎた人は立ち戻って買い求め，たくさんの通行人たちも声を聞きつけて買った。見る見るうちに多くの貝を全て売ってしまった。この市は人が多く出るので，特に騒がしくて，静かに注意を傾ける人もいないので，手桶を売る者は，「さわら，さわら」と言う。「さわらの木でつくった手桶ですよ」と言う暇もなく，聞く暇もないということだ。ものの〈勢い〉というものもまた道理の外にあるものなのである。

問一＜漢字＞「海路」には，「かいろ」と「うみじ」の二つの読み方がある。

問二＜歴史的仮名違い＞現代仮名遣いにすると，「えう」は「よう」，「こゑだか」は「こえだか」，「てをけ」は「ておけ」，「さはら」は「さわら」となる。

問三＜古文の内容理解＞Ａ．貝売りを頼まれた人は，鍋の代わりの貝殻など，市で売られていたことがないので，無駄なことに時間を費やすものだと思った。　Ｂ．市にやって来た人は，貝売りに引っ張られた袖を，引き放して通り過ぎた。　Ｃ．貝売りを頼んだ人は，昼過ぎに戻ってきて，何と言って売ったのかと尋ねた。　Ｄ．貝殻の鍋は，見る見るうちに全て売れてしまった。

問四＜現代語訳＞Ｘ．「召す」は，ここでは，お取り寄せになる，という意味。「せ給へ」は，尊敬の意味を表す助動詞「せ」と，尊敬の意味を表す補助動詞の命令形「給へ」が接続したもので，～ください，などと訳す。　Ｙ．「か」は，疑問や反語の意味を表す助詞で，～か，などと訳す。「ん」は，ここでは推量の意味を表す助動詞で，～だろう，などと訳す。貝売りを頼まれた人は，売る際に別に特別なことは言っていないという意味で，「何とか言はん」と答えたのである。

問五＜古文の内容理解＞貝売りを頼まれた人は，鍋の代わりの貝殻など，市で売られていたことがないので，無駄なことに時間を費やすものだと思っていた。だから，いくら売ろうとしても誰も見向きもしなかったので，自分が思ったとおりだと思った。

問六＜古文の内容理解＞「かく」は，このように，という意味。貝売りを頼んだ「かの人」が，どれくらい売れたのかを知るために「いかに」と尋ねたのに対して，貝売りを頼まれた人は，このように余ったとか(㋐…○)，このように売れなかったとか(㋒…○)，このように残ったとか(㋓…○)，このように買われなかったなど(㋔…○)，全く売れなかったということを答えた。

問七＜古文の内容理解＞貝売りを頼んだ人は，売り物の名を「早鍋早鍋」と，「声高」に繰り返して全て売り尽くした。人出の多い市では，大きな声で売り物の名を連呼するのが効果的なのである。

問八＜古文の内容理解＞「自信満々」は，自分の能力や判断に自信を持っていること。貝売りを頼んだ人は，ほほ笑みながら，自分が売るところを見なさいと言い，全て売ってしまった。「優柔不断」は，迷ってばかりいて物事の判断ができないこと。「一触即発」は，少し触れただけですぐに爆発しそうな状態のこと。「先手必勝」は，先に攻撃すれば必ず勝てるということ。「品行方正」は，行いが正しく立派であること。

問九＜古文の内容理解＞「早鍋早鍋」や「椹椹」などと，大声で連呼し，勢いをつけて売った方が，品物の説明を詳しくするよりも売れるのである。

問十＜古文の内容理解＞人出の多い市は，騒がしくて「静かに心留むる」人などいないので，客も売り物の説明を「聞くひま」がないのである。

問十一＜文学史＞『野ざらし紀行』は，江戸時代に成立した俳諧紀行文で，作者は松尾芭蕉。『保元物語』は，鎌倉時代に成立した軍記物語で，作者は未詳。『蜻蛉日記』は，平安時代に成立した日記文学で，作者は藤原道綱母。『今昔物語集』は，平安時代後期に成立した説話集で，編者は未詳。『千載和歌集』は，平安時代末期に成立した和歌集で，撰者は藤原俊成。

三〔品詞〕

㉛「練習し」は，サ行変格活用動詞「練習する」の連用形。　㉜「寄れ」は，五段活用動詞「寄る」の仮定形。　㉝「運ん」は，五段活用動詞「運ぶ」の連用形。　㉞「食べ」は，下一段活用動詞「食べる」の未然形。　㉟「来」は，カ行変格活用動詞「来る」の連用形。

四〔ことわざ〕

㊱「あぶはち取らず」は，欲を出して二つのものを同時に得ようとするとどちらも得られなくなる，という意味。　㊲「豚に真珠」は，貴重なものも価値を理解できない者に与えては無意味であること。　㊳「魚心あれば水心」は，相手が好意を示せばこちらも相応の好意を示すようになること。㊴「えびで鯛を釣る」は，小さな労力や元手で大きな利益を得る，という意味。　㊵「立つ鳥あとを濁さず」は，立ち去るものは見苦しくないようにきれいに後始末をしていくべきだ，という意味。

五〔敬語〕

㊶「拝見する」は，「見る」の謙譲語。　㊷「差し上げる」は，「与える」「やる」などの謙譲語。㊸「おっしゃる」は，「言う」の尊敬語。　㊹「ございます」は，「ある」の丁寧語で，「おはようございます」のように補助動詞として使われることもある。　㊺「召し上がる」は，「食べる」「飲む」などの尊敬語。

Memo

高校を受験する生徒とご父母のための…

2025 年度用

高校合格資料集

■首都圏有名書店にて今秋発売予定！

※表紙は昨年のものです。

内容目次

1 まず試験日はいつ？推薦ワクは？競争率は？

2 この学校のことはどこに行けば分かるの？

3 かけもち受験のテクニックは？

4 合格するために大事なことが二つ！

5 もしもだよ！試験に落ちたらどうしよう？

6 勉強しても成績があがらない

7 最後の試験は面接だよ！

定価1430円（税込）

当社発行物の無断使用は固くお断りいたします。御使用の前はまずご相談ください。

当社発行物には500点余の首都圏中・高過去問をはじめ、6点の学校案内、そのほかいくつかの情報誌などがございます。その多くが年度版で、限られたスタッフが来るべき受験シーズン前に余裕を持って受験生へ届けられるよう、日夜作業にあたり出版を重ねております。

最近、通塾生ご父母や塾内部からの告発によって、いくつかの塾が許諾なしに当社過去問を複写（コピー）し生徒に配布、授業等にも使用していることが発覚し、その一部が紛争、係争に至っております。過去問には原著作者や管理団体、代行出版等のほか、当社に著作権がございます。当社としましては、著作権侵害の発覚に対しては著作権を有するこれらの著作権関係者にその事実を開示して、マスコミにリリースする場合や法的な措置を取る場合がございます。その事例としましては、毎年当社過去問の発行を待って自由にシステム化使用していたＡ塾、個別教室でコピーを生徒に解かせ指導していたＢ塾、冊子化していたＣ社、生徒の希望によって書籍の過去問代わりにコピーを配布していたＤ塾などがあります。

当社発行物の全部もしくは一部を無断使用することは固くお断りいたします。

当社コンテンツの中にはリーズナブルな設定で紙面の利用を許諾している塾もたくさんございますので、ご希望の方は、お気軽にご相談くださいますようお願いします。同時に、当社発行物を無断で使用している会社などにつきましての情報もお寄せいただければ幸いです。

株式会社 声の教育社

スーパー過去問の **解説執筆・解答作成スタッフ（在宅）募集！** ※募集要項の詳細は、10月に弊社ホームページ上に掲載します。

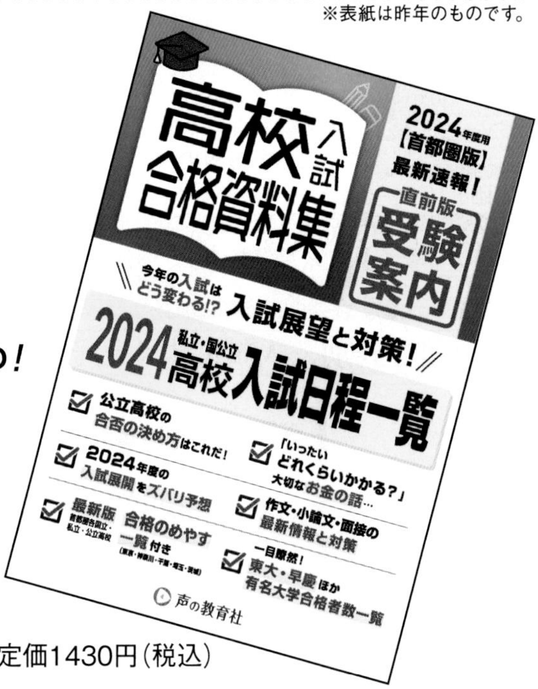

2025年度用

高校スーパー過去問

■編集人　声の教育社・編集部
■発行所　株式会社　声の教育社
〒162-0814 東京都新宿区新小川町8-15
☎03-5261-5061㈹ FAX03-5261-5062
https://www.koenokyoikusha.co.jp

禁無断使用・転載

※本書の内容についての一切の責任は当社にあります。内容・解説・解答その他の質問等は文書にて当社に御郵送くださるようお願いいたします。

声の教育社 〒162-0814 東京都新宿区新小川町8-15
TEL.03(5261)5061 FAX.03(5261)5062

埼玉栄高等学校

別冊解答用紙

丁寧に抜きとって、別冊としてご使用ください。

合格のめやす

	2024 年度	2023 年度	2022 年度	2021 年度
	単願・併願Ⅰ～Ⅲ	単願・併願Ⅰ～Ⅲ	単願・併願Ⅰ～Ⅲ	単願・併願Ⅰ～Ⅲ
α	240	240	240	240
S	210	210	210	210
特　進	180	180	180	180
保健体育	150	150	150	150

注意

- ○ 解答用紙は、収録の都合により縮小したものや、小社独自に作成したものもあります。
- ○ 学校配点は学校発表のもの、推定配点は小社で作成したものです。
- ○ 無断転載を禁じます。
- ○ 解答用紙を拡大コピーする場合、表示した拡大率に対応する用紙サイズは以下のとおりです。
  101%～102%＝B5　103%～118%＝A4　119%～144%＝B4　145%～167%＝A3
  （タイトルと配点表は含みません）

2024年度　埼玉栄高等学校　単願・併願Ⅰ

英語解答用紙

評点
/100

記入上の注意事項

1. 氏名、受験番号を必ず記入して下さい。
2. マークは記入例に従って〇の中を正確にぬりつぶして下さい。
3. 受験番号及び解答は所定の位置に正しくマークして下さい。
4. 記入は必ずＨＢの鉛筆でマークして下さい。
5. 解答の訂正はプラスチックの消しゴムでていねいに消し、消しクズを残さないで下さい。
6. 所定の記入欄以外には何も記入しないで下さい。
7. 解答用紙は汚したり、折り曲げたりしないで下さい。

記入例

良い例	悪い例
●	⊙ ⊘ ◓

氏名	

受験番号				
①	①	①	①	①
②	②	②	②	②
③	③	③	③	③
④	④	④	④	④
⑤	⑤	⑤	⑤	⑤
⑥	⑥	⑥	⑥	⑥
⑦	⑦	⑦	⑦	⑦
⑧	⑧	⑧	⑧	⑧
⑨	⑨	⑨	⑨	⑨
⓪	⓪	⓪	⓪	⓪

番号	解答欄
1	ア イ ウ エ オ カ キ ク ケ コ
2	ア イ ウ エ オ カ キ ク ケ コ
3	ア イ ウ エ オ カ キ ク ケ コ
4	ア イ ウ エ オ カ キ ク ケ コ
5	ア イ ウ エ オ カ キ ク ケ コ
6	ア イ ウ エ オ カ キ ク ケ コ
7	ア イ ウ エ オ カ キ ク ケ コ
8	ア イ ウ エ オ カ キ ク ケ コ
9	ア イ ウ エ オ カ キ ク ケ コ
10	ア イ ウ エ オ カ キ ク ケ コ
11	ア イ ウ エ オ カ キ ク ケ コ
12	ア イ ウ エ オ カ キ ク ケ コ
13	ア イ ウ エ オ カ キ ク ケ コ
14	ア イ ウ エ オ カ キ ク ケ コ
15	ア イ ウ エ オ カ キ ク ケ コ
16	ア イ ウ エ オ カ キ ク ケ コ
17	ア イ ウ エ オ カ キ ク ケ コ
18	ア イ ウ エ オ カ キ ク ケ コ
19	ア イ ウ エ オ カ キ ク ケ コ
20	ア イ ウ エ オ カ キ ク ケ コ
21	ア イ ウ エ オ カ キ ク ケ コ
22	ア イ ウ エ オ カ キ ク ケ コ
23	ア イ ウ エ オ カ キ ク ケ コ
24	ア イ ウ エ オ カ キ ク ケ コ
25	ア イ ウ エ オ カ キ ク ケ コ
26	ア イ ウ エ オ カ キ ク ケ コ
27	ア イ ウ エ オ カ キ ク ケ コ
28	ア イ ウ エ オ カ キ ク ケ コ
29	ア イ ウ エ オ カ キ ク ケ コ
30	ア イ ウ エ オ カ キ ク ケ コ
31	ア イ ウ エ オ カ キ ク ケ コ
32	ア イ ウ エ オ カ キ ク ケ コ
33	ア イ ウ エ オ カ キ ク ケ コ
34	ア イ ウ エ オ カ キ ク ケ コ
35	ア イ ウ エ オ カ キ ク ケ コ
36	ア イ ウ エ オ カ キ ク ケ コ
37	ア イ ウ エ オ カ キ ク ケ コ
38	ア イ ウ エ オ カ キ ク ケ コ
39	ア イ ウ エ オ カ キ ク ケ コ
40	ア イ ウ エ オ カ キ ク ケ コ
41	ア イ ウ エ オ カ キ ク ケ コ
42	ア イ ウ エ オ カ キ ク ケ コ
43	ア イ ウ エ オ カ キ ク ケ コ
44	ア イ ウ エ オ カ キ ク ケ コ
45	ア イ ウ エ オ カ キ ク ケ コ
46	ア イ ウ エ オ カ キ ク ケ コ
47	ア イ ウ エ オ カ キ ク ケ コ
48	ア イ ウ エ オ カ キ ク ケ コ
49	ア イ ウ エ オ カ キ ク ケ コ
50	ア イ ウ エ オ カ キ ク ケ コ

（注）この解答用紙は実物を縮小してあります。Ｂ４用紙に142%拡大コピーすると、ほぼ実物大で使用できます。（タイトルと配点表は含みません）

学校配点	
Ⅰ 各５点×６ Ⅱ、Ⅲ 各４点×９ Ⅳ 各３点×６ Ⅴ 各２点×８	
100点	計

2024年度　埼玉栄高等学校　単願・併願Ⅰ

数学解答用紙

評点　/100

記入上の注意事項

1. 氏名、受験番号を必ず記入して下さい。
2. マークは記入例に従って○の中を正確にぬりつぶして下さい。
3. 受験番号及び解答は所定の位置に正しくマークして下さい。
4. 記入は必ずＨＢの鉛筆でマークして下さい。
5. 解答の訂正はプラスチックの消しゴムでていねいに消し、消しクズを残さないで下さい。
6. 所定の記入欄以外には何も記入しないで下さい。
7. 解答用紙は汚したり、折り曲げたりしないで下さい。

記入例

良い例	悪い例
●	⊙ ⊗ ◓

氏名	

受験番号

①	①	①	①	①
②	②	②	②	②
③	③	③	③	③
④	④	④	④	④
⑤	⑤	⑤	⑤	⑤
⑥	⑥	⑥	⑥	⑥
⑦	⑦	⑦	⑦	⑦
⑧	⑧	⑧	⑧	⑧
⑨	⑨	⑨	⑨	⑨
⓪	⓪	⓪	⓪	⓪

1	2	3	4	5	6	7	8	9	10	11	12	13	14	15	16	17	18	19	20	21	22	23	24	25	26	27	28	29	30	31	32	33	34	35	36	37	38	39	40	41	42	43	44	45	46	47	48	49	50
ア	ア	ア	ア	ア	ア	ア	ア	ア	ア	ア	ア	ア	ア	ア	ア	ア	ア	ア	ア	ア	ア	ア	ア	ア	ア	ア	ア	ア	ア	ア	ア	ア	ア	ア	ア	ア	ア	ア	ア	ア	ア	ア	ア	ア	ア	ア	ア	ア	ア
イ	イ	イ	イ	イ	イ	イ	イ	イ	イ	イ	イ	イ	イ	イ	イ	イ	イ	イ	イ	イ	イ	イ	イ	イ	イ	イ	イ	イ	イ	イ	イ	イ	イ	イ	イ	イ	イ	イ	イ	イ	イ	イ	イ	イ	イ	イ	イ	イ	イ
ウ	ウ	ウ	ウ	ウ	ウ	ウ	ウ	ウ	ウ	ウ	ウ	ウ	ウ	ウ	ウ	ウ	ウ	ウ	ウ	ウ	ウ	ウ	ウ	ウ	ウ	ウ	ウ	ウ	ウ	ウ	ウ	ウ	ウ	ウ	ウ	ウ	ウ	ウ	ウ	ウ	ウ	ウ	ウ	ウ	ウ	ウ	ウ	ウ	ウ
エ	エ	エ	エ	エ	エ	エ	エ	エ	エ	エ	エ	エ	エ	エ	エ	エ	エ	エ	エ	エ	エ	エ	エ	エ	エ	エ	エ	エ	エ	エ	エ	エ	エ	エ	エ	エ	エ	エ	エ	エ	エ	エ	エ	エ	エ	エ	エ	エ	エ
オ	オ	オ	オ	オ	オ	オ	オ	オ	オ	オ	オ	オ	オ	オ	オ	オ	オ	オ	オ	オ	オ	オ	オ	オ	オ	オ	オ	オ	オ	オ	オ	オ	オ	オ	オ	オ	オ	オ	オ	オ	オ	オ	オ	オ	オ	オ	オ	オ	オ
カ	カ	カ	カ	カ	カ	カ	カ	カ	カ	カ	カ	カ	カ	カ	カ	カ	カ	カ	カ	カ	カ	カ	カ	カ	カ	カ	カ	カ	カ	カ	カ	カ	カ	カ	カ	カ	カ	カ	カ	カ	カ	カ	カ	カ	カ	カ	カ	カ	カ
キ	キ	キ	キ	キ	キ	キ	キ	キ	キ	キ	キ	キ	キ	キ	キ	キ	キ	キ	キ	キ	キ	キ	キ	キ	キ	キ	キ	キ	キ	キ	キ	キ	キ	キ	キ	キ	キ	キ	キ	キ	キ	キ	キ	キ	キ	キ	キ	キ	キ
ク	ク	ク	ク	ク	ク	ク	ク	ク	ク	ク	ク	ク	ク	ク	ク	ク	ク	ク	ク	ク	ク	ク	ク	ク	ク	ク	ク	ク	ク	ク	ク	ク	ク	ク	ク	ク	ク	ク	ク	ク	ク	ク	ク	ク	ク	ク	ク	ク	ク
ケ	ケ	ケ	ケ	ケ	ケ	ケ	ケ	ケ	ケ	ケ	ケ	ケ	ケ	ケ	ケ	ケ	ケ	ケ	ケ	ケ	ケ	ケ	ケ	ケ	ケ	ケ	ケ	ケ	ケ	ケ	ケ	ケ	ケ	ケ	ケ	ケ	ケ	ケ	ケ	ケ	ケ	ケ	ケ	ケ	ケ	ケ	ケ	ケ	ケ
コ	コ	コ	コ	コ	コ	コ	コ	コ	コ	コ	コ	コ	コ	コ	コ	コ	コ	コ	コ	コ	コ	コ	コ	コ	コ	コ	コ	コ	コ	コ	コ	コ	コ	コ	コ	コ	コ	コ	コ	コ	コ	コ	コ	コ	コ	コ	コ	コ	コ

（注）この解答用紙は実物を縮小してあります。Ｂ４用紙に142％拡大コピーすると、ほぼ実物大で使用できます。（タイトルと配点表は含みません）

学校配点	
1～20　各5点×20	
100点	計

二〇二四年度　埼玉栄高等学校　単願・併願Ⅰ

国語解答用紙

評点	/100

記入上の注意事項

1. 氏名、受験番号を必ず記入して下さい。
2. マークは記入例に従って○の中を正確にぬりつぶして下さい。
3. 受験番号及び解答は所定の位置に正しくマークして下さい。
4. 記入は必ずＨＢの鉛筆でマークして下さい。
5. 解答の訂正はプラスチックの消しゴムでていねいに消し、消しクズを残さないで下さい。
6. 所定の記入欄以外には何も記入しないで下さい。
7. 解答用紙は汚したり、折り曲げたりしないで下さい。

記入例

良い例	悪い例
●	⊙ ⊗

氏名

受験番号

①	①	①	①	①
②	②	②	②	②
③	③	③	③	③
④	④	④	④	④
⑤	⑤	⑤	⑤	⑤
⑥	⑥	⑥	⑥	⑥
⑦	⑦	⑦	⑦	⑦
⑧	⑧	⑧	⑧	⑧
⑨	⑨	⑨	⑨	⑨
⓪	⓪	⓪	⓪	⓪

1	ア	イ	ウ	エ	オ	カ	キ	ク	ケ	コ
2	ア	イ	ウ	エ	オ	カ	キ	ク	ケ	コ
3	ア	イ	ウ	エ	オ	カ	キ	ク	ケ	コ
4	ア	イ	ウ	エ	オ	カ	キ	ク	ケ	コ
5	ア	イ	ウ	エ	オ	カ	キ	ク	ケ	コ
6	ア	イ	ウ	エ	オ	カ	キ	ク	ケ	コ
7	ア	イ	ウ	エ	オ	カ	キ	ク	ケ	コ
8	ア	イ	ウ	エ	オ	カ	キ	ク	ケ	コ
9	ア	イ	ウ	エ	オ	カ	キ	ク	ケ	コ
10	ア	イ	ウ	エ	オ	カ	キ	ク	ケ	コ
11	ア	イ	ウ	エ	オ	カ	キ	ク	ケ	コ
12	ア	イ	ウ	エ	オ	カ	キ	ク	ケ	コ
13	ア	イ	ウ	エ	オ	カ	キ	ク	ケ	コ
14	ア	イ	ウ	エ	オ	カ	キ	ク	ケ	コ
15	ア	イ	ウ	エ	オ	カ	キ	ク	ケ	コ
16	ア	イ	ウ	エ	オ	カ	キ	ク	ケ	コ
17	ア	イ	ウ	エ	オ	カ	キ	ク	ケ	コ
18	ア	イ	ウ	エ	オ	カ	キ	ク	ケ	コ
19	ア	イ	ウ	エ	オ	カ	キ	ク	ケ	コ
20	ア	イ	ウ	エ	オ	カ	キ	ク	ケ	コ
21	ア	イ	ウ	エ	オ	カ	キ	ク	ケ	コ
22	ア	イ	ウ	エ	オ	カ	キ	ク	ケ	コ
23	ア	イ	ウ	エ	オ	カ	キ	ク	ケ	コ
24	ア	イ	ウ	エ	オ	カ	キ	ク	ケ	コ
25	ア	イ	ウ	エ	オ	カ	キ	ク	ケ	コ
26	ア	イ	ウ	エ	オ	カ	キ	ク	ケ	コ
27	ア	イ	ウ	エ	オ	カ	キ	ク	ケ	コ
28	ア	イ	ウ	エ	オ	カ	キ	ク	ケ	コ
29	ア	イ	ウ	エ	オ	カ	キ	ク	ケ	コ
30	ア	イ	ウ	エ	オ	カ	キ	ク	ケ	コ
31	ア	イ	ウ	エ	オ	カ	キ	ク	ケ	コ
32	ア	イ	ウ	エ	オ	カ	キ	ク	ケ	コ
33	ア	イ	ウ	エ	オ	カ	キ	ク	ケ	コ
34	ア	イ	ウ	エ	オ	カ	キ	ク	ケ	コ
35	ア	イ	ウ	エ	オ	カ	キ	ク	ケ	コ
36	ア	イ	ウ	エ	オ	カ	キ	ク	ケ	コ
37	ア	イ	ウ	エ	オ	カ	キ	ク	ケ	コ
38	ア	イ	ウ	エ	オ	カ	キ	ク	ケ	コ
39	ア	イ	ウ	エ	オ	カ	キ	ク	ケ	コ
40	ア	イ	ウ	エ	オ	カ	キ	ク	ケ	コ
41	ア	イ	ウ	エ	オ	カ	キ	ク	ケ	コ
42	ア	イ	ウ	エ	オ	カ	キ	ク	ケ	コ
43	ア	イ	ウ	エ	オ	カ	キ	ク	ケ	コ
44	ア	イ	ウ	エ	オ	カ	キ	ク	ケ	コ
45	ア	イ	ウ	エ	オ	カ	キ	ク	ケ	コ
46	ア	イ	ウ	エ	オ	カ	キ	ク	ケ	コ
47	ア	イ	ウ	エ	オ	カ	キ	ク	ケ	コ
48	ア	イ	ウ	エ	オ	カ	キ	ク	ケ	コ
49	ア	イ	ウ	エ	オ	カ	キ	ク	ケ	コ
50	ア	イ	ウ	エ	オ	カ	キ	ク	ケ	コ

（注）この解答用紙は実物を縮小してあります。Ｂ４用紙に142%拡大コピーすると、ほぼ実物大で使用できます。（タイトルと配点表は含みません）

学校配点		
	一　問一～問三　各２点×10　問四～問八　各３点×５ 二　問一～問四　各２点×８　問五～問七　各３点×３ 問八　（1）２点　（2）３点　問九　３点　問十　２点 三～五　各２点×15	計 100点

２０２４年度　埼玉栄高等学校　併願Ⅱ

英語解答用紙

評点
/100

記入上の注意事項

1. 氏名、受験番号を必ず記入して下さい。
2. マークは記入例に従って○の中を正確にぬりつぶして下さい。
3. 受験番号及び解答は所定の位置に正しくマークして下さい。
4. 記入は必ずＨＢの鉛筆でマークして下さい。
5. 解答の訂正はプラスチックの消しゴムでていねいに消し、消しクズを残さないで下さい。
6. 所定の記入欄以外には何も記入しないで下さい。
7. 解答用紙は汚したり、折り曲げたりしないで下さい。

記入例

良い例	悪い例
●	⊙ ⊗ ◓

氏名	

受験番号

1	1	1	1	1
2	2	2	2	2
3	3	3	3	3
4	4	4	4	4
5	5	5	5	5
6	6	6	6	6
7	7	7	7	7
8	8	8	8	8
9	9	9	9	9
0	0	0	0	0

1	2	3	4	5	6	7	8	9	10
ア	ア	ア	ア	ア	ア	ア	ア	ア	ア
イ	イ	イ	イ	イ	イ	イ	イ	イ	イ
ウ	ウ	ウ	ウ	ウ	ウ	ウ	ウ	ウ	ウ
エ	エ	エ	エ	エ	エ	エ	エ	エ	エ
オ	オ	オ	オ	オ	オ	オ	オ	オ	オ
カ	カ	カ	カ	カ	カ	カ	カ	カ	カ
キ	キ	キ	キ	キ	キ	キ	キ	キ	キ
ク	ク	ク	ク	ク	ク	ク	ク	ク	ク
ケ	ケ	ケ	ケ	ケ	ケ	ケ	ケ	ケ	ケ
コ	コ	コ	コ	コ	コ	コ	コ	コ	コ

11	12	13	14	15	16	17	18	19	20
ア	ア	ア	ア	ア	ア	ア	ア	ア	ア
イ	イ	イ	イ	イ	イ	イ	イ	イ	イ
ウ	ウ	ウ	ウ	ウ	ウ	ウ	ウ	ウ	ウ
エ	エ	エ	エ	エ	エ	エ	エ	エ	エ
オ	オ	オ	オ	オ	オ	オ	オ	オ	オ
カ	カ	カ	カ	カ	カ	カ	カ	カ	カ
キ	キ	キ	キ	キ	キ	キ	キ	キ	キ
ク	ク	ク	ク	ク	ク	ク	ク	ク	ク
ケ	ケ	ケ	ケ	ケ	ケ	ケ	ケ	ケ	ケ
コ	コ	コ	コ	コ	コ	コ	コ	コ	コ

21	22	23	24	25	26	27	28	29	30
ア	ア	ア	ア	ア	ア	ア	ア	ア	ア
イ	イ	イ	イ	イ	イ	イ	イ	イ	イ
ウ	ウ	ウ	ウ	ウ	ウ	ウ	ウ	ウ	ウ
エ	エ	エ	エ	エ	エ	エ	エ	エ	エ
オ	オ	オ	オ	オ	オ	オ	オ	オ	オ
カ	カ	カ	カ	カ	カ	カ	カ	カ	カ
キ	キ	キ	キ	キ	キ	キ	キ	キ	キ
ク	ク	ク	ク	ク	ク	ク	ク	ク	ク
ケ	ケ	ケ	ケ	ケ	ケ	ケ	ケ	ケ	ケ
コ	コ	コ	コ	コ	コ	コ	コ	コ	コ

31	32	33	34	35	36	37	38	39	40
ア	ア	ア	ア	ア	ア	ア	ア	ア	ア
イ	イ	イ	イ	イ	イ	イ	イ	イ	イ
ウ	ウ	ウ	ウ	ウ	ウ	ウ	ウ	ウ	ウ
エ	エ	エ	エ	エ	エ	エ	エ	エ	エ
オ	オ	オ	オ	オ	オ	オ	オ	オ	オ
カ	カ	カ	カ	カ	カ	カ	カ	カ	カ
キ	キ	キ	キ	キ	キ	キ	キ	キ	キ
ク	ク	ク	ク	ク	ク	ク	ク	ク	ク
ケ	ケ	ケ	ケ	ケ	ケ	ケ	ケ	ケ	ケ
コ	コ	コ	コ	コ	コ	コ	コ	コ	コ

41	42	43	44	45	46	47	48	49	50
ア	ア	ア	ア	ア	ア	ア	ア	ア	ア
イ	イ	イ	イ	イ	イ	イ	イ	イ	イ
ウ	ウ	ウ	ウ	ウ	ウ	ウ	ウ	ウ	ウ
エ	エ	エ	エ	エ	エ	エ	エ	エ	エ
オ	オ	オ	オ	オ	オ	オ	オ	オ	オ
カ	カ	カ	カ	カ	カ	カ	カ	カ	カ
キ	キ	キ	キ	キ	キ	キ	キ	キ	キ
ク	ク	ク	ク	ク	ク	ク	ク	ク	ク
ケ	ケ	ケ	ケ	ケ	ケ	ケ	ケ	ケ	ケ
コ	コ	コ	コ	コ	コ	コ	コ	コ	コ

（注）この解答用紙は実物を縮小してあります。Ｂ４用紙に142％拡大コピーすると、ほぼ実物大で使用できます。（タイトルと配点表は含みません）

学校配点

Ⅰ　各５点×６
Ⅱ　問１～問４　各３点×４　問５、問６　各４点×２
Ⅲ、Ⅳ　各４点×４
Ⅴ　各３点×６
Ⅵ　各２点×８

計	100点

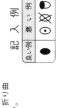

２０２４年度　埼玉栄高等学校　併願Ⅱ

数学解答用紙

評点	/100

記入上の注意事項

1. 氏名、受験番号を必ず記入して下さい。
2. マークは記入例に従って○の中を正確にぬりつぶして下さい。
3. 受験番号及び解答は所定の位置に正しくマークして下さい。
4. 記入は必ずＨＢの鉛筆でマークして下さい。
5. 解答の訂正はプラスチックの消しゴムでていねいに消し、消しクズを残さないで下さい。
6. 所定の記入欄以外には何も記入しないで下さい。
7. 解答用紙は汚したり、折り曲げたりしないで下さい。

記入例

良い例	悪い例
●	⊙ ⊗ ◓

1	ア	イ	ウ	エ	オ	カ	キ	ク	ケ	コ
2	ア	イ	ウ	エ	オ	カ	キ	ク	ケ	コ
3	ア	イ	ウ	エ	オ	カ	キ	ク	ケ	コ
4	ア	イ	ウ	エ	オ	カ	キ	ク	ケ	コ
5	ア	イ	ウ	エ	オ	カ	キ	ク	ケ	コ
6	ア	イ	ウ	エ	オ	カ	キ	ク	ケ	コ
7	ア	イ	ウ	エ	オ	カ	キ	ク	ケ	コ
8	ア	イ	ウ	エ	オ	カ	キ	ク	ケ	コ
9	ア	イ	ウ	エ	オ	カ	キ	ク	ケ	コ
10	ア	イ	ウ	エ	オ	カ	キ	ク	ケ	コ
11	ア	イ	ウ	エ	オ	カ	キ	ク	ケ	コ
12	ア	イ	ウ	エ	オ	カ	キ	ク	ケ	コ
13	ア	イ	ウ	エ	オ	カ	キ	ク	ケ	コ
14	ア	イ	ウ	エ	オ	カ	キ	ク	ケ	コ
15	ア	イ	ウ	エ	オ	カ	キ	ク	ケ	コ
16	ア	イ	ウ	エ	オ	カ	キ	ク	ケ	コ
17	ア	イ	ウ	エ	オ	カ	キ	ク	ケ	コ
18	ア	イ	ウ	エ	オ	カ	キ	ク	ケ	コ
19	ア	イ	ウ	エ	オ	カ	キ	ク	ケ	コ
20	ア	イ	ウ	エ	オ	カ	キ	ク	ケ	コ
21	ア	イ	ウ	エ	オ	カ	キ	ク	ケ	コ
22	ア	イ	ウ	エ	オ	カ	キ	ク	ケ	コ
23	ア	イ	ウ	エ	オ	カ	キ	ク	ケ	コ
24	ア	イ	ウ	エ	オ	カ	キ	ク	ケ	コ
25	ア	イ	ウ	エ	オ	カ	キ	ク	ケ	コ
26	ア	イ	ウ	エ	オ	カ	キ	ク	ケ	コ
27	ア	イ	ウ	エ	オ	カ	キ	ク	ケ	コ
28	ア	イ	ウ	エ	オ	カ	キ	ク	ケ	コ
29	ア	イ	ウ	エ	オ	カ	キ	ク	ケ	コ
30	ア	イ	ウ	エ	オ	カ	キ	ク	ケ	コ
31	ア	イ	ウ	エ	オ	カ	キ	ク	ケ	コ
32	ア	イ	ウ	エ	オ	カ	キ	ク	ケ	コ
33	ア	イ	ウ	エ	オ	カ	キ	ク	ケ	コ
34	ア	イ	ウ	エ	オ	カ	キ	ク	ケ	コ
35	ア	イ	ウ	エ	オ	カ	キ	ク	ケ	コ
36	ア	イ	ウ	エ	オ	カ	キ	ク	ケ	コ
37	ア	イ	ウ	エ	オ	カ	キ	ク	ケ	コ
38	ア	イ	ウ	エ	オ	カ	キ	ク	ケ	コ
39	ア	イ	ウ	エ	オ	カ	キ	ク	ケ	コ
40	ア	イ	ウ	エ	オ	カ	キ	ク	ケ	コ
41	ア	イ	ウ	エ	オ	カ	キ	ク	ケ	コ
42	ア	イ	ウ	エ	オ	カ	キ	ク	ケ	コ
43	ア	イ	ウ	エ	オ	カ	キ	ク	ケ	コ
44	ア	イ	ウ	エ	オ	カ	キ	ク	ケ	コ
45	ア	イ	ウ	エ	オ	カ	キ	ク	ケ	コ
46	ア	イ	ウ	エ	オ	カ	キ	ク	ケ	コ
47	ア	イ	ウ	エ	オ	カ	キ	ク	ケ	コ
48	ア	イ	ウ	エ	オ	カ	キ	ク	ケ	コ
49	ア	イ	ウ	エ	オ	カ	キ	ク	ケ	コ
50	ア	イ	ウ	エ	オ	カ	キ	ク	ケ	コ

氏名	

受験番号				
1	1	1	1	1
2	2	2	2	2
3	3	3	3	3
4	4	4	4	4
5	5	5	5	5
6	6	6	6	6
7	7	7	7	7
8	8	8	8	8
9	9	9	9	9
0	0	0	0	0

（注）この解答用紙は実物を縮小してあります。Ｂ４用紙に142％拡大コピーすると、ほぼ実物大で使用できます。（タイトルと配点表は含みません）

学校配点	計
1 〜 20　各５点×20	100点

二〇二四年度　埼玉栄高等学校　併願Ⅱ

国語解答用紙

評点	/100

氏名	

受験番号

①	①	①	①	①
②	②	②	②	②
③	③	③	③	③
④	④	④	④	④
⑤	⑤	⑤	⑤	⑤
⑥	⑥	⑥	⑥	⑥
⑦	⑦	⑦	⑦	⑦
⑧	⑧	⑧	⑧	⑧
⑨	⑨	⑨	⑨	⑨
⑩	⑩	⑩	⑩	⑩

記入上の注意事項

1.氏名、受験番号を必ず記入して下さい。
2.マークは記入例に従って○の中を正確にぬりつぶして下さい。
3.受験番号及び解答は所定の位置に正しくマークして下さい。
4.記入は必ずＨＢの鉛筆でマークして下さい。
5.解答の訂正はプラスチックの消しゴムでていねいに消し、消しクズを残さないで下さい。
6.所定の記入欄以外には何も記入しないで下さい。
7.解答用紙は汚したり、折り曲げたりしないで下さい。

記入例

良い例	悪い例
●	⊙ ⊗ ◒

番号										
①	㋐	㋑	㋒	㋓	㋔	㋕	㋖	㋗	㋘	㋙
②	㋐	㋑	㋒	㋓	㋔	㋕	㋖	㋗	㋘	㋙
③	㋐	㋑	㋒	㋓	㋔	㋕	㋖	㋗	㋘	㋙
④	㋐	㋑	㋒	㋓	㋔	㋕	㋖	㋗	㋘	㋙
⑤	㋐	㋑	㋒	㋓	㋔	㋕	㋖	㋗	㋘	㋙
⑥	㋐	㋑	㋒	㋓	㋔	㋕	㋖	㋗	㋘	㋙
⑦	㋐	㋑	㋒	㋓	㋔	㋕	㋖	㋗	㋘	㋙
⑧	㋐	㋑	㋒	㋓	㋔	㋕	㋖	㋗	㋘	㋙
⑨	㋐	㋑	㋒	㋓	㋔	㋕	㋖	㋗	㋘	㋙
⑩	㋐	㋑	㋒	㋓	㋔	㋕	㋖	㋗	㋘	㋙
⑪	㋐	㋑	㋒	㋓	㋔	㋕	㋖	㋗	㋘	㋙
⑫	㋐	㋑	㋒	㋓	㋔	㋕	㋖	㋗	㋘	㋙
⑬	㋐	㋑	㋒	㋓	㋔	㋕	㋖	㋗	㋘	㋙
⑭	㋐	㋑	㋒	㋓	㋔	㋕	㋖	㋗	㋘	㋙
⑮	㋐	㋑	㋒	㋓	㋔	㋕	㋖	㋗	㋘	㋙
⑯	㋐	㋑	㋒	㋓	㋔	㋕	㋖	㋗	㋘	㋙
⑰	㋐	㋑	㋒	㋓	㋔	㋕	㋖	㋗	㋘	㋙
⑱	㋐	㋑	㋒	㋓	㋔	㋕	㋖	㋗	㋘	㋙
⑲	㋐	㋑	㋒	㋓	㋔	㋕	㋖	㋗	㋘	㋙
⑳	㋐	㋑	㋒	㋓	㋔	㋕	㋖	㋗	㋘	㋙
㉑	㋐	㋑	㋒	㋓	㋔	㋕	㋖	㋗	㋘	㋙
㉒	㋐	㋑	㋒	㋓	㋔	㋕	㋖	㋗	㋘	㋙
㉓	㋐	㋑	㋒	㋓	㋔	㋕	㋖	㋗	㋘	㋙
㉔	㋐	㋑	㋒	㋓	㋔	㋕	㋖	㋗	㋘	㋙
㉕	㋐	㋑	㋒	㋓	㋔	㋕	㋖	㋗	㋘	㋙
㉖	㋐	㋑	㋒	㋓	㋔	㋕	㋖	㋗	㋘	㋙
㉗	㋐	㋑	㋒	㋓	㋔	㋕	㋖	㋗	㋘	㋙
㉘	㋐	㋑	㋒	㋓	㋔	㋕	㋖	㋗	㋘	㋙
㉙	㋐	㋑	㋒	㋓	㋔	㋕	㋖	㋗	㋘	㋙
㉚	㋐	㋑	㋒	㋓	㋔	㋕	㋖	㋗	㋘	㋙
㉛	㋐	㋑	㋒	㋓	㋔	㋕	㋖	㋗	㋘	㋙
㉜	㋐	㋑	㋒	㋓	㋔	㋕	㋖	㋗	㋘	㋙
㉝	㋐	㋑	㋒	㋓	㋔	㋕	㋖	㋗	㋘	㋙
㉞	㋐	㋑	㋒	㋓	㋔	㋕	㋖	㋗	㋘	㋙
㉟	㋐	㋑	㋒	㋓	㋔	㋕	㋖	㋗	㋘	㋙
㊱	㋐	㋑	㋒	㋓	㋔	㋕	㋖	㋗	㋘	㋙
㊲	㋐	㋑	㋒	㋓	㋔	㋕	㋖	㋗	㋘	㋙
㊳	㋐	㋑	㋒	㋓	㋔	㋕	㋖	㋗	㋘	㋙
㊴	㋐	㋑	㋒	㋓	㋔	㋕	㋖	㋗	㋘	㋙
㊵	㋐	㋑	㋒	㋓	㋔	㋕	㋖	㋗	㋘	㋙
㊶	㋐	㋑	㋒	㋓	㋔	㋕	㋖	㋗	㋘	㋙
㊷	㋐	㋑	㋒	㋓	㋔	㋕	㋖	㋗	㋘	㋙
㊸	㋐	㋑	㋒	㋓	㋔	㋕	㋖	㋗	㋘	㋙
㊹	㋐	㋑	㋒	㋓	㋔	㋕	㋖	㋗	㋘	㋙
㊺	㋐	㋑	㋒	㋓	㋔	㋕	㋖	㋗	㋘	㋙
㊻	㋐	㋑	㋒	㋓	㋔	㋕	㋖	㋗	㋘	㋙
㊼	㋐	㋑	㋒	㋓	㋔	㋕	㋖	㋗	㋘	㋙
㊽	㋐	㋑	㋒	㋓	㋔	㋕	㋖	㋗	㋘	㋙
㊾	㋐	㋑	㋒	㋓	㋔	㋕	㋖	㋗	㋘	㋙
㊿	㋐	㋑	㋒	㋓	㋔	㋕	㋖	㋗	㋘	㋙

（注）この解答用紙は実物を縮小してあります。Ｂ４用紙に142%拡大コピーすると、ほぼ実物大で使用できます。（タイトルと配点表は含みません）

学校配点	計
一 問一、問二　各2点×8　問三　3点　問四、問五　各2点×2　問六～問九　各3点×4 二 問一～問六　各2点×9　問七～問九　各3点×5　問十　2点 三～五 各2点×15	100点

2023年度　埼玉栄高等学校　単願・併願Ⅰ

英語解答用紙

評点	/100

記入上の注意事項

1. 氏名、受験番号を必ず記入して下さい。
2. マークは記入例に従って○の中を正確にぬりつぶして下さい。
3. 受験番号及び解答は所定の位置に正しくマークして下さい。
4. 記入は必ずＨＢの鉛筆でマークして下さい。
5. 解答の訂正はプラスチックの消しゴムでていねいに消し、消しクズを残さないで下さい。
6. 所定の記入欄以外には何も記入しないで下さい。
7. 解答用紙は汚したり、折り曲げたりしないで下さい。

記入例

良い例	悪い例
●	⊙ ⊗ ◓

1	ア	イ	ウ	エ	オ	カ	キ	ク	ケ	コ
2	ア	イ	ウ	エ	オ	カ	キ	ク	ケ	コ
3	ア	イ	ウ	エ	オ	カ	キ	ク	ケ	コ
4	ア	イ	ウ	エ	オ	カ	キ	ク	ケ	コ
5	ア	イ	ウ	エ	オ	カ	キ	ク	ケ	コ
6	ア	イ	ウ	エ	オ	カ	キ	ク	ケ	コ
7	ア	イ	ウ	エ	オ	カ	キ	ク	ケ	コ
8	ア	イ	ウ	エ	オ	カ	キ	ク	ケ	コ
9	ア	イ	ウ	エ	オ	カ	キ	ク	ケ	コ
10	ア	イ	ウ	エ	オ	カ	キ	ク	ケ	コ
11	ア	イ	ウ	エ	オ	カ	キ	ク	ケ	コ
12	ア	イ	ウ	エ	オ	カ	キ	ク	ケ	コ
13	ア	イ	ウ	エ	オ	カ	キ	ク	ケ	コ
14	ア	イ	ウ	エ	オ	カ	キ	ク	ケ	コ
15	ア	イ	ウ	エ	オ	カ	キ	ク	ケ	コ
16	ア	イ	ウ	エ	オ	カ	キ	ク	ケ	コ
17	ア	イ	ウ	エ	オ	カ	キ	ク	ケ	コ
18	ア	イ	ウ	エ	オ	カ	キ	ク	ケ	コ
19	ア	イ	ウ	エ	オ	カ	キ	ク	ケ	コ
20	ア	イ	ウ	エ	オ	カ	キ	ク	ケ	コ
21	ア	イ	ウ	エ	オ	カ	キ	ク	ケ	コ
22	ア	イ	ウ	エ	オ	カ	キ	ク	ケ	コ
23	ア	イ	ウ	エ	オ	カ	キ	ク	ケ	コ
24	ア	イ	ウ	エ	オ	カ	キ	ク	ケ	コ
25	ア	イ	ウ	エ	オ	カ	キ	ク	ケ	コ
26	ア	イ	ウ	エ	オ	カ	キ	ク	ケ	コ
27	ア	イ	ウ	エ	オ	カ	キ	ク	ケ	コ
28	ア	イ	ウ	エ	オ	カ	キ	ク	ケ	コ
29	ア	イ	ウ	エ	オ	カ	キ	ク	ケ	コ
30	ア	イ	ウ	エ	オ	カ	キ	ク	ケ	コ
31	ア	イ	ウ	エ	オ	カ	キ	ク	ケ	コ
32	ア	イ	ウ	エ	オ	カ	キ	ク	ケ	コ
33	ア	イ	ウ	エ	オ	カ	キ	ク	ケ	コ
34	ア	イ	ウ	エ	オ	カ	キ	ク	ケ	コ
35	ア	イ	ウ	エ	オ	カ	キ	ク	ケ	コ
36	ア	イ	ウ	エ	オ	カ	キ	ク	ケ	コ
37	ア	イ	ウ	エ	オ	カ	キ	ク	ケ	コ
38	ア	イ	ウ	エ	オ	カ	キ	ク	ケ	コ
39	ア	イ	ウ	エ	オ	カ	キ	ク	ケ	コ
40	ア	イ	ウ	エ	オ	カ	キ	ク	ケ	コ
41	ア	イ	ウ	エ	オ	カ	キ	ク	ケ	コ
42	ア	イ	ウ	エ	オ	カ	キ	ク	ケ	コ
43	ア	イ	ウ	エ	オ	カ	キ	ク	ケ	コ
44	ア	イ	ウ	エ	オ	カ	キ	ク	ケ	コ
45	ア	イ	ウ	エ	オ	カ	キ	ク	ケ	コ
46	ア	イ	ウ	エ	オ	カ	キ	ク	ケ	コ
47	ア	イ	ウ	エ	オ	カ	キ	ク	ケ	コ
48	ア	イ	ウ	エ	オ	カ	キ	ク	ケ	コ
49	ア	イ	ウ	エ	オ	カ	キ	ク	ケ	コ
50	ア	イ	ウ	エ	オ	カ	キ	ク	ケ	コ

氏名	

受験番号				
1	1	1	1	1
2	2	2	2	2
3	3	3	3	3
4	4	4	4	4
5	5	5	5	5
6	6	6	6	6
7	7	7	7	7
8	8	8	8	8
9	9	9	9	9
0	0	0	0	0

（注）この解答用紙は実物を縮小してあります。Ｂ４用紙に142％拡大コピーすると、ほぼ実物大で使用できます。（タイトルと配点表は含みません）

学校配点		計
	Ⅰ 各５点×６ Ⅱ、Ⅲ 各４点×９ Ⅳ 各３点×６ Ⅴ 各２点×８	100点

2023年度　埼玉栄高等学校　単願・併願I

数学解答用紙

評点
／100

記入上の注意事項

1. 氏名、受験番号を必ず記入して下さい。
2. マークは記入例に従って○の中を正確にぬりつぶして下さい。
3. 受験番号及び解答は所定の位置に正しくマークして下さい。
4. 記入は必ずＨＢの鉛筆でマークして下さい。
5. 解答の訂正はプラスチックの消しゴムでていねいに消し、消しクスを残さないで下さい。
6. 所定の記入欄以外には何も記入しないで下さい。
7. 解答用紙は汚したり、折り曲げたりしないで下さい。

記入例

良い例	悪い例
●	⊙ ⊗ ◒

氏名	

受験番号				
①	①	①	①	①
②	②	②	②	②
③	③	③	③	③
④	④	④	④	④
⑤	⑤	⑤	⑤	⑤
⑥	⑥	⑥	⑥	⑥
⑦	⑦	⑦	⑦	⑦
⑧	⑧	⑧	⑧	⑧
⑨	⑨	⑨	⑨	⑨
⓪	⓪	⓪	⓪	⓪

1	ア	イ	ウ	エ	オ	カ	キ	ク	ケ	コ
2	ア	イ	ウ	エ	オ	カ	キ	ク	ケ	コ
3	ア	イ	ウ	エ	オ	カ	キ	ク	ケ	コ
4	ア	イ	ウ	エ	オ	カ	キ	ク	ケ	コ
5	ア	イ	ウ	エ	オ	カ	キ	ク	ケ	コ
6	ア	イ	ウ	エ	オ	カ	キ	ク	ケ	コ
7	ア	イ	ウ	エ	オ	カ	キ	ク	ケ	コ
8	ア	イ	ウ	エ	オ	カ	キ	ク	ケ	コ
9	ア	イ	ウ	エ	オ	カ	キ	ク	ケ	コ
10	ア	イ	ウ	エ	オ	カ	キ	ク	ケ	コ
11	ア	イ	ウ	エ	オ	カ	キ	ク	ケ	コ
12	ア	イ	ウ	エ	オ	カ	キ	ク	ケ	コ
13	ア	イ	ウ	エ	オ	カ	キ	ク	ケ	コ
14	ア	イ	ウ	エ	オ	カ	キ	ク	ケ	コ
15	ア	イ	ウ	エ	オ	カ	キ	ク	ケ	コ
16	ア	イ	ウ	エ	オ	カ	キ	ク	ケ	コ
17	ア	イ	ウ	エ	オ	カ	キ	ク	ケ	コ
18	ア	イ	ウ	エ	オ	カ	キ	ク	ケ	コ
19	ア	イ	ウ	エ	オ	カ	キ	ク	ケ	コ
20	ア	イ	ウ	エ	オ	カ	キ	ク	ケ	コ
21	ア	イ	ウ	エ	オ	カ	キ	ク	ケ	コ
22	ア	イ	ウ	エ	オ	カ	キ	ク	ケ	コ
23	ア	イ	ウ	エ	オ	カ	キ	ク	ケ	コ
24	ア	イ	ウ	エ	オ	カ	キ	ク	ケ	コ
25	ア	イ	ウ	エ	オ	カ	キ	ク	ケ	コ
26	ア	イ	ウ	エ	オ	カ	キ	ク	ケ	コ
27	ア	イ	ウ	エ	オ	カ	キ	ク	ケ	コ
28	ア	イ	ウ	エ	オ	カ	キ	ク	ケ	コ
29	ア	イ	ウ	エ	オ	カ	キ	ク	ケ	コ
30	ア	イ	ウ	エ	オ	カ	キ	ク	ケ	コ
31	ア	イ	ウ	エ	オ	カ	キ	ク	ケ	コ
32	ア	イ	ウ	エ	オ	カ	キ	ク	ケ	コ
33	ア	イ	ウ	エ	オ	カ	キ	ク	ケ	コ
34	ア	イ	ウ	エ	オ	カ	キ	ク	ケ	コ
35	ア	イ	ウ	エ	オ	カ	キ	ク	ケ	コ
36	ア	イ	ウ	エ	オ	カ	キ	ク	ケ	コ
37	ア	イ	ウ	エ	オ	カ	キ	ク	ケ	コ
38	ア	イ	ウ	エ	オ	カ	キ	ク	ケ	コ
39	ア	イ	ウ	エ	オ	カ	キ	ク	ケ	コ
40	ア	イ	ウ	エ	オ	カ	キ	ク	ケ	コ
41	ア	イ	ウ	エ	オ	カ	キ	ク	ケ	コ
42	ア	イ	ウ	エ	オ	カ	キ	ク	ケ	コ
43	ア	イ	ウ	エ	オ	カ	キ	ク	ケ	コ
44	ア	イ	ウ	エ	オ	カ	キ	ク	ケ	コ
45	ア	イ	ウ	エ	オ	カ	キ	ク	ケ	コ
46	ア	イ	ウ	エ	オ	カ	キ	ク	ケ	コ
47	ア	イ	ウ	エ	オ	カ	キ	ク	ケ	コ
48	ア	イ	ウ	エ	オ	カ	キ	ク	ケ	コ
49	ア	イ	ウ	エ	オ	カ	キ	ク	ケ	コ
50	ア	イ	ウ	エ	オ	カ	キ	ク	ケ	コ

（注）この解答用紙は実物を縮小してあります。Ｂ４用紙に142%拡大コピーすると、ほぼ実物大で使用できます。（タイトルと配点表は含みません）

学校配点	
1～20　各5点×20	
100点	計

二〇二三年度　埼玉栄高等学校　単願・併願Ⅰ

国語解答用紙

評点	/100

氏名	

受験番号				
①	①	①	①	①
②	②	②	②	②
③	③	③	③	③
④	④	④	④	④
⑤	⑤	⑤	⑤	⑤
⑥	⑥	⑥	⑥	⑥
⑦	⑦	⑦	⑦	⑦
⑧	⑧	⑧	⑧	⑧
⑨	⑨	⑨	⑨	⑨
⓪	⓪	⓪	⓪	⓪

記入上の注意事項

1. 氏名、受験番号を必ず記入して下さい。
2. マークは記入例に従って○の中を正確にぬりつぶして下さい。
3. 受験番号及び解答は所定の位置に正しくマークして下さい。
4. 記入は必ずＨＢの鉛筆でマークして下さい。
5. 解答の訂正はプラスチックの消しゴムでていねいに消し、消しクズを残さないで下さい。
6. 所定の記入欄以外には何も記入しないで下さい。
7. 解答用紙は汚したり、折り曲げたりしないで下さい。

記入例

良い例	悪い例
●	⊙ ⊗ ◒

1	ア	イ	ウ	エ	オ	カ	キ	ク	ケ	コ
2	ア	イ	ウ	エ	オ	カ	キ	ク	ケ	コ
3	ア	イ	ウ	エ	オ	カ	キ	ク	ケ	コ
4	ア	イ	ウ	エ	オ	カ	キ	ク	ケ	コ
5	ア	イ	ウ	エ	オ	カ	キ	ク	ケ	コ
6	ア	イ	ウ	エ	オ	カ	キ	ク	ケ	コ
7	ア	イ	ウ	エ	オ	カ	キ	ク	ケ	コ
8	ア	イ	ウ	エ	オ	カ	キ	ク	ケ	コ
9	ア	イ	ウ	エ	オ	カ	キ	ク	ケ	コ
10	ア	イ	ウ	エ	オ	カ	キ	ク	ケ	コ
11	ア	イ	ウ	エ	オ	カ	キ	ク	ケ	コ
12	ア	イ	ウ	エ	オ	カ	キ	ク	ケ	コ
13	ア	イ	ウ	エ	オ	カ	キ	ク	ケ	コ
14	ア	イ	ウ	エ	オ	カ	キ	ク	ケ	コ
15	ア	イ	ウ	エ	オ	カ	キ	ク	ケ	コ
16	ア	イ	ウ	エ	オ	カ	キ	ク	ケ	コ
17	ア	イ	ウ	エ	オ	カ	キ	ク	ケ	コ
18	ア	イ	ウ	エ	オ	カ	キ	ク	ケ	コ
19	ア	イ	ウ	エ	オ	カ	キ	ク	ケ	コ
20	ア	イ	ウ	エ	オ	カ	キ	ク	ケ	コ
21	ア	イ	ウ	エ	オ	カ	キ	ク	ケ	コ
22	ア	イ	ウ	エ	オ	カ	キ	ク	ケ	コ
23	ア	イ	ウ	エ	オ	カ	キ	ク	ケ	コ
24	ア	イ	ウ	エ	オ	カ	キ	ク	ケ	コ
25	ア	イ	ウ	エ	オ	カ	キ	ク	ケ	コ
26	ア	イ	ウ	エ	オ	カ	キ	ク	ケ	コ
27	ア	イ	ウ	エ	オ	カ	キ	ク	ケ	コ
28	ア	イ	ウ	エ	オ	カ	キ	ク	ケ	コ
29	ア	イ	ウ	エ	オ	カ	キ	ク	ケ	コ
30	ア	イ	ウ	エ	オ	カ	キ	ク	ケ	コ
31	ア	イ	ウ	エ	オ	カ	キ	ク	ケ	コ
32	ア	イ	ウ	エ	オ	カ	キ	ク	ケ	コ
33	ア	イ	ウ	エ	オ	カ	キ	ク	ケ	コ
34	ア	イ	ウ	エ	オ	カ	キ	ク	ケ	コ
35	ア	イ	ウ	エ	オ	カ	キ	ク	ケ	コ
36	ア	イ	ウ	エ	オ	カ	キ	ク	ケ	コ
37	ア	イ	ウ	エ	オ	カ	キ	ク	ケ	コ
38	ア	イ	ウ	エ	オ	カ	キ	ク	ケ	コ
39	ア	イ	ウ	エ	オ	カ	キ	ク	ケ	コ
40	ア	イ	ウ	エ	オ	カ	キ	ク	ケ	コ
41	ア	イ	ウ	エ	オ	カ	キ	ク	ケ	コ
42	ア	イ	ウ	エ	オ	カ	キ	ク	ケ	コ
43	ア	イ	ウ	エ	オ	カ	キ	ク	ケ	コ
44	ア	イ	ウ	エ	オ	カ	キ	ク	ケ	コ
45	ア	イ	ウ	エ	オ	カ	キ	ク	ケ	コ
46	ア	イ	ウ	エ	オ	カ	キ	ク	ケ	コ
47	ア	イ	ウ	エ	オ	カ	キ	ク	ケ	コ
48	ア	イ	ウ	エ	オ	カ	キ	ク	ケ	コ
49	ア	イ	ウ	エ	オ	カ	キ	ク	ケ	コ
50	ア	イ	ウ	エ	オ	カ	キ	ク	ケ	コ

（注）この解答用紙は実物を縮小してあります。Ｂ４用紙に142％拡大コピーすると、ほぼ実物大で使用できます。（タイトルと配点表は含みません）

学校配点		計
	一　問一〜問四　各２点×８　問五　３点　問六　２点　問七　３点　問八　２点　問九、問十　各３点×３ 二　問一、問二　各２点×５　問三　３点　問四、問五　各２点×３　問六〜問九　各３点×４　問十　各２点×２ 三〜五　各２点×15	100点

2023年度　埼玉栄高等学校　併願Ⅱ

英語解答用紙

評点
/100

記入上の注意事項

1. 氏名、受験番号を必ず記入して下さい。
2. マークは記入例に従って○の中を正確にぬりつぶして下さい。
3. 受験番号及び解答は所定の位置に正しくマークして下さい。
4. 記入は必ずＨＢの鉛筆でマークして下さい。
5. 解答の訂正はプラスチックの消しゴムでていねいに消し、消しクズを残さないで下さい。
6. 所定の記入欄以外には何も記入しないで下さい。
7. 解答用紙は汚したり、折り曲げたりしないで下さい。

記入例

良い例	悪い例
●	⊙ ⊗ ◓

氏名	

受験番号				
①	①	①	①	①
②	②	②	②	②
③	③	③	③	③
④	④	④	④	④
⑤	⑤	⑤	⑤	⑤
⑥	⑥	⑥	⑥	⑥
⑦	⑦	⑦	⑦	⑦
⑧	⑧	⑧	⑧	⑧
⑨	⑨	⑨	⑨	⑨
⓪	⓪	⓪	⓪	⓪

1	ア	イ	ウ	エ	オ	カ	キ	ク	ケ	コ
2	ア	イ	ウ	エ	オ	カ	キ	ク	ケ	コ
3	ア	イ	ウ	エ	オ	カ	キ	ク	ケ	コ
4	ア	イ	ウ	エ	オ	カ	キ	ク	ケ	コ
5	ア	イ	ウ	エ	オ	カ	キ	ク	ケ	コ
6	ア	イ	ウ	エ	オ	カ	キ	ク	ケ	コ
7	ア	イ	ウ	エ	オ	カ	キ	ク	ケ	コ
8	ア	イ	ウ	エ	オ	カ	キ	ク	ケ	コ
9	ア	イ	ウ	エ	オ	カ	キ	ク	ケ	コ
10	ア	イ	ウ	エ	オ	カ	キ	ク	ケ	コ
11	ア	イ	ウ	エ	オ	カ	キ	ク	ケ	コ
12	ア	イ	ウ	エ	オ	カ	キ	ク	ケ	コ
13	ア	イ	ウ	エ	オ	カ	キ	ク	ケ	コ
14	ア	イ	ウ	エ	オ	カ	キ	ク	ケ	コ
15	ア	イ	ウ	エ	オ	カ	キ	ク	ケ	コ
16	ア	イ	ウ	エ	オ	カ	キ	ク	ケ	コ
17	ア	イ	ウ	エ	オ	カ	キ	ク	ケ	コ
18	ア	イ	ウ	エ	オ	カ	キ	ク	ケ	コ
19	ア	イ	ウ	エ	オ	カ	キ	ク	ケ	コ
20	ア	イ	ウ	エ	オ	カ	キ	ク	ケ	コ
21	ア	イ	ウ	エ	オ	カ	キ	ク	ケ	コ
22	ア	イ	ウ	エ	オ	カ	キ	ク	ケ	コ
23	ア	イ	ウ	エ	オ	カ	キ	ク	ケ	コ
24	ア	イ	ウ	エ	オ	カ	キ	ク	ケ	コ
25	ア	イ	ウ	エ	オ	カ	キ	ク	ケ	コ
26	ア	イ	ウ	エ	オ	カ	キ	ク	ケ	コ
27	ア	イ	ウ	エ	オ	カ	キ	ク	ケ	コ
28	ア	イ	ウ	エ	オ	カ	キ	ク	ケ	コ
29	ア	イ	ウ	エ	オ	カ	キ	ク	ケ	コ
30	ア	イ	ウ	エ	オ	カ	キ	ク	ケ	コ
31	ア	イ	ウ	エ	オ	カ	キ	ク	ケ	コ
32	ア	イ	ウ	エ	オ	カ	キ	ク	ケ	コ
33	ア	イ	ウ	エ	オ	カ	キ	ク	ケ	コ
34	ア	イ	ウ	エ	オ	カ	キ	ク	ケ	コ
35	ア	イ	ウ	エ	オ	カ	キ	ク	ケ	コ
36	ア	イ	ウ	エ	オ	カ	キ	ク	ケ	コ
37	ア	イ	ウ	エ	オ	カ	キ	ク	ケ	コ
38	ア	イ	ウ	エ	オ	カ	キ	ク	ケ	コ
39	ア	イ	ウ	エ	オ	カ	キ	ク	ケ	コ
40	ア	イ	ウ	エ	オ	カ	キ	ク	ケ	コ
41	ア	イ	ウ	エ	オ	カ	キ	ク	ケ	コ
42	ア	イ	ウ	エ	オ	カ	キ	ク	ケ	コ
43	ア	イ	ウ	エ	オ	カ	キ	ク	ケ	コ
44	ア	イ	ウ	エ	オ	カ	キ	ク	ケ	コ
45	ア	イ	ウ	エ	オ	カ	キ	ク	ケ	コ
46	ア	イ	ウ	エ	オ	カ	キ	ク	ケ	コ
47	ア	イ	ウ	エ	オ	カ	キ	ク	ケ	コ
48	ア	イ	ウ	エ	オ	カ	キ	ク	ケ	コ
49	ア	イ	ウ	エ	オ	カ	キ	ク	ケ	コ
50	ア	イ	ウ	エ	オ	カ	キ	ク	ケ	コ

（注）この解答用紙は実物を縮小してあります。Ｂ４用紙に142％拡大コピーすると、ほぼ実物大で使用できます。（タイトルと配点表は含みません）

学校配点	
Ⅰ 各5点×6　Ⅱ、Ⅲ 各4点×9　Ⅳ 各3点×6　Ⅴ 各2点×8	
100点	計

数学解答用紙

評点
/100

記入上の注意事項

1. 氏名、受験番号を必ず記入して下さい。
2. マークは記入例に従って○の中を正確にぬりつぶして下さい。
3. 受験番号及び解答は所定の位置に正しくマークして下さい。
4. 記入は必ずＨＢの鉛筆でマークして下さい。
5. 解答の訂正はプラスチックの消しゴムでていねいに消し、消しクズを残さないで下さい。
6. 所定の記入欄以外には何も記入しないで下さい。
7. 解答用紙は汚したり、折り曲げたりしないで下さい。

記入例

良い例	悪い例
●	⊙ ⊗ ◒

氏名	

受験番号				
①	①	①	①	①
②	②	②	②	②
③	③	③	③	③
④	④	④	④	④
⑤	⑤	⑤	⑤	⑤
⑥	⑥	⑥	⑥	⑥
⑦	⑦	⑦	⑦	⑦
⑧	⑧	⑧	⑧	⑧
⑨	⑨	⑨	⑨	⑨
⓪	⓪	⓪	⓪	⓪

番号										
1	ア	イ	ウ	エ	オ	カ	キ	ク	ケ	コ
2	ア	イ	ウ	エ	オ	カ	キ	ク	ケ	コ
3	ア	イ	ウ	エ	オ	カ	キ	ク	ケ	コ
4	ア	イ	ウ	エ	オ	カ	キ	ク	ケ	コ
5	ア	イ	ウ	エ	オ	カ	キ	ク	ケ	コ
6	ア	イ	ウ	エ	オ	カ	キ	ク	ケ	コ
7	ア	イ	ウ	エ	オ	カ	キ	ク	ケ	コ
8	ア	イ	ウ	エ	オ	カ	キ	ク	ケ	コ
9	ア	イ	ウ	エ	オ	カ	キ	ク	ケ	コ
10	ア	イ	ウ	エ	オ	カ	キ	ク	ケ	コ
11	ア	イ	ウ	エ	オ	カ	キ	ク	ケ	コ
12	ア	イ	ウ	エ	オ	カ	キ	ク	ケ	コ
13	ア	イ	ウ	エ	オ	カ	キ	ク	ケ	コ
14	ア	イ	ウ	エ	オ	カ	キ	ク	ケ	コ
15	ア	イ	ウ	エ	オ	カ	キ	ク	ケ	コ
16	ア	イ	ウ	エ	オ	カ	キ	ク	ケ	コ
17	ア	イ	ウ	エ	オ	カ	キ	ク	ケ	コ
18	ア	イ	ウ	エ	オ	カ	キ	ク	ケ	コ
19	ア	イ	ウ	エ	オ	カ	キ	ク	ケ	コ
20	ア	イ	ウ	エ	オ	カ	キ	ク	ケ	コ
21	ア	イ	ウ	エ	オ	カ	キ	ク	ケ	コ
22	ア	イ	ウ	エ	オ	カ	キ	ク	ケ	コ
23	ア	イ	ウ	エ	オ	カ	キ	ク	ケ	コ
24	ア	イ	ウ	エ	オ	カ	キ	ク	ケ	コ
25	ア	イ	ウ	エ	オ	カ	キ	ク	ケ	コ
26	ア	イ	ウ	エ	オ	カ	キ	ク	ケ	コ
27	ア	イ	ウ	エ	オ	カ	キ	ク	ケ	コ
28	ア	イ	ウ	エ	オ	カ	キ	ク	ケ	コ
29	ア	イ	ウ	エ	オ	カ	キ	ク	ケ	コ
30	ア	イ	ウ	エ	オ	カ	キ	ク	ケ	コ
31	ア	イ	ウ	エ	オ	カ	キ	ク	ケ	コ
32	ア	イ	ウ	エ	オ	カ	キ	ク	ケ	コ
33	ア	イ	ウ	エ	オ	カ	キ	ク	ケ	コ
34	ア	イ	ウ	エ	オ	カ	キ	ク	ケ	コ
35	ア	イ	ウ	エ	オ	カ	キ	ク	ケ	コ
36	ア	イ	ウ	エ	オ	カ	キ	ク	ケ	コ
37	ア	イ	ウ	エ	オ	カ	キ	ク	ケ	コ
38	ア	イ	ウ	エ	オ	カ	キ	ク	ケ	コ
39	ア	イ	ウ	エ	オ	カ	キ	ク	ケ	コ
40	ア	イ	ウ	エ	オ	カ	キ	ク	ケ	コ
41	ア	イ	ウ	エ	オ	カ	キ	ク	ケ	コ
42	ア	イ	ウ	エ	オ	カ	キ	ク	ケ	コ
43	ア	イ	ウ	エ	オ	カ	キ	ク	ケ	コ
44	ア	イ	ウ	エ	オ	カ	キ	ク	ケ	コ
45	ア	イ	ウ	エ	オ	カ	キ	ク	ケ	コ
46	ア	イ	ウ	エ	オ	カ	キ	ク	ケ	コ
47	ア	イ	ウ	エ	オ	カ	キ	ク	ケ	コ
48	ア	イ	ウ	エ	オ	カ	キ	ク	ケ	コ
49	ア	イ	ウ	エ	オ	カ	キ	ク	ケ	コ
50	ア	イ	ウ	エ	オ	カ	キ	ク	ケ	コ

（注）この解答用紙は実物を縮小してあります。Ｂ４用紙に142%拡大コピーすると、ほぼ実物大で使用できます。（タイトルと配点表は含みません）

学校配点	
1～20　各5点×20	
100点	計

二〇二三年度　埼玉栄高等学校　併願Ⅱ

国語解答用紙

評点　／100

記入例
良い例 ●　悪い例 ⊙ ⊗ ◓

記入上の注意事項

1. 氏名、受験番号を必ず記入して下さい。
2. マークは記入例に従って○の中を正確にぬりつぶして下さい。
3. 受験番号及び解答は所定の位置に正しくマークして下さい。
4. 記入は必ずＨＢの鉛筆でマークして下さい。
5. 解答の訂正はプラスチックの消しゴムでていねいに消し、消しクズを残さないで下さい。
6. 所定の記入欄以外には何も記入しないで下さい。
7. 解答用紙は汚したり、折り曲げたりしないで下さい。

1	ア	イ	ウ	エ	オ	カ	キ	ク	ケ	コ
2	ア	イ	ウ	エ	オ	カ	キ	ク	ケ	コ
3	ア	イ	ウ	エ	オ	カ	キ	ク	ケ	コ
4	ア	イ	ウ	エ	オ	カ	キ	ク	ケ	コ
5	ア	イ	ウ	エ	オ	カ	キ	ク	ケ	コ
6	ア	イ	ウ	エ	オ	カ	キ	ク	ケ	コ
7	ア	イ	ウ	エ	オ	カ	キ	ク	ケ	コ
8	ア	イ	ウ	エ	オ	カ	キ	ク	ケ	コ
9	ア	イ	ウ	エ	オ	カ	キ	ク	ケ	コ
10	ア	イ	ウ	エ	オ	カ	キ	ク	ケ	コ
11	ア	イ	ウ	エ	オ	カ	キ	ク	ケ	コ
12	ア	イ	ウ	エ	オ	カ	キ	ク	ケ	コ
13	ア	イ	ウ	エ	オ	カ	キ	ク	ケ	コ
14	ア	イ	ウ	エ	オ	カ	キ	ク	ケ	コ
15	ア	イ	ウ	エ	オ	カ	キ	ク	ケ	コ
16	ア	イ	ウ	エ	オ	カ	キ	ク	ケ	コ
17	ア	イ	ウ	エ	オ	カ	キ	ク	ケ	コ
18	ア	イ	ウ	エ	オ	カ	キ	ク	ケ	コ
19	ア	イ	ウ	エ	オ	カ	キ	ク	ケ	コ
20	ア	イ	ウ	エ	オ	カ	キ	ク	ケ	コ
21	ア	イ	ウ	エ	オ	カ	キ	ク	ケ	コ
22	ア	イ	ウ	エ	オ	カ	キ	ク	ケ	コ
23	ア	イ	ウ	エ	オ	カ	キ	ク	ケ	コ
24	ア	イ	ウ	エ	オ	カ	キ	ク	ケ	コ
25	ア	イ	ウ	エ	オ	カ	キ	ク	ケ	コ
26	ア	イ	ウ	エ	オ	カ	キ	ク	ケ	コ
27	ア	イ	ウ	エ	オ	カ	キ	ク	ケ	コ
28	ア	イ	ウ	エ	オ	カ	キ	ク	ケ	コ
29	ア	イ	ウ	エ	オ	カ	キ	ク	ケ	コ
30	ア	イ	ウ	エ	オ	カ	キ	ク	ケ	コ
31	ア	イ	ウ	エ	オ	カ	キ	ク	ケ	コ
32	ア	イ	ウ	エ	オ	カ	キ	ク	ケ	コ
33	ア	イ	ウ	エ	オ	カ	キ	ク	ケ	コ
34	ア	イ	ウ	エ	オ	カ	キ	ク	ケ	コ
35	ア	イ	ウ	エ	オ	カ	キ	ク	ケ	コ
36	ア	イ	ウ	エ	オ	カ	キ	ク	ケ	コ
37	ア	イ	ウ	エ	オ	カ	キ	ク	ケ	コ
38	ア	イ	ウ	エ	オ	カ	キ	ク	ケ	コ
39	ア	イ	ウ	エ	オ	カ	キ	ク	ケ	コ
40	ア	イ	ウ	エ	オ	カ	キ	ク	ケ	コ
41	ア	イ	ウ	エ	オ	カ	キ	ク	ケ	コ
42	ア	イ	ウ	エ	オ	カ	キ	ク	ケ	コ
43	ア	イ	ウ	エ	オ	カ	キ	ク	ケ	コ
44	ア	イ	ウ	エ	オ	カ	キ	ク	ケ	コ
45	ア	イ	ウ	エ	オ	カ	キ	ク	ケ	コ
46	ア	イ	ウ	エ	オ	カ	キ	ク	ケ	コ
47	ア	イ	ウ	エ	オ	カ	キ	ク	ケ	コ
48	ア	イ	ウ	エ	オ	カ	キ	ク	ケ	コ
49	ア	イ	ウ	エ	オ	カ	キ	ク	ケ	コ
50	ア	イ	ウ	エ	オ	カ	キ	ク	ケ	コ

受験番号

1	2	3	4	5	6	7	8	9	0
1	2	3	4	5	6	7	8	9	0
1	2	3	4	5	6	7	8	9	0
1	2	3	4	5	6	7	8	9	0
1	2	3	4	5	6	7	8	9	0

氏名

（注）この解答用紙は実物を縮小してあります。Ｂ４用紙に142%拡大コピーすると、ほぼ実物大で使用できます。（タイトルと配点表は含みません）

学校配点		計
	一 問一～問五　各２点×10　問六～問十　各３点×５ 二 問一～問六　各２点×９　問七～問十一　各３点×５　問十二　２点 三～五　各２点×15	100点

２０２２年度　埼玉栄高等学校　単願・併願Ⅰ

英語解答用紙

評点
/100

記入上の注意事項

1. 氏名、受験番号を必ず記入して下さい。
2. マークは記入例に従って○の中を正確にぬりつぶして下さい。
3. 受験番号及び解答は所定の位置に正しくマークして下さい。
4. 記入は必ずＨＢの鉛筆でマークして下さい。
5. 解答の訂正はプラスチックの消しゴムでていねいに消し、消しクズを残さないで下さい。
6. 所定の記入欄以外には何も記入しないで下さい。
7. 解答用紙は汚したり、折り曲げたりしないで下さい。

記入例

良い例	悪い例
●	⊙ ⊗ ◒

氏名	

受験番号				
①	①	①	①	①
②	②	②	②	②
③	③	③	③	③
④	④	④	④	④
⑤	⑤	⑤	⑤	⑤
⑥	⑥	⑥	⑥	⑥
⑦	⑦	⑦	⑦	⑦
⑧	⑧	⑧	⑧	⑧
⑨	⑨	⑨	⑨	⑨
⓪	⓪	⓪	⓪	⓪

①	②	③	④	⑤	⑥	⑦	⑧	⑨	⑩
ア	ア	ア	ア	ア	ア	ア	ア	ア	ア
イ	イ	イ	イ	イ	イ	イ	イ	イ	イ
ウ	ウ	ウ	ウ	ウ	ウ	ウ	ウ	ウ	ウ
エ	エ	エ	エ	エ	エ	エ	エ	エ	エ
オ	オ	オ	オ	オ	オ	オ	オ	オ	オ
カ	カ	カ	カ	カ	カ	カ	カ	カ	カ
キ	キ	キ	キ	キ	キ	キ	キ	キ	キ
ク	ク	ク	ク	ク	ク	ク	ク	ク	ク
ケ	ケ	ケ	ケ	ケ	ケ	ケ	ケ	ケ	ケ
コ	コ	コ	コ	コ	コ	コ	コ	コ	コ

⑪	⑫	⑬	⑭	⑮	⑯	⑰	⑱	⑲	⑳
ア	ア	ア	ア	ア	ア	ア	ア	ア	ア
イ	イ	イ	イ	イ	イ	イ	イ	イ	イ
ウ	ウ	ウ	ウ	ウ	ウ	ウ	ウ	ウ	ウ
エ	エ	エ	エ	エ	エ	エ	エ	エ	エ
オ	オ	オ	オ	オ	オ	オ	オ	オ	オ
カ	カ	カ	カ	カ	カ	カ	カ	カ	カ
キ	キ	キ	キ	キ	キ	キ	キ	キ	キ
ク	ク	ク	ク	ク	ク	ク	ク	ク	ク
ケ	ケ	ケ	ケ	ケ	ケ	ケ	ケ	ケ	ケ
コ	コ	コ	コ	コ	コ	コ	コ	コ	コ

㉑	㉒	㉓	㉔	㉕	㉖	㉗	㉘	㉙	㉚
ア	ア	ア	ア	ア	ア	ア	ア	ア	ア
イ	イ	イ	イ	イ	イ	イ	イ	イ	イ
ウ	ウ	ウ	ウ	ウ	ウ	ウ	ウ	ウ	ウ
エ	エ	エ	エ	エ	エ	エ	エ	エ	エ
オ	オ	オ	オ	オ	オ	オ	オ	オ	オ
カ	カ	カ	カ	カ	カ	カ	カ	カ	カ
キ	キ	キ	キ	キ	キ	キ	キ	キ	キ
ク	ク	ク	ク	ク	ク	ク	ク	ク	ク
ケ	ケ	ケ	ケ	ケ	ケ	ケ	ケ	ケ	ケ
コ	コ	コ	コ	コ	コ	コ	コ	コ	コ

㉛	㉜	㉝	㉞	㉟	㊱	㊲	㊳	㊴	㊵
ア	ア	ア	ア	ア	ア	ア	ア	ア	ア
イ	イ	イ	イ	イ	イ	イ	イ	イ	イ
ウ	ウ	ウ	ウ	ウ	ウ	ウ	ウ	ウ	ウ
エ	エ	エ	エ	エ	エ	エ	エ	エ	エ
オ	オ	オ	オ	オ	オ	オ	オ	オ	オ
カ	カ	カ	カ	カ	カ	カ	カ	カ	カ
キ	キ	キ	キ	キ	キ	キ	キ	キ	キ
ク	ク	ク	ク	ク	ク	ク	ク	ク	ク
ケ	ケ	ケ	ケ	ケ	ケ	ケ	ケ	ケ	ケ
コ	コ	コ	コ	コ	コ	コ	コ	コ	コ

㊶	㊷	㊸	㊹	㊺	㊻	㊼	㊽	㊾	㊿
ア	ア	ア	ア	ア	ア	ア	ア	ア	ア
イ	イ	イ	イ	イ	イ	イ	イ	イ	イ
ウ	ウ	ウ	ウ	ウ	ウ	ウ	ウ	ウ	ウ
エ	エ	エ	エ	エ	エ	エ	エ	エ	エ
オ	オ	オ	オ	オ	オ	オ	オ	オ	オ
カ	カ	カ	カ	カ	カ	カ	カ	カ	カ
キ	キ	キ	キ	キ	キ	キ	キ	キ	キ
ク	ク	ク	ク	ク	ク	ク	ク	ク	ク
ケ	ケ	ケ	ケ	ケ	ケ	ケ	ケ	ケ	ケ
コ	コ	コ	コ	コ	コ	コ	コ	コ	コ

（注）この解答用紙は実物を縮小してあります。Ｂ４用紙に142％拡大コピーすると、ほぼ実物大で使用できます。（タイトルと配点表は含みません）

学校配点	
Ⅰ 各５点×６　Ⅱ～Ⅳ 各４点×９　Ⅴ 各３点×６　Ⅵ 各２点×８	
100点	計

2022年度　埼玉栄高等学校　単願・併願Ⅰ

数学解答用紙

記入上の注意事項

1. 氏名、受験番号を必ず記入して下さい。
2. マークは記入例に従って○の中を正確にぬりつぶして下さい。
3. 受験番号及び解答は所定の位置に正しくマークして下さい。
4. 記入は必ずＨＢの鉛筆でマークして下さい。
5. 解答の訂正はプラスチックの消しゴムでていねいに消し、消しクズを残さないで下さい。
6. 所定の記入欄以外には何も記入しないで下さい。
7. 解答用紙は汚したり、折り曲げたりしないで下さい。

記入例

良い例	悪い例
●	⊙ ⊗ ◓

氏名	

受験番号

①	①	①	①	①
②	②	②	②	②
③	③	③	③	③
④	④	④	④	④
⑤	⑤	⑤	⑤	⑤
⑥	⑥	⑥	⑥	⑥
⑦	⑦	⑦	⑦	⑦
⑧	⑧	⑧	⑧	⑧
⑨	⑨	⑨	⑨	⑨
⓪	⓪	⓪	⓪	⓪

番号										
1	ア	イ	ウ	エ	オ	カ	キ	ク	ケ	コ
2	ア	イ	ウ	エ	オ	カ	キ	ク	ケ	コ
3	ア	イ	ウ	エ	オ	カ	キ	ク	ケ	コ
4	ア	イ	ウ	エ	オ	カ	キ	ク	ケ	コ
5	ア	イ	ウ	エ	オ	カ	キ	ク	ケ	コ
6	ア	イ	ウ	エ	オ	カ	キ	ク	ケ	コ
7	ア	イ	ウ	エ	オ	カ	キ	ク	ケ	コ
8	ア	イ	ウ	エ	オ	カ	キ	ク	ケ	コ
9	ア	イ	ウ	エ	オ	カ	キ	ク	ケ	コ
10	ア	イ	ウ	エ	オ	カ	キ	ク	ケ	コ
11	ア	イ	ウ	エ	オ	カ	キ	ク	ケ	コ
12	ア	イ	ウ	エ	オ	カ	キ	ク	ケ	コ
13	ア	イ	ウ	エ	オ	カ	キ	ク	ケ	コ
14	ア	イ	ウ	エ	オ	カ	キ	ク	ケ	コ
15	ア	イ	ウ	エ	オ	カ	キ	ク	ケ	コ
16	ア	イ	ウ	エ	オ	カ	キ	ク	ケ	コ
17	ア	イ	ウ	エ	オ	カ	キ	ク	ケ	コ
18	ア	イ	ウ	エ	オ	カ	キ	ク	ケ	コ
19	ア	イ	ウ	エ	オ	カ	キ	ク	ケ	コ
20	ア	イ	ウ	エ	オ	カ	キ	ク	ケ	コ
21	ア	イ	ウ	エ	オ	カ	キ	ク	ケ	コ
22	ア	イ	ウ	エ	オ	カ	キ	ク	ケ	コ
23	ア	イ	ウ	エ	オ	カ	キ	ク	ケ	コ
24	ア	イ	ウ	エ	オ	カ	キ	ク	ケ	コ
25	ア	イ	ウ	エ	オ	カ	キ	ク	ケ	コ
26	ア	イ	ウ	エ	オ	カ	キ	ク	ケ	コ
27	ア	イ	ウ	エ	オ	カ	キ	ク	ケ	コ
28	ア	イ	ウ	エ	オ	カ	キ	ク	ケ	コ
29	ア	イ	ウ	エ	オ	カ	キ	ク	ケ	コ
30	ア	イ	ウ	エ	オ	カ	キ	ク	ケ	コ
31	ア	イ	ウ	エ	オ	カ	キ	ク	ケ	コ
32	ア	イ	ウ	エ	オ	カ	キ	ク	ケ	コ
33	ア	イ	ウ	エ	オ	カ	キ	ク	ケ	コ
34	ア	イ	ウ	エ	オ	カ	キ	ク	ケ	コ
35	ア	イ	ウ	エ	オ	カ	キ	ク	ケ	コ
36	ア	イ	ウ	エ	オ	カ	キ	ク	ケ	コ
37	ア	イ	ウ	エ	オ	カ	キ	ク	ケ	コ
38	ア	イ	ウ	エ	オ	カ	キ	ク	ケ	コ
39	ア	イ	ウ	エ	オ	カ	キ	ク	ケ	コ
40	ア	イ	ウ	エ	オ	カ	キ	ク	ケ	コ
41	ア	イ	ウ	エ	オ	カ	キ	ク	ケ	コ
42	ア	イ	ウ	エ	オ	カ	キ	ク	ケ	コ
43	ア	イ	ウ	エ	オ	カ	キ	ク	ケ	コ
44	ア	イ	ウ	エ	オ	カ	キ	ク	ケ	コ
45	ア	イ	ウ	エ	オ	カ	キ	ク	ケ	コ
46	ア	イ	ウ	エ	オ	カ	キ	ク	ケ	コ
47	ア	イ	ウ	エ	オ	カ	キ	ク	ケ	コ
48	ア	イ	ウ	エ	オ	カ	キ	ク	ケ	コ
49	ア	イ	ウ	エ	オ	カ	キ	ク	ケ	コ
50	ア	イ	ウ	エ	オ	カ	キ	ク	ケ	コ

(注) この解答用紙は実物を縮小してあります。Ｂ４用紙に142%拡大コピーすると、ほぼ実物大で使用できます。(タイトルと配点表は含みません)

評点
/100

学校配点	
1～20 各5点×20	
100点	計

二〇二三年度 埼玉栄高等学校 単願・併願Ⅰ

国語解答用紙

評点
/100

(注) この解答用紙は実物を縮小してあります。Ｂ４用紙に142%拡大コピーすると、ほぼ実物大で使用できます。(タイトルと配点表は含みません)

記入上の注意事項

1. 氏名、受験番号を必ず記入して下さい。
2. マークは記入例に従って○の中を正確にぬりつぶして下さい。
3. 受験番号及び解答は所定の位置に正しくマークして下さい。
4. 記入は必ずＨＢの鉛筆でマークして下さい。
5. 解答の訂正はプラスチックの消しゴムでていねいに消し、消しクズを残さないで下さい。
6. 所定の記入欄以外には何も記入しないで下さい。
7. 解答用紙は汚したり、折り曲げたりしないで下さい。

記入例

良い例	悪い例
●	⊙ ⊗ ◓

1	2	3	4	5	6	7	8	9	10	11	12	13	14	15	16	17	18	19	20	21	22	23	24	25	26	27	28	29	30	31	32	33	34	35	36	37	38	39	40	41	42	43	44	45	46	47	48	49	50
ア	ア	ア	ア	ア	ア	ア	ア	ア	ア	ア	ア	ア	ア	ア	ア	ア	ア	ア	ア	ア	ア	ア	ア	ア	ア	ア	ア	ア	ア	ア	ア	ア	ア	ア	ア	ア	ア	ア	ア	ア	ア	ア	ア	ア	ア	ア	ア	ア	ア
イ	イ	イ	イ	イ	イ	イ	イ	イ	イ	イ	イ	イ	イ	イ	イ	イ	イ	イ	イ	イ	イ	イ	イ	イ	イ	イ	イ	イ	イ	イ	イ	イ	イ	イ	イ	イ	イ	イ	イ	イ	イ	イ	イ	イ	イ	イ	イ	イ	イ
ウ	ウ	ウ	ウ	ウ	ウ	ウ	ウ	ウ	ウ	ウ	ウ	ウ	ウ	ウ	ウ	ウ	ウ	ウ	ウ	ウ	ウ	ウ	ウ	ウ	ウ	ウ	ウ	ウ	ウ	ウ	ウ	ウ	ウ	ウ	ウ	ウ	ウ	ウ	ウ	ウ	ウ	ウ	ウ	ウ	ウ	ウ	ウ	ウ	ウ
エ	エ	エ	エ	エ	エ	エ	エ	エ	エ	エ	エ	エ	エ	エ	エ	エ	エ	エ	エ	エ	エ	エ	エ	エ	エ	エ	エ	エ	エ	エ	エ	エ	エ	エ	エ	エ	エ	エ	エ	エ	エ	エ	エ	エ	エ	エ	エ	エ	エ
オ	オ	オ	オ	オ	オ	オ	オ	オ	オ	オ	オ	オ	オ	オ	オ	オ	オ	オ	オ	オ	オ	オ	オ	オ	オ	オ	オ	オ	オ	オ	オ	オ	オ	オ	オ	オ	オ	オ	オ	オ	オ	オ	オ	オ	オ	オ	オ	オ	オ
カ	カ	カ	カ	カ	カ	カ	カ	カ	カ	カ	カ	カ	カ	カ	カ	カ	カ	カ	カ	カ	カ	カ	カ	カ	カ	カ	カ	カ	カ	カ	カ	カ	カ	カ	カ	カ	カ	カ	カ	カ	カ	カ	カ	カ	カ	カ	カ	カ	カ
キ	キ	キ	キ	キ	キ	キ	キ	キ	キ	キ	キ	キ	キ	キ	キ	キ	キ	キ	キ	キ	キ	キ	キ	キ	キ	キ	キ	キ	キ	キ	キ	キ	キ	キ	キ	キ	キ	キ	キ	キ	キ	キ	キ	キ	キ	キ	キ	キ	キ
ク	ク	ク	ク	ク	ク	ク	ク	ク	ク	ク	ク	ク	ク	ク	ク	ク	ク	ク	ク	ク	ク	ク	ク	ク	ク	ク	ク	ク	ク	ク	ク	ク	ク	ク	ク	ク	ク	ク	ク	ク	ク	ク	ク	ク	ク	ク	ク	ク	ク
ケ	ケ	ケ	ケ	ケ	ケ	ケ	ケ	ケ	ケ	ケ	ケ	ケ	ケ	ケ	ケ	ケ	ケ	ケ	ケ	ケ	ケ	ケ	ケ	ケ	ケ	ケ	ケ	ケ	ケ	ケ	ケ	ケ	ケ	ケ	ケ	ケ	ケ	ケ	ケ	ケ	ケ	ケ	ケ	ケ	ケ	ケ	ケ	ケ	ケ
コ	コ	コ	コ	コ	コ	コ	コ	コ	コ	コ	コ	コ	コ	コ	コ	コ	コ	コ	コ	コ	コ	コ	コ	コ	コ	コ	コ	コ	コ	コ	コ	コ	コ	コ	コ	コ	コ	コ	コ	コ	コ	コ	コ	コ	コ	コ	コ	コ	コ

氏名	

受験番号				
1	1	1	1	1
2	2	2	2	2
3	3	3	3	3
4	4	4	4	4
5	5	5	5	5
6	6	6	6	6
7	7	7	7	7
8	8	8	8	8
9	9	9	9	9
0	0	0	0	0

学校配点	
一 問一 各2点×5 問二 3点 問三～問六 各2点×4 問七、問八 各3点×2 問九 2点 問十、問十一 各3点×2 二 問一～問四 各2点×7 問五～問八 各3点×4 問九、問十 各2点×2 問十一 3点 問十二 2点 三～五 各2点×15	
100点	計

2022年度　埼玉栄高等学校　併願Ⅱ

英語解答用紙

評点
/100

記入上の注意事項

1. 氏名、受験番号を必ず記入して下さい。
2. マークは記入例に従って〇の中を正確にぬりつぶして下さい。
3. 受験番号及び解答は所定の位置に正しくマークして下さい。
4. 記入は必ずＨＢの鉛筆でマークして下さい。
5. 解答の訂正はプラスチックの消しゴムでていねいに消し、消しクズを残さないで下さい。
6. 所定の記入欄以外には何も記入しないで下さい。
7. 解答用紙は汚したり、折り曲げたりしないで下さい。

記入例

良い例	悪い例
●	⊙ ⊗ ◒

氏名	

受験番号				
①	①	①	①	①
②	②	②	②	②
③	③	③	③	③
④	④	④	④	④
⑤	⑤	⑤	⑤	⑤
⑥	⑥	⑥	⑥	⑥
⑦	⑦	⑦	⑦	⑦
⑧	⑧	⑧	⑧	⑧
⑨	⑨	⑨	⑨	⑨
⓪	⓪	⓪	⓪	⓪

1	2	3	4	5	6	7	8	9	10
ア	ア	ア	ア	ア	ア	ア	ア	ア	ア
イ	イ	イ	イ	イ	イ	イ	イ	イ	イ
ウ	ウ	ウ	ウ	ウ	ウ	ウ	ウ	ウ	ウ
エ	エ	エ	エ	エ	エ	エ	エ	エ	エ
オ	オ	オ	オ	オ	オ	オ	オ	オ	オ
カ	カ	カ	カ	カ	カ	カ	カ	カ	カ
キ	キ	キ	キ	キ	キ	キ	キ	キ	キ
ク	ク	ク	ク	ク	ク	ク	ク	ク	ク
ケ	ケ	ケ	ケ	ケ	ケ	ケ	ケ	ケ	ケ
コ	コ	コ	コ	コ	コ	コ	コ	コ	コ

11	12	13	14	15	16	17	18	19	20
ア	ア	ア	ア	ア	ア	ア	ア	ア	ア
イ	イ	イ	イ	イ	イ	イ	イ	イ	イ
ウ	ウ	ウ	ウ	ウ	ウ	ウ	ウ	ウ	ウ
エ	エ	エ	エ	エ	エ	エ	エ	エ	エ
オ	オ	オ	オ	オ	オ	オ	オ	オ	オ
カ	カ	カ	カ	カ	カ	カ	カ	カ	カ
キ	キ	キ	キ	キ	キ	キ	キ	キ	キ
ク	ク	ク	ク	ク	ク	ク	ク	ク	ク
ケ	ケ	ケ	ケ	ケ	ケ	ケ	ケ	ケ	ケ
コ	コ	コ	コ	コ	コ	コ	コ	コ	コ

21	22	23	24	25	26	27	28	29	30
ア	ア	ア	ア	ア	ア	ア	ア	ア	ア
イ	イ	イ	イ	イ	イ	イ	イ	イ	イ
ウ	ウ	ウ	ウ	ウ	ウ	ウ	ウ	ウ	ウ
エ	エ	エ	エ	エ	エ	エ	エ	エ	エ
オ	オ	オ	オ	オ	オ	オ	オ	オ	オ
カ	カ	カ	カ	カ	カ	カ	カ	カ	カ
キ	キ	キ	キ	キ	キ	キ	キ	キ	キ
ク	ク	ク	ク	ク	ク	ク	ク	ク	ク
ケ	ケ	ケ	ケ	ケ	ケ	ケ	ケ	ケ	ケ
コ	コ	コ	コ	コ	コ	コ	コ	コ	コ

31	32	33	34	35	36	37	38	39	40
ア	ア	ア	ア	ア	ア	ア	ア	ア	ア
イ	イ	イ	イ	イ	イ	イ	イ	イ	イ
ウ	ウ	ウ	ウ	ウ	ウ	ウ	ウ	ウ	ウ
エ	エ	エ	エ	エ	エ	エ	エ	エ	エ
オ	オ	オ	オ	オ	オ	オ	オ	オ	オ
カ	カ	カ	カ	カ	カ	カ	カ	カ	カ
キ	キ	キ	キ	キ	キ	キ	キ	キ	キ
ク	ク	ク	ク	ク	ク	ク	ク	ク	ク
ケ	ケ	ケ	ケ	ケ	ケ	ケ	ケ	ケ	ケ
コ	コ	コ	コ	コ	コ	コ	コ	コ	コ

41	42	43	44	45	46	47	48	49	50
ア	ア	ア	ア	ア	ア	ア	ア	ア	ア
イ	イ	イ	イ	イ	イ	イ	イ	イ	イ
ウ	ウ	ウ	ウ	ウ	ウ	ウ	ウ	ウ	ウ
エ	エ	エ	エ	エ	エ	エ	エ	エ	エ
オ	オ	オ	オ	オ	オ	オ	オ	オ	オ
カ	カ	カ	カ	カ	カ	カ	カ	カ	カ
キ	キ	キ	キ	キ	キ	キ	キ	キ	キ
ク	ク	ク	ク	ク	ク	ク	ク	ク	ク
ケ	ケ	ケ	ケ	ケ	ケ	ケ	ケ	ケ	ケ
コ	コ	コ	コ	コ	コ	コ	コ	コ	コ

（注）この解答用紙は実物を縮小してあります。Ｂ４用紙に142%拡大コピーすると、ほぼ実物大で使用できます。（タイトルと配点表は含みません）

学校配点	
Ⅰ 各5点×6 Ⅱ、Ⅲ 各4点×9 Ⅳ 各3点×6 Ⅴ 各2点×8	
計	100点

２０２２年度　埼玉栄高等学校　併願Ⅱ

数学解答用紙

評点
/100

記入上の注意事項

1. 氏名、受験番号を必ず記入して下さい。
2. マークは記入例に従って○の中を正確にぬりつぶして下さい。
3. 受験番号及び解答は所定の位置に正しくマークして下さい。
4. 記入は必ずＨＢの鉛筆でマークして下さい。
5. 解答の訂正はプラスチックの消しゴムでていねいに消し、消しクズを残さないで下さい。
6. 所定の記入欄以外には何も記入しないで下さい。
7. 解答用紙は汚したり、折り曲げたりしないで下さい。

記入例

良い例	悪い例
●	⊙ ⊗ ◒

氏名	

受験番号				
①	①	①	①	①
②	②	②	②	②
③	③	③	③	③
④	④	④	④	④
⑤	⑤	⑤	⑤	⑤
⑥	⑥	⑥	⑥	⑥
⑦	⑦	⑦	⑦	⑦
⑧	⑧	⑧	⑧	⑧
⑨	⑨	⑨	⑨	⑨
⓪	⓪	⓪	⓪	⓪

番号										
1	ア	イ	ウ	エ	オ	カ	キ	ク	ケ	コ
2	ア	イ	ウ	エ	オ	カ	キ	ク	ケ	コ
3	ア	イ	ウ	エ	オ	カ	キ	ク	ケ	コ
4	ア	イ	ウ	エ	オ	カ	キ	ク	ケ	コ
5	ア	イ	ウ	エ	オ	カ	キ	ク	ケ	コ
6	ア	イ	ウ	エ	オ	カ	キ	ク	ケ	コ
7	ア	イ	ウ	エ	オ	カ	キ	ク	ケ	コ
8	ア	イ	ウ	エ	オ	カ	キ	ク	ケ	コ
9	ア	イ	ウ	エ	オ	カ	キ	ク	ケ	コ
10	ア	イ	ウ	エ	オ	カ	キ	ク	ケ	コ
11	ア	イ	ウ	エ	オ	カ	キ	ク	ケ	コ
12	ア	イ	ウ	エ	オ	カ	キ	ク	ケ	コ
13	ア	イ	ウ	エ	オ	カ	キ	ク	ケ	コ
14	ア	イ	ウ	エ	オ	カ	キ	ク	ケ	コ
15	ア	イ	ウ	エ	オ	カ	キ	ク	ケ	コ
16	ア	イ	ウ	エ	オ	カ	キ	ク	ケ	コ
17	ア	イ	ウ	エ	オ	カ	キ	ク	ケ	コ
18	ア	イ	ウ	エ	オ	カ	キ	ク	ケ	コ
19	ア	イ	ウ	エ	オ	カ	キ	ク	ケ	コ
20	ア	イ	ウ	エ	オ	カ	キ	ク	ケ	コ
21	ア	イ	ウ	エ	オ	カ	キ	ク	ケ	コ
22	ア	イ	ウ	エ	オ	カ	キ	ク	ケ	コ
23	ア	イ	ウ	エ	オ	カ	キ	ク	ケ	コ
24	ア	イ	ウ	エ	オ	カ	キ	ク	ケ	コ
25	ア	イ	ウ	エ	オ	カ	キ	ク	ケ	コ
26	ア	イ	ウ	エ	オ	カ	キ	ク	ケ	コ
27	ア	イ	ウ	エ	オ	カ	キ	ク	ケ	コ
28	ア	イ	ウ	エ	オ	カ	キ	ク	ケ	コ
29	ア	イ	ウ	エ	オ	カ	キ	ク	ケ	コ
30	ア	イ	ウ	エ	オ	カ	キ	ク	ケ	コ
31	ア	イ	ウ	エ	オ	カ	キ	ク	ケ	コ
32	ア	イ	ウ	エ	オ	カ	キ	ク	ケ	コ
33	ア	イ	ウ	エ	オ	カ	キ	ク	ケ	コ
34	ア	イ	ウ	エ	オ	カ	キ	ク	ケ	コ
35	ア	イ	ウ	エ	オ	カ	キ	ク	ケ	コ
36	ア	イ	ウ	エ	オ	カ	キ	ク	ケ	コ
37	ア	イ	ウ	エ	オ	カ	キ	ク	ケ	コ
38	ア	イ	ウ	エ	オ	カ	キ	ク	ケ	コ
39	ア	イ	ウ	エ	オ	カ	キ	ク	ケ	コ
40	ア	イ	ウ	エ	オ	カ	キ	ク	ケ	コ
41	ア	イ	ウ	エ	オ	カ	キ	ク	ケ	コ
42	ア	イ	ウ	エ	オ	カ	キ	ク	ケ	コ
43	ア	イ	ウ	エ	オ	カ	キ	ク	ケ	コ
44	ア	イ	ウ	エ	オ	カ	キ	ク	ケ	コ
45	ア	イ	ウ	エ	オ	カ	キ	ク	ケ	コ
46	ア	イ	ウ	エ	オ	カ	キ	ク	ケ	コ
47	ア	イ	ウ	エ	オ	カ	キ	ク	ケ	コ
48	ア	イ	ウ	エ	オ	カ	キ	ク	ケ	コ
49	ア	イ	ウ	エ	オ	カ	キ	ク	ケ	コ
50	ア	イ	ウ	エ	オ	カ	キ	ク	ケ	コ

（注）この解答用紙は実物を縮小してあります。Ｂ４用紙に142％拡大コピーすると、ほぼ実物大で使用できます。（タイトルと配点表は含みません）

学校配点	
1〜20　各5点×20	
100点	計

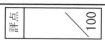

二〇二三年度　埼玉栄高等学校　併願Ⅱ

国語解答用紙

評点　/100

記入上の注意事項

1. 氏名、受験番号を必ず記入して下さい。
2. マークは記入例に従って○の中を正確にぬりつぶして下さい。
3. 受験番号及び解答は所定の位置に正しくマークして下さい。
4. 記入は必ずＨＢの鉛筆でマークして下さい。
5. 解答の訂正はプラスチックの消しゴムでていねいに消し、消しクズを残さないで下さい。
6. 所定の記入欄以外には何も記入しないで下さい。
7. 解答用紙は汚したり、折り曲げたりしないで下さい。

記入例

良い例	悪い例
●	⊙ ⊗ ◓

氏名

受験番号

①	①	①	①	①
②	②	②	②	②
③	③	③	③	③
④	④	④	④	④
⑤	⑤	⑤	⑤	⑤
⑥	⑥	⑥	⑥	⑥
⑦	⑦	⑦	⑦	⑦
⑧	⑧	⑧	⑧	⑧
⑨	⑨	⑨	⑨	⑨
⓪	⓪	⓪	⓪	⓪

番号										
1	ア	イ	ウ	エ	オ	カ	キ	ク	ケ	コ
2	ア	イ	ウ	エ	オ	カ	キ	ク	ケ	コ
3	ア	イ	ウ	エ	オ	カ	キ	ク	ケ	コ
4	ア	イ	ウ	エ	オ	カ	キ	ク	ケ	コ
5	ア	イ	ウ	エ	オ	カ	キ	ク	ケ	コ
6	ア	イ	ウ	エ	オ	カ	キ	ク	ケ	コ
7	ア	イ	ウ	エ	オ	カ	キ	ク	ケ	コ
8	ア	イ	ウ	エ	オ	カ	キ	ク	ケ	コ
9	ア	イ	ウ	エ	オ	カ	キ	ク	ケ	コ
10	ア	イ	ウ	エ	オ	カ	キ	ク	ケ	コ
11	ア	イ	ウ	エ	オ	カ	キ	ク	ケ	コ
12	ア	イ	ウ	エ	オ	カ	キ	ク	ケ	コ
13	ア	イ	ウ	エ	オ	カ	キ	ク	ケ	コ
14	ア	イ	ウ	エ	オ	カ	キ	ク	ケ	コ
15	ア	イ	ウ	エ	オ	カ	キ	ク	ケ	コ
16	ア	イ	ウ	エ	オ	カ	キ	ク	ケ	コ
17	ア	イ	ウ	エ	オ	カ	キ	ク	ケ	コ
18	ア	イ	ウ	エ	オ	カ	キ	ク	ケ	コ
19	ア	イ	ウ	エ	オ	カ	キ	ク	ケ	コ
20	ア	イ	ウ	エ	オ	カ	キ	ク	ケ	コ
21	ア	イ	ウ	エ	オ	カ	キ	ク	ケ	コ
22	ア	イ	ウ	エ	オ	カ	キ	ク	ケ	コ
23	ア	イ	ウ	エ	オ	カ	キ	ク	ケ	コ
24	ア	イ	ウ	エ	オ	カ	キ	ク	ケ	コ
25	ア	イ	ウ	エ	オ	カ	キ	ク	ケ	コ
26	ア	イ	ウ	エ	オ	カ	キ	ク	ケ	コ
27	ア	イ	ウ	エ	オ	カ	キ	ク	ケ	コ
28	ア	イ	ウ	エ	オ	カ	キ	ク	ケ	コ
29	ア	イ	ウ	エ	オ	カ	キ	ク	ケ	コ
30	ア	イ	ウ	エ	オ	カ	キ	ク	ケ	コ
31	ア	イ	ウ	エ	オ	カ	キ	ク	ケ	コ
32	ア	イ	ウ	エ	オ	カ	キ	ク	ケ	コ
33	ア	イ	ウ	エ	オ	カ	キ	ク	ケ	コ
34	ア	イ	ウ	エ	オ	カ	キ	ク	ケ	コ
35	ア	イ	ウ	エ	オ	カ	キ	ク	ケ	コ
36	ア	イ	ウ	エ	オ	カ	キ	ク	ケ	コ
37	ア	イ	ウ	エ	オ	カ	キ	ク	ケ	コ
38	ア	イ	ウ	エ	オ	カ	キ	ク	ケ	コ
39	ア	イ	ウ	エ	オ	カ	キ	ク	ケ	コ
40	ア	イ	ウ	エ	オ	カ	キ	ク	ケ	コ
41	ア	イ	ウ	エ	オ	カ	キ	ク	ケ	コ
42	ア	イ	ウ	エ	オ	カ	キ	ク	ケ	コ
43	ア	イ	ウ	エ	オ	カ	キ	ク	ケ	コ
44	ア	イ	ウ	エ	オ	カ	キ	ク	ケ	コ
45	ア	イ	ウ	エ	オ	カ	キ	ク	ケ	コ
46	ア	イ	ウ	エ	オ	カ	キ	ク	ケ	コ
47	ア	イ	ウ	エ	オ	カ	キ	ク	ケ	コ
48	ア	イ	ウ	エ	オ	カ	キ	ク	ケ	コ
49	ア	イ	ウ	エ	オ	カ	キ	ク	ケ	コ
50	ア	イ	ウ	エ	オ	カ	キ	ク	ケ	コ

（注）この解答用紙は実物を縮小してあります。Ｂ４用紙に142%拡大コピーすると、ほぼ実物大で使用できます。（タイトルと配点表は含みません）

学校配点

一　問一、問二　各２点×８　問三～問五　各３点×３
問六、問七　各２点×２　問八、問九　各３点×２
二　問一、問二　各２点×７　問三、問四　各３点×２　問五　２点
問六　各３点×２　問七　２点　問八　３点　問九　２点
三～五　各２点×15

計	100点

2021年度 埼玉栄高等学校 単願・併願I

英語解答用紙

評点
/100

記入上の注意事項

1. 氏名、受験番号を必ず記入して下さい。
2. マークは記入例に従って○の中を正確にぬりつぶして下さい。
3. 受験番号及び解答は所定の位置に正しくマークして下さい。
4. 記入は必ずＨＢの鉛筆でマークして下さい。
5. 解答の訂正はプラスチックの消しゴムでていねいに消し、消しクズを残さないで下さい。
6. 所定の記入欄以外には何も記入しないで下さい。
7. 解答用紙は汚したり、折り曲げたりしないで下さい。

記入例

良い例	悪い例
●	⊙ ⊗ ◒

氏名	

受験番号				
①	①	①	①	①
②	②	②	②	②
③	③	③	③	③
④	④	④	④	④
⑤	⑤	⑤	⑤	⑤
⑥	⑥	⑥	⑥	⑥
⑦	⑦	⑦	⑦	⑦
⑧	⑧	⑧	⑧	⑧
⑨	⑨	⑨	⑨	⑨
⓪	⓪	⓪	⓪	⓪

1	2	3	4	5	6	7	8	9	10
ア	ア	ア	ア	ア	ア	ア	ア	ア	ア
イ	イ	イ	イ	イ	イ	イ	イ	イ	イ
ウ	ウ	ウ	ウ	ウ	ウ	ウ	ウ	ウ	ウ
エ	エ	エ	エ	エ	エ	エ	エ	エ	エ
オ	オ	オ	オ	オ	オ	オ	オ	オ	オ
カ	カ	カ	カ	カ	カ	カ	カ	カ	カ
キ	キ	キ	キ	キ	キ	キ	キ	キ	キ
ク	ク	ク	ク	ク	ク	ク	ク	ク	ク
ケ	ケ	ケ	ケ	ケ	ケ	ケ	ケ	ケ	ケ
コ	コ	コ	コ	コ	コ	コ	コ	コ	コ

11	12	13	14	15	16	17	18	19	20
ア	ア	ア	ア	ア	ア	ア	ア	ア	ア
イ	イ	イ	イ	イ	イ	イ	イ	イ	イ
ウ	ウ	ウ	ウ	ウ	ウ	ウ	ウ	ウ	ウ
エ	エ	エ	エ	エ	エ	エ	エ	エ	エ
オ	オ	オ	オ	オ	オ	オ	オ	オ	オ
カ	カ	カ	カ	カ	カ	カ	カ	カ	カ
キ	キ	キ	キ	キ	キ	キ	キ	キ	キ
ク	ク	ク	ク	ク	ク	ク	ク	ク	ク
ケ	ケ	ケ	ケ	ケ	ケ	ケ	ケ	ケ	ケ
コ	コ	コ	コ	コ	コ	コ	コ	コ	コ

21	22	23	24	25	26	27	28	29	30
ア	ア	ア	ア	ア	ア	ア	ア	ア	ア
イ	イ	イ	イ	イ	イ	イ	イ	イ	イ
ウ	ウ	ウ	ウ	ウ	ウ	ウ	ウ	ウ	ウ
エ	エ	エ	エ	エ	エ	エ	エ	エ	エ
オ	オ	オ	オ	オ	オ	オ	オ	オ	オ
カ	カ	カ	カ	カ	カ	カ	カ	カ	カ
キ	キ	キ	キ	キ	キ	キ	キ	キ	キ
ク	ク	ク	ク	ク	ク	ク	ク	ク	ク
ケ	ケ	ケ	ケ	ケ	ケ	ケ	ケ	ケ	ケ
コ	コ	コ	コ	コ	コ	コ	コ	コ	コ

31	32	33	34	35	36	37	38	39	40
ア	ア	ア	ア	ア	ア	ア	ア	ア	ア
イ	イ	イ	イ	イ	イ	イ	イ	イ	イ
ウ	ウ	ウ	ウ	ウ	ウ	ウ	ウ	ウ	ウ
エ	エ	エ	エ	エ	エ	エ	エ	エ	エ
オ	オ	オ	オ	オ	オ	オ	オ	オ	オ
カ	カ	カ	カ	カ	カ	カ	カ	カ	カ
キ	キ	キ	キ	キ	キ	キ	キ	キ	キ
ク	ク	ク	ク	ク	ク	ク	ク	ク	ク
ケ	ケ	ケ	ケ	ケ	ケ	ケ	ケ	ケ	ケ
コ	コ	コ	コ	コ	コ	コ	コ	コ	コ

41	42	43	44	45	46	47	48	49	50
ア	ア	ア	ア	ア	ア	ア	ア	ア	ア
イ	イ	イ	イ	イ	イ	イ	イ	イ	イ
ウ	ウ	ウ	ウ	ウ	ウ	ウ	ウ	ウ	ウ
エ	エ	エ	エ	エ	エ	エ	エ	エ	エ
オ	オ	オ	オ	オ	オ	オ	オ	オ	オ
カ	カ	カ	カ	カ	カ	カ	カ	カ	カ
キ	キ	キ	キ	キ	キ	キ	キ	キ	キ
ク	ク	ク	ク	ク	ク	ク	ク	ク	ク
ケ	ケ	ケ	ケ	ケ	ケ	ケ	ケ	ケ	ケ
コ	コ	コ	コ	コ	コ	コ	コ	コ	コ

（注）この解答用紙は実物を縮小してあります。Ｂ４用紙に142%拡大コピーすると、ほぼ実物大で使用できます。（タイトルと配点表は含みません）

学校配点

I 問1～問4 各5点×4 問5 6点
II 各4点×5
III 問1、問2 各4点×2 問3 各2点×4
IV 各3点×6
V 各2点×10

計	100点

２０２１年度　埼玉栄高等学校　単願・併願Ⅰ

数学解答用紙

評点	/100

記入上の注意事項

1.氏名、受験番号を必ず記入して下さい。
2.マークは記入例に従って○の中を正確にぬりつぶして下さい。
3.受験番号及び解答は所定の位置に正しくマークして下さい。
4.記入は必ずＨＢの鉛筆でマークして下さい。
5.解答の訂正はプラスチックの消しゴムでていねいに消し、消しクズを残さないで下さい。
6.所定の記入欄以外には何も記入しないで下さい。
7.解答用紙は汚したり、折り曲げたりしないで下さい。

記入例

良い例	悪い例
●	⊙ ⊗

番号										
1	ア	イ	ウ	エ	オ	カ	キ	ク	ケ	コ
2	ア	イ	ウ	エ	オ	カ	キ	ク	ケ	コ
3	ア	イ	ウ	エ	オ	カ	キ	ク	ケ	コ
4	ア	イ	ウ	エ	オ	カ	キ	ク	ケ	コ
5	ア	イ	ウ	エ	オ	カ	キ	ク	ケ	コ
6	ア	イ	ウ	エ	オ	カ	キ	ク	ケ	コ
7	ア	イ	ウ	エ	オ	カ	キ	ク	ケ	コ
8	ア	イ	ウ	エ	オ	カ	キ	ク	ケ	コ
9	ア	イ	ウ	エ	オ	カ	キ	ク	ケ	コ
10	ア	イ	ウ	エ	オ	カ	キ	ク	ケ	コ
11	ア	イ	ウ	エ	オ	カ	キ	ク	ケ	コ
12	ア	イ	ウ	エ	オ	カ	キ	ク	ケ	コ
13	ア	イ	ウ	エ	オ	カ	キ	ク	ケ	コ
14	ア	イ	ウ	エ	オ	カ	キ	ク	ケ	コ
15	ア	イ	ウ	エ	オ	カ	キ	ク	ケ	コ
16	ア	イ	ウ	エ	オ	カ	キ	ク	ケ	コ
17	ア	イ	ウ	エ	オ	カ	キ	ク	ケ	コ
18	ア	イ	ウ	エ	オ	カ	キ	ク	ケ	コ
19	ア	イ	ウ	エ	オ	カ	キ	ク	ケ	コ
20	ア	イ	ウ	エ	オ	カ	キ	ク	ケ	コ
21	ア	イ	ウ	エ	オ	カ	キ	ク	ケ	コ
22	ア	イ	ウ	エ	オ	カ	キ	ク	ケ	コ
23	ア	イ	ウ	エ	オ	カ	キ	ク	ケ	コ
24	ア	イ	ウ	エ	オ	カ	キ	ク	ケ	コ
25	ア	イ	ウ	エ	オ	カ	キ	ク	ケ	コ
26	ア	イ	ウ	エ	オ	カ	キ	ク	ケ	コ
27	ア	イ	ウ	エ	オ	カ	キ	ク	ケ	コ
28	ア	イ	ウ	エ	オ	カ	キ	ク	ケ	コ
29	ア	イ	ウ	エ	オ	カ	キ	ク	ケ	コ
30	ア	イ	ウ	エ	オ	カ	キ	ク	ケ	コ
31	ア	イ	ウ	エ	オ	カ	キ	ク	ケ	コ
32	ア	イ	ウ	エ	オ	カ	キ	ク	ケ	コ
33	ア	イ	ウ	エ	オ	カ	キ	ク	ケ	コ
34	ア	イ	ウ	エ	オ	カ	キ	ク	ケ	コ
35	ア	イ	ウ	エ	オ	カ	キ	ク	ケ	コ
36	ア	イ	ウ	エ	オ	カ	キ	ク	ケ	コ
37	ア	イ	ウ	エ	オ	カ	キ	ク	ケ	コ
38	ア	イ	ウ	エ	オ	カ	キ	ク	ケ	コ
39	ア	イ	ウ	エ	オ	カ	キ	ク	ケ	コ
40	ア	イ	ウ	エ	オ	カ	キ	ク	ケ	コ
41	ア	イ	ウ	エ	オ	カ	キ	ク	ケ	コ
42	ア	イ	ウ	エ	オ	カ	キ	ク	ケ	コ
43	ア	イ	ウ	エ	オ	カ	キ	ク	ケ	コ
44	ア	イ	ウ	エ	オ	カ	キ	ク	ケ	コ
45	ア	イ	ウ	エ	オ	カ	キ	ク	ケ	コ
46	ア	イ	ウ	エ	オ	カ	キ	ク	ケ	コ
47	ア	イ	ウ	エ	オ	カ	キ	ク	ケ	コ
48	ア	イ	ウ	エ	オ	カ	キ	ク	ケ	コ
49	ア	イ	ウ	エ	オ	カ	キ	ク	ケ	コ
50	ア	イ	ウ	エ	オ	カ	キ	ク	ケ	コ

氏名	

受験番号				
1	1	1	1	1
2	2	2	2	2
3	3	3	3	3
4	4	4	4	4
5	5	5	5	5
6	6	6	6	6
7	7	7	7	7
8	8	8	8	8
9	9	9	9	9
0	0	0	0	0

（注）この解答用紙は実物を縮小してあります。Ｂ４用紙に142%拡大コピーすると、ほぼ実物大で使用できます。（タイトルと配点表は含みません）

学校配点		計
	1～20 各5点×20	100点

二〇二二年度　埼玉栄高等学校　単願・併願Ⅰ

国語解答用紙

評点
/100

記入上の注意事項

1. 氏名、受験番号を必ず記入して下さい。
2. マークは記入例に従って○の中を正確にぬりつぶして下さい。
3. 受験番号及び解答は所定の位置に正しくマークして下さい。
4. 記入は必ずＨＢの鉛筆でマークして下さい。
5. 解答の訂正はプラスチックの消しゴムでていねいに消し、消しクズを残さないで下さい。
6. 所定の記入欄以外には何も記入しないで下さい。
7. 解答用紙は汚したり、折り曲げたりしないで下さい。

記入例

良い例	悪い例
●	⊙ ⊗ ◒

氏名	

受験番号				
①	①	①	①	①
②	②	②	②	②
③	③	③	③	③
④	④	④	④	④
⑤	⑤	⑤	⑤	⑤
⑥	⑥	⑥	⑥	⑥
⑦	⑦	⑦	⑦	⑦
⑧	⑧	⑧	⑧	⑧
⑨	⑨	⑨	⑨	⑨
⓪	⓪	⓪	⓪	⓪

1	2	3	4	5	6	7	8	9	10
㋐	㋐	㋐	㋐	㋐	㋐	㋐	㋐	㋐	㋐
㋑	㋑	㋑	㋑	㋑	㋑	㋑	㋑	㋑	㋑
㋒	㋒	㋒	㋒	㋒	㋒	㋒	㋒	㋒	㋒
㋓	㋓	㋓	㋓	㋓	㋓	㋓	㋓	㋓	㋓
㋔	㋔	㋔	㋔	㋔	㋔	㋔	㋔	㋔	㋔
㋕	㋕	㋕	㋕	㋕	㋕	㋕	㋕	㋕	㋕
㋖	㋖	㋖	㋖	㋖	㋖	㋖	㋖	㋖	㋖
㋗	㋗	㋗	㋗	㋗	㋗	㋗	㋗	㋗	㋗
㋘	㋘	㋘	㋘	㋘	㋘	㋘	㋘	㋘	㋘
㋙	㋙	㋙	㋙	㋙	㋙	㋙	㋙	㋙	㋙

11	12	13	14	15	16	17	18	19	20
㋐	㋐	㋐	㋐	㋐	㋐	㋐	㋐	㋐	㋐
㋑	㋑	㋑	㋑	㋑	㋑	㋑	㋑	㋑	㋑
㋒	㋒	㋒	㋒	㋒	㋒	㋒	㋒	㋒	㋒
㋓	㋓	㋓	㋓	㋓	㋓	㋓	㋓	㋓	㋓
㋔	㋔	㋔	㋔	㋔	㋔	㋔	㋔	㋔	㋔
㋕	㋕	㋕	㋕	㋕	㋕	㋕	㋕	㋕	㋕
㋖	㋖	㋖	㋖	㋖	㋖	㋖	㋖	㋖	㋖
㋗	㋗	㋗	㋗	㋗	㋗	㋗	㋗	㋗	㋗
㋘	㋘	㋘	㋘	㋘	㋘	㋘	㋘	㋘	㋘
㋙	㋙	㋙	㋙	㋙	㋙	㋙	㋙	㋙	㋙

21	22	23	24	25	26	27	28	29	30
㋐	㋐	㋐	㋐	㋐	㋐	㋐	㋐	㋐	㋐
㋑	㋑	㋑	㋑	㋑	㋑	㋑	㋑	㋑	㋑
㋒	㋒	㋒	㋒	㋒	㋒	㋒	㋒	㋒	㋒
㋓	㋓	㋓	㋓	㋓	㋓	㋓	㋓	㋓	㋓
㋔	㋔	㋔	㋔	㋔	㋔	㋔	㋔	㋔	㋔
㋕	㋕	㋕	㋕	㋕	㋕	㋕	㋕	㋕	㋕
㋖	㋖	㋖	㋖	㋖	㋖	㋖	㋖	㋖	㋖
㋗	㋗	㋗	㋗	㋗	㋗	㋗	㋗	㋗	㋗
㋘	㋘	㋘	㋘	㋘	㋘	㋘	㋘	㋘	㋘
㋙	㋙	㋙	㋙	㋙	㋙	㋙	㋙	㋙	㋙

31	32	33	34	35	36	37	38	39	40
㋐	㋐	㋐	㋐	㋐	㋐	㋐	㋐	㋐	㋐
㋑	㋑	㋑	㋑	㋑	㋑	㋑	㋑	㋑	㋑
㋒	㋒	㋒	㋒	㋒	㋒	㋒	㋒	㋒	㋒
㋓	㋓	㋓	㋓	㋓	㋓	㋓	㋓	㋓	㋓
㋔	㋔	㋔	㋔	㋔	㋔	㋔	㋔	㋔	㋔
㋕	㋕	㋕	㋕	㋕	㋕	㋕	㋕	㋕	㋕
㋖	㋖	㋖	㋖	㋖	㋖	㋖	㋖	㋖	㋖
㋗	㋗	㋗	㋗	㋗	㋗	㋗	㋗	㋗	㋗
㋘	㋘	㋘	㋘	㋘	㋘	㋘	㋘	㋘	㋘
㋙	㋙	㋙	㋙	㋙	㋙	㋙	㋙	㋙	㋙

41	42	43	44	45	46	47	48	49	50
㋐	㋐	㋐	㋐	㋐	㋐	㋐	㋐	㋐	㋐
㋑	㋑	㋑	㋑	㋑	㋑	㋑	㋑	㋑	㋑
㋒	㋒	㋒	㋒	㋒	㋒	㋒	㋒	㋒	㋒
㋓	㋓	㋓	㋓	㋓	㋓	㋓	㋓	㋓	㋓
㋔	㋔	㋔	㋔	㋔	㋔	㋔	㋔	㋔	㋔
㋕	㋕	㋕	㋕	㋕	㋕	㋕	㋕	㋕	㋕
㋖	㋖	㋖	㋖	㋖	㋖	㋖	㋖	㋖	㋖
㋗	㋗	㋗	㋗	㋗	㋗	㋗	㋗	㋗	㋗
㋘	㋘	㋘	㋘	㋘	㋘	㋘	㋘	㋘	㋘
㋙	㋙	㋙	㋙	㋙	㋙	㋙	㋙	㋙	㋙

（注）この解答用紙は実物を縮小してあります。Ｂ４用紙に142％拡大コピーすると、ほぼ実物大で使用できます。（タイトルと配点表は含みません）

学校配点

□一 問一、問二　各2点×8　問三、問四　各3点×2　問五　各2点×2
問六～問八　各3点×3
□二 問一～問三　各2点×6　問四、問五　各3点×3　問六　2点
問七　3点　問八、問九　各2点×2　問十　3点　問十一　2点
□三～□五　各2点×15

計
100点

Memo

Memo